*Poderoso caballero*

Daniel Matamala

# *Poderoso caballero*

EL PE$O DEL DINERO EN LA POLÍTICA CHILENA

EDICIONES
UNIVERSIDAD DIEGO PORTALES

Catalonia

udp Escuela de Periodismo

MATAMALA, DANIEL

Poderoso caballero. El pe$o del dinero en la política chilena / Daniel Matamala

Santiago de Chile: Catalonia, Periodismo UDP, 2015
356 pp. 15 x 23 cm

ISBN 978-956-324-399-4

PERIODISMO DE INVESTIGACIÓN
CH 070.40.72

Este libro forma parte de la colección de periodismo de investigación desarrollada al alero del Centro de Investigación y Publicaciones (CIP) de la Facultad de Comunicación y Letras UDP.

Diseño de portada: Cortés | Justiniano
Fotografía de portada: Cristián Peralta
Retrato de Daniel Matamala: Diego Bernales / Revista Caras
Composición: Alexei Alikin
Impresión: Salesianos Impresores S.A.
Edición periodística: Andrea Insunza
Edición: Andrea Palet
Dirección editorial: Arturo Infante Reñasco



Primera edición: diciembre, 2015
Segunda edición: enero 2016
Tercera edición: marzo 2016
Cuarta edición: mayo 2016
Quinta edición: junio 2016
Sexta edición: octubre 2016
Séptima edición: abril 2018
Octava edición: febrero, 2020

ISBN 978-956-324-399-4

Registro de Propiedad Intelectual N° 260.545


Santa Isabel 1235, Providencia
Santiago de Chile
www.catalonia.cl - @catalonialibros
www.cip.udp.cl/investigacion - @cip_udp

*A Blanca y Marina,*
*por llenar de luz cada día.*

# *Índice*

# EL COLOR DEL DINERO

*Carlos Peña*

Hay asuntos de la vida colectiva que, cuando se los examina, se sigue su transcurso y se observa la trayectoria vital de sus protagonistas, arrojan luz sobre la sociedad entera.

Es lo que ocurre con la relación entre la política y el dinero de la que se ocupa este libro.

En él, Daniel Matamala, un periodista que no teme a las incomodidades del oficio cuando se trata de estar a la altura de los deberes que impone, explora la manera en que, durante el siglo XX y lo que va de este, se han entrelazado en Chile la política y el dinero, o, mejor todavía, la forma en que el dinero, colándose por casi todos los intersticios existentes, ha logrado influir en la política. ¿Se trata de un libro de historia acaso? No exactamente, si bien hay en él un registro pormenorizado de acontecimientos indesmentibles. ¿Sociología quizá? Tampoco, si bien cualquier sociólogo encontrará aquí estupendos ejemplos de las formas ubicuas que adopta el capital. ¿Política, entonces? No del todo, aunque el poder es el personaje. No, ni historia ni sociología ni política, sino periodismo, es decir, una indagación en un conjunto de hechos que, sin la acuciosidad del buen periodismo, capaz de detectarlos, describirlos y ponerlos a disposición del gran público, mostrando el hilo invisible que los une, habrían pasado desapercibidos.

El dinero, sugiere Daniel Matamala, está tan concentrado y posee tal influencia en Chile que distorsiona la democracia. La desigualdad es así no solo una cuestión económica, sino política. El ideal democrático, según el cual cada ciudadano cuenta como uno y nadie más que uno, es transgredido cotidianamente y de formas más o menos solapadas, explica Matamala, por la concentración de la propiedad y la riqueza. Una riqueza reunida en un puñado de manos, sumada a la posibilidad de financiamiento de la política (un fenómeno informal durante el siglo XX y regulado imperfectamente más tarde), ha permitido, sugiere el autor, que el dinero influyera en el diseño de la carga tributaria, la formulación de políticas públicas (como la ley de pesca, por ejemplo), y amagara e inhibiera la voluntad de los ciudadanos. Los casos Penta y Soquimich que han estallado el último tiempo no serían casos excepcionales, frutos de un reciente descalabro institucional, la desgraciada estela de una flojera moral, sino el resultado natural, muestra este libro, de una relación incestuosa y opaca entre quienes tienen el dinero a manos llenas y los que ocupan y se disputan el poder del Estado.

Si siempre el capital influye el poder político (negarlo equivaldría a derogar buena parte de la sociología), el tránsito irregular entre aquel y quienes ejercen el poder es especialmente grave. Y es que el financiamiento irregular de la política no solo oculta a los ciudadanos quién dio cuánto a quién, sino que oculta el hecho mismo del financiamiento. La relación entre el dinero y la política sería tan ubicua que su propia abundancia le permite mimetizarse hasta casi desaparecer de la vista pública. El fenómeno es conocido y puede denominarse el fenómeno de «la carta robada»: como en el relato de Poe, no hay mejor forma de ocultarlo que poniéndolo a la vista de todos.

Es difícil exagerar la importancia de lo que este libro pone a la vista. Chile siempre se ha vanagloriado de ser una excepción. A diferencia del resto de los países de la región latinoamericana, poseería una clase política de mejor calidad, mayores niveles de institucionalización, menos corrupción y mayor ascetismo a la hora de ejercer el poder. Ni el populismo (la participación ampliada por fuera de las instituciones), ni la corrupción (la captura de las instituciones y los ciudadanos por el dinero) han sido fenómenos frecuentes en la vida política chilena. Pero las excepciones son excepciones no solo porque abren un paréntesis en la regla general, sino porque además suelen ser breves, nunca se eternizan. Los hechos que registra Daniel Matamala, y el hilo subterráneo que los une, sugieren que esa excepción estaría dejando de ser tal. En efecto, la renuencia para reglamentar correctamente el lobby; la tolerancia frente al regulador que, al cabo de su periodo, acaba como gerente de quien hasta ayer regulaba; centros de estudio que a pesar de su prosperidad parecen vivir del aire; todas esas cosas existían desde antiguo, es cierto, y nunca hubo, como hoy, una conciencia más extendida de la ciudadanía acerca de ellas; pero nunca, tampoco, mayor desaprensión de los grupos políticos para ponerles atajo. Quien dude de la importancia política del dinero y crea que el texto de Matamala exagera, pregúntese por qué todos quienes están interesados en mantener su poder político se muestran tan renuentes a regular la influencia del capital. Y quienes tengan dudas de la importancia que la política posee para el dinero, pregúntense por qué las grandes fortunas financian la política hasta el extremo de torcer la ley para lograrlo en monto suficiente.

¿De dónde proviene ese poder seductor del dinero, esa ubicuidad que, cuando no se lo regula, como ha ocurrido entre nosotros según constata este libro, le permite colarse por todos los intersticios?

Para saberlo es imprescindible asomarse a la particular índole del dinero. La literatura siempre ha llamado la atención acerca de sus virtudes y defectos. Se ha dicho, por ejemplo, que la generalización del dinero como mediador de las relaciones sociales tiene la ventaja, y la virtud, de ser ciega a las tradiciones, favoreciendo así que las sociedades se modernicen y el individuo se emancipe de los prejuicios y estamentos que lo limitaban. Simmel (en su famosa *Filosofía del dinero*, 1907) afirma que las servidumbres personales entre el vasallo y el señor desaparecen cuando se interpone el dinero y la relación se vuelve simplemente asalariada. Algo de razón tiene si se atiende a la transformación de la hacienda chilena luego que, al revertirse la reforma agraria, las rutinas del capitalismo se hicieron de ella. La abstracción del dinero permite que personas de mundos radicalmente distintos puedan relacionarse entre sí mediante el intercambio. Por eso Marx, en el *Manifiesto comunista*, dedica páginas laudatorias al capitalismo que parece transformarlo todo.

Pero, junto a esa virtud liberadora, el dinero también es capaz de concentrar poder mucho más allá de lo que permite cualquier triunfo democrático. Como es un valor de cambio abstracto, es capaz de expresar todos los bienes (algo que observó Aristóteles y que Marx repitió más tarde, el año 1859, en la *Contribución a la crítica de la economía política*). El dinero torna blanco el negro, hermoso al feo, bueno al malo, joven al viejo, valiente al cobarde; se trata de un objeto, en fin, que «va a retirar la almohada de debajo de la cabeza del más robusto», como se lee en el *Timón de Atenas* de Shakespeare. Marx, en su juventud, en los *Manuscritos de 1844*, recurrió a ese texto para llamar la atención acerca de ese objeto extraño que, como bien observó, comenzaba a trastornarlo todo. El dinero, opinó Marx, es una mercancía universal que resume en sí la totalidad del valor de cambio y que, por lo mismo, sirve ilimitadamente para expresar los más disímiles valores de uso. De ahí entonces el poder del dinero, capaz de travestirse en cualquier cosa y hacerse de casi todas las formas de poder:

> Lo que como *hombre* no puedo, lo que no pueden mis fuerzas individuales, lo puedo mediante el *dinero*. El dinero convierte así cada una de estas fuerzas esenciales en lo que en sí no son, es decir, en su *contrario*. Si ansío un manjar o quiero tomar la posta porque no soy suficientemente fuerte para hacer el camino a pie, el dinero me procura el manjar y la posta, es decir, transustancia mis deseos, que son meras representaciones; los traduce de su existencia pensada, representada, querida; a su existencia *sensible, real*; de la representación a la vida, del ser representado al ser real. El dinero es, al hacer esta mediación, la *verdadera* fuerza *creadora*.[1]

Ese carácter ubicuo y camaleónico del dinero, que el joven Marx expuso con tanta elocuencia (sería la *verdadera fuerza creadora*), es lo que Bourdieu ha explorado al analizar la forma en que el capital circula y se transforma, adoptando a veces la forma de capital económico pero transformándose prontamente en capital cultural y capital simbólico que, a su vez, producen más capital económico, y así. Es, por decirlo de alguna manera, la ley del capital que, cuando se leen las páginas de *Poderoso caballero*, se reproduce y ejecuta en casi todos sus detalles.

Por eso no hay nada de moralismo o de buenismo en la obra de Daniel Matamala. El buenismo, lo que Hegel llamaba el Alma Bella, consiste en afirmar a ultranza los valores y las virtudes sin reparar en las dificultades a veces terribles que tienen para realizarse en este mundo. Daniel Matamala no es un Alma Bella en ese sentido, sino un periodista de amplia formación que sabe que la historia se escribe con letras torcidas; pero que al mismo tiempo está convencido de que saber eso no exime al periodismo ni a los intelectuales, menos a él, de denunciar las torceduras y los extravíos una y otra vez, porque esa es la única forma de que la democracia pueda, poco a poco, siquiera echando mano de la vergüenza, imponerse, al menos en términos relativos.

Daniel Matamala, en el ejercicio de su oficio, ha mostrado poseer una característica que cuando se trata del periodismo equivale a una virtud: la de la sospecha racional. La sospecha, es decir, la convicción de que los hechos y los personajes nunca confiesan a primera vista lo que son y, en cambio, se esmeran por disfrazarse eligiendo su mejor rostro, es una de las virtudes del buen periodismo que sabe que lo suyo consiste en

1. En «III manuscrito económico-filosófico, 1844», *Manuscritos de economía y filosofía*, traducción de F. Rubio Llorente, Madrid, Alianza, 2005.

poner ante los ojos del público el revés de la trama. Sin esa virtud (que es, como observa Ricoeur, una de las máximas virtudes intelectuales de los modernos), el periodismo no existiría en la forma que hoy reviste, y libros como *Poderoso caballero* tampoco se escribirían. Porque para escribir este libro era imprescindible, a la hora de entrevistar, leer o reportear, estar provisto de la convicción de que detrás de las instituciones (v.gr. la formalidad del poder político) o las virtudes convencionales (v.gr. la filantropía o la religiosidad) siempre hay un motivo final que las anima y que se aleja de ellas.

Y que el deber del buen periodismo es revelarlo.

# NOTA DEL AUTOR

«Follow the money»
*All the President's Men*

Esta investigación sobre la influencia del poder económico en la política chilena duró quince meses: desde agosto de 2014 hasta noviembre de 2015. Fue una época marcada por el conocimiento público de escándalos que vinculan el dinero con el poder político: Penta, SQM, Caval y Corpesca. *Poderoso caballero* toca esos casos, que son investigados por el Ministerio Público y han sido cubiertos en extenso por la prensa, pero no trata sobre ellos. Creo que son los síntomas de una enfermedad, y este trabajo no pretende quedarse en las manifestaciones del mal sino indagar en los agentes patógenos que lo causan, y en los remedios disponibles para atacarlo.

Todos los temas tratados se basan en un intenso reporteo que incluyó más de un centenar de entrevistas, tanto en *on* como en *off the record*, con protagonistas y testigos de estas historias, una extensa bibliografía y la consulta con académicos y expertos en distintas áreas. Cuando las citas textuales no aparecen atribuidas a una fuente es porque esas palabras proceden de entrevistas personales con el autor, o son declaraciones emitidas en ruedas de prensa abiertas. La escenificación de conversaciones o la descripción de hechos siempre procede de protagonistas o testigos directos, o de testimonios de primera fuente. En todos los casos, las versiones fueron contrastadas con fuentes independientes entre sí.

Fundamental en el proceso resultó Andrea Insunza, directora del Centro de Investigación y Publicaciones de la Facultad de Comunicación y Letras de la UDP. Más que editora, Andrea fue una consejera permanente y un faro en los momentos en que los árboles amenazaban con ocultar el bosque.

La estudiante de Periodismo UDP Yanara Barra fue mi ayudante de investigación durante 2015, y aportó con su trabajo meticuloso en el uso de bases de datos y el chequeo de información. La Fundación Pro Acceso colaboró en las peticiones de información vía ley de transparencia, las que nos permiten entregar por primera vez a los ciudadanos una lista completa de los donantes a la política a través de aportes reservados.

Andrea Palet, Francisca Skoknic y Claudio Agostini revisaron los borradores, y detectaron errores y sugirieron mejoras.

Debo agradecer también a quienes me ayudaron en distintos aspectos de este proceso, me entregaron pistas, guías o sugirieron nuevas líneas de investigación. Entre muchos otros, destaco el aporte de Jaime Bellolio, Patricio Bernedo, Cristian Cabalin, Thomas Edsall, Eduardo Engel, Luis Eduardo Escobar, Sergio Espejo, Renato Garín, Nicolás Grau, Arturo Fontaine, Giorgio Jackson, Hernán Larraín Matte, Alberto Mayol, Javier Ortega, Adrián Puentes, Christian Viera y Jaime Winter. Sus puntos de vista, sugerencias, críticas y lecturas recomendadas fueron iluminadoras. Además, tuvieron la generosidad de aportar aun teniendo discrepancias o puntos de vista diferentes de los míos. Esa diversidad fue una contribución adicional a este trabajo.

Quedo en deuda con los muchos periodistas, historiadores y académicos que investigaron primero algunos de los temas tratados o profundizados aquí. El conocimiento es siempre una tarea colectiva, de acumulación constante, y por eso expreso mi agradecimiento a todos aquellos que me permitieron trabajar «sobre los hombros de gigantes».

Los que invierten dinero en financiar la política, los que cultivan relaciones con el poder político, lo hacen para influir en él. Eso no significa necesariamente cohecho ni compra de voluntades. Los mecanismos, como se muestra en estas páginas, suelen ser más sutiles y complejos. Pero la única forma de fiscalizarlos es que exista más transparencia y mejor regulación. Y en eso, salvo excepciones, los actores que participan del proceso han fallado. El libro pone el acento en esas debilidades, y por eso tal vez su tono pueda parecer injustamente duro en algunos momentos.

La democracia chilena pasó el último cuarto de siglo desarmando los amarres más violentos de la transición, y a la vez privilegiando el combate a la miseria a través del crecimiento económico. Ese esfuerzo construyó un país mucho mejor que el que teníamos en 1990. No hay duda de ello. Pero en esa urgencia se descuidó la legislación para tener una mejor democracia y mercados más competitivos, se impulsaron políticas públicas que favorecen a quienes concentran riqueza por sobre los ciudadanos comunes, y se obvió la importancia de la transparencia y las reglas claras en la relación con el poder económico.

Los hechos tienen protagonistas, y estos por cierto son responsables de sus actuaciones individuales. Pero, más que apuntar con el dedo a alguien en particular, el espíritu de esta investigación ha sido desentrañar las mecánicas de la relación entre poder económico y poder político en nuestro país. Creo firmemente que develar esos circuitos de poder, que operan ocultos a la ciudadanía, es una contribución necesaria para, a partir de lo ya avanzado, construir un Chile más democrático.

D.M.
Noviembre de 2015

## Capítulo cero

# LOS DUEÑOS DE CHILE

*Los dueños de Chile somos nosotros,*
*los dueños del capital y del suelo.*
*Lo demás es masa influenciable y vendible;*
*ella no pesa ni como opinión ni como prestigio.*

Eduardo Matte Pérez,
parlamentario, ministro e hijo del
fundador del Banco Matte (1892)

«Ustedes se están pasando por el forro los artículos de la Constitución, el Código Civil y el Código Penal. Se los están pasando por el forro.»

El apasionado discurso contrasta con la apariencia aséptica del escenario: un salón del Palacio de Congresos de Valencia, en España. El tono apurado y nervioso del orador, con la solemnidad de la testera. Ahí, los máximos directivos de Bankia esperan que el breve exabrupto acabe.

Es el 25 de junio de 2013, y la junta de accionistas de la empresa bancaria española es el epicentro de un escándalo de proporciones. Se trata de la «estafa de los preferentes» en que miles de personas, muchos de ellos jubilados, han perdido los ahorros de su vida. Todo en medio de un complejo esquema de contratos confusos, cláusulas abusivas y desvío de ahorros supuestamente seguros a arriesgados esquemas de especulación.

Uno de esos afectados es quien habla ahora. Antonio Orts, pensionado valenciano, no tiene mucho que perder. Ya perdió todos sus ahorros: 45 mil euros que, a sus espaldas, fueron convertidos en acciones de Bankia. Y esa maniobra oscura es precisamente la que le da la opción de tomarse su pequeña venganza: es uno de los muchos estafados que, como involuntario accionista, tiene derecho a participar en la junta anual de la entidad.

Son 1.315 de esos damnificados los que copan cada espacio del salón principal, los pasillos y las entradas del Palacio de Congresos. Están ahí para protestar, para hacer sentir su voz. Ciento treinta piden la palabra. Solo tres minutos por intervención, advierte el secretario. Uno a uno, los estafados se turnan para contar sus historias. Ayudado por un bastón, Orts sube al estrado y hace lo propio:

«No quiero que cuando me muera dentro del nicho me pongan una corona pagada por Bankia, que diga "Bankia no te olvida"».

Al centro de la testera, el presidente del directorio, José Ignacio Goirigolzarri, revisa con indiferencia unos papeles. No mira al frente. «Le queda un minuto, señor Orts», advierte con fastidio el secretario. Y esa es la señal para pasar a la acción.

«¡Mire! ¡Mire cómo me ha dejado Bankia!» Orts se saca una polera negra, se baja los pantalones y, en calzoncillos, sigue gritando: «¡Mire cómo me ha dejado Bankia! ¡Mire cómo me ha dejado! ¡Que lo vea todo Europa, y todo el mundo!»

Y todos lo ven. Goirigolzarri levanta la vista, incrédulo, obligado a mirar por primera vez de frente a una de las víctimas de la estafa. Lo ve España, lo ve Europa y lo ve el mundo, con los noticieros replicando una y otra vez la protesta desnuda de Orts.

Lo ven todos. Solo Orts no puede verlo. Él es ciego.

## Con derecho a voz

Las juntas de accionistas suelen ser el momento más colorido de la gris rutina pública de las empresas: balances, FECUs, hechos esenciales... Nada de eso da demasiado material para la televisión. En las juntas de accionistas, en cambio, puede ocurrir lo inesperado. Aunque las normas varían en cada caso, en general la posesión de un pequeño número de acciones basta para tener derecho a asistir y tomar la palabra ante las máximas autoridades de la empresa.

Por lo mismo, la instancia suele aprovecharse para protestar contra las políticas de una compañía. En 2008, activistas de Greenpeace desplegaron una gran pancarta en la junta de accionistas de Endesa España, contra los proyectos de represas en Chile. Al año siguiente, en Atlanta, el grupo International Rivers irrumpió en la junta de Home Depot, exigiendo a la empresa que boicoteara los productos de la Compañía Manufacturera de Papeles y Cartones (CMPC), debido a la participación del Grupo Matte en el proyecto HidroAysén.

La junta de Enel, matriz de Endesa, fue interrumpida por un representante de los pueblos indígenas chilenos afectados por proyectos de represas. Un grupo ambientalista había comprado acciones y lo había designado como su representante.

Las juntas de Blanco y Negro, concesionaria de Colo-Colo, suelen ser escenario de reclamos de socios del club, poseedores a la vez de un puñado de acciones de la sociedad anónima. «¡Ustedes vienen a lucrar y ganar plata. Váyanse de Colo-Colo!», fue el grito de uno de los indignados en la tensa reunión del 9 de abril de 2012.

Esas protestas son llamativas, sí. Sirven como catarsis, claro. Pero finalmente son irrelevantes. Porque, a la hora de tomar las decisiones (compensar a estafados o construir represas, comprar a un proveedor cuestionado o contratar a un futbolista), los que mandan son los controladores. Los minoritarios podrán protestar y luego votar, y su opinión valdrá lo que valen sus acciones: si tienen una, su voto valdrá uno. Y si otro accionista tiene un millón, pues un millón valdrá su preferencia.

Son las reglas del juego que todos conocen. Tanto tienes, tanto vales. Y nadie espera otra cosa. Sabemos que las sociedades anónimas están formadas por accionistas, no por ciudadanos, y el mecanismo que las hace funcionar es el del dinero, no el de la democracia.

Una república es cosa muy distinta. En vez del ritual periódico de las juntas de accionistas, existe el de las elecciones, donde cada ciudadano vale exactamente lo mismo: una persona, un voto. Las preferencias se cuentan, y permiten a las personas poner a sus representantes en los cargos de responsabilidad.

Y si los directores de una sociedad anónima deben responder a los accionistas, las autoridades de una democracia no tienen otra fidelidad que aquella hacia quienes los eligieron.

Así es, en teoría.

Pero, ¿es así en la práctica? ¿Una república como la chilena funciona como una democracia? ¿O tiene más que ver con la lógica de una sociedad anónima, en que los accionistas comunes pueden pronunciarse simbólicamente un día pero luego las decisiones reales quedan en manos de los grandes propietarios? ¿Es esta la República de Chile, como proclama nuestro nombre oficial? ¿O es más bien Chile S.A.?

## Plutocracia con sabor a empanadas y vino tinto

En 1863, en su célebre discurso de Gettysburg, Abraham Lincoln definió la democracia como «el gobierno del pueblo, por el pueblo y para el pueblo». Un siglo y medio después, esa definición es perfecta para hacer el contraste entre el estado ideal definido por Lincoln y la realidad.

«Por plutocracia entendemos no solo dominación de los ricos, sino por y para los ricos —dice el cientista político Francis Fukuyama—. En otras palabras, un estado de las cosas en el cual los ricos influencian al gobierno para proteger y expandir su riqueza e influencia.» Fukuyama, quien en 1989 se convirtió en el ídolo de la derecha neoconservadora estadounidense con su teoría del fin de la historia, últimamente está más preocupado por las fisuras de esa democracia que en su momento dio por definitiva ganadora, las que lo llevan a alertar sobre la «evidencia de una plutocracia en Estados Unidos, de un tipo restringido y reducido, pero en ningún caso inofensivo».[1]

¿Plutocracia en una de las democracias más estables, vibrantes y participativas del planeta? Sí. También el analista internacional Adam Garfinkle considera que hoy Estados Unidos es «una democracia de participación masiva y al mismo tiempo una plutocracia cada vez más profunda».[2] La creciente desigualdad, el financiamiento de la gran empresa a la política y la capacidad de los lobistas para moldear los procesos legislativos son algunos de los fenómenos que investigadores como Fukuyama y Garfinkle usan para denunciar la conversión de la república estadounidense en una plutocracia. ¿Y qué pasa en Chile?

Para el abogado y experto en lobby Renato Garín, el Chile actual es un caso de «corporativismo, o sea un acuerdo entre el Estado y un grupo de privilegiados en que el Estado trabaja para ellos». Según el diputado Gabriel Boric, en la política existe una «colonización del empresariado». El cientista político Claudio Fuentes advierte sobre «la captura» del sistema político por el poder económico. Los abogados Hernán Bosselin y Ramón Briones describen el país como una «democracia controlada, en las sombras, por el dinero». El también cientista político Carlos Huneeus habla de una «democracia semisoberana» en la que «predominan los intereses del capital, acentuando las desigualdades económicas y la concentración de la riqueza».[3]

---

1. «The Weakness of Liberal Populism», en *Plutocracy & Democracy: How Money Corrupts Our Politics and Culture*, Washington DC, The American Interest, 2012, edición kindle.
2. «Terms of Contention», en *Plutocracy & Democracy: How Money Corrupts Our Politics and Culture.*
3. *La democracia semisoberana*, Santiago, Taurus, 2004, 60.

Las posiciones ideológicas de los citados son diversas: Garín es liberal; Boric, de izquierda; Fuentes, socialista; Bosselin y Briones, conservadores, y Huneeus, socialcristiano. Pero todos coinciden en el diagnóstico: en Chile el gran capital ejerce un poder extrainstitucional enorme en las decisiones políticas.

Es que el país reúne las condiciones perfectas para esa influencia. Primero, una profunda concentración del poder económico, que otorga a esas pocas manos grandes herramientas e incentivos para manejar el proceso político. Y segundo, una total ausencia de barreras, tanto legales como paralegales, que permitan frenar ese proceso.

Concentración sin barreras: una tormenta perfecta que atrapa, como una frágil barcaza, a la democracia chilena.

## La verdadera desigualdad

No es una sorpresa para nadie que Chile es un país tremendamente desigual. Pero el índice de Gini o los que comparan al 10 o 20% más rico con el 10 o 20% más pobre de la población suelen quedarse muy cortos. Porque la característica principal de esta sociedad es una extrema concentración del capital en un ínfimo número de familias, que contrasta no solo con la población más pobre, sino también con el trozo de la torta que reciben los sectores medios, e incluso algunos que podríamos considerar como «altos» en ingresos.

Chile tiene las peores cifras de desigualdad de la OCDE, medidas por el índice de Gini. En nuestro país, los ingresos del 10% más rico son 26 veces superiores a los del 10% más pobre, cifra que en el promedio de la OCDE llega a 9,6 veces. Además, el 70% de los asalariados gana menos de $400.000 líquidos al mes. La mediana de ingresos formales es de $260.000 líquidos. Eso significa que la mitad de los asalariados gana menos que eso cada mes.[4]

Para aplicar políticas sociales, se suele dividir a la población en cinco tramos o «quintiles» y no considerar entre los beneficiarios al 20% más «rico» de esa escala. Sin embargo, ese «quinto quintil» es por lejos el

4. Gonzalo Durán, «Una marcha de enanos (y unos pocos gigantes): La curva de Pen, evidencia para Chile», Fundación Sol, *Ideas para el Buen Vivir N° 7*, Diciembre 2015, fundaciosol.cl.

más diverso de todos. Basta un ingreso per cápita por hogar de $352.744 para estar en este grupo «privilegiado». Y con $611.729 por persona, a ojos del Estado ya se está en la «clase alta» del décimo decil.[5]

O sea, un hogar de dos adultos y dos niños, en que ambos padres trabajan y cada uno tiene un sueldo de $750.000, ya se cuenta dentro de la quinta parte más acomodada del país, excluida de los beneficios sociales del Estado. Esta concentración puede graficarse así:

**Curva de Pen usando CASEN**

*Total nacional*

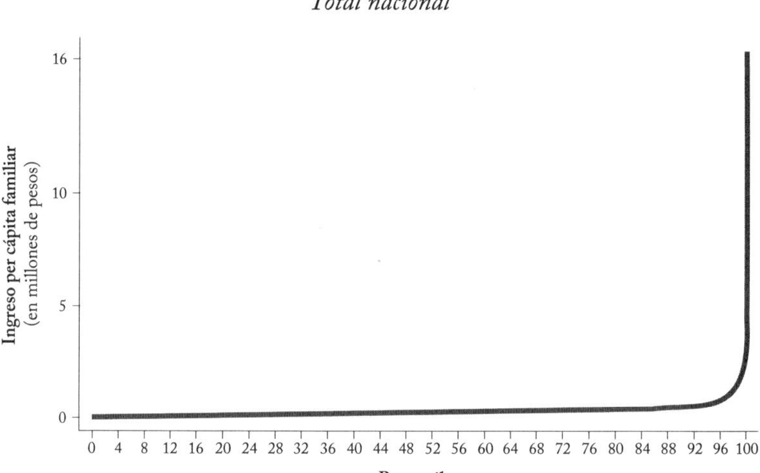


**Fuente:** Durán, G. (2015), Una marcha de enanos (y unos pocos gigantes): La curva Pen, evidencia para Chile, Serie de Documentos Fundación SOL Ideas para el Buen Vivir N° 7.

Por eso, el estudio de la concentración de la riqueza en Chile debe ser mucho más fino y centrarse en capas específicas de la población: el 1%, el 0,1% e incluso el 0,01%. Los «súper ricos».

En general, los análisis del punto en Chile se han basado en encuestas de declaración de ingresos. Estas, sin embargo, subestiman seriamente la riqueza de esa pequeña elite que recibe sus ingresos sobre todo de rentas (no de sueldos) y confunde su patrimonio personal con las empresas que usa para tributar. El problema ha sido subsanado en investigaciones recientes, como la de López, Figueroa y Gutiérrez, de la

5. Portal de Becas y Créditos del Ministerio de Educación (portal.becasycreditos.cl), «Tabla de deciles según Encuesta Casen 2011, actualizada por IPC a agosto 2014».

Facultad de Economía y Negocios de la Universidad de Chile,[6] que usaron como fuente las declaraciones tributarias corregidas por ganancias de capital y por evasión al impuesto a la renta.

Sus datos muestran un Gini real de 0,62 para el período 2005-2010, en lugar del 0,55 que se obtiene tomando los datos de la encuesta Casen. Esa cifra no solo nos convierte en el país más desigual de la OCDE sino que nos deja como campeones mundiales de la desigualdad, entre los 21 países de los cuales existen estudios que incluyen estimaciones con ganancias de capital, superando a Estados Unidos y Sudáfrica.[7]

Además, el estudio de los académicos de la Universidad de Chile revela que la participación del 1% más rico del país es de 30,5% del ingreso total. El 0,1% (la milésima parte) se lleva el 17,6%, y el 0,01% (la diezmilésima fracción de los chilenos) acapara el 10,1% del total.

La progresión de las cifras marea. El 1% más rico se lleva 43 veces más por persona que el 99% restante. Pero dentro de ese 1% la mayor tajada se la lleva solo el 0,1%, que gana 12 veces más que el restante 0,9%. Y a su vez, dentro de ese ya privilegiado 0,1%, los que en verdad dominan son los que pertenecen al 0,01%, que se llevan 8 veces más que los del restante 0,09%.

Dicho de otra manera, y a riesgo de producir vértigo a medida que subimos: el 0,1% más rico de la población tiene ingresos per cápita 214 veces superiores al 99,9% restante. Y el 0,01% más adinerado concentra ingresos por persona 1.122 veces superiores al 99,99% que le sigue, y que incluye a gran parte de lo que convencionalmente llamaríamos «clase alta».[8]

Si consideramos que el tamaño medio del hogar chileno es de 3,28 personas, y que la población total (a falta de un censo actualizado, claro) se estima en 17.819.054, podemos calcular que ese 0,01% de la punta de la pirámide son poco más de 500 hogares (543, para ser exactos).

Son esos 543 hogares entonces, los que concentran cerca de la décima parte del total de los ingresos del país.

---

6. Eugenio Figueroa, Pablo Gutiérrez y Ramón López, «La parte del león: nuevas estimaciones de la participación de los súper ricos en el ingreso de Chile». Serie de documentos de trabajo del Departamento de Economía de la Facultad de Economía y Negocios de la Universidad de Chile, 2013. En econ.uchile.cl.
7. Íd, 15.
8. Elaboración propia con datos de Figueroa, Gutiérrez y López.

Estas estimaciones resultan incluso conservadoras, si las comparamos con un estudio reciente del Banco Mundial. Este calcula los ingresos devengados, cruzando cifras de la encuesta Casen y de Impuestos Internos, y obtiene un Gini de 0,684. Con este sistema, se revela que el 5% más rico del país se lleva más de la mitad de los ingresos (51,5%). El 1% se queda con un tercio de total (33,0%). Y el 0,1% captura la quinta parte (19,5%) del ingreso.[9]

## La aguja de la catedral

Y podemos seguir aguzando la mirada. El Informe de Riqueza Global 2015, elaborado por The Boston Consulting Group, presenta un panorama aun más impresionante. Según él, en nuestro país solo 45 hogares gozan de una riqueza financiera que supera los US$100 millones. Estos poseen activos totales por US$36 mil millones. O sea, esta fracción de familias, que corresponde a poco menos del 0,001% de la población total (menos de la cienmilésima parte, o uno de cada 100 mil hogares), tiene a su haber el 10% de todos los activos financieros chilenos.

Sigamos subiendo. Enfoquemos a solo cinco personas, menos de la tresmillonésima parte de la población. Pues bien, «los cinco hombres más ricos de Chile acumulan ingresos de US$6.300 millones anuales promedio en el período 2002-2010». La cifra equivale a cinco millones de chilenos, o, dicho de otra forma, «cada uno de ellos gana lo mismo que un millón de chilenos», como afirmó en 2012 el académico Ramón López.[10]

Esos «cinco grandes» —que en realidad son más de cinco, si se cuenta a hijos y hermanos— son los herederos de Andrónico Luksic Abaroa (fallecido en 2005); Horst Paulmann; los hermanos Eliodoro, Bernardo y Patricia Matte Larraín; Roberto Angelini y Sebastián Piñera.

9. Banco Mundial, «Chile: Efectos distributivos de la reforma tributaria de 2014», 22. En hacienda.cl.

10. Marcela Ramos, y Juan Andrés Guzmán, «"Luksic, Angelini, Matte, Paulmann y Piñera: Cada uno de ellos gana lo mismo que un millón de chilenos"», CIPER, 23 de enero de 2012. Ver Ramón López, «Fiscal policy in Chile: Promoting Faustian Growth», College Park, The University of Maryland, Department of Agricultural and Resource Economics, 2011. En ageconsearch.umn.edu.

Más que a una escala social o una pirámide, la distribución de los ingresos en Chile se asemeja a una catedral gótica: abajo, en la nave, de base muy amplia, se mezclan sin diferencias tan marcadas obreros, técnicos, pequeños empresarios y profesionales. Pero de ahí sale una aguja chapitel que se va estrechando cada vez más hasta terminar en una punta muy, pero muy aguzada, compuesta por una minúscula elite, que se va angostando hasta volverse casi imperceptible a medida que sigue subiendo hasta el cielo, allí donde los arquitectos medievales querían juntarse con Dios.

Y es precisamente ahí, muy arriba en el cielo, donde hay que fijar la mirada para aquilatar la dimensión del fenómeno, que resulta único si se lo compara con los países de los que tenemos datos similares. Porque no es solo que Chile sea infinitamente más desigual que las democracias escandinavas o los países de Europa Occidental. Es que sus cifras de inequidad superan también ampliamente a Estados Unidos, centro del debate mundial sobre la concentración de la riqueza en el «1%».

Veamos. Si en Chile el 1% se lleva casi un tercio de la torta (30,5%), en Estados Unidos obtiene un quinto: 21,0%. En Canadá es 14,7%. En Alemania, 12,1%. En Japón, 10,9%. Y en Suecia, 9,1%.

Las diferencias se ahondan cuando hablamos del milésimo más rico (el 0,1%). Este concentra el 17,6% del ingreso en Chile, contra el 10,5% en Estados Unidos, el 5,8% en Canadá, el 3,5% en Japón y el 3,4% en Suecia.

Finalmente, en la cúspide de la pirámide, el 0,01% superior se lleva el 10,1% del total, duplicando la concentración de Estados Unidos (5,1%), y dejando mucho más atrás a Alemania (2,3%), Canadá (2,0%), Suecia (1,4%) y Japón (1,3%).[11]

En Estados Unidos, algunos califican las cifras de ese país como «una burla al sueño americano».[12] Otros dan un consejo simple: «Si quieres vivir el sueño americano, ándate a Dinamarca».[13] O muestran las estadísticas de concentración de la riqueza como una prueba irrefutable

11. Datos de Chile: Figueroa, Gutiérrez y López. Datos del resto del mundo: Facundo Alvaredo, Anthony B. Atkinson, Thomas Piketty y Emmanuel Saez, The World Top Income Database, Paris School of Economics, París.

12. Mortimer Zuckerman, «Making a Mockery of the American Dream», *U.S.News & World Report*, 27 de marzo de 2015.

13. Richard Wilkinson, How Economic Inequality Harms Societies, TED Talks, julio de 2011, video, ted.com, min 8:12. Ver, además, Kate Pickett y Richard Wilkinson, *The Spirit Level: Why More Equal Socities Almost Always Do Better*, Nueva York, Bloomsbury, 2009.

de que el país se desliza hacia una «democracia plutocrática».[14] ¿Qué nos dicen cifras infinitamente peores a nosotros, los chilenos? Antes de responder, pasemos a otro punto: cómo se controla el poder económico desde la cúspide de la aguja de la catedral.

## Campos de concentración

Una gran línea aérea. Tres cadenas de farmacias. Cuatro bancos dominantes. Tres empresas de telefonía móvil. Tres generadores de energía. Dos grandes productores de pollo. Dos de licores. Monopolio del tabaco. Casi monopolio de la cerveza.

Podemos pasar revista a prácticamente cualquier mercado relevante en Chile y la conclusión es la misma. Los monopolios y oligopolios son la regla de la economía.

Veamos algunos datos. En las farmacias, tres cadenas (Cruz Verde, Fasa y Salcobrand) concentran el 95% de las ventas. En los bancos, cuatro compañías (Chile, Santander, Estado y BCI) suman el 65% de las colocaciones. El transporte aéreo nacional está en un 74% en manos de una sola compañía (Lan). Tres proveedores de telefonía móvil (Movistar, Entel y Claro) se reparten el 97% del mercado. Dos productores de pollos (Súper Pollo y Ariztía) acumulan el 71% de las ventas. CCU y Capel acaparan el 69% de las ventas de licores. British American Tobacco Chile (BAT Chile) tiene el 95% del mercado de los cigarrillos. CCU, el 87% en las cervezas.[15] Y la generación eléctrica se concentra en 74% entre Endesa, Colbún y Gener.

Más aun: estos monopolios y oligopolios están estrechamente entrelazados, con los grandes grupos económicos repitiéndose en las posiciones dominantes en diferentes mercados. El Grupo Luksic tiene una fuerte posición en bancos (Banco de Chile), bebidas (CCU), transporte marítimo (Compañía Sudamericana de Vapores), combustibles (ENEX), manufacturas (Madeco), televisión (Canal 13) y minería (Antofagasta Minerals). El Grupo Matte participa en generación eléctrica (Colbún),

14. Robert Wade, «The Costs of Inequality: Capitalism and Democracy at Cross-Purposes», 2013, audio, disponible en havenscenter.org.
15. Todos los datos son de Rodrigo Bravo, Sebastián Faúndez y Gerardo Puelles, «Concentración económica en los mercados de Chile», Centro Democracia y Comunidad, 2015, 73 y ss. En cdc.cl.

industria forestal (CMPC), telecomunicaciones (Entel) y banca (Bice). El Grupo Angelini está en combustibles (Copec), gas (Metrogas), forestal (Arauco) y pesca (Corpesca).

Así, un puñado de grupos económicos toma posiciones relevantes simultáneamente en distintas áreas.

Para una economía relativamente pequeña como la chilena, el tamaño de estos grupos es formidable. En 2013, los ingresos de los 20 mayores grupos económicos sumaron US$145 mil millones, el equivalente al 52,61% del Producto Geográfico Bruto (PGB) total de Chile.[16]

Las consecuencias para la economía son de manual: baja competencia, altas barreras de entrada, facilidad para incurrir en prácticas como la colusión, perjuicios en el precio y en la calidad del servicio para los consumidores.

Un estudio del *think tank* Horizontal estima que en Chile «cerca de un 40% del presupuesto familiar se destina a mercados en los cuales existen indicios o presunciones de falta de competencia», cifra que supera el 50% en los dos quintiles más pobres de la población.[17] Es decir, la falta de competencia afecta más a los sectores más vulnerables, porque son los que destinan un mayor porcentaje de sus ingresos a adquirir bienes y servicios de mercados altamente concentrados.

Pero este panorama también golpea directamente a la política. Cuando tamaña proporción de la economía nacional está en pocas manos, la capacidad de esos grupos para influir sobre las autoridades es enorme. Su riqueza es la herramienta de poder, y mantener la posición dominante sobre los mercados, el incentivo para utilizar ese músculo.

## Plutodemocracia

Tienen el músculo, tienen razones para usarlo... y no tienen restricciones para no hacerlo. El elemento que cierra el círculo es la inexistencia de barreras efectivas para prevenir que el gran dinero influya directamente sobre las políticas públicas.

---

16. Fernando Leiva, «Chile's Grupo Luksic, the Center-Left and the "New Spirit" of Capital in Latin America», LASA 2015. En ucsc.academia.edu/FernandoLeiva.
17. Fernando Medina y Pablo Paredes, «Competencia en el mercado chileno. Institucionalidad de la libre competencia», Centro de Estudios Horizontal, 2013, 7.

¿Cómo lo hacen y con qué objetivos? Volvamos a Fukuyama, quien describe algunas maneras básicas de ejercer influencia: obtener contratos lucrativos con el Estado; hacer lobby para afectar el sistema tributario, de modo que los ricos paguen menos impuestos; hacer lobby para permitir el flujo indiscriminado de dinero de las empresas en campañas electorales, y hacer lobby para eliminar restricciones al lobby.

En las páginas siguientes se describirá estos puntos en extenso, pero antes vale la pena distinguir medios de fines. Las dos últimas actividades son medios. Al evitar las restricciones al lobby y al financiamiento de campañas, el gran capital se asegura de que ninguna barrera se interponga entre sus intereses y la posibilidad de hacerlos primar en la esfera pública. En ambos puntos los grandes conglomerados han sido extremadamente exitosos en nuestro país. Al momento de escribir estas líneas, Chile no solo permite que las empresas financien campañas, sino que además asegura que lo puedan hacer en secreto y recibiendo beneficios tributarios por ello. En cuanto al lobby, el Congreso se demoró once años en aprobar, en 2014, una muy débil normativa que apenas introduce algunos estándares de transparencia.

Y es en ese punto donde podemos asegurar que la desigualdad no es solo un problema social o económico. Es un asunto político.

Idealmente, la democracia supone que todos los ciudadanos tengan igual capacidad para influenciar las decisiones de la autoridad. Pero cuando la riqueza se concentra en tan pocas manos estas adquieren una capacidad desproporcionada para actuar en defensa de sus intereses. Si además se les permite usar esos recursos libremente para influenciar al poder político, el problema es evidente.

Y esa es precisamente la situación de Chile. Somos una de las democracias más desiguales del mundo, con una gran concentración de la riqueza en un puñado de grupos empresariales, y además con leyes de financiamiento electoral permisivas, opacas y cuyo cumplimiento no se fiscaliza ni se sanciona. La receta perfecta para el desastre.

Las consecuencias las advertía ya en los años 30 el político británico Josiah Wedgwood, quien hablaba de las «plutodemocracias», mezcla entre el principio democrático en que todos valemos lo mismo (una persona, un voto) y el plutocrático, en que cada uno pesa de acuerdo a su billetera.[18]

---

18. Josiah Wedgwood, *The Economics of Inheritance*, Harmondsworth, Penguin, 1929. En archive.org.

Mucho antes, en 1889, el legendario periodista estadounidense William Allen White definía al Senado de su país como un club en que sus miembros representaban, antes que a una comunidad de votantes o un partido político, a «poderes de los negocios». «Un senador representa al Union Pacific Railway System, otro a los intereses de las compañías de seguros de Nueva York... el algodón tiene media docena de senadores», describía.[19]

¿Suena familiar? En 2015 las revelaciones de los casos Penta, SQM y Corpesca, o sobre los «raspados de la olla», los subsecretarios y senadores a sueldo de grupos económicos, y los mails sobre legislación entre financistas y diputados, son síntomas de la misma enfermedad.

Pocos han sido tan efectivos en hacer sonar la campana de alerta sobre la desigualdad económica como Thomas Piketty, quien logró que su mamotreto de 663 páginas, *El capital en el siglo XXI*, se convirtiera en un superventas mundial en 2014. Su tesis sobre el creciente abismo económico que causa el superior rendimiento del capital por sobre el trabajo tiene profundas implicancias políticas, y cuando le pregunté por ellas, durante una visita suya a Chile en enero de 2015, no dudó en destacarlas.

«Es una de las más grandes amenazas a la democracia —fue la tajante respuesta del economista francés—. Puede influenciar la forma en que los políticos actúan, cómo reaccionan a incentivos. Lleva a que las instituciones políticas tengan intereses diferentes a los de estos grupos.»

Los escandalosos correos entre políticos y jerarcas del Grupo Penta acababan de salir a la luz, y el francés estaba perfectamente informado del caso. «Es importante que Chile tome estas oportunidades para reformar sus leyes de financiamiento político», dijo. «Si queremos un proceso político justo, no podemos dejárselo al mercado o a la negociación de votos e influencias.»

Dejar el proceso político al mercado: exactamente la receta que Chile ha aplicado.

19. Robert Justin Goldstein, *Political Repression in Modern America: From 1870 to 1976*, Champaign, University of Illinois Press, 2001, 7.

## Capitalismo sin competencia

La democracia no es la única víctima de esta ley de la selva en la relación entre la política y el dinero. También lo es, paradójicamente, el propio libre mercado.

«La situación de los mercados en Chile no permite sostener que estemos frente a una economía llamada propiamente de mercado», concluye un estudio de 2015 de los economistas Sebastián Faúndez, Gerardo Puelles y Rodrigo Bravo. «Nuestra economía es una economía de mercado oligopolizada con una mediana regulación del Estado sobre los monopolios naturales», dicen.[20]

Puede sorprender que se discuta el carácter de economía de mercado del modelo neoliberal chileno. Pero la verdad es que no hay mercado sin competencia real, y la concentración de propiedad en tan pocos actores afecta gravemente esa competencia. Como se ha visto, en Chile la concentración es extrema y deja muy poco espacio para las empresas que no pertenecen a los conglomerados dominantes. «Al 11 de marzo de 2015 la capitalización bursátil del país alcanzaba a US$226 mil millones, una cifra equivalente a aproximadamente un 82% del PIB. La capitalización bursátil de las empresas de los mayores 13 grupos económicos equivalía a dos tercios del total», escribió Manuel Cruzat Valdés en una columna en *El Mostrador*.[21]

«Chile no es una economía de mercado —dice el doctor en Economía de la Universidad de Oxford José Gabriel Palma—. Es una economía de grupos de mercado, en que grandes conglomerados extraen renta por medio de la concentración oligopólica.» Los grupos intentan evitar la competencia en las áreas que dominan. Lo hacen presionando para entorpecer medidas antimonopolios, para que se aprueben leyes ad-hoc que los beneficien y para evitar la penalización de conductas que violen las reglas del libre mercado.

La principal voz crítica sobre la falta de mercado en Chile no viene desde la izquierda ni de miradas anticapitalistas. Manuel Cruzat

---

20. «Concentración económica en los mercados de Chile», 10-11.
21. «De la Comisión Asesora Política y Dinero y las redes empresariales», *El Mostrador*, 13 de marzo de 2015. Los trece grupos son Falabella, Enersis, Angelini, Luksic (sin Antofagasta Holdings, que no se transa en Chile), Matte, Santander, Cencosud, Lan, BCI, Gener, Corpbanca, Aguas Andinas y Soquimich.

Valdés es hijo del controvertido empresario Manuel Cruzat Infante, para algunos el mentor de la actual generación de ejecutivos de empresas, y quien antes de la crisis del 82 lideraba el mayor grupo empresarial del país. Cruzat hijo siguió la ruta lógica de un «Chicago boy»: Universidad Católica y luego Universidad de Chicago. Y desde esa mirada neoliberal defiende la pureza del sistema económico, no solo en lo que se refiere a las privatizaciones, el rol subsidiario del Estado o la apertura al exterior, sino también en un componente esencial de ese sistema, que en nuestro país suele olvidarse convenientemente: la competencia.

Desde su blog, titulado «Outsider», Cruzat lleva años denunciando las perversiones que atentan contra el modelo chileno: las colusiones que quedan impunes, las fusiones que borran la competencia y que son alegremente permitidas por la autoridad, la promiscuidad de los directorios, en que empresas teóricamente competidoras comparten directores, etcétera. Según Cruzat, en Chile asistimos a «la destrucción gradual del sistema económico que nos rige, por prácticas anticompetitivas».[22]

Prácticas, todas, permitidas o alentadas por la autoridad política. ¿Qué papel tienen en ello los integrantes de ese selecto cienmilésimo de la población que vimos? ¿Ese 0,001%? ¿Esas 45 familias? ¿Esos «cinco apellidos», cada uno de los cuales concentra la misma riqueza que un millón de chilenos? ¿O, en jerga de sociedad anónima, deberíamos hablar de esos accionistas mayoritarios que parecen tan capaces de influenciar las reglas del juego en su favor?

## Chile S.A.

Espero contestar esas preguntas en las siguientes páginas, en las que describiré los métodos con que los grandes grupos asientan su influencia: el financiamiento directo (legal e ilegal) de la política, las redes de lobby, la puerta giratoria entre el sector público y el sector privado, la influencia en partidos políticos y centros de estudios y, en general, el aprovechamiento de las múltiples rendijas del sistema para escribir las reglas que los favorezcan.

22. Manuel Cruzat Valdés, «Lo importante es la colusión», *El Mercurio*, 7 de abril de 2009.

Luego veremos las consecuencias de esta relación incestuosa entre capital y poder político: un sistema de impuestos favorable al gran dinero, manga ancha con las violaciones contra la libre competencia, e impunidad de los delitos de cuello y corbata.

Finalmente, pondremos la lupa sobre ciertas áreas económicas emblemáticas por su poder para modelar las políticas públicas en beneficio de intereses privados: los bancos y los empresarios pesqueros.

Lo que pretendo es dibujar un mapa del verdadero poder del dinero en Chile. Uno que no aparece en las reglas formales. Esas que, en nuestra Constitución, proclaman que «Chile es una república democrática», «la soberanía reside esencialmente en la Nación», «en Chile no hay persona ni grupos privilegiados» y «hombres y mujeres son iguales ante la ley».

Esos son precisamente los principios que guían esta investigación. Los principios de una república, en los que no caben los accionistas mayoritarios ni los socios controladores. Para su defensa debemos estar atentos. Atentos para reaccionar antes de que veamos a nuestra democracia convertida en una sociedad anónima: Chile S.A.

Y antes de que, como le pasó a Antonio Orts, nos encontremos impotentes y en calzoncillos, sin más opción que gritar desnudos mientras los verdaderos dueños toman las decisiones.

## Capítulo uno

# EL TUPIDO VELO

*Chile: not much a country as a country club*
en David Rothkopf, *Superclass*[1]

«¡Están dejando la escoba!»

Eso le gritó Rodrigo Peñailillo, ministro del Interior, a Alberto Arenas, titular de Hacienda, el viernes 9 de enero de 2015. Ese día, la presentación de una querella del Servicio de Impuestos Internos (SII) contra Pablo Wagner, subsecretario de Minería del gobierno de Piñera, encendió la furia del jefe de gabinete. Así se abría una desesperada operación de ocultamiento, cuyos detalles han comenzado a mostrar qué tan hondo se cayó en la confusión entre intereses públicos y privados, y en el contubernio entre el poder político y el gran capital.

Una operación conjunta, con intereses cruzados en La Moneda y en Soquimich (SQM), entre algunas autoridades del gobierno socialista de Michelle Bachelet y la empresa controlada por el antiguo yerno del dictador Augusto Pinochet. Unidos en un abrazo mortal que se había sellado tres años antes. Con el hombre del millón de dólares como providencial casamentero.[2]

## El hombre del millón de dólares

Eran las once de la mañana en Santiago de Chile, y las cinco de la tarde en Madrid y Marbella, cuando ese 30 de agosto de 2013 las pantallas se encendieron en las tres ciudades para iniciar la videoconferencia del directorio de Endesa Chile.

---

1. David Rothkopf, *Superclass. The Global Power Elite and the World They are Making*, Nueva York, Farrar, Straus and Giroux, 2008, 56.
2. Los acontecimientos relatados en este capítulo fueron reconstruidos a partir de entrevistas con protagonistas de los hechos en el SII, el gobierno y el Ministerio Público. Cuando procede, se incluyen citas textuales de las declaraciones de los involucrados ante la Fiscalía.

En tabla había un solo tema. Y no tenía nada que ver con represas, plantas generadoras, líneas de transmisión ni tarifas eléctricas. No directamente, al menos.

El tema era la entrega de platas de la empresa a los candidatos presidenciales y parlamentarios en la campaña que se desarrollaba en Chile para las elecciones del 17 de noviembre. Desde Santiago, presidía el directorio Jorge Rosenblut, hombre de la Concertación, subsecretario de Telecomunicaciones y de la Presidencia en el gobierno de Eduardo Frei. Lo acompañaba Vittorio Corbo, economista cercano a la derecha pero designado en 2003 por el Presidente socialista Ricardo Lagos como presidente del Banco Central. También estaban el director Jaime Bauzá, el ejecutivo y dirigente gremial Enrique Cibié, en representación de los accionistas minoritarios, y Felipe Lamarca, que había sido director de Impuestos Internos en la dictadura y líder de la Sofofa, la patronal de los industriales chilenos.

En Madrid, Alfredo Arahuetes. Y disfrutando del fin del verano en la turística Marbella, el vicepresidente Paolo Bondi y el director Manuel Morán.

La discusión duró 2 horas y 35 minutos, y costó a los accionistas de la multinacional exactamente un millón de dólares. Esa fue la cifra redonda, equivalente a $509.750.000, que los directores acordaron destinar a candidatos a Presidente (primera y segunda vuelta), senadores y diputados. También decidieron mandatar al presidente del directorio para que él distribuyera los fondos entre los involucrados.

No fue, sin embargo, un cheque en blanco. Gran parte de los 155 minutos de sesión se destinaron a repasar los nombres que serían beneficiados y los montos que irían a cada uno, aunque siguiendo la línea general de apoyar tanto a postulantes de la Alianza como de la Nueva Mayoría.

Ese detalle, sin embargo, fue excluido del acta. «Se resolvió omitir toda referencia a las personas receptoras de la mencionada donación», dice el documento, depositado en la notaría de Humberto Santelices y publicado por CIPER en noviembre de 2013.[3]

Cargado con un millón de dólares, Jorge Rosenblut sabía exactamente qué hacer. Llevaba años atravesando una y otra vez la difusa

3. Francisca Skoknic, Francisca Miranda y Gustavo Villarrubia, «Los secretos de las empresas que financian la política: Quiénes son y cuánto gastan», CIPER, 6 de noviembre de 2013.

frontera que separa el poder político del económico en Chile. Ambicioso, ejecutivo y con sólidos vínculos empresariales, había sido el símbolo de los «Frei boys», un mote acuñado por la prensa a mediados de los años 90 para exaltar a un grupo de mandos medios del gobierno de Eduardo Frei. Cosmopolitas y pragmáticos, sin credenciales de lucha contra la dictadura, estaban deseosos de romper con las tradiciones de la vieja política.

No parecía haber barreras para Rosenblut. Pronto fue promovido desde la Subsecretaría de Telecomunicaciones a la Subsecretaría General de la Presidencia, en el corazón de La Moneda. Allí enfadó a su superior, el ministro Genaro Arriagada, «por sus "excesos" de iniciativa y en particular por sus contactos con la empresa privada».[4] Sin embargo, fue Arriagada el que terminó abandonando prematuramente La Moneda.

El estilo impetuoso de los «Frei boys» era también una amenaza para alguien de perfil muy similar, aunque de una generación anterior. El ministro de Defensa, Edmundo Pérez Yoma, igualmente ambicioso, pragmático y cercano a los empresarios, comenzó a resentir el estilo y los contactos de esta estrella en ascenso. Pronto se corrió la voz. Pérez Yoma se había referido en tono despectivo, en reuniones sociales, a una «troika judía» formada por tres de los más connotados «Frei boys»: Rosenblut, el director de la Secretaría de Comunicaciones (Secom) Pablo Halpern, y el gerente de la Corporación de Fomento de la Producción (Corfo), Eduardo Bitrán.

El asunto tuvo visos de escándalo y provocó una protesta formal del Comité de Entidades Judías. Finalmente, Rosenblut abandonó La Moneda el 14 de noviembre de 1997. Nunca más tendrá un cargo político formal. Construirá su regreso al poder desde una base más sólida: el dinero.

## El señor de los sombreros

Además de encabezar una serie de proyectos empresariales en Santiago y Miami, Rosenblut se convirtió en un hombre clave para los españoles

---

4. Ascanio Cavallo, *La historia oculta de la transición*, Santiago, Uqbar, 2012, 424.

de Endesa en Chile. Asumió la presidencia de la distribuidora Chilectra y lideró Smartcom PCS, firma de telefonía móvil del conglomerado.

Paralelamente, entró al directorio de la AFP Cuprum y mantuvo sus contactos políticos transversales. Su proyecto emblema en ese ámbito fue Expansiva, un *think tank* que reagrupó a los «Frei boys», ideado en una cena en casa del entonces gerente general de ENAP, Daniel Fernández, durante la campaña presidencial de 1999. Fernández terminaría, años después, al mando de HidroAysén, el gran proyecto hidroeléctrico conjunto de Endesa y Colbún.

Expansiva se lanzó públicamente en 2001, uniendo a jóvenes estrellas liberales como Andrés Velasco, Pilar Armanet y Jorge Marshall, además de Halpern y Bitrán. Un club exclusivo, de tecnócratas mayoritariamente graduados en Estados Unidos, que organizaba sus encuentros en lugares como Harvard y Valle Nevado.

Y su momento llegó en 2005. Una popular ministra, desconfiada de los dirigentes políticos tradicionales y necesitada de nexos con la empresa, se convirtió en candidata presidencial de la Concertación. Michelle Bachelet apostó por los jóvenes de Expansiva, que le proveyeron caras nuevas, independencia de los partidos y una imagen liberal y moderada. Andrés Velasco se convirtió en su ministro de Hacienda. Eduardo Bitrán en ministro de Obras Públicas. Vivianne Blanlot quedó al mando de Defensa. Karen Poniachik asumió en Minería y Energía (más tarde Marcelo Tokman lo haría en Minería). María Olivia Recart, Jean Jacques Duhart y Pablo Bello coparon las subsecretarías económicas. Daniel Fernández quedó al mando de TVN. Y Jorge Marshall en la vicepresidencia de BancoEstado.

Rosenblut cumplió una misión más reservada, pero vital: recolectar los fondos de campaña. La de 2005 fue la primera elección presidencial con ley de financiamiento, y el hombre de Endesa no defraudó a Bachelet. En fondos declarados legalmente, la candidata de la Concertación recaudó $3.865.021.274, prácticamente la misma cifra que su rival en la segunda vuelta, el millonario Sebastián Piñera ($3.902.539.996), y mucho más que el tercero en contienda, Joaquín Lavín ($2.345.490).[5]

Más allá de las cifras oficiales, cuya confianza hoy está en tela de juicio, es evidente que Rosenblut hizo bien su trabajo. Por primera

5. Servel, «Ingresos elecciones 2005», ver en Estadísticas: Ingresos y Gastos de Candidatos, servel.cl.

vez, una campaña de la Concertación no se vio superada, en despliegue callejero, por sus rivales de derecha, aunque también contribuyó el que la Alianza dividiera sus recursos entre dos postulantes.

Fue, también, el debut de Rosenblut en su doble papel de financista y recaudador. Mientras recolectaba dinero para Bachelet, participaba en la entrega de fondos de al menos dos empresas para la campaña de 2005: Enersis (controladora de Chilectra) y AFP Cuprum.

Rosenblut pide y da, recolecta y distribuye, promete y recibe promesas. Un doble rol que entonces no despertó ningún cuestionamiento, pese a los evidentes conflictos de interés. Poco antes, de hecho, en 2003, había hecho gala de sus intereses cruzados. «Tengo tres sombreros», dijo en una entrevista, y aseguró que «son absolutamente llevaderos y combinables». Se refería a su triple rol como ejecutivo de compañías, empresario por cuenta propia y socio fundador de Expansiva. La entrevista se titula «Jorge Rosenblut: El señor de los sombreros».[6]

## El maletín de Martelli

«Por invitarme a participar, y por la sabiduría de la amistad.»

Esa es la dedicatoria del libro *Dinero y política: una tensa relación*, publicado en 2008. Su autor (autor intelectual, como él mismo se define con lúcido humor negro) es Giorgio Martelli Robba. Y la dedicatoria está dirigida a Ingrid Antonijevic, Guillermo del Valle y Jorge Rosenblut.

Fue Rosenblut quien invitó a Martelli a asumir como administrador electoral de la primera campaña de Michelle Bachelet, en 2005. Convertido en experto en los laberintos de una ley compleja, y que pocos manejaban, el geógrafo se volvió indispensable. Y en 2009, cuando el candidato fue Eduardo Frei, se repitió la dupla Rosenblut-Martelli.

El presidente de Chilectra fue, de nuevo, uno de los recaudadores. Junto a él destacan otros dos hombres fundamentales de la Concertación en la gran empresa. Máximo Pacheco, socialista, presidente de International Paper Brasil y, en 2014, ministro de Energía del segundo gobierno de Bachelet. Y Jorge Awad, democratacristiano, director de

6. «Jorge Rosenblut, presidente de Chilectra y Smartcom: El señor de los sombreros», *DII Economía & Gestión* 26, julio de 2003, 8.

Dirinco en el gobierno de Eduardo Frei Montalva, presidente de Lan entre 1994 y 2012 y luego presidente de la Asociación de Bancos.

Rosenblut, Pacheco y Awad estuvieron a cargo de conseguir las donaciones. La encargada financiera electoral Francisca Contreras gestionó el uso de las platas, y junto a ella trabajaron Martelli, el abogado Cristián Quinzio y uno de los hombres de confianza de Frei, Pedro Yaconi.

En esa campaña ocurrió el primer hecho que vincula directamente a Martelli con platas negras provenientes de SQM, la empresa del exyerno de Pinochet, Julio Ponce Lerou. La empresa Asesorías en Gestión Limitada, de la contadora DC Clara Bensán, emitió dos facturas a SQM por servicios que su empresa nunca prestó. La primera es del 8 de octubre de 2009, en plena campaña. La segunda, del 9 de febrero de 2010, ya después de las elecciones. Ambas suman $92.750.000.

En 2015, ante la Fiscalía, Bensán acusó directamente a Martelli de haberle ordenado la emisión de las facturas y el cobro de ambos pagos. «SQM me dio un vale vista que Martelli me entregó. Yo fui al banco con la escritura de la sociedad, cobré el vale vista y le entregué el dinero a Martelli en efectivo», declaró Bensán sobre el primer pago. Y sobre el segundo aporte, dijo que «entiendo que existían deudas de la campaña presidencial y Giorgio Martelli me volvió a pedir lo mismo, por lo que volví a extender siguiendo sus instrucciones la factura 158 por 58 millones de pesos. El vale vista lo cobré en el banco y luego el dinero en efectivo se lo entregué en un maletín a Giorgio Martelli, que era el hombre de confianza de la campaña en la recaudación de fondos».

Poco después, en 2011, apareció una nueva invitación del «señor de los sombreros». Las noticias que llegaban desde Nueva York eran alentadoras. Michelle Bachelet estaba inclinada a asumir una segunda aventura presidencial. Pero su vuelta a Chile se dilataría hasta 2013. Por esos días, el bacheletismo en Nueva York ya hablaba de una «campaña de Photoshop» para 2012. La expresidenta no regresaría al país para la campaña municipal, pero permitiría que su imagen fuera utilizada por los candidatos de la Concertación.

Se abría la etapa de la «precampaña». Rodrigo Peñailillo, ya de vuelta en Chile tras cursar un posgrado en Europa, era el discípulo ungido por la líder. Rosenblut quedaba otra vez a cargo de las platas. Y Martelli sería el eficiente escudero para las labores de orden y contabilidad.

«Jorge Rosenblut me llamó para pedirme que me incorporara a trabajar en el financiamiento de varios profesionales que requerían mayor estabilidad financiera personal para dedicar tiempo a preparar información, análisis, documentos, etc., para una nueva opción de gobierno de la Concertación», declararía Martelli ante el fiscal nacional, Sabas Chahuán, en 2015. «Producto de estos acuerdos yo constituí, a fines de 2011, la sociedad Asesorías y Negocios, cuyos socios soy yo (sic), sociedad que aún está vigente.»

Según el mismo testimonio, esa primavera de 2011, en reuniones entre Rosenblut, Martelli, Peñailillo y el abogado Cristián Quinzio, se delineó el plan. Peñailillo reclutaría al grupo para comenzar la «precampaña». Rosenblut conseguiría el dinero. Martelli, a través de Asesorías y Negocios (A&N), triangularía los fondos. Y Quinzio ayudaría en el papeleo legal.[7]

Rosenblut sabía perfectamente qué hacer. Se reunió, al menos, con los encargados de dos grandes fortunas que ya habían colaborado con las campañas de Bachelet en 2005 y Frei en 2009: Ponce Lerou y Angelini.

En el caso de SQM, Rosenblut definió los montos en una reunión con Patricio Contesse, mano derecha de Julio Ponce en la empresa minera. «Me reuní en una oportunidad con el gerente general de SQM, cuya única finalidad fue promover un apoyo económico a lo que sería una eventual candidatura presidencial de la Nueva Mayoría. Y no hay nada irregular en eso ni hubo otro encuentro», dijo el ejecutivo cuando la reunión salió a la luz.[8] Los pagos se harían a través de la filial SQM Salar.

En el Grupo Angelini el nexo fue José Tomás Guzmán, histórico hombre de confianza de la familia de ancestros italianos. El procedimiento se repitió: cada grupo comprometió una cantidad fija de dinero. «Jorge Rosenblut me contactó con José Tomás Guzmán y me dijo el monto autorizado para la operación con el Grupo Angelini», aseguró más tarde Martelli a la Fiscalía. «Guzmán estableció la distribución del financiamiento entre las empresas del grupo y me indicó los montos de

7. En sus declaraciones ante la Fiscalía, tanto Rosenblut como Peñailillo niegan haber tenido un rol preponderante en la formación de Asesorías y Negocios.
8. *El Mercurio* (Economía y Negocios), «Jorge Rosenblut: "Me reuní en una oportunidad con el gerente de SQM, no hay nada irregular en eso"», 16 de abril de 2015.

cada empresa de un monto general que se había pactado entre Guzmán y Rosenblut».[9]

Este último reconoce haber gestionado fondos con Guzmán para la campaña de 2005 y, nuevamente, en 2012. «Aprovechando una reunión en la que me tocó participar con ejecutivos del grupo Copec, al final de la misma me acerqué a José Tomás Guzmán, a quien conozco y aprecio mucho y a quien consulté si estarían disponibles para apoyar el proyecto de la futura Nueva Mayoría. La consulta fue bien recibida y así se lo informé a Martelli telefónicamente», declaró el empresario ante la Fiscalía.[10]

No se trataba de fondos legales, porque no había actividades de campaña que financiar. Pero el procedimiento no tenía nada de inusual. Se emitirían boletas o facturas a cambio de servicios simulados o inexistentes. El sistema entregaba una coartada legal (aunque no siempre, como se verá), mantenía las cuentas en orden y permitía a los generosos donantes deducir impuestos, imputando las platas políticas como gasto de la empresa.

Luego, el dinero ingresado a Asesorías y Negocios se triangulaba para pagar sueldos a Peñailillo y su gente, además de gastos operativos como los pasajes aéreos del futuro ministro del Interior a Nueva York, para reunirse con Michelle Bachelet, sus cuentas de teléfono y otros gastos menores, incluido un viaje de María Angélica Álvarez, la «Jupi», colaboradora cercana de la expresidenta.

Así, durante 2011 y 2012, los encargados de sentar las bases del programa de gobierno de la Nueva Mayoría, que prometía combatir la desigualdad mediante reformas de una profundidad inédita tras el regreso de la democracia, se pagaron sueldos gracias a las platas negras provenientes de los grandes grupos económicos. La candidatura que atacaría los privilegios de los «poderosos de siempre» funcionaba gracias al gentil auspicio de esos mismos poderosos, o, en otras palabras, aun antes de nacer el nuevo bacheletismo ya estaba financiado por el gran poder económico, dueño de las riquezas mineras (Ponce Lerou), energéticas, forestales y pesqueras (Angelini).

En la «G-90» cundía el entusiasmo. El grupo de jóvenes dirigentes articulado en torno a Rodrigo Peñailillo soñaba con ser la base de

---

9. Declaración de Giorgio Martelli ante la Fiscalía Nacional, 29 de mayo de 2015.
10. Declaración de Jorge Rosenblut ante la Fiscalía Nacional, 10 de julio de 2015.

un «bacheletismo» que se proyectara en el tiempo y rompiera con las agotadas estructuras partidistas.

Por un momento parecieron lograrlo. Bachelet ganó las elecciones, Peñailillo se convirtió en su ministro del Interior, y los miembros del G-90 tomaron posiciones de poder en los principales ministerios.

Entonces apareció una boleta de un exsubsecretario de Sebastián Piñera investigado por corrupción. Y Rodrigo Peñailillo tomó el teléfono con angustia.

La cuenta regresiva para él había comenzado.

## La chispa que incendia a un gobierno

Ese verano de 2015 comenzaba luminoso para el gobierno y, al menos en público, para Peñailillo. La Moneda, aprovechando su mayoría parlamentaria, lograba aprobar en el Congreso el fin del sistema electoral binominal, el 14 de enero, y la primera parte de la reforma educacional, el 27 de enero.

La oposición no existía. La UDI caía en estado de coma por las escandalosas revelaciones del caso Penta. El oficialismo podía solazarse contemplando cómo la pradera completa de la oposición ardía en llamas, incluyendo, para disfrute adicional, al díscolo exministro Andrés Velasco, cuestionado por el pago de $20 millones desde el Grupo Penta a cambio de un almuerzo, mientras era candidato presidencial en las primarias de la Nueva Mayoría.

Pero el 9 de enero, sin que la opinión pública se enterara aún, saltó la chispa que pondría también al gobierno a merced del fuego.

Ese día, el Servicio de Impuestos Internos presentó una querella criminal por delito tributario contra Pablo Wagner y su cuñada, María Carolina de la Cerda. El UDI Wagner había recibido pagos periódicos de Penta mientras se desempeñaba como subsecretario de Minería de Piñera, y había usado a la hermana de su esposa para triangular los pagos y, de paso, evadir los impuestos correspondientes. La querella era por facilitación y uso de boletas ideológicamente falsas, por la obtención de devoluciones de impuestos indebidas y por la omisión de ingresos en las declaraciones de impuestos a la renta.

Eran 59 boletas de honorarios emitidas entre 2009 y 2014 a siete sociedades, varias de ellas ligadas a Penta. Pero el detalle que enfureció ese viernes a Peñailillo fue otro: una de las empresas mencionadas en la lista de receptores de boletas irregulares era la Sociedad Química y Minera de Chile S.A., SQM.

La querella de Impuestos Internos dejaba con las manos libres al fiscal Carlos Gajardo y sus investigadores para abrir la caja de Pandora de SQM. Una caja que amenazaba a Peñailillo, debido al financiamiento de esa compañía para la empresa Asesorías y Negocios de Giorgio Martelli.

La alerta habría llegado a La Moneda por medio del fiscal regional de la zona Metropolitana Oriente, Alberto Ayala. Ese mismo día, Ayala habría informado a Peñailillo de las consecuencias de la acción de Impuestos Internos: esta querella permitía a la Fiscalía incautar toda la documentación contable de SQM. Pero el fiscal niega haber participado en la filtración, y una indagación encargada por el Ministerio Público no encontró evidencia de que Ayala haya sido la fuente de información de Peñailillo.

Sin embargo, alguien ya había reparado en los potenciales efectos de la inclusión de SQM en la querella contra Wagner y su cuñada. Días antes, mientras revisaba la querella, el director del SII, Michel Jorratt, había hecho la misma observación al subdirector jurídico, Cristián Vargas, encargado de presentar las acciones judiciales del Servicio.

—Pero, Cristián, nosotros no estamos investigando a SQM.

—Es una de las boletas que aparecen. Sería extraño excluirla.

Jorratt no insistió, y la querella se presentó con la boleta incluida. Por esa época la relación del director de Impuestos Internos con Vargas era excelente, y los reparos de ambos eran más bien contra el fiscal Carlos Gajardo, a quien le reprochaban la poca confianza que mostraba para compartir datos con el SII.

Vargas no conocía aun un dato clave: el propio Jorratt había sido parte del equipo de profesionales pagados por la empresa de Martelli, gracias a las platas negras de SQM y Angelini. Entre marzo de 2012 y abril de 2013, Jorratt había emitido doce boletas, por un total de 13.333.332. Con o sin su conocimiento, el trabajo de Jorratt en el diseño de una reforma tributaria que pretendía poner coto a la evasión y la elusión de impuestos se pagaba a través de una empresa que había conseguido recursos sin prestar servicios, cuestión que le permitía a las compañías «donantes» acrecentar sus gastos y, así, evadir impuestos.

De modo que Jorratt estaba atrapado en un drama en que era al mismo tiempo víctima de presiones desde arriba y protagonista de intereses cruzados entre su situación personal y su deber como director del SII. Su errática actuación en los meses siguientes, que combinó momentos de dureza con otros de fragilidad, no se explica sin entender ese nudo fundamental.

Alberto Arenas había reclutado personalmente a Jorratt para la «precampaña», había acordado con él el sueldo de $1.000.000 líquidos que se le pagaría a través de las boletas de A&N, y el 4 de enero de 2012, en una primera reunión en la Universidad de Chile, había acotado los temas en que el especialista debía trabajar. Luego lo había puesto en la dirección del SII, y como su superior jerárquico estaba en la línea directa de fuego.

Por eso, fue Arenas quien recibió la furia de Peñailillo ese 9 de enero de 2015. De inmediato el ministro de Hacienda puso a su jefa de gabinete, Andrea Palma, a cargo del control de daños. Palma se comunicó con Jorratt y lo convocó a una reunión urgente. «El ministro está enfurecido», dijo ella. Jorratt quedó con la misión de buscar una fórmula para acotar el efecto expansivo de la inminente apertura de la contabilidad de SQM. Conversó con Vargas, y fue él quien dio con una solución de compromiso: como Wagner tenía una sola boleta de SQM, de junio de 2009, se podría aclarar que las diligencias solicitadas se referían solo a ese mes, y no a los cinco años (2009-2014) que permitía el plazo de prescripción.

Y así se hizo. De urgencia, Impuestos Internos redactó un escrito aclaratorio especificando que únicamente pedía a la Fiscalía incautar la documentación referida al mes de la boleta. Fue el primer efecto concreto de las presiones de La Moneda sobre el SII.

Tras un fin de semana frenético, el SII presentó el escrito aclaratorio ante la Fiscalía el día hábil siguiente, el lunes 12 de enero. Pero el peligro persistió. Solo la revisión de la contabilidad de ese mes le permitió al equipo de Gajardo encontrar a diecinueve contribuyentes vinculados con políticos. Entendiendo que se abría el cofre del tesoro, la Fiscalía afirmó su intención de revisar la contabilidad completa de la empresa controlada por Julio Ponce. Entonces, vino un segundo intento por frenar la investigación: Jorratt y Vargas fueron convocados a una reunión en el Ministerio de Hacienda.

## Un abogado de confianza

«Esta es una no reunión. Nunca ha existido.»

La advertencia la hizo Andrea Palma, jefa de gabinete de Alberto Arenas, en la sala de reuniones del piso 11 del Ministerio de Hacienda. Reinaba un ambiente tenso. Palma presentó a Jorratt y Vargas al cuarto asistente a la reunión: un hombre llamado Samuel Donoso. «Él es un abogado de confianza del gobierno, que ya nos ha estado ayudando en casos anteriores», dijo Palma. «Necesitamos que le cuenten en detalle qué están haciendo con el tema SQM.»

Lo que siguió no fue una conversación, sino un interrogatorio. Con un estilo muy agresivo, Donoso inquirió a Jorratt y a Vargas sobre los alcances de la querella. Por qué la presentaron. Por qué incluyeron una boleta de SQM. Qué antecedentes tenían. Qué podía encontrar la Fiscalía. La cita duró veinte minutos.

Abogado PPD, representante de Guido Girardi en varias causas judiciales y muy cercano a Peñailillo, Donoso sería desde ese momento el hombre a cargo de buscar una salida jurídica al embrollo. Una meta para la cual SQM y algunos personeros de La Moneda actuarían en conjunto desde ese mismo día.

En la articulación de ese nexo entre la empresa de Ponce Lerou y el gobierno tuvo un papel Enrique Correa. El lobista más poderoso de Chile, a cargo de la gestión de crisis de la minera, mantenía una fluida comunicación con Rodrigo Peñailillo. Además, su hijo Carlos, que había sido su mano derecha en Imaginacción, estaba instalado en el corazón de La Moneda, como director interino de la Secom. Una muestra pública de la coincidencia de las estrategias llegaría poco después.

El 22 de marzo, el director de SQM Hernán Büchi, en su habitual columna en *El Mercurio*, denunció una «peligrosa dinámica de caza de brujas» en las denuncias sobre financiamiento ilegal de la política. Dos días después, el ministro del Interior usó exactamente la misma figura ante los cuestionamientos de la prensa. «Paremos la caza de brujas y respetemos la honra de las personas», pidió Peñailillo.

## «Ya está todo hablado»

Sintiéndose cercado, Peñailillo aumentó la presión sobre Arenas y Palma. La jefa de gabinete convocó a Jorratt a una nueva reunión para repetirle las instrucciones que llegaban desde La Moneda. «El ministro de Interior había dado la instrucción de que el SII no debía hacer nada más en relación a SQM. Cito textualmente: "Que no se moviera"», declaró Jorratt ante la Fiscalía.[11]

El abogado Samuel Donoso ya tenía un plan en mente. Y tardó solo algunos días en diseñar su estrategia y comunicarla a Peñailillo y Arenas. Aquí entró en escena otro personaje: Alberto Cuevas, coordinador de política tributaria del Ministerio de Hacienda. Exabogado de Impuestos Internos, cercano a la DC y figura clave en la implementación de la reforma tributaria, Cuevas fue el recadero que comunicó al SII el nuevo curso de acción.

Como la Fiscalía ya había pedido la documentación contable de SQM, Impuestos Internos debía postergar al máximo una querella contra la minera. Mientras tanto, se buscaría otra maniobra para frenar a Gajardo.

«Esto viene del ministro del Interior», le advirtió Cuevas al abogado Cristián Vargas cuando lo visitó en su oficina en la subdirección jurídica del SII. Peñailillo le habría entregado la instrucción a Andrea Palma, quien a su vez lo había mandatado a él. La propuesta, diseñada por Samuel Donoso y visada por Peñailillo, era compleja. «El plan es que SQM entregue toda su documentación contable a Impuestos Internos, y cuando la Fiscalía se las pida, ustedes se nieguen a facilitarla. Así se forma una controversia jurídica entre dos órganos del Estado, que llega al Tribunal Constitucional», explicó Cuevas a Vargas.

Y había más: «Ya está conversado con el presidente del Tribunal Constitucional, y este resolvería a favor del SII. Así, ustedes se quedan con los datos, no presentan la querella, y solo persiguen sanción pecuniaria contra SQM».[12]

El mismo mensaje llegó a Jorratt, pero esta vez de boca del propio ministro de Hacienda: «Ya está todo hablado con el presidente del TC», le aseguró Arenas, refiriéndose a Carlos Carmona, jurista DC nombrado en el cargo por Michelle Bachelet. Al día siguiente, apareció en la oficina de Vargas uno de sus antecesores en la subdirección jurídica del SII, Pablo González. El abogado aseguró que llegaba con plenos poderes

11. Declaración de Michel Jorratt ante el fiscal nacional, 25 de junio de 2015.
12. Este relato fue ratificado por Cristián Vargas en declaración ante la Fiscalía, el 23 de julio de 2015. Alberto Cuevas declinó entregarnos su versión de los hechos.

de SQM para cerrar los detalles jurídicos del acuerdo. La coordinación entre la minera de Ponce y el gobierno era perfecta: González repitió los mismos planteamientos de Cuevas, y agregó que SQM estaba dispuesta a rectificar las declaraciones de impuestos, incluso respecto de periodos que estuvieran prescritos, y pagar el máximo de las multas, a cambio de que el Servicio no se querellara.

Entonces, Jorratt citó a Vargas a una nueva reunión, junto a su jefa de gabinete, Elena Amaya, y al subdirector de Fiscalización, Víctor Villalón.

Villalón y Amaya apoyaron la estrategia: no entregar la documentación al Ministerio Público, radicando en el SII el poder de sancionar los delitos tributarios sin llegar a la justicia penal. De hecho, estaban preparando una declaración pública convocando a empresas con irregularidades semejantes a Penta para que se denunciaran a sí mismas, rectificaran sus declaraciones de impuestos ante el SII, y pagaran los impuestos adeudados y las multas correspondientes. Se abría así la ancha puerta de la salida extrajudicial para SQM y las demás empresas sospechosas de financiar irregularmente la política.

Vargas aceptó la declaración, pero exigió que esta dejase a salvo la posibilidad de la acción penal en caso de configurarse delitos, y que se aprovechara la ocasión para decir que el SII ponía desde ya a disposición de la Fiscalía los antecedentes contables entregados por Soquimich. La discusión subió de tono, mientras Jorratt vacilaba entre una y otra posición. Finalmente, en una conferencia de prensa el 12 de marzo, el director del SII, flanqueado por el subdirector jurídico, llamaría a las empresas a regularizar su situación «voluntariamente».

El día anterior, Samuel Donoso había echado a andar su estrategia. El 11 de marzo, justo cuando el gobierno cumplía un año en La Moneda, el abogado PPD había presentado un recurso judicial en nombre de Patricio Contesse, exgerente de SQM, para frenar la incautación de documentos en la empresa. «Pedimos que la Fiscalía se abstenga de realizar diligencias», declaró Donoso a la prensa.

Gracias a las presiones de La Moneda, Impuestos Internos seguía sin presentar una querella contra SQM. Y ese era el argumento de Donoso: «Nos estamos oponiendo a diligencias de investigación que desarrolla el Ministerio Público para investigar supuestos delitos tributarios, sin que exista una querella o denuncia que lo avale por parte del SII», decía el jurista.

La querella estaba lista desde mediados de enero, pero Jorratt seguía vacilando. Desde La Moneda le hicieron llegar un documento que resumía la tesis de Ricardo Escobar, exdirector del Servicio y socio del estudio de abogados que representa a Julio Ponce. Según Escobar, los aportes políticos contra boletas o facturas por servicios no prestados no constituyen delito, por lo que el SII no debía querellarse. Dentro del organismo, esa tesis fue respaldada por el subdirector normativo, Juan Alberto Rojas, y rechazada por Cristián Vargas.

## Jorratt se rebela

El Octavo Juzgado de Garantía rechazó la cautela presentada por Donoso, y entonces se desató la operación: el directorio de SQM envió la información contable del período 2009-2014 al Servicio de Impuestos Internos, mientras Donoso recurría al Tribunal Constitucional para frenar a la Fiscalía. Ambas acciones, en teoría independientes, estaban perfectamente coordinadas.

La segunda sala del TC, presidida por Carmona, acogió de inmediato el requerimiento y suspendió las acciones de la Fiscalía. Todos los integrantes de la sala que debía ver el recurso eran del lado «político» del Tribunal. Junto con Carmona, votaron a favor de Contesse los ministros designados por el Presidente Piñera, Iván Aróstica y María Luisa Brahm, y los cuoteados por el Senado, el exsubsecretario DC Gonzalo García y el exdiputado UDI Cristián Letelier, salpicado en el caso Penta por un correo en que pedía dinero a los controladores del grupo.[13]

Con esa maniobra se cerraba el diseño de SQM e Interior: la minera pagaría las multas, el SII no se querellaría ni entregaría la documentación contable de la compañía al Ministerio Público, el TC le daría la razón y la Fiscalía quedaría atada de manos: sin atribuciones legales para investigar, y sin información para avanzar en la indagatoria.

Entonces, Andrea Palma transmitió a Jorratt una nueva instrucción del ministro del Interior, que pasaba de la desesperación al ridículo: «Quería que, aprovechando que el Tribunal Constitucional había acogido

13. El Tribunal Constitucional está formado por diez ministros: cuatro son designados por el Congreso, donde opera un sistema de cuoteo entre gobierno y oposición; tres por el Presidente de la República y tres por la Corte Suprema.

a tramitación el recurso presentado por la empresa, el SII concurriera hasta el domicilio de SQM para llevarse toda la información contable, en camiones si era necesario, de tal forma que la Fiscalía no encontrara ningún antecedente», afirmó Jorrat en su declaración ante la Fiscalía.[14]

La imagen de una flota de camiones con el logo de SII llegando a las oficinas de SQM para incautar un disco duro era tan absurda que Jorratt no pudo evitar la carcajada. Palma también rió un momento.

Ese fue el instante en que Michel Jorratt, cada vez más incómodo por las presiones, se salió del libreto. Impuestos Internos no alegaría en favor de Contesse ante el Tribunal Constitucional, quitándole así toda legitimidad a la estrategia de Donoso de convertir el caso en una controversia entre dos instituciones del Estado. El escenario cambió abruptamente: ahora era solo un particular —un exgerente de SQM— intentando bloquear la acción conjunta de tres organismos estatales. El 25 de marzo de 2015, el abogado Cristián Vargas terminó alegando en el TC en contra de la solicitud de Contesse, haciendo causa común con la Fiscalía y el Consejo de Defensa del Estado.

Dos días antes, el 23 de marzo, el SII había presentado por fin la querella contra Patricio Contesse y otras seis personas por el caso SQM, demoliendo el principal argumento de Samuel Donoso. El Tribunal Constitucional rechazó su recurso.

## Jovino y la lección del Pollo Fuentes

El caso SQM parecía imparable, pero las presiones sobre el Servicio de Impuestos Internos continuaron. Y no solo desde La Moneda. La UDI también presionó a Jorratt a través de Hacienda, intentando salvar al líder histórico del partido Jovino Novoa.

A raíz del caso Penta se conocieron graves antecedentes sobre evasión tributaria del exsenador. El partido hizo llegar una minuta a Arenas, y su jefa de gabinete se la envió a Jorratt. Acusaba persecución política.

El director del SII pidió entonces que los datos de la empresa de Novoa, Inversiones y Mandatos, pasaran a la subdirección de Fiscalización y no a la Jurídica. Pero era demasiado tarde: la Fiscalía ya había pedido esa información.

14. Declaración de Michel Jorratt ante el fiscal nacional, 25 de junio de 2015.

También el senador UDI Juan Antonio Coloma movió sus influencias. El 3 de mayo, pidió audiencia a Jorratt para hablar del proyecto de modernización del SII. Pero al día siguiente, en la reunión, planteó otro tema:

«Espero que no se presente la querella [contra Novoa], pero de haberla no nos quedará otra que contraatacar o reaccionar».[15]

Según Jorratt, el mismo Coloma y otros parlamentarios se le acercaron en el Congreso para interceder por Novoa y por la familia del dueño de Penta, Carlos Délano. La versión de Coloma es distinta: «Yo siempre le dije, tanto en público como en privado, que lo importante es que en esta materia se actúe con justicia, sin persecución para nadie».

Entre tanto, Jovino Novoa ya había conseguido un privilegio irregular. Como denunció en su momento CIPER,[16] en marzo de 2015 el exsenador obtuvo la condonación del 55% de sus impuestos adeudados, pese a que, al tener una anotación en línea, no podía recibir beneficio alguno.

La condonación jugaba a favor de la defensa judicial de Novoa. Quien mejor lo sabe es el abogado que gestionó el recurso: Renato Catalán.

Catalán lo aprendió de la manera más difícil: con una derrota. Actuando como abogado del Servicio de Impuestos Internos, sufrió un revés judicial en una causa de alto impacto: la querella por evasión contra José Alfredo «Pollo» Fuentes. El cantante y animador fue sobreseído por la Corte de Apelaciones, que revocó un fallo en su contra del 23 Juzgado del Crimen. ¿La razón? El SII había aceptado un pago previo de Fuentes, «por lo que a la fecha de la interposición de la acción penal, no existía afectación del erario nacional, al haber pagado el querellado la deuda tributaria».[17] El 6 de abril de 2010, pese a los alegatos de Catalán, la Corte Suprema ratificó el sobreseimiento del animador.

Y como Impuestos Internos concedió el beneficio irregular a Novoa el 23 de marzo de 2015, y recién se querelló contra él el 11 de mayo, los argumentos de la Suprema en el caso del «Pollo» Fuentes, que tan bien conoce el abogado Catalán, son una carta bajo la manga.

---

15. Íd.
16. Mónica González y Pedro Ramírez, «Presión de Interior y Hacienda para postergar querella contra Martelli provoca quiebre en el SII», CIPER, 8 de mayo de 2015.
17. Fallo de la Segunda Sala de la Corte Suprema, Rol Nº 7913-08, 6 de abril de 2010.

Pese a que en un principio negó todos los hechos, se opuso a declarar y calificó la investigación como «ideológicamente falsa», Jovino Novoa cambió de estrategia. El 3 de noviembre entregó su testimonio, como imputado, ante la Fiscalía, y aceptó algunos de los hechos por los que fue acusado, como haber recibido $30 millones de Penta para financiar la campaña de Pablo Longueira en la primaria contra Andrés Allamand (usando boletas falsas), y haber rebajado ilegalmente la carga impositiva de su sociedad Inversiones y Mandatos contabilizando gastos inexistentes. De este modo, cumplió el requisito de haber colaborado con la investigación para optar a un juicio abreviado. Este se realizó el 27 de noviembre de 2015, ocasión en que el ex presidente de la UDI fue condenado por delitos tributarios.

La operación conjunta de Interior y SQM no logró bloquear la investigación sobre la minera. Peñailillo y Arenas salieron del gabinete en mayo de 2015, dos días después de que CIPER publicara un reportaje denunciando presiones del gobierno sobre Impuestos Internos. El ahora exministro del Interior ha sido asesorado por el lobista Enrique Correa y el abogado Gabriel Zaliasnik, defensor de involucrados tanto en Penta como en SQM.

Ni Michel Jorratt ni Cristián Vargas sobrevivieron a la intervención de La Moneda sobre Impuestos Internos. Ambos fueron destituidos y la llave de las querellas y las investigaciones quedó, primero, en manos del director subrogante Juan Alberto Rojas, cuestionado por autorizar la condonación a la empresa Johnson's en 2012, y luego del nuevo titular, Fernando Barraza. Con ellos, el SII se ha inclinado hacia la «tesis Escobar», tan cómoda para el mundo político, en que las empresas rectifican, reciben multas y no hay querellas que puedan ser investigadas por la Fiscalía.

Así ha comenzado a ocurrir con las otras compañías sospechosas de financiamiento político irregular. En los casos de Ripley, Alsacia, Copec y Celulosa Arauco, los antecedentes han sido enviados a la subdirección de Fiscalización, y no a Jurídica, y no se han presentado querellas.

En los contados casos en que sí se han presentado querellas, estas han sido nominativas, lo que entorpece la posibilidad de investigar a otros involucrados.

Un año después del desesperado telefonazo de Peñailillo a Arenas, el tupido velo de la impunidad amenaza con extenderse sobre los delitos tributarios con fines políticos del gran dinero en Chile.

## Capítulo dos

# EL ORO Y EL PODER

*Tenemos el poder económico,*
*que hace casi todo posible*

Orlando Sáenz,
presidente de la Sofofa (1971-1974)

Recurrencias de la historia. En 2015, SQM establecía una alianza espuria con un gobierno. Un pacto informal que mezclaba y revolvía intereses públicos y privados. Noventa años antes, en 1925, sus antecesores en el negocio de los nitratos habían hecho exactamente lo mismo.

SQM fue fundada en 1968 como una empresa mixta público-privada, sucesora de Covensa, continuadora a su vez de Cosach, la primera alianza que incluyó al Estado en el negocio del salitre. La historia de Cosach se remonta a 1925, cuando los Guggenheim compraron las firmas inglesas Coya Norte y Anglo Chilean Nitrate and Railways Company. Los magnates estadounidenses desplazaron así a los británicos como actores principales del mercado del salitre.

Fue una jugada arriesgada: la invención del salitre sintético en Alemania, durante la Primera Guerra Mundial, hacía incierto el futuro de la industria. Pero los Guggenheim confiaban en sus adelantos técnicos (el «sistema Guggenheim» les permitía automatizar parte de las faenas y reducir costos) y, especialmente, en sus contactos políticos para conseguir el favor del Estado.

El hombre clave en Chile se llamaba Agustín Edwards Mac Clure. El tercero de los «agustines» es tal vez el personaje más fascinante de la dinastía de los Edwards. Tras heredar el imperio económico familiar en 1897, a los diecinueve años, usó su fortuna para escalar en el mundo de la política, como financista del Partido Nacional o Montt-Varista. Fue vicepresidente de la Cámara de Diputados, ministro del Interior, canciller y embajador plenipotenciario en Londres, uno de los cargos más influyentes del país en una época en que Gran Bretaña era nuestro principal socio comercial.

Tras quedar a las puertas de la Presidencia de la República en 1910, apoyó desde temprano la carrera de Arturo Alessandri Palma. El «León de Tarapacá» se convirtió en un amigo, y Edwards en uno de sus consejeros más influyentes cuando Alessandri ganó la Presidencia, en 1920. Por eso, al año siguiente, cuando los Guggenheim desembarcaron en Chile, sumaron a Edwards como un aliado para su causa. En agosto de 1921, Solomon Guggenheim le propuso al empresario convertirse en el representante de sus intereses en Chile. Agustín III aún era embajador en Londres, pero los estadounidenses entendían que esa representación no era cosa de cercanía física ni trabajo de oficina, sino de lo relevante: el contacto privilegiado con el poder económico y con el ocupante de La Moneda.[1]

En febrero de 1925, poco después de regresar a Chile, Edwards fue nombrado presidente de la Anglo Chilean Consolidated Nitrate Company, la nueva compañía en que los Guggenheim habían reunido todos sus negocios salitreros. De inmediato, el Presidente Alessandri lo designó presidente de la estatal Comisión del Salitre.

El conflicto de intereses era palmario, pero nadie se inmutó. Como presidente de la Comisión, Edwards otorgó a su propia empresa la concesión para expandir una compañía ferroviaria a Chuquicamata, pese a la oposición de la empresa británica Antofagasta-Bolivia Railways. Siguió trabajando para los Guggenheim, usando sus múltiples sombreros, como presidente de la Comisión, líder de la compañía, y también albacea. A la muerte del empresario Federico Santa María, Agustín III quedó como custodio de sus acciones, incluyendo el 55% de la salitrera Alianza Nitrate Company. Sin consultar a los accionistas minoritarios, británicos en su mayoría, ni escuchar las ofertas de las salitreras inglesas, vendió de inmediato a los Guggenheim.

Los británicos se enfurecieron con el exembajador en Londres, y lo demostraron en las comunicaciones entre la legación en Santiago y el Foreign Office: «Es una lástima, hasta hace poco habíamos considerado al señor Edwards como un amigo incondicional. Siempre fue una serpiente en el pasto»,[2] se lamentaron. Y acusaron: «Los Guggenheim

---

1. Víctor Herrero, *Agustín Edwards Eastman. Una biografía desclasificada del dueño de El Mercurio*, Santiago, Debate, 2014, 151 y ss.
2. Alejandro Soto Cárdenas, *Influencia británica en el salitre: Origen, naturaleza y decadencia*, Santiago, Universidad de Santiago, 1998, 408.

habrían comprado a Edwards por 100.000 dólares al año», y por la venta de las acciones de Santa María «le habrían pagado 30.000 libras esterlinas en efectivo, que los negociadores británicos no habrían querido cancelarle».[3]

Agustín Edwards era un gestor eficiente y el heredero de un considerable imperio económico, pero su mayor valor para los Guggenheim era su cercanía con el jefe de gobierno, y la influencia que ejercía. Algo que cambió cuando los vientos políticos soplaron en otra dirección.

En 1927 llegó al poder Carlos Ibáñez del Campo, enemigo jurado de Alessandri y, por extensión, de Edwards. Los norteamericanos querían formar un gran cartel público-privado para monopolizar la producción, exportación y comercialización del salitre, y encontraron un oído atento en el general. Pero había un problema. «Agustín Edwards era persona non grata para las autoridades chilenas, las que presionaron a los Guggenheim para que se deshicieran de él», se dice en *Agustín Edwards Eastman. Una biografía desclasificada del dueño de El Mercurio,* de Víctor Herrero.[4]

Los norteamericanos despidieron sin más ceremonia a Edwards, y entonces hubo trato: el 21 de julio de 1930 se creó la Compañía de Salitres de Chile (Cosach), con condiciones muy ventajosas para los privados, incluida la absorción de sus deudas por el Estado.

Justo a tiempo para los Guggenheim. La gran recesión ya comenzaba y el declive del salitre era imparable. Dos años y medio después, Ibáñez estaba en el exilio, Alessandri de vuelta en La Moneda, y la Cosach era disuelta y reemplazada por el estanco de Covensa (Corporación de Ventas de Salitre y Yodo de Chile).

El negocio había sido ruinoso para el Estado y las empresas del fallido cartel acumulaban enormes cuentas impagas con… Agustín III, a través de otro de sus «sombreros»: prestamista de las salitreras por medio de su Banco de A. Edwards.

Con su amigo de regreso en la casa de gobierno, en todo caso, estaba claro que no haría frente a una cesación de pagos. «El Banco de A. Edwards estuvo entre los primeros acreedores en recuperar totalmente su dinero, intereses incluidos».[5] Según el historiador Ricardo Nazer,

3. Íd., 409 y 412.
4. Herrero, *Agustín Edwards Eastman*, 155.
5. Íd., 156.

Edwards «hizo un fuerte lobby para que el Estado pagara las hipotecas de las salitreras quebradas. Ese fue el primer salvataje del Estado al Grupo Edwards, el segundo vendría después con [Augusto] Pinochet».[6]

No sería, lo sabemos, la última vez que la minería no metálica hiciera valer sus intereses particulares como razones de Estado. Pero tampoco era la primera. Esta historia de relaciones cruzadas y conflictos de interés se remonta al siglo XIX, a la época del Far West a la chilena.

## Los millonarios de Chile viejo

El siglo XIX es la época de oro del *laissez-faire* económico. En Chile, la independencia puso fin al monopolio español sobre la producción de su colonia y abrió enormes perspectivas de negocio para hombres ambiciosos, muchos de ellos inmigrantes. La apertura de la economía exportadora a Europa, California y Australia, junto con la explotación de valiosos yacimientos de plata y cobre en el norte, y de carbón en el sur, fueron fuente de nuevas riquezas. El eje del poder económico se desplazó desde una sociedad agrícola, dominada por los latifundistas de origen castellano y vasco del Valle Central, hacia los nuevos emprendedores del negocio minero, el comercio y la especulación financiera, muchos de ellos británicos.

Mientras, en el ámbito político, la Constitución de 1833 marcó el nuevo orden portaliano: una república oligárquica con derechos políticos restringidos mediante el voto censitario y el autoritarismo presidencial. Se formó así una elite político-económica indiferenciada, en que los principales oligarcas ejercieron cargos relevantes en ambas áreas y al mismo tiempo. El personaje prototípico de aquellos años es político a la vez que hombre de negocios, dos «sombreros» que podía calzarse al unísono sin ningún cuestionamiento.

El «organizador de la República» es el mejor ejemplo. Diego Portales era un comerciante totalmente ajeno a la política, hasta que advirtió allí la posibilidad de hacer un buen negocio. En 1824, junto a su socio José Manuel Cea, obtuvo del Estado el estanco del tabaco, que incluía además el té, los licores importados y los naipes. A cambio de ese monopolio legal, la compañía de Portales debía pagar cuotas anuales de

6. Ibíd.

la deuda que el fisco había contraído para financiar la Expedición Libertadora del Perú, el llamado «empréstito de Irisarri». El negocio duró apenas dos años y resultó un desastre para el Estado: Portales no pagó una sola cuota de la deuda externa.

Años después, en 1832, se descubrió el mineral de Chañarcillo y comenzó la «fiebre de la plata», que atrajo a miles de cazafortunas al «Far West» criollo del norte, y generó la primera gran acumulación de capital en Chile, concentrada en la riqueza minera y financiera.

Ambas actividades son difícilmente separables. En esa época, se lee en memoriachilena.cl, «los productores y fundidores de mineral dependían fuertemente de los prestamistas y habilitadores. La habilitación era una institución de antigua data, mediante la cual un comerciante proporcionaba los capitales necesarios para poner en funcionamiento la mina; a cambio, recibía la producción a un precio menor que el del mercado y un interés mensual. Existían, también, otras formas de crédito, las que por lo general conllevaban intereses usureros sobre el capital prestado (...) A la larga, el auge minero benefició a los banqueros y habilitadores —como José Gregorio Ossa y Agustín Edwards Ossandón [Agustín I]— más que a los mismos productores».[7]

Esta nueva elite empresarial, que dominará el Chile del siglo XIX, fue descrita en 1882 por Benjamín Vicuña Mackenna, quien en una carta al diario lista las principales fortunas del país.[8] El primer «mapa de la extrema riqueza» chileno lo encabezaba la familia Edwards, con $33 millones sumando la riqueza atribuida a tres miembros de la familia: Juana Ross de Edwards, Agustín y Arturo Edwards Ross. Les seguían Carlos Lambert, con $15 millones, los Cousiño Goyenechea con $14 millones, los Brown con $10 millones y los Matte con $9 millones. Los 59 nombres sumaban $174 millones, casi la mitad del PIB de Chile en la época. De hecho, la fortuna de los Edwards equivalía al 7% del PIB, una proporción muy similar a la que tienen los Luksic en el Chile de 2015.[9]

7. Biblioteca Nacional, «Dependencia del capital financiero», en memoriachilena.cl.
8. Benjamín Vicuña Mackenna, «Los millonarios de Chile viejo», *El Mercurio* (Valparaíso), 26 de abril de 1882.
9. Azucena González, «Cuáles eran y cuáles son las grandes fortunas chilenas», *El Mercurio*, 18 de septiembre de 2010.

Las fuentes de la riqueza tampoco han cambiado demasiado. Tal como los Luksic de hoy, gran parte de la fortuna de estos grupos primigenios provenía de la minería y el crédito. Apenas el 20% del patrimonio procedía ya de la posesión de tierras.

Todos ellos tenían figuración preponderante también en la política. Un caso es la dinastía de los Edwards. Agustín I fue diputado y senador. Agustín II fue diputado, senador, presidente del Senado, ministro de Industrias, Obras Públicas y de Hacienda. Agustín III, como ya está explicado, fue diputado, ministro del Interior, canciller y ministro plenipotenciario en Londres. El empresario minero Carlos Lambert, pese a ser francés, fue intendente y alcalde de La Serena. Matías Cousiño, dueño del carbón de Lota, fue diputado y senador; su hijo y heredero, Luis Cousiño, también fue diputado. Augusto Matte Pérez ejerció como senador y ministro de Justicia, Hacienda y de Relaciones Exteriores.

La militancia política no hacía demasiada diferencia. Los hacendados solían pertenecer al Partido Conservador, y los banqueros y mineros al Nacional (como Edwards) o al Liberal (como Cousiño). Más allá de las diferencias sobre el papel de la Iglesia Católica que separaban a los partidos, el orden económico motivaba el consenso en la elite gobernante.

## «Mi oro vale mucho más que el poder»

Pedro Félix Vicuña, el padre de Benjamín Vicuña Mackenna, describió ya en 1858 el modus operandi de esos primeros «dueños de Chile»:

«Entre ellos el lujo consiste en abrir una caja de documentos y escrituras, y decir separándolas: "Todos estos deudores dependen de mí, todos tienen que seguir mis banderas, el Presidente de la República, sus ministros, todos están bajo mi férula; ellos no me podrán negar lo que yo les solicite, mayor gloria es mandar a los que mandan; mi oro vale mucho más que el poder; pobre del que me resista, irá a una cárcel y será arruinado"».

Vicuña concluía advirtiendo que «este lenguaje no es una figura, es un hecho del que todo Chile es testigo, y se repite cada día».[10]

10. Pedro Félix Vicuña, *El porvenir del hombre*, Santiago, Biblioteca Fundamentos de la Construcción de Chile, 2010, 103.

¿Cómo actuarían aquellos cuyo «oro vale mucho más que el poder» cuando ese oro se viera amenazado? La respuesta llegó en 1878.

«Se hacen de imperiosa necesidad varias modificaciones y nuevas medidas en nuestro sistema rentístico, a fin de ponerlo al abrigo de la grande y desastrosa influencia que hoy tiene sobre él el precio del cobre y de la plata». La frase podría describir a algún economista inquieto por la dependencia chilena del cobre y la falta de valor agregado en nuestras exportaciones en 2016. Pero en verdad es del novelista Alberto Blest Gana, entonces embajador de Chile en Francia, en una carta al Presidente Aníbal Pinto, el 25 de enero de 1878.

Eran días difíciles para Chile. La baja en el precio mundial del cobre ponía abrupto fin al boom de crecimiento gracias a las exportaciones mineras. Sin dinero para cumplir sus compromisos, ese año el fisco debió suspender la convertibilidad del papel moneda. Entonces, el gobierno propuso una reforma tributaria para establecer normas de recaudación modernas. El proyecto intentaba aplicar impuestos a la herencia, a la renta y a las ganancias y operaciones financieras. En otras palabras, por primera vez, se quiso «imponer impuestos a las fortunas privadas».[11] Los recursos parecían indispensables: además de la declaración de inconvertibilidad, el orden público comenzaba a deteriorarse por la incapacidad del Estado para financiar los cuerpos policiales.

Pese a la urgencia, desde París, el embajador Blest Gana advirtió al Presidente Pinto: «¿Cuántas demoras, cuántos obstáculos va a encontrar este valiente propósito? No se necesita estar dotado de una perspicacia excepcional para vaticinar que serán infinitos». Y así fue. El 18 de diciembre, Pinto reclamó en sesión conjunta del Congreso por la demora en la discusión de «las dos grandes medidas clamadas en voz alta por el delicado estado del país, la introducción de un impuesto a la renta y un impuesto a las herencias».[12] Recién en abril de 1879 se aprobó una versión muy suavizada de la ley: la oligarquía económica ya empujaba una solución diferente para la encrucijada de desarrollo en que se encontraba Chile.

---

11. Luis Ortega, *Los empresarios, la política y los orígenes de la Guerra del Pacífico*, Santiago, Flacso, 1984, 10.
12. Íd., 13.

Los temas de 1878 se parecen mucho a los de 2016: baja del precio del cobre, dependencia de exportaciones sin valor agregado, una reforma tributaria que enfrenta obstáculos cuando intenta gravar a los más ricos… y un conflicto con Bolivia.

Los tratados de 1866 y 1874 habían establecido el límite con Bolivia en el paralelo 24. Sin embargo, en 1878 el punto de conflicto no era el territorio, sino la situación de las empresas mineras en la zona. El pacto de 1874 afirmaba la soberanía boliviana al norte del paralelo, pero aseguraba que no se aumentarían los impuestos a las salitreras por 25 años, es decir, hasta 1899.

Así, el Estado de Chile negociaba un tratado para garantizar una franquicia impositiva a empresas privadas, de capitales británicos y chilenos. La principal favorecida era la Compañía de Salitres y Ferrocarril de Antofagasta. El año anterior, la «Compañía», como se la llamaba, había logrado del gobierno boliviano un permiso para explotar el salitre en su territorio, sin pagar derechos e impuestos. El tratado aseguraba su privilegio hasta el fin del siglo.

Los beneficiados eran los dueños principales de la «Compañía»: el senador Agustín Edwards Ossandón (cuya familia poseía el 42% de las acciones), el diputado Francisco Puelma (propietario del 6%), el explorador José Santos Ossa y el diputado Miguel Saldías (presidente de la empresa). A ellos se sumaban los socios británicos, la casa Anthony Gibbs & Sons, que controlaba el 34% de las acciones. Pero el 14 de febrero de 1878 la Asamblea Nacional de Bolivia introdujo una condición al acuerdo: gravó con un impuesto de 10 centavos por quintal métrico las exportaciones de nitrato de la Compañía.

La reacción de esta fue dura: siguió operando y, simplemente, se negó a pagar el impuesto. Los accionistas confiaron en que el gobierno de Chile arreglaría el asunto por ellos.

En efecto, una carta de James Hayne, agente de Anthony Gibbs & Sons en Valparaíso, a su casa matriz en Londres dice que «los directores no perdieron tiempo en ponerse en comunicación con el gobierno chileno acerca de este problema (…) Afortunadamente nosotros tenemos varios chilenos muy influyentes entre nuestros accionistas y si el gobierno chileno no cumpliese su promesa de iniciar una acción inmediata sobre la materia, se ejercerá fuerte presión sobre el Congreso, y sin duda este se encontrará compelido a actuar, y a actuar de forma decisiva (…) La Asamblea boliviana actuará sabiendo que es la intención del gobierno chileno el tomar parte en el asunto no solo en defensa del Tratado, sino también en defensa de los intereses de los accionistas chilenos de la Compañía».[13]

De hecho, uno de esos accionistas chilenos cuyos intereses el gobierno defendería era el ministro de Relaciones Exteriores, Alejandro Fierro.

El gobierno chileno se empleó a fondo. Mientras la «Compañía» negociaba con las autoridades bolivianas, el ministro chileno en La Paz, Pedro Nolasco Videla, se reunía con el ministro de Hacienda de Bolivia, Manuel Salvatierra, y conseguía que se suspendiera hasta nuevo aviso la aplicación de la ley del 14 de febrero. En Chile, sin embargo, eso no bastó. «El capital receloso exigía una declaración que fuera más que palabras»,[14] y los empresarios aumentaron la presión sobre el gobierno, exigiendo represalias contra Bolivia.

El 8 de noviembre de 1878 se rompió el delicado statu quo. El canciller hizo llegar al gobierno de Bolivia, por medio del representante Videla, una carta en que amenazaba con «la abrogación unilateral del Tratado de 1874 por parte de Chile». Como réplica, tres días después Bolivia ordenó el arresto del gerente general de la «Compañía», el británico George Hicks.

¿Por qué el canciller-accionista había decidido pasar a la ofensiva? La nota de Fierro «debió estar influenciada por otros elementos (no legales) entre los cuales las presiones por parte del directorio de la "Compañía" fueron tal vez decisivas», concluye el historiador Luis Ortega.[15] En efecto, Fierro actuaba en conjunto con sus socios de la «Compañía», confiriendo a los intereses privados de la salitrera el timbre de «asunto de Estado». Así lo revela otra carta del agente Hayne a sus jefes en Londres, en que relata una conversación con el presidente del directorio, Miguel Saldías: «Fierro me ha leído la carta que ha escrito a Videla —dice Saldías según Heyne—, instruyéndole clara y categóricamente negociar la ley del impuesto sobre la exportación de nuestro salitre en nombre del gobierno chileno y no del nuestro».[16]

---

13. «Carta privada 25», Valparaíso, 6 de marzo de 1878, Archivo de Anthony Gibbs & Sons.
14. Gonzalo Bulnes, *Guerra del Pacífico: De Antofagasta a Tarapacá,* vol I, Valparaíso, Sociedad Imprenta y Litografía Universo, 1911, 107. En memoriachilena.cl.
15. *Los empresarios, la política y los orígenes de la Guerra del Pacífico*, 23.
16. «Carta privada 42», Valparaíso, 5 de noviembre de 1878, Archivo de Anthony Gibbs & Sons.

(Por «nuestro», el diputado Saldías se refiere a la «Compañía», no a Chile. Sí, es fácil confundirse.)

El 5 de enero de 1879, Bolivia decretó la confiscación de los bienes de la «Compañía» y fijó su remate para el 14 de febrero, para pagar los impuestos adeudados.

Mientras escalaba el conflicto internacional, el canciller-accionista desactivaba otro frente: Argentina. El 6 de diciembre de 1878, firmó con el cónsul argentino el tratado Fierro-Sarratea, que establecía el statu quo sobre la controversia territorial entre ambos países por la Patagonia y el Estrecho de Magallanes.[17]

«Buenas noticias para los accionistas de Antofagasta»,[18] celebra el agente Hayne tras la ratificación del tratado en el Congreso chileno. En efecto, al despejarse la tensión con Argentina, Chile quedaba con las manos libres para defender a la «Compañía» y despachó su buque de guerra más poderoso, el *Blanco Encalada*, al puerto de Caldera.

A esas alturas las apuestas habían subido. La presión del capital ya no solo intentaba eximirse de un impuesto; ahora empujaba a una beneficiosa guerra con Bolivia y, mejor, también con Perú.

## La guerra de la «Compañía»

Las cartas del agente de Gibbs & Sons siguen relatando los pasos de la «Compañía» para provocar el conflicto bélico. Intereses que chocaban con los de otra empresa: Huanchaca.

El 14 de enero de 1879, en sesión de directorio, Francisco Puelma advierte que «hay gente muy influyente en Santiago fuertemente interesada en persuadir al gobierno a que se abstenga de apoyarnos en forma enérgica, como Melchor Concha y Toro, el presidente de la Cámara de Diputados e importante accionista de la "Compañía de Huanchaca", cuyos intereses pueden ser gravemente perjudicados por un rompimiento entre Chile y Bolivia».[19]

17. El acuerdo fue rápidamente ratificado por el Congreso chileno (el 10 de enero de 1879), pero nunca lo fue por el Congreso argentino, y finalmente se reemplazó por el Tratado de Límites de 1881.
18. «Carta privada 4», 14 de enero de 1879, Archivo de Anthony Gibbs & Sons.
19. Ibíd.

La Compañía de Huanchaca explotaba plata en Pulacayo, Bolivia, y en 1877 había logrado atraer capitales chilenos para aumentar fuertemente la producción. En su primer año de funcionamiento obtuvo «una utilidad líquida de cerca de 1.000.000 de bolivianos, repartiendo a sus accionistas 840.000 bolivianos en dividendos».[20] La plata se exportaba por el puerto boliviano de Cobija. Y una guerra cortaría la ruta de exportación. De hecho, desde 1879 Huanchaca tendría que llevar su plata por una larga ruta a través de Argentina hacia el Atlántico.

Por eso, la «Compañía» decidió sumar a su lobby privado la presión pública. Ese 14 de enero de 1879, optó también por «invertir» en la creación de un ambiente bélico. «Puelma recomendó gastar algún dinero para estimular a escritores en los diarios para que publiquen artículos de naturaleza patriótica, es decir, de nuestro lado en el problema, y así fue acordado, de manera que podemos esperar la inmediata aparición de una serie de esos artículos en un diario de Santiago, probablemente *El Ferrocarril*, y en uno de Valparaíso, tal vez *La Patria*».[21]

En efecto, ambos diarios promovieron posturas belicistas. *El Ferrocarril* pidió una «actitud enérgica y decidida» al gobierno y se matriculó con «la anexión territorial como la única alternativa». *La Patria* inició «una virulenta ofensiva en la que exigía una postura de extrema dureza frente a Bolivia y la anexión del territorio».[22]

En esas horas clave, Edwards y Puelma eran asiduos visitantes de La Moneda, donde seguían día a día el devenir de los acontecimientos. Su poder era enorme. Edwards era el hombre más rico del país, dueño, como ya se ha dicho, junto a su familia, de un patrimonio equivalente al 7% del PIB nacional y, además, importante acreedor del Estado de Chile a través del Banco de A. Edwards. Puelma era uno de los «orejeros» de mayor confianza del Presidente Aníbal Pinto, además de mano derecha del canciller-accionista Alejandro Fierro.

Los intereses de la «Compañía» se alinearon con una guerra que anexionara Antofagasta y eliminara de raíz cualquier influencia del gobierno boliviano sobre sus operaciones. «Los accionistas se transformaron en un poderoso grupo de presión que actuaba en forma decidida

20. Eugenio Bobillier, «La Compañía Huanchaca de Bolivia. El mineral de Pulacayo», en *Anales del Instituto de Ingenieros* 12(81), 15 de octubre de 1897, 173.
21. «Carta privada 4».
22. Ortega, *Los empresarios, la política y los orígenes de la Guerra del Pacífico*, 29.

en círculos congresionales y de gobierno, a la vez que por medio de la prensa. En donde aún no existía unanimidad frente al problema, se aumentaba la presión sobre los grupos e instituciones vacilantes».[23]

Pero algunos miraban más al norte. Una guerra con Bolivia ponía a Chile en curso de colisión con el otro dueño de grandes reservas salitreras, Perú. En 1875, Lima había nacionalizado su salitre, pagando la expropiación con vales. Entre los perjudicados había inversionistas británicos y, en menor medida, chilenos. Unos y otros soñaban con una invasión desde el sur que anexionara también esos territorios, devolviendo el salitre a sus anteriores dueños y abriendo Tarapacá a más inversión privada.

El 11 de febrero de 1879 se desataron los acontecimientos. Bolivia anuló el contrato de 1873 con la «Compañía», nacionalizando el salitre. El gobierno chileno —que se había trasladado a la Intendencia de Valparaíso— decidió retirar inmediatamente a su embajador en Bolivia y enviar al *Blanco Encalada* a ocupar Antofagasta. Puelma, que pasó gran parte del día en la Intendencia como consejero del Presidente Pinto y del canciller Fierro, comunicó inmediatamente cada una de las decisiones al directorio de la «Compañía».

Tres días después, el 14 de febrero fijado para el remate, las tropas chilenas ocuparon Antofagasta y la «Compañía» volvió a trabajar con normalidad. Los accionistas habían logrado con pleno éxito «convertir su conflicto contractual en un problema patriótico».[24]

Y fueron por más. Domingo Santa María, diputado, futuro Presidente de la República y, por supuesto, accionista de la «Compañía», escribió a Pinto pidiendo la anexión, porque «triunfos morales no satisfacen al pueblo».[25]

El 5 de abril de 1879, Chile declaró la guerra a Bolivia y Perú. Nueve días después juró el primer gabinete de guerra, de cuyos cinco ministros tres eran accionistas de la «Compañía»: Antonio Varas (Interior), Domingo Santa María (Relaciones Exteriores) y Jorge Huneeus (Justicia). Varas, además, operaba como consejero privado del Presidente, con gran influencia sobre él.

---

23. Íd., 28.
24. Íd., 42.
25. «Carta privada 20», 16 de febrero de 1879, en Archivo de Anthony Gibbs & Sons.

La «Compañía» copaba todos los espacios de poder. Otros accionistas influyentes eran Julio Zegers, hasta entonces ministro de Hacienda; Rafael Sotomayor, quien el 20 de agosto asumiría el mando de la campaña como ministro de Guerra Plenipotenciario; el coronel Cornelio Saavedra, líder de la ocupación de la Araucanía, y Enrique Cood, agente plenipotenciario para enfrentar reclamos de extranjeros durante la guerra.

«El interés privado y el público no conocían barreras en Chile en aquella época y en caso de una ofensa al primero era una cuestión propia del segundo reaccionar, empleando todos los medios a su haber, en defensa de aquél», dice el historiador Luis Ortega en *Los empresarios, la política y el origen de la Guerra del Pacífico.*[26] Su conclusión es que «una parte importante e influyente [de la elite] ejerció una fuerte presión sobre el gobierno para que este actuase en forma inflexible (...) lo cual derivó en la identificación de su interés particular con aquel del Estado de Chile (...) Ello demuestra cuán tenues eran los límites de lo público y lo privado».[27]

La guerra del salitre (o del Pacífico, como eufemísticamente se le ha conocido) terminaría en 1883 con la anexión de la Antofagasta boliviana y de Tarapacá y Arica, hasta entonces territorios de Perú.

## Mecenas de la revolución

El secretario de Estado norteamericano, James F. Blaine, diría que fue «una guerra inglesa contra Perú, con Chile como instrumento», pero el rol de los accionistas chilenos en la presión al gobierno del que por lo demás formaban parte parece haber sido mucho más influyente.

Finalmente, el mayor ganador fue John Thomas North, el aventurero inglés que compró a precio vil los vales del gobierno peruano por la nacionalización de los nitratos, y luego se convirtió en el «rey del salitre» cuando el victorioso gobierno chileno decidió «devolver» el control a los dueños de esos pagarés.

North y Agustín Edwards Ross serían protagonistas en el siguiente drama de la historia chilena: la rebelión parlamentaria que terminó

26. *Los empresarios, la política y los orígenes de la Guerra del Pacífico*, 60.
27. Íd., 48.

con la derrota, la destitución y el suicidio del Presidente José Manuel Balmaceda. El líder liberal se había ganado la enemistad de ambos magnates con sus proyectos para regular a la banca y aumentar la producción de salitre, la misma que North y la «Compañía» mantenían restringida para hacer subir el precio internacional del producto.

El autoritarismo de Balmaceda también ayudó a desencadenar el conflicto, y en enero de 1891, después de que el Congreso declarara destituido al Presidente (con el voto del senador Agustín II), el gobierno intervino el Banco de A. Edwards, «teniendo presente que don Agustín Edwards [Ross] es jefe reconocido de la revolución y que ha contribuido y contribuye con sus recursos a fomentarla y sostenerla».[28]

El dinero de North fue otro factor en el enfrentamiento. «Entre los beneficiados con los fondos que North (...) derramaba en forma transversal, se contaban "respetables caballeros" chilenos: el parlamentario y ministro liberal Julio Zegers y el jefe de ese partido Eulogio Altamirano; el dirigente radical y varias veces ministro Enrique Mac Iver; Carlos Walker Martínez, líder conservador, y una docena de otros personajes».[29]

El capital fluía constantemente a la política: no solo para empujar guerras y revoluciones, sino, tal como hoy, para las más prosaicas labores de cuadrar la caja y pagar las cuentas del partido. Agustín Edwards Ross, por ejemplo, era el mecenas que sostenía al Partido Nacional. «Si no fuera por los dineros de Edwards, apenas tendrían palillos con que tocar las cajas», escribe el Presidente Domingo Santa María a su ministro y sucesor, José Manuel Balmaceda.[30] De hecho, pese a su pésima relación, al llegar a La Moneda, Balmaceda se vio obligado a nombrar al líder del mayor imperio económico del país como su ministro de Hacienda, para contar con los votos monttvaristas en el Congreso. Una relación por conveniencia que se rompió en 1888.

La precariedad de las tesorerías de los partidos políticos y sus artesanales métodos para obtener dinero se mantuvieron. La primera mitad del siglo XX fue una época de expansión del voto popular, «aceitado» con prácticas de cohecho más o menos disimulado. El dinero para

28. Herrero, *Agustín Edwards Eastman*, 80.
29. Eduardo Labarca, «De Mr. North a Ponce Lerou: 130 años aceitando a los políticos», *El Mostrador*, 29 de abril de 2015.
30. Citado en Víctor Herrero, *Agustín Edwards Eastman*, 78.

pagar a los operadores políticos se conseguía y distribuía informalmente y al margen de cualquier control.

## La unión hace la fuerza

Durante el siglo XX el entorno cambió, y mucho, para los «dueños de Chile». La república oligárquica colapsó en la crisis de 1924-1932, y el nuevo orden económico, social y político adquirió otras lógicas: participación popular, capitalismo de Estado, crecimiento «hacia adentro», proteccionismo y regulaciones, leyes sociales...

El Congreso que emergió de las convulsiones de la gran crisis tampoco fue ya el club de caballeros dominado por el empresariado. Muchos escaños fueron ocupados por partidos que aspiraban a identificar a las clases medias (Radical) o populares (Socialista, Comunista). Desafiados, los grandes capitalistas optaron por aunar fuerzas. Partieron reforzando las dos patronales tradicionales: la Sociedad Nacional de Agricultura (SNA), creada en 1838, y la Sociedad de Fomento Fabril (Sofofa), que agrupa a los industriales y nace en 1883.

En un comienzo, la Sofofa se pensó como una respuesta a la SNA, en una época en que agricultores e industriales disputaban influencia en el mundo político. Y ambas la tenían, de manera muy directa.

El primer presidente de la Sofofa fue el omnipresente Agustín Edwards Ross. En 1885 asumió el futuro Presidente de la República Ramón Barros Luco. También pasaron por el sillón de los industriales personajes políticos tan importantes como el diputado Eliodoro Yáñez, el senador Vicente Pérez Rosales, o los ministros de Hacienda Guillermo Subercaseaux y Hermógenes Pérez de Arce Lopetegui.

La SNA también estuvo dirigida por Barros Luco, y ha tenido como presidentes a ocho ministros y dieciséis parlamentarios, incluyendo a Benjamín Vicuña Mackenna.

La actividad política y de gobierno no se veía como incompatible con la gremial; al revés, se entendía que ambas debían ir ligadas. El líder empresarial Eugenio Heiremans Despouy (1923-2010) contaba que ingresó a un partido político porque «al asumir responsabilidades en la dirigencia gremial, me di cuenta que tenía que tomar responsabilidades también políticas. Vi cuál era el partido que era más favorable para mí, el que me interesaba más, e ingresé al Partido

Liberal».[31] Heiremans tendría un breve paso por la presidencia de la Juventud Liberal.

En 1934, industriales y agricultores decidieron deponer sus diferencias. Junto a los representantes de la minería, el comercio y los transportistas, fundaron la CPC, Confederación de la Producción y del Comercio. La propia CPC relata en su página web que su nacimiento se debió a «lo importante que era contar con una entidad que los representara, ante la incertidumbre de la política económica y, en especial, de las normas legislativas que pretendían regularizar las difíciles relaciones entre el capital y el trabajo».[32]

El manifiesto fundacional de la CPC sinceró las aspiraciones de los empresarios: «La participación de los elementos productores en la dirección de la economía».[33] Su primer presidente fue uno de los políticos más inquietos del Chile del siglo XX: Jaime Larraín, senador, candidato presidencial y sucesivo militante de los partidos Conservador, Agrario, Agrario Laborista, Nacional Agrario, Nacional, Nacional Popular y Padena.

Estos nuevos gremios, más combativos y militantes, intentaron recuperar el espacio perdido por los empresarios. «Miles de individuos que abominaron de la política, o que si tomaron parte en ella fue solo de forma pasiva, ahora reconocen como contribuyentes, como empresarios de industria, como patrones y comerciantes, que es necesario intervenir en la política, tener injerencia en el manejo de los asuntos públicos, imprimir rumbos al gobierno», editorializó el órgano de la SNA, *El Campesino*, en mayo de 1934.

Y lo lograron. Los agricultores consiguieron que «el proceso de desarrollo económico y social de los siguientes tres decenios se limitara a las ciudades, al mundo urbano y no traspasara las puertas de los fundos y las haciendas».[34] Para ello fue clave el uso de su poder político y electoral, gracias a la manipulación de los votos de los inquilinos y la relación vertical del latifundio. Por eso no sorprende que parte de la plataforma de la SNA fuera incentivar facilidades para la inscripción electoral de los campesinos.

31. Patricia Arancibia Clavel, «Cita con la historia: Eugenio Heiremans», videoentrevista, 31 de enero de 2010, 35:26.
32. Ver cpc.cl.
33. Íd.
34. Genaro Arriagada, *Los empresarios y la política*, Santiago, Lom, 2004, 102.

Este poder permitió a los grandes agricultores excluir al campo de los avances en derechos laborales. El gobierno del Frente Popular aceptó formalmente este veto al dictar la Orden Ministerial 34 del Ministerio del Trabajo, que suspendía la formación de sindicatos agrícolas. Y en 1946, como parte de la negociación para lograr su ratificación por el Congreso Pleno tras ganar la mayoría relativa en las elecciones presidenciales, Gabriel González Videla aceptó una ley (la 8.811) que impediría por casi dos décadas más la sindicalización en el campo.

La Sofofa llegó a otro tipo de convivencia: apoyó la política de industrialización del Frente Popular y se hizo parte de sus beneficios, estableciendo vínculos cruzados con dirigentes de la Corfo.[35] Los industriales no solo pidieron protecciones arancelarias, sino también un régimen de licencias de importación, proclamando que «toda importación debe limitarse a la cantidad que no puede ser atendida por la industria nacional».[36]

Con intereses distintos, tanto los agricultores como los industriales entendían que la presión sobre el poder político daba resultados. Y ello los unió en la CPC. En 1947 asumió la presidencia de la Confederación un hombre llamado Jorge Alessandri Rodríguez. La abandonaría solo para entrar en La Moneda, once años después.

## Los mosqueteros del «Paleta»

Un año clave fue 1958. Marcó la primera campaña electoral «moderna», y el primer esfuerzo profesional por obtener y movilizar los recursos de los grandes empresarios de manera organizada.

Fue un asunto de necesidad: la ley de cédula única, promulgada el 31 de mayo de 1958, puso fin al cohecho, en una maniobra promovida por una circunstancial alianza entre el gobierno ibañista, el centro y la izquierda, para debilitar la candidatura presidencial de Jorge Alessandri. El «TOCA» (Todos Contra Alessandri), como se conoció este pacto

35. Ver detalles en Adolfo Ibáñez Santa María, *Herido en el ala. Estado, oligarquías y subdesarrollo: Chile 1924-1960*, Santiago, Biblioteca Americana-UNAB, 2003.

36. Sociedad de Fomento Fabril, «Boletín de la Sociedad de Fomento Fabril», diciembre de 1938, 790.

legislativo, también incluía la legalización del Partido Comunista y la vuelta de sus militantes al padrón electoral.

Hasta entonces, la elite había entendido el cohecho como el reemplazante del voto censitario. Un mecanismo «moderador» de la democracia de masas: «Así es como las derechas no necesitaron tener un "movimiento popular" tras ellas para lograr una numerosa representación parlamentaria. El cohecho, tal como a Rafael Agustín Gumucio le enseñara su profesor de Derecho Constitucional en la Universidad Católica, se había convertido en el necesario "correctivo al funesto sufragio universal". Ya no era necesario proponer el voto plural, como lo habían hecho a comienzos de los años treinta. Tampoco había razones para inclinarse hacia una solución corporativista», se afirma en *Historia del siglo XX chileno*.[37]

Pero esa era se acabó en 1958. El fin de los votantes cautivos obligó a repensar el modelo de campaña electoral e hizo necesario contar con estrategias de recaudación, propaganda y movilización mucho más sofisticadas. Y fue precisamente Alessandri quien estaba en una posición ideal para hacerlo, con vistas a las elecciones presidenciales de septiembre de ese año.

El hijo de Arturo Alessandri Palma provenía del riñón de la gran empresa. Tras la muerte de Luis Matte Larraín, en 1936, había asumido la dirección de la CMPC, la «Papelera». Una década después, en 1947, se convirtió en presidente de la CPC y en ministro de Hacienda del Presidente radical Gabriel González Videla, quien tras romper con el Partido Comunista viraba hacia la derecha.

Sin embargo, el 16 y 17 de agosto de 1949, la «revolución de la chaucha», una revuelta popular contra el alza del pasaje de micro de 20 centavos de peso (una chaucha), le quitó piso político al ministro, que terminó saliendo del gobierno. Desde entonces hasta 1958, Jorge Alessandri seguiría al frente de la CPC y la CMPC, formando un núcleo de grandes empresarios que, inquietos por el giro cada vez más estatista y hacia la izquierda de la opinión pública, decidió volver a llevar a uno de los suyos a La Moneda.

El primer intento ocurrió en 1952, con un apellido simbólico del gran capital en Chile: Matte. Arturo Matte Larraín había revivido la

37. Sofía Correa y otros, *Historia del siglo XX chileno*, Santiago, Sudamericana, 2001, 135.

dinastía familiar con la fundación de la CMPC y la Compañía de Acero del Pacífico (CAP), a las que sumaba la presidencia del Banco Sudamericano. En paralelo a sus negocios, había sido ministro de Hacienda del radical Juan Antonio Ríos (1943-1944) y al momento de la elección era senador por el Partido Liberal.

Casado con una hermana de Jorge Alessandri, cuñado por lo tanto del futuro mandatario, Matte Larraín fue proclamado candidato de la derecha en las elecciones de 1952, pero perdió ante la némesis de los Alessandri, el exdictador Carlos Ibáñez del Campo.

El siguiente intento del empresariado ocurriría en 1958, esta vez con Alessandri como candidato. Y el hombre clave sería el empresario Eugenio Heiremans.

De ascendencia belga y heredero de la empresa Socometal, Heiremans se había convertido en presidente de los industriales metalúrgicos (Asimet) en 1949, y de la patronal de la industria, la Sofofa, en 1955. Desde esos cargos fungió como operador de la arremetida política del gran empresariado. «Yo era realmente muy amigo de Arturo Matte, porque yo perdí a mi padre muy joven, entonces él y Jorge Alessandri fueron mis segundos padres», contaría décadas después. «Durante treinta años tuve contacto diario [con Alessandri]. Él me consultaba algunas cosas, y yo le tenía una profunda admiración».[38]

Junto a otros dos dirigentes gremiales, Ernesto Ayala y Hernán Briones, Heiremans formó un grupo que llegaría a ser célebre como «los tres mosqueteros», y que dominaría a la derecha chilena hasta los años noventa.

Los «tres mosqueteros» eran dogmáticos. Tenían un domicilio político inequívoco y ejercían su influencia sobre él. «No hay ninguna duda de que soy de derecha, siempre he sido partidario de gobiernos de orden», resumía Heiremans en una entrevista con Patricia Arancibia Clavel.[39]

38. Arancibia, «Cita con la historia…», video, 24:04.

39. Heiremans es típico representante de una elite empresarial que es neoliberal en lo económico pero profundamente conservadora en todo lo demás. En 2007, en una entrevista con *The Clinic*, dijo que al elegir candidato se fijaba «en lo valórico mucho más que en lo económico», aseguró estar «muy en contra de la ley de divorcio» y que la homosexualidad «es el colmo de la inmoralidad y de la inconveniencia. Eso es antinatura. No he visto muchas parejas homosexuales, pero una vez vi una y me desagradaron». Heiremans fue director de Mega, canal de televisión de propiedad

Si en los 50 parte del empresariado aceptaba un modelo de capitalismo de Estado, los «tres mosqueteros» tenían un enfoque mucho más frontal. «Había una diferencia entre los empresarios jóvenes y los más antiguos. Ayala, Briones y yo nos juntamos y tratamos de establecer el resurgimiento del sector privado y evitar el estatismo. No tuvimos mayores posibilidades de actuar sino hasta el gobierno de Alessandri».[40]

También tenían una estrategia para usar las organizaciones gremiales como articuladoras del lobby político. «Yo era un colaborador que hacía contactos», se describió Heiremans.[41] «Nosotros sostenemos que los empresarios tienen todo el derecho y la obligación de preocuparse de los problemas políticos porque están ligados al desarrollo del país, y en esto de ninguna manera vamos a cambiar», decía Hernán Briones.[42]

La primera misión fue persuadir de ser candidato al reacio Alessandri Rodríguez. Y Heiremans lo logró. «Fue un almuerzo en mi casa, cuando él era senador, en que había cinco o seis personas que lo convencimos. Estaban Arturo Matte, Ramón Salinas, Carlos Vial Infante… y ahí aceptó, muy a regañadientes».[43]

Heiremans, Ayala y Gustavo Boetsch (yerno de Matte y de la hermana de Alessandri, Rosa Ester) formaban parte del círculo íntimo del empresario-candidato. A ese grupo se sumó Pedro Ibáñez Ojeda, empresario y heredero que, a diferencia de Heiremans, decidió ocupar directamente cargos políticos, llegando al Senado en 1961. La Fundación Adolfo Ibáñez era, junto a la CPC, la Sofofa y la Cámara de Comercio, otro de los puntos de organización del gran empresariado.

Se formó así «un selecto grupo de empresarios quienes desde fines de la década del 50 (a propósito de la campaña presidencial de Jorge Alessandri) vienen pensando Chile desde la perspectiva de sus intereses (…) Desde entonces, en forma secreta y apoyándose en su poderío

---

de su amigo Ricardo Claro. Cuando le preguntaron si sus valores no eran contradictorios con un canal que explotaba la sexualidad en programas como *Morandé con Compañía*, respondió: «Veo muy poca televisión. Tengo entendido que el programa del Kike Morandé no es inmoral».

40. Arancibia, «Cita con la historia…», video, 21:06.
41. Jorge Rojas, «Eugenio Heiremans (1923-2010): Su última entrevista a *The Clinic*», *The Clinic*, 17 de diciembre de 2010.
42. Lina Castañeda, «Hernán Briones: El legado de un líder empresarial incansable», *El Mercurio*, 15 de diciembre de 2005.
43. Arancibia, «Cita con la historia…», video, 43:23.

económico y financiero, ha interferido una y otra vez en las decisiones políticas de la derecha y en la realidad política nacional».[44]

La movilización de los empresarios en torno a su hombre proveyó a la campaña de Alessandri de recursos nunca vistos en Chile. Por primera vez, el país entero fue empapelado con propaganda. Inolvidable es el afiche diseñado por Jorge Délano, *Coke*, que imita el «I want you» del Tío Sam, esta vez con el candidato apuntando con el índice al observador, sobre el lema «A usted lo necesito».

El triunfo de Alessandri, con el 31,56% de los votos, marcó el éxito de esta primera campaña profesional y el inicio del «gobierno de los gerentes», en que varios representantes del poder económico asumieron como ministros: el gerente de la CAP Roberto Vergara en Hacienda; el presidente de la Sudamericana de Vapores y del Banco Sud Americano, Carlos Vial Infante, en Defensa, y el presidente del Consorcio Agrícola del Sur, Jorge Saelzer, en Agricultura, entre otros.

Era la hora de los dogmáticos. Seis años más tarde llegará el momento de los pragmáticos.

## Los dólares de Rockefeller

Pasó a la historia como el «naranjazo». El triunfo del candidato socialista Óscar Naranjo en una elección complementaria para diputado por Curicó, el 15 de marzo de 1964, sembró el pánico en las filas empresariales. Faltaban apenas seis meses para las elecciones presidenciales y el Frente de Acción Popular (FRAP), la coalición de socialistas y comunistas liderada por Salvador Allende, acababa de exhibir su poder electoral.

Los movimientos se produjeron simultáneamente en el ámbito político y económico: en el primero, los partidos de derecha (Conservador y Liberal) le retiraron su apoyo al radical Julio Durán para respaldar, sin condiciones, al DC Eduardo Frei Montalva. En lo económico, los dogmáticos quedaron fuera de juego. La operación para respaldar a Frei sería encabezada por capitalistas más pragmáticos, que contaban con aliados extranjeros: las multinacionales estadounidenses, ansiosas

44. Víctor Osorio e Iván Cabezas, *Los hijos de Pinochet*, Santiago, Planeta, 1995, 147.

por defender sus inversiones en Chile, y la CIA, decidida a evitar el triunfo electoral de un candidato marxista como Allende.

Y otra vez, como en 1879, 1891 y 1925, fue un Edwards quien tuvo un papel protagónico en una coyuntura decisiva para Chile. Tal como su bisabuelo con Gibbs & Sons en la guerra del salitre, y con North en la rebelión contra Balmaceda, y tal como su abuelo en el trato con los Guggenheim, esta vez los intereses de Agustín Edwards Eastman, Agustín V, se confundieron con los de un poderoso magnate anglosajón.

David Rockefeller era el fundador del Business Group for Latin America, una organización de empresarios estadounidenses con intereses en el subcontinente. Íntimos amigos, Rockefeller y Edwards actuaron juntos para involucrar a la CIA y las empresas estadounidenses en una operación para evitar el triunfo de Allende, apoyando a Frei.

Edwards se reunió en Washington con el subsecretario de Estado para Asuntos Interamericanos, Thomas C. Mann. Este dio el vistobueno al plan, que resumía sus fines en un memo al secretario de Estado, Donald Rusk: «Proveer, a través de canales secretos de la CIA, asistencia encubierta a las arcas de campaña de Frei y para otros usos en la campaña anti Allende». Además de «asistir a grupos empresariales con información y consejos a través del Business Group for Latin America de David Rockefeller (...) que apoya a un grupo empresarial chileno que está ayudando a Frei».[45]

Según prueban documentos desclasificados del gobierno de Estados Unidos, en abril de 1964 el Business Group ofreció un millón de dólares para financiar a Frei Montalva. Un flujo de dólares que el candidato recibió con reservas. «Frei ha dicho que si se publicita el amplio apoyo empresarial sería el beso de la muerte para su candidatura», señala la minuta de una reunión del Grupo Especial sobre el tema.[46]

El candidato DC entendía que tanta generosidad no era desinteresada. En una reunión en su casa, se quejó ante Joseph Jova, subjefe de la embajada de Estados Unidos en Santiago, de que Edwards, Rockefeller y su grupo «habían acordado que las platas para la campaña

---

45. «Memorandum From the Assistant Secretary of State for Inter-American Affairs (Mann) to Secretary of State Rusk: Presidential Election in Chile», Washington, 1 de mayo de 1964. En 2001-2009.state.gov/r/pa/ho/frus/johnsonlb/xxxi/36308.htm.

46. «Memorandum for the Record: Minutes of the Meeting of the Special Group», Washington, 12 de mayo de 1964. En 2001-2009.state.gov/r/pa/ho/frus/johnsonlb/xxxi/36308.htm.

de Frei podían servir con la intención final de usarlas como una palanca de presión mediante la cual controlar a Frei una vez fuera Presidente».[47]

Tal era el flujo de dinero que Edwards recomendó a Antonio Baeza, de Copec, «que los recursos financieros de la comunidad empresarial chilena deberían mantenerse en reserva para las elecciones parlamentarias de marzo de 1965, ya que la campaña de Frei estaba bien provista de fondos de aproximadamente un millón de dólares del Gobierno y de privados norteamericanos».[48] Y hubo más: pronto el Business Group aumentó su contribución a dos millones de dólares. Según el Comité de Inteligencia del Senado estadounidense, la CIA invirtió más de 2,6 millones de dólares en la campaña de Frei Montalva, y 175 mil dólares en el respaldo a 22 candidatos parlamentarios en las elecciones de 1965.[49]

No solo alcanzó para montar una vigorosa plataforma para el democratacristiano; también, a través de múltiples órganos y fachadas, se inició una campaña del terror antimarxista. Esta estuvo «dirigida fundamentalmente a las mujeres, a quienes se interpeló en su condición de madres, esposas y dueñas de casa, indicando los peligros que podía significar para sus familias la opción marxista, y se difundió vía emisiones radiales, periódicos, revistas y murales. Uno de estos anuncios publicitarios, divulgado por las radioemisoras, comenzaba con los disparos de un ametralladora y los gritos de una mujer por la muerte de su hijo en manos de los comunistas, a continuación una voz masculina decía "para evitar esto en Chile, vote por Eduardo Frei", para concluir con otra salva de ametralladora y una dramática música de fondo».[50]

El 4 de septiembre de 1964, Eduardo Frei Montalva ganó las elecciones con el 56,09% de los votos. (Entre las mujeres, obtuvo el 63,15% y duplicó los sufragios de Salvador Allende.) Apenas quedó claro que era el nuevo Presidente, a las 7 de la tarde de ese día, tomó el teléfono para agradecer a Agustín Edwards Eastman. Habría ocasión de devolver el favor.

---

47. «Telegram From the Deputy Chief of Mission in Chile (Jova) to the Assistant Secretary of State for Inter-American Affairs (Mann)», Santiago, 5 de mayo de 1964. En 2001-2009.state.gov/r/pa/ho/frus/johnsonlb/xxxi/36308.htm.
48. Ibíd.
49. «Ten Years of U.S. Intrigue in Chile», *San Francisco Chronicle*, 5 de diciembre de 1975, 16.
50. Correa y otros, *Historia del siglo XX chileno*, 242-243.

Además de llevar a su hombre a La Moneda, David Rockefeller y Agustín Edwards trabajaron juntos en proyectos empresariales en Chile. Para ello crearon IBEC Chilena S.A., una filial del vehículo de inversiones de los Rockefeller en América Latina, la International Basic Economy Corporation. En Chile, Edwards tendría el 20% de las acciones y la presidencia del directorio de la sociedad.

La IBEC reclutó a políticos de la Democracia Cristiana. Uno de ellos fue Domingo Santa María Santa Cruz, presidente de la Cámara Chilena de la Construcción (1956-1958) y fundador de Sigdo Koppers, empresa vinculada a la familia Frei: en 1969, el hijo del entonces jefe de Estado y futuro Presidente de Chile, Eduardo Frei Ruiz-Tagle, entraría a trabajar en ella como ingeniero.

Santa María ejerció como director de la IBEC Chilena antes de asumir en dos puestos clave para ese negocio: ministro de Economía (1964-1967) y embajador de Chile en Estados Unidos (1967-1970). También Gabriel Valdés, antes de asumir como canciller de Frei Montalva, fue director de la Compañía de Acero del Pacífico (CAP), elegido con las acciones de IBEC.[51]

En 1966, IBEC Chilena instaló en el país Alimentos Purina, propiedad de Ralston Purina Panamá, filial a su vez de Ralston Purina, la compañía de los Rockefeller que es el mayor productor de comida para animales del mundo. Para ello, IBEC acordó comprar una avícola en quiebra, Ovolin, a la vez que pidió a Corfo un crédito de un millón de dólares en ventajosas condiciones, que le permitió evitar el pago de los impuestos a la renta. Además, exigió privilegios como liberación de aranceles para los equipos importados, invariabilidad tributaria para su negocio y amortización de activos a cinco años plazo.

Los informes que pidió Corfo para evaluar el negocio fueron negativos. El Ministerio de Agricultura declaró que «no puede acogerse la solicitud en examen, en los términos en que viene concebida». La Dirección de Agricultura y Pesca concluyó que «no puede acogerse la solicitud [... por] hacer peligrar la estabilidad de la industria nacional».[52]

---

51. Róbinson Rojas, «La penetración norteamericana en Chile», *Causa ML* 1(1), mayo-junio de 1968, 24-39.
52. Citado en Alfonso Bravo, «Nuevo monopolio para Edwards», *Punto Final* 27, abril de 1967.

El presidente de Corfo, en su calidad de ministro de Economía, era el exdirector de IBEC Domingo Santa María. A él precisamente recurrieron los productores avícolas nacionales, denunciando que la operación de Corfo con Ralston Purina supondría un eventual monopolio en favor de una empresa extranjera.

Rockefeller entendía cómo hacer negocios. Como él mismo reflexionaría años más tarde en su autobiografía, hablando de América Latina, «en cada país, un pequeño grupo de poderosos oligarcas estaba al mando de la economía, principalmente para beneficiarse a sí mismos».[53] El magnate habla en tercera persona de esos «oligarcas», pero los beneficios también fluyeron hacia él. En los 60, pese a los informes negativos, el gobierno que él había ayudado a llegar a La Moneda dio luz verde a la operación entre Ralston y Corfo, y con regalías tributarias que no recibía la industria nacional. Ralston pronto se convirtió en la mayor empresa de alimentos para animales de Chile.

## Anaconda, Pepsi y la ITT

En 1970, como parte del plan para impedir la asunción de Salvador Allende creando un clima de caos económico, Ralston Purina aprovechó su posición dominante en el mercado chileno para detener abruptamente su producción. El boicot, orquestado por la CIA, sumó a multinacionales estadounidenses como NIBSA, productora de válvulas de bronces que «cierra su planta y despide a 280 trabajadores el día previo a la asunción de Allende»,[54] las mineras Anaconda y Kennecott y los bancos Chase Manhattan, Chemical, First National City, Manufacturers Hanover y Morgan Guaranty, que cancelan créditos otorgados a Chile.

Otras investigaciones, respaldadas en los documentos desclasificados por Estados Unidos, han entregado detalles de las operaciones encubiertas de la CIA y las multinacionales estadounidenses para evitar que Salvador Allende asumiera el cargo tras su triunfo en las elecciones de 1970, y luego para expulsarlo del poder. Estrategias que, en su

53. Citado en Víctor Herrero, *Agustín Edwards Eastman*, 224.
54. Gary MacEoin, *No Peaceful Way: The Chilean Struggle for Dignity*, Franklin, Wisconsin, Sheed and Ward, 1974, 91.

lenguaje florido, el Presidente Richard Nixon resumía con instrucciones como «patear a Chile en el culo» o «hacer aullar la economía».

Eran el «Track I», una operación de propaganda y soborno a parlamentarios para evitar que el Congreso Pleno ratificara la elección de Allende,[55] y el «Track II», una conspiración para provocar un golpe militar. Para ello, Nixon autorizó el gasto de 10 millones de dólares. En estos movimientos tendría un papel fundamental la ITT, multinacional dueña del 70% de la Compañía de Teléfonos de Chile (Chitelco).

Pero, antes de todo ello, en la elección de 1970 los «dogmáticos» del 58, como Heiremans e Ibáñez, volvieron a tener un rol relevante. Y las multinacionales estadounidenses se movieron activamente para apoyar la candidatura de la derecha.

Tras el respaldo al «mal menor» que había representado para ellos Frei Montalva en 1964, los «tres mosqueteros» estaban convencidos de que había llegado la hora de la revancha. En torno al «Alessandri Volverá» comenzó la recaudación de fondos entre los empresarios chilenos. Pero, tal como había ocurrido en 1964 con Frei, el equipo de Alessandri esperaba que el grueso de los recursos llegara en dólares, desde Estados Unidos.

Para esa misión, Jorge Alessandri escogió a un amigo de su máxima confianza: el hombre de negocios, senador y fundador del Partido Nacional Pedro Ibáñez Ojeda.

El comisionado Ibáñez viajó a Nueva York en busca de fondos. Durante el fin de semana del 21 y 22 de marzo de 1970 se reunió con Kent Crane, asistente militar del vicepresidente de Estados Unidos, Spiro Agnew, y un memo dejó registrado que esperaba que «el gobierno de Estados Unidos apoye a Alessandri, financieramente y con consejeros técnicos».[56] Además, tenía en mente contratar a consultores privados estadounidenses que trabajaban con el Partido Republicano, que en 1969 había llegado al poder con Richard Nixon.

55. De acuerdo con la Constitución de 1925, si ningún candidato obtenía mayoría absoluta, el Congreso Pleno debía elegir entre los dos más votados, que en 1970 habían sido Salvador Allende y Jorge Alessandri. Sin embargo, la tradición democrática mandaba que ese acto fuera una mera ratificación formal de quien hubiese logrado la primera mayoría relativa.

56. «Elections in Chile. Memorandum from Kent Crane to Henry Kissinger», 25 de marzo de 1970, CIA, Chile Collection.

El mismo memorándum reporta que el comisionado de Alessandri hizo ver a la Casa Blanca que las elecciones en Chile tenían una importancia crítica, «no solo porque el candidato comunista debe ser derrotado, sino también porque una reversión de la tendencia hacia la Democracia Cristiana sería beneficiosa para América Latina».

Dentro de Chile, la Sofofa, encabezada por Heiremans, lideraba la línea dura contra Frei Montalva de gran parte del empresariado. Pero en Estados Unidos, pese a las nacionalizaciones, no había muchos convencidos de respaldar a Alessandri en desmedro del candidato democratacristiano Radomiro Tomic. Siguiendo la lógica de la Alianza para el Progreso (la estrategia de John F. Kennedy para contener el avance de la izquierda en toda América), creían que la DC seguía siendo, como en 1964, el mejor dique de contención contra el marxismo.

Entonces entraron en acción las trasnacionales. Anaconda Copper, dueña de la mina a tajo abierto más grande del mundo, Chuquicamata, usó todo su poder de presión para lograr que Estados Unidos financiara a Alessandri.

El 10 de abril de 1970, tres semanas después del viaje de Ibáñez, el presidente de Anaconda Copper, Jay Parkinson, se reunió con Ermo Nobbing, del Council for Latin America de Rockefeller; José de Cubas, de Westinghouse, y los funcionarios William Stedman y Charles Meyer, secretario de Estado adjunto y exmiembro del Council.

El memo que resume la conversación se titula «Anaconda pide al gobierno de Estados Unidos asistencia financiera para la campaña electoral de Alessandri».[57] Según Parkinson, los rivales de Alessandri «están bien apoyados; Tomic recibiendo fondos indirectamente de operaciones del gobierno de Chile y Allende recibiendo fondos de fuentes comunistas fuera de Chile».

Los datos de Anaconda coincidían con un informe que la CIA entregará tiempo después a Nixon, diciendo que Allende había recibido 350.000 dólares en fondos secretos de Cuba para su campaña.[58]

---

57. «Memorandum of Conversation: Anaconda Requests U.S. Government Financial Assistance for the Alessandri Election Campaign», National Archives, RG 59, Chile-ITT-CIA 1963-1977, Lot 81D121. Todas las citas textuales sobre esa reunión provienen de este memo.
58. Richard Reeves, *President Nixon: Alone in the White House*, Nueva York, Simon & Schuster, 2001, 249.

En el encuentro, Parkinson también revela que «Alessandri designó un individuo específico como su intermediario para recibir fondos de empresas privadas extranjeras para su campaña y él [presumiblemente Ibáñez] pidió ayuda a Anaconda». Además, adelanta que «Anaconda contribuirá, como lo ha hecho antes», y estima que Alessandri necesita unos 3 millones de dólares.

Según el memo, el ejecutivo de Anaconda dice saber muy bien «que el gobierno de Estados Unidos tiene mecanismos para poner dinero en manos de Alessandri de manera segura» (es decir, secreta), y se declara «ansioso de que los más altos niveles del gobierno estén conscientes de la necesidad y urgencia de ayuda financiera para que Alessandri pueda convertirse en Presidente de Chile». Llega a decir que «la supervivencia de su empresa está en juego». Además, el presidente de Anaconda transmite la preocupación del «grupo de Alessandri, que sospecha que Estados Unidos está apoyando a Tomic», y reclama por la mantención del embajador designado por los demócratas, Edward Korry, quien permanece en Santiago por petición del Presidente Frei.

En ese último punto, las suspicacias de Alessandri y Anaconda son fundadas. En otro cable, el embajador Korry responde a la petición de Parkinson desaconsejando el envío de dinero a la campaña de la derecha, para no entrar en conflicto con el gobierno de Frei. Además, recuerda que «Anaconda puso su dinero en Frei (en 1964) para asegurar su futuro».

Las presiones cruzadas entre la DC y la derecha van en aumento. Korry advierte a sus superiores que el canciller Gabriel Valdés, en una conversación con él, «acusó al gobierno de Estados Unidos de no estar preocupado por un triunfo de Allende», quejándose de «la falta de respaldo electoral a Tomic» y usando esa decepción como argumento para un acercamiento entre Chile y Cuba. Más aun: Valdés estaba perfectamente enterado de que Ibáñez «ha ido a agencias en Washington buscando fondos para Alessandri».

El cable del embajador incluye revelaciones sabrosas acerca del flujo de dineros secretos de campaña en el Chile de 1970. Por ejemplo, que «el campo de Alessandri incluye la abrumadora mayoría del grupo de altos ingresos en Chile. Hay literalmente miles de chilenos en posición de donar mil dólares». «Gustavo Alessandri y otros alessandristas de alto nivel dicen que hay un peligro de exceso de confianza que lleve a la complacencia a los hombres de negocios.» Para evitarlo, lanzan una «campaña de "llorar pobreza" para "asustar"» a los reticentes empresarios. Además, Korry explica que la campaña del Partido Nacional recibirá «una enorme suma por parte de los dueños de periódicos y radios, en forma de descuentos ocultos pero muy grandes en publicidad (...) Además, están acumulando noticias y fotos para apoyar su compromiso con Alessandri. No hay escasez de propaganda "pagada" de Alessandri en los medios».

Mientras la presión de las trasnacionales crecía, el gobierno de Nixon vacilaba. En junio, el exjefe de la CIA y director de la ITT John McCone usó sus contactos para presionar a su sucesor en la agencia de inteligencia, Richard Helms, y al consejero de seguridad nacional, el poderoso Henry Kissinger, pidiendo que se diera «un montón de ayuda financiera» a Alessandri.[59] PepsiCo se sumó a ITT y Anaconda en su presión sobre la Casa Blanca.[60] El máximo ejecutivo de Pepsi, Donald Kendall, era un viejo amigo del Presidente Nixon, y también de Agustín Edwards, a quien más tarde daría empleo en la empresa durante su autoexilio, en el gobierno de la UP.

Finalmente, se llegó a una solución de compromiso. «La CIA no le proporcionaría fondos propios a Alessandri pero le pasaría 700 mil dólares de manera encubierta en dineros corporativos de Anaconda e ITT para sus cofres de campaña (...) Korry aceptó un plan de la CIA para una campaña perjudicial contra la coalición de la Unidad Popular de Allende. Él la describió como "gastar dinero en una propaganda anticomunista de carácter general —afiches, panfletos y pancartas"».[61]

## Especulación golpista

Lo más interesante de todo este intercambio es que, lejos de ejecutar un plan propio, el gobierno de Estados Unidos parece reaccionar sobre la marcha frente a las presiones de las multinacionales, financistas

59. «Memorandum From Director of Central Intelligence Helms to the President's Assistant for National Security Affairs (Kissinger)», National Security Council, Nixon Intelligence Files, Subject Files, Chile, 1970. Secret. En history.state.gov/historicaldocuments.
60. Reeves, *President Nixon...*, 249.
61. Peter Kornbluh, «Documentos desclasificados: cómo Jorge Alessandri buscó apoyo clandestino de EE.UU. en 1970», CIPER, 12 de diciembre de 2007.

a su vez de la campaña presidencial de Richard Nixon. Tanto en 1970 como en 1964, la defensa de intereses geopolíticos propios de la Guerra Fría parece secundaria ante la necesidad de aplacar la preocupación de empresas que ejercen un poderoso lobby sobre la Casa Blanca, y que actúan como voceros de las demandas financieras de los políticos chilenos. También en Washington, la política exterior aparece influenciada por el poder del lobby del dinero.

¿Qué tan grandes son los intereses en juego? En 2012, tres economistas dieron una respuesta a esa interrogante. Dube, Kaplan y Naidu analizaron el comportamiento bursátil de empresas con intereses en países que habían sufrido golpes de Estado digitados o promovidos por Estados Unidos. Su conclusión fue que los golpes han sido una inmediata fuente de ganancias para esas empresas. Para compañías «completamente expuestas», el cambio violento de gobierno significó un retorno positivo de entre 14,1% en Chile en 1973 al 77,1% tras el golpe organizado por la CIA en Guatemala en 1964.[62]

Estudiando una serie de casos históricos aparece un dato sorprendente: la sola aprobación de operaciones encubiertas para derribar gobiernos «hostiles» también propicia un importante aumento del valor de las acciones en los días posteriores. «El precio de las acciones de firmas altamente expuestas reacciona a las autorizaciones de golpe clasificadas como *top secret*», afirman Dube y sus colegas. «El retorno promedio de una autorización de golpe fue de 9% dentro de cuatro días para una empresa totalmente nacionalizada, y se elevó a más de 13% en 16 días».[63] Lo que probablemente implica que quienes tengan conocimiento de estas operaciones secretas usan esa información privilegiada para comprar, apostando al alza de precios que traerá la inminente materialización del golpe.

De este modo, el poder de las grandes corporaciones para empujar al gobierno de Estados Unidos a realizar operaciones encubiertas aparece como parte de un mercado de «especulación golpista».

En Chile, los grandes empresarios también se jugaron a fondo por el golpe. «Estábamos tan apremiados y angustiados que propiciábamos y

62. Arindrajit Dube, Ethan Kaplan y Suresh Naidu, «Coups, Corporations, and Classified Information», *Quarterly Journal of Economics* 126(3), 31 de enero de 2012, 1.406.
63. Íd., abstract.

fomentábamos en lo más posible el golpe», confesó Eugenio Heiremans en 2010. «Manifestábamos nuestra opinión clara y definitiva y esa era que había que ponerle término al gobierno de la Unidad Popular, porque el país estaba en la ruina.»[64] Así, los «tres mosqueteros» se emplearon en agrupar al gran capital en el sabotaje a Allende.

La campaña para evitar la nacionalización de la CMPC (la «Papelera») fue el caballito de batalla: ella resume la relación entre el poder político y el económico en Chile, con el Grupo Matte como dueños, Jorge Alessandri como presidente de la compañía, y uno de los mosqueteros, Ernesto Ayala, como ejecutivo histórico. En esa campaña, el entonces presidente de la Sofofa, Orlando Sáenz, «trabajó en la recolección de fondos nacionales y extranjeros, y pasó bastante dinero por las manos de él».[65]

Sáenz tuvo un rol fundamental. Él mismo relató en *La conjura*, de Mónica González, que en septiembre de 1971 se realizó una reunión del empresariado en el Hotel O'Higgins de Viña del Mar. Ahí, como líder de los industriales «les dije que el gobierno de Allende era incompatible con la libertad de Chile y la existencia de la empresa privada. La única manera de evitar el fin era derrocarlo (...). Lo concreto es que al día siguiente entramos en una disciplina militar, nos pusimos el casco ¡y comenzó la guerra!».[66]

En 2007, en el documental *Héroes frágiles*, de Emilio Pacull, el entonces líder de los industriales también contó cómo organizaba a sus pares para combatir a Allende: «El gobierno irá tan lejos como el balance de fuerzas se lo permita. Hay dos opciones: someterse o pelear para sacar a este imbécil de La Moneda. Yo no acepto otra cosa que pelear (...) Tenemos el poder económico, que hace casi todo posible».

Otro hombre fundamental en la trenza económico-política fue Benjamín Matte Larraín: líder de la Sociedad Nacional de Agricultura, exministro del ramo con Alessandri y hermano del dueño de la «Papelera», a quien los informes desclasificados identifican como coordinador de las acciones gremiales y políticas de sabotaje.

El dinero para esas operaciones siguió fluyendo desde Estados Unidos. Más de 1,6 millones de dólares para los candidatos opositores a

64. Jorge Rojas, «Eugenio Heiremans (1923-2010): Su última entrevista a *The Clinic*».
65. Íd.
66. Mónica González, *La conjura*, Santiago, Catalonia/Periodismo UDP, 2012, 136-137.

la UP en las elecciones parlamentarias de marzo de 1973; 2 millones de dólares para *El Mercurio*, y 6 millones de dólares en total para acciones contra el gobierno de Allende entre 1970 y 1973.[67]

Con todo, los financistas norteamericanos se sorprendían ante la informalidad financiera que caracterizaba a la política chilena. En una reunión el 5 de noviembre de 1971, Kissinger se preguntó por la falta de reacción del gobierno chileno: «¿Allende no se pregunta de dónde continúa llegando el dinero?», consultó. La respuesta la dio el jefe de la División Occidental de la CIA: «En Chile no se requiere dar cuenta de ello. Se dan el gusto de tener una doble contabilidad y donaciones anónimas».[68]

## El auge del BHC y Cruzat-Larraín

Como es sabido, la dictadura que llegó al poder con el golpe del 11 de septiembre de 1973 instauró reformas radicales de libre mercado, a contrapelo de la tradición más bien estatista y desarrollista del pensamiento económico militar previo a 1973. Clave en este vuelco fue «el Ladrillo», el programa confeccionado por los «Chicago boys», un grupo de economistas de la Universidad Católica convertidos al credo neoliberal durante su paso como estudiantes de posgrado por la Universidad de Chicago, donde tomaron contacto con las enseñanzas de Milton Friedman.

En general se ha descrito esta alianza entre el régimen militar y los economistas neoliberales como circunstancial. Enfrentado al caos económico y ante la falta de un programa propio, Augusto Pinochet habría recurrido a un grupo organizado, que sí tenía un plan para transformar rápidamente las bases de la economía. Sin embargo, la génesis y el posicionamiento de «el Ladrillo» como programa económico de la dictadura no se explican sin los intereses de los grandes grupos económicos.

Los «Chicago boys» se habían reunido en 1964 en el Centro de Estudios Socio-Económicos (Cesec), creado y financiado por Agustín

67. Herrero, *Agustín Edwards Eastman*, 396.
68. «Memorandum for the Record: Minutes of the Meeting of the 40 Committee», 5 de noviembre de 1971, National Archives, Nixon Presidential Materials, NSC Files, 40 Committee Minutes. En history.state.gov/historicaldocuments.

Edwards. Este, Carlos Urenda Zegers, Jorge Ross Ossa y «un pequeño e influyente grupo de empresarios chilenos, entre ellos ejecutivos y accionistas de la Papelera y el Banco de Chile»[69] también financiaron la Escuela de Economía de la Universidad Católica.

Hernán Cubillos Sallato, brazo derecho de Edwards en las empresas de su grupo económico, junto a su hombre de confianza Roberto Kelly Vásquez, establecieron el vínculo entre los «Chicago boys» y los círculos golpistas de la Armada, liderados por el almirante José Toribio Merino. Este nexo fue fundamental para desatar el golpe.

«Los datos testimoniales que dispongo me hacen suponer que la existencia de un programa económico-social, como aquel que se plasmó en "el Ladrillo", fue una condición necesaria para que se diera el pronunciamiento militar»,[70] dice hoy Rolf Lüders Schwarzenberg, hombre clave del Grupo Vial en su momento, además de biministro de Hacienda y Economía de Pinochet.

Esa doble militancia, de economistas neoliberales con vínculos en los grupos económicos emergentes y una posición de poder en el régimen militar, explica en parte el abrupto giro hacia políticas liberalizadoras a partir de 1975.

En ese momento, el Grupo BHC, formado a fines de los 70, tenía gran liquidez: doce de sus dieciocho empresas pertenecían al sector financiero (bancos, seguros e inversiones). Esta posición le permitiría beneficiarse de una abrupta liberalización de la economía como la que estaba a punto de ocurrir. «Una rápida apertura al comercio exterior sería un vehículo para la expansión del conglomerado, a expensas de otros grupos económicos»,[71] anclados en áreas como la industria.

Del lado de los ganadores quedaron el BHC y el Grupo Cruzat-Larraín, independizado del BHC en 1974. Para 1977, BHC ya tenía 62 compañías bajo su paraguas, y Cruzat-Larraín, 58. En ambos casos, «dos tercios de las compañías estaban dedicadas a actividades financieras y orientadas al exterior».[72] BHC controlaba el 38% de la banca privada, y el 13% de los activos totales de las 250 mayores empresas de Chile.

---

69. Herrero, *Agustín Edwards Eastman*, 264.
70. Catalina Allendes, «A 40 años de *El ladrillo*», *Capital*, 2 de abril de 2015.
71. Eduardo Silva, «Capitalist Coalitions, the State, and Neoliberal Economic Restructuring. Chile 1973-1988», *World Politics* 45, julio de 1993, 541.
72. Íd., 545.

Cruzat-Larraín ya tenía la cuarta parte de esos activos, estimados en 3.800 millones de dólares.

Estos conglomerados tenían acceso privilegiado al régimen. Según Juan Villarzú, entonces director de Presupuestos, «este grupo de influyentes hombres de negocios frecuentemente discutía las reformas con los *policymakers*, y cuando los miembros no radicales del equipo económico de gobierno objetaban su presencia, los "Chicago boys" ignoraban sus protestas».[73]

En 1975, el líder de los «Chicago boys», Sergio de Castro Spikula, fue nombrado ministro de Economía; Pablo Baraona Urzúa, presidente del Banco Central, y Francisco Soza Cousiño, vicepresidente de Corfo. «Todos ellos tienen lazos personales y/o de negocios con los grupos BHC o Cruzat. De Castro era íntimo amigo de Manuel Cruzat Infante.»[74] En esos tres puestos, los neoliberales controlaban los tres motores básicos de la liberalización: la política económica, la política cambiaria y las privatizaciones.

Este panorama completa, en opinión de Genaro Arriagada, «una relación privilegiada —y como probó la historia del período, altamente inconveniente para el interés nacional— entre esos negocios y la política económica».[75]

Para 1979, el nuevo panorama de los grupos económicos ya estaba dominado por aquellos con estrechos vínculos con el equipo económico de la dictadura. El Grupo Cruzat-Larraín era el mayor conglomerado de Chile, seguido por el BHC. Tercero se ubicaba el eterno Grupo Matte, cuarto el emergente Grupo Angelini y quinto el Grupo Edwards.[76]

Sin embargo, en 1982 la crisis económica le costó el cargo a Sergio de Castro y obligó al régimen a devaluar el peso, lo que produjo el colapso del sistema bancario y los grupos financieros. BHC y Cruzat-Larraín se desmoronaron, dejando espacio a la irrupción de nuevos grupos, con una posición menos líquida, como los Angelini y los Luksic.

73. Íd., 537.
74. Íd., 546.
75. *Los empresarios y la política*, 147.
76. Fernando Dahse, *Mapa de la extrema riqueza: los grupos económicos y el proceso de concentración de capitales*, Santiago, Aconcagua, 1979.

## «El hombre»

Quince años después del golpe, en 1988, fue necesario volver a reunir dinero para una campaña: el plebiscito que decidiría la continuidad de Augusto Pinochet en La Moneda. En las filas del Sí apareció otro miembro conspicuo de la elite político-empresarial: Carlos Cáceres Contreras. Presidente del Banco Central (1982-1983), ministro de Hacienda (1983-1984) y del Interior (1988-1990) durante la dictadura, cercano a Pedro Ibáñez, y director de CCT y AFP Provida, Cáceres quedó a cargo de la recaudación de fondos entre los empresarios.

Para ello fundó la Corporación para el Desarrollo de una Sociedad Libre, que sirvió como instrumento de recolección. Eugenio Heiremans, con su experiencia como recaudador de las campañas de 1958 y 1970, asumió un rol clave. Además de las grandes donaciones, se vendieron «Bonos de la Libertad» de hasta 100 mil pesos. Los financistas más generosos obtuvieron un premio en agosto de 1989: Cáceres invitó a 35 de ellos a un desayuno con Pinochet en el Salón O'Higgins del Palacio de La Moneda. La nómina es una buena muestra de los mecenas de la nueva era política que se abría:

- Carlos Délano, fundador del Grupo Penta y futuro financista de la UDI
- Francisco Boher, del Grupo Boher, dueño de salmoneras y otras empresas
- Roberto de Andraca, gerente general a cargo de la privatización de la CAP, de la que se convierte en presidente en 1990, cargo que mantendrá hasta hoy
- Eugenio Heiremans, líder de los «mosqueteros», presidente de la Sofofa y recaudador en las campañas de 1964, 1970, 1988 y siguientes
- Roberto Kelly, capitán (R) de la Armada, empresario y exministro de Pinochet
- Pablo Baraona, exministro de Pinochet, fundador de la Universidad Finis Terrae
- Eliodoro Matte Larraín, cabeza del Grupo Matte, que se convertirá en financista transversal de la política chilena.

Tras la derrota en el plebiscito, una parte importante de ese grupo se reorganizó en una entidad informal, conocida como «Siglo XXI». Los lideró, por supuesto, Eugenio Heiremans. Se repitió Pablo Baraona. Se unieron los exministros de Pinochet Sergio Fernández Fernández y Sergio de Castro. El banquero Carlos Abumohor Touma. Y una estrella emergente: el privatizador-controlador de Chilectra, José Yuraszeck Troncoso.

El grupo ya no se conformaría con apoyar a un candidato, como lo hicieron con Pinochet en 1988. Esta vez querrían repetir la experiencia de Alessandri y poner a uno de los suyos en La Moneda.

Aun antes del plebiscito, Hernán Büchi Buc había sido identificado por Carlos Cáceres como una posible carta presidencial. «Tiene una imagen pública de credibilidad»,[77] aseguraba el encargado de las platas del «Sí». Tras la derrota en el plebiscito, los empresarios de «Siglo XXI» decidieron que Büchi debía ser «el hombre» en las elecciones presidenciales de diciembre de 1989.

Firme convencido del modelo neoliberal, fundamental en la implantación de los sistemas de isapres y AFP, expresidente de Endesa y exdirector de la Compañía de Teléfonos de Chile y la Industria Azucarera Nacional, Büchi cumplía con todos los requisitos empresariales. Además era quien, tras el desvío obligado por la crisis del 82, había devuelto a la dictadura al camino neoliberal, impulsando las aceleradas privatizaciones de la segunda mitad de los años 80.

En el bando de Büchi, además, aparecía otro personaje de la trenza político-empresarial: Julio Ponce Lerou. Yerno del dictador Augusto Pinochet, durante el gobierno de su suegro este ingeniero forestal había construido su propio imperio económico. Designado en 1979 como presidente de la estatal SQM, en los años siguientes, y a través de un complejo entramado de sociedades, emergió como el controlador de la empresa ahora en proceso de privatización. Para 1987, el 87% de la empresa ya estaba en manos privadas, y el 24 de septiembre de ese año Julio Ponce logró hacerse elegir presidente del directorio. Tal como en otras empresas estatales vendidas en esa época, el proceso de «capitalismo popular» resultó ser una cortina de humo que en realidad permitió que personas ubicadas en posiciones de poder se quedaran con el control de las empresas privatizadas.

77. *El Mercurio*, 11 de septiembre de 1988.

Un proceso que se realizó con el apoyo decidido del ministro de Hacienda, Hernán Büchi. Ponce se había convertido en uno de sus hombres más cercanos. Ambos se habían conocido a través de Patricio Contesse, compadre y socio de Ponce. Coincidieron en SQM y, también, como presidente y vicepresidente respectivamente de Endesa, desde 1982.

La vuelta de mano llegaría en 1989. El nuevo dueño de SQM fue uno de los principales financistas de la campaña de «el hombre». «Lo estoy apoyando porque creo, honestamente, que ha superado a la izquierda y la derecha, al Sí y al No. Es un técnico, una persona que, como yo, cree que la única manera de salir adelante [para] la gente más necesitada es con el progreso, no es con consignas políticas», dijo. Y el apoyo sería con dinero: «Estoy colocando recursos personales, por supuesto dentro de mis ahorros, y no lo voy a negar. Creo que es lo que el país se merece».[78]

La candidatura de Büchi, además, fue una manera de frenar a Sergio Onofre Jarpa, el veterano líder que había unificado a la derecha política en Renovación Nacional, y había sido proclamado candidato presidencial de ese partido. Crítico del modelo neoliberal, en su período como ministro del Interior (1983-1985) había frenado las privatizaciones y las reformas liberalizadoras. A él apuntaba directamente Ponce Lerou cuando dijo que Büchi «no tiene ninguna ambición personal, como otras personas que han luchado por ser presidentes durante 40 años».[79]

La candidatura de Jarpa no sobreviviría. RN se había quebrado en 1988 con la escisión de la UDI, partido que impondría sus términos: «Persuadió a Büchi de que debía relanzar su candidatura, organizó a los empresarios más poderosos en torno a la figura del economista, y logró ganarse el apoyo del general Pinochet».[80] Büchi fue entonces el candidato… y perdió estrepitosamente, con menos del 30% de los votos. Especial daño le provocó un elemento incontrolable de la misma elite empresarial: Francisco Javier Errázuriz.

*Fra-Fra* había construido su propio imperio económico, que incluía el Banco Nacional (intervenido por la dictadura), la cadena de supermercados Unimarc, la distribución de Nissan, una salmonera, una

78. *La Época*, 25 de julio de 1989.

79. Ibíd.

80. Víctor Osorio e Iván Cabezas, *Los hijos de Pinochet*, 318.

flota pesquera, las AFP Invierta y Planvital, las compañías de seguros Renta Nacional y Leasing Nacional, plantas de empaque de frutas y vegetales, e inversiones mineras. Un informe de la embajada de Estados Unidos calculaba que solo en estos tres últimos intereses manejaba 167 millones de dólares.[81] Bien provisto de fondos, *Fra-Fra* levantó una candidatura independiente que sumó un millón de votos, creó un partido político personalista (la pintoresca Unión de Centro-Centro), se hizo elegir senador por Maule e incluso logró que su esposa, María Victoria Ovalle, se convirtiera en diputada.

Errázuriz representa un prototipo peligroso para el poder económico: el empresario que se sale del redil y decide actuar por fuera, impulsando sus intereses por medio de su fortuna personal. Una amenaza que los «doctrinarios» ven con preocupación a medida que crece la figura de otro millonario de credenciales políticas difusas y temperamento incontrolable.

## La «OPA hostil» de los fácticos

Sebastián Piñera tampoco tuvo que mendigarle a nadie: cuando vio que el camino a la cima en la Democracia Cristiana, el partido de su familia, era largo y tortuoso, se cambió de bando, fichó en Renovación Nacional, gastó un millón de dólares, ganó la senaduría por Santiago Oriente y se convirtió en el candidato opositor *in pectore* para las presidenciales de 1993.

Para los controladores de la derecha Piñera también era peligroso, porque es inmanejable: en 1992 puso plata de su bolsillo para financiar la campaña municipal de su partido, lo que dio una clara idea de lo que estaba dispuesto a hacer para llegar a La Moneda. En ese momento, la carrera de «la locomotora Piñera» sufrió un descarrilamiento por una operación de espionaje telefónico realizada por el Ejército y rematada por el empresario Ricardo Claro a través de su canal de TV, Megavisión. Claro pertenecía al mismo círculo «dogmático», católico integrista, de Heiremans, con vínculos con la Armada y negocios compartidos. Lo invitó a ser director de Megavisión, y era de toda lógica que el golpe para

81. «Chile's industrial groups: who's who». Citado en Carlos Basso, «El who is who de los chilenos más ricos y sus cambios en 21 años», W5.cl, 22 de octubre de 2013.

sacar a Piñera del camino de las presidenciales de 1993 se diera usando esa pantalla.

Sin candidato, RN proclamó al empresario y expresidente de la CPC Manuel Feliú, pero este fue vetado por los «dogmáticos»: su estrategia de diálogo con el gobierno y la CUT lo hizo ver como un líder demasiado débil. El asunto era simple: «El selecto círculo de empresarios que digita la política del sector no acepta a Feliú».[82] Y Feliú no fue candidato. Heiremans y los suyos mantenían cerrada la llave de las platas para la campaña presidencial y parlamentaria que se avecinaba.

Como niños en falta, los presidentes de RN y la UDI, Andrés Allamand y Jovino Novoa, fueron «convocados a una reunión en casa de Eugenio Heiremans, quien los esperó con Ernesto Ayala para reprocharles la falta de acuerdo en torno a su nombre favorito, el de Carlos Cáceres».[83]

Frustrado, Allamand se sinceró en una entrevista publicada el 16 de mayo de 1993 en *El Mercurio*, en que acusó al propio diario, al Ejército y a los empresarios de ser los «poderes fácticos» que digitaban la política. «Hay interferencia empresarial en las decisiones de la centroderecha», dijo Allamand, quien rompió todos los tabúes al nombrar a los «tres mosqueteros» y presentar crudamente la realidad. «RN tiene el 18% de los votos, pero Hernán Briones, el señor de la Sofofa que respalda a José Piñera, vale más para designar al candidato presidencial del sector que el partido completo», advirtió entonces.[84]

José Piñera Echeñique, hermano mayor de Sebastián y ministro del Trabajo y de Minería con Pinochet, iría como candidato independiente. Y, como RN tampoco aceptaba a Cáceres, la derecha terminaría respaldando a un nombre por defecto: otra vez un Alessandri. Arturo Alessandri Besa, un opaco senador independiente, tío de Jorge y nieto del León de Tarapacá, fue confirmado en una operación política entre la UDI y el círculo de empresarios que financiaban las campañas, obligando al retiro de Feliú.

Pero al final Heiremans y los suyos no apoyarían financieramente a Alessandri, quien estaba derrotado de antemano. Mientras este conducía una campaña austera, mendigando recursos para pagar

---

82. Ascanio Cavallo, *La historia oculta de la transición*, Santiago, Uqbar, 2012, 257.
83. Íd., 283.
84. Pilar Molina, «Allamand: "Hay interferencia empresarial en las decisiones de la centroderecha"», *El Mercurio*, 16 de mayo de 1993.

pasajes a regiones o para arrendar un local donde presenciar su derrota la noche de las elecciones, el dinero fluía a raudales hacia una campaña para diputado.

Fue la primera gran guerra del dinero en la política chilena. Cerca de 5 millones de dólares se gastaron en las campañas de dos compañeros de pacto: Carlos Bombal y Andrés Allamand, que postularon por el distrito 23, de Las Condes, Vitacura y Lo Barnechea.

Tras Bombal se alinearon los «dogmáticos», decididos a castigar a Allamand y tomar el control total de la derecha. El dinero salía de los bolsillos y las gestiones de Eugenio Heiremans, Hernán Briones, Ernesto Ayala, José Yuraszeck, Ernesto Silva Bafalluy, Sergio de Castro y otros. Allamand, en todo caso, tenía sus recursos. Lo respaldó su maestro Pedro Ibáñez, y su viejo amigo Bernardo Matte Larraín le abrió las puertas del Grupo Matte y de sus propios contactos: Juan Eduardo Errázuriz, de Sigdo Koppers; Gastón Cummins, de Ladeco; Pedro Ibáñez Santa María, de Córpora, y Nicolás Ibáñez, de Almac, entre otros.[85]

Esta primera batalla terminó con el triunfo de Bombal, aunque Allamand, gracias al doblaje de la derecha, también logró llegar al Congreso. El segundo *round* sería más violento: cuatro años después, en 1997, ambas figuras reeditaron su enfrentamiento, esta vez por la senaduría de Santiago Oriente. Los bandos se repitieron, la hemorragia de dinero se multiplicó —superando los 20 millones de dólares—, la campaña sucia se desató con llamados telefónicos anónimos que insinuaban conexiones entre Allamand y el narcotráfico, y después de una guerra de trincheras que tapizó Santiago de propaganda, Bombal ganó. Allamand, derrotado, partió a Estados Unidos, en lo que bautizó como su «travesía del desierto».

La derecha quedó en manos de los «dogmáticos». Aunque el poder de los «tres mosqueteros» menguó, la posta la tomaron sus discípulos del Grupo Penta. Silva Bafalluy era socio de Carlos Délano y Carlos Lavín. Bombal y Jovino Novoa tejieron fluidos vínculos con ese grupo, que años después los llevarían a los tribunales. Como candidato presidencial se impuso Joaquín Lavín Infante, socio de los Penta en la Universidad del Desarrollo. Su amigo Carlos Délano fue el más influyente en su grupo (los «samurái») y el creador de su lema de campaña: «Viva el cambio».

85. Víctor Osorio e Iván Cabezas, *Los hijos de Pinochet*, 327.

Así, los noventa son los años del triunfo total de los «dogmáticos». Por medio de sucesivas «OPAs hostiles», los empresarios que identificaban su ideología y sus intereses con la derecha más dura tomaron el control del sector, deshaciéndose primero de Piñera y luego de Allamand, rivales peligrosos tanto por su proyecto político liberal como por su autonomía financiera (por su fortuna personal en el caso de Piñera y por sus redes con los Matte e Ibáñez en el de Allamand).

Mientras tanto, una nueva camada de empresarios enriquecidos por la dictadura entendía que debía adaptarse de otra manera al nuevo hábitat político, con un gobierno controlado por la centroizquierda. Son los «pragmáticos».

## Las «operaciones negras» del No

Al principio, el dinero llegaba del exterior. En 1988, Andrés Zaldívar, Ricardo Lagos y Sergio Molina partieron de gira a Europa para asegurar apoyo para el «No» en el plebiscito. Además de respaldo moral y político, necesitaban dinero. Y lo obtuvieron.

En España, consiguieron fondos del Presidente socialista, Felipe González. En Alemania, del canciller Helmut Kohl. En Italia, de los líderes de la DC, Giulio Andreotti, y del PS, Bettino Craxi. También llegó dinero de Bélgica, Holanda y México, y de fundaciones estadounidenses y alemanas (la Konrad Adenauer de la DC y la Friedrich Ebert de la socialdemocracia).

«Por supuesto las platas las entregaban por la vía negra, porque no podíamos entrar aquí con recursos», admitió más tarde Andrés Zaldívar.[86] «Confieso que aprovechamos las relaciones que habíamos tenido con José Klein, quien tenía inversiones aquí en Chile. Era dueño de la minera Santa Fe y tenía un banco en Suiza. Tomé contacto con ese banco y me llevaron los papeles a Roma para abrir una cuenta.» La cuenta se abrió a nombre de Zaldívar y de Ricardo Lagos. El DC también formó una fundación en España (CIPI) para canalizar dinero. «Había que hacer operaciones negras, había que venderle a alguien, las platas se ponían

86. Paula Canales, «Andrés Zaldívar desclasifica los secretos del No», *La Segunda*, 4 de octubre de 2013.

afuera donde él [Klein] decía», explicó Zaldívar, que calculó que deben haber sido unos 400 mil o 500 mil dólares de la época.[87]

Zaldívar niega que el gobierno de Estados Unidos haya entregado dinero, pero lo contradice el jefe de esa campaña, el también DC Genaro Arriagada. «Recibimos un millón de dólares, que fueron aprobados por una comisión del Congreso de Estados Unidos», relata Arriagada. «Nos dieron un millón a nosotros y un millón al movimiento Solidaridad, en Polonia. No me gustó recibirlo, pero sin esa plata no podíamos hacer la campaña que hicimos.»

Y, sin esa campaña, ganarle un plebiscito a un dictador hubiese sido aun más difícil.

Los gastos ya entonces eran enormes. Un año después, según recuerda Jaime Ravinet, secretario ejecutivo de la campaña de Patricio Aylwin, la primera candidatura presidencial de la Concertación costó «más de 8 mil millones de pesos», unos 27 millones de dólares al cambio de la época.

Los triunfos del «No», en 1988, y de Patricio Aylwin, en 1989, significaron el regreso de la democracia. Pero también el cierre de la llave de dólares, marcos, liras y pesetas que llegaban gracias a la solidaridad internacional. Desde entonces, la Concertación tendría que abrir otras llaves.

## Matrimonio por conveniencia

Una fuente de dinero fresco para los nuevos habitantes de La Moneda eran los fondos reservados, que en 1990 representaban el 11% del presupuesto, y ya habían sido generosamente usados por Pinochet en 1988 y 1989.

Pero, poco a poco, comenzó ya entonces a formarse un nuevo nudo de conveniencia: el que unió a la Concertación que había combatido a Pinochet con los empresarios que habían amasado fortunas a la sombra del dictador.

La Cámara de Diputados cifró en 2.223 millones de dólares la pérdida patrimonial del Estado por el último paquete de privatizaciones de la dictadura entre 1985 y 1989, efectuadas a toda prisa y en varios

87. Ibíd.

casos favoreciendo a los mismos responsables de enajenar las empresas estatales.[88] Uno de los casos más graves fue el de la Compañía de Aceros del Pacífico, pues se entregó en 105 millones de dólares un patrimonio de 811 millones.[89] El gerente general de la CAP, Roberto de Andraca, emergió del proceso como presidente del directorio de la flamante compañía privada.

Bajo fuego quedaron también José Yuraszeck, privatizador-controlador de Chilectra, y el «yernísimo» Julio Ponce Lerou, quien no solo fue cuestionado por su conveniente rol en la enajenación de SQM, sino también por la Sociedad Agrícola y Ganadera Monasterio, beneficiaria de generosos créditos de la Corfo.

El encargado de presentar ante el Congreso los antecedentes que inculpaban a Ponce y otros fue el ministro de Economía, Carlos Ominami. Pero todo quedó en nada. Lejos de perseguir responsabilidades, el gobierno, a través del ministro de la Corfo, René Abeliuk, «negocia con Ponce Lerou la solución de sus deudas, elimina de su agenda todos los problemas de las privatizaciones y hasta inicia un programa de renegociaciones y condonaciones que beneficiará a muchos militares y civiles, incluyendo al general (R) Manuel Contreras, quien para su precario fundo sureño debió acudir alguna vez a la financiera informal que había llegado a constituir la Corfo», según relata Ascanio Cavallo.[90]

El ministro de la Presidencia, Edgardo Boeninger, llamó personalmente a los diputados de la Concertación para disuadirlos de llevar hasta las últimas consecuencias una comisión investigadora.[91] Estaba decidido que esas cuentas pendientes se saldarían de otra manera.

Según el analista DC y por ese entonces embajador en Alemania Carlos Huneeus, fueron clave en este desenlace «las necesidades de financiamiento de las campañas electorales y de los partidos». El propio Ominami dio la señal más potente de este nuevo matrimonio por conveniencia en 1997, cuando llegó al extremo de alabar públicamente a José Yuraszeck. «Si hubiera habido un Yuraszeck en los años treinta, la Corfo no habría hecho Endesa. Creo que se hicieron todas las empresas no por un prurito simplemente estatista, sino porque no había un sector

88. Cámara de Diputados de Chile, «Informe Comisión Privatizaciones», 2004, 3.
89. Cavallo, *La historia oculta de la transición*, 79.
90. Íd., 80.
91. Huneeus, *La democracia semisoberana*, Santiago, Taurus, 2014, 136.

privado con espaldas capaces de desarrollar esas actividades»,[92] dijo el entonces senador, omitiendo que Yuraszeck, lejos de crear una empresa, se había beneficiado de una privatización digitada por él mismo.

Ominami era por esos días el encargado de crear vínculos entre el «laguismo» y el empresariado, y de reducir la ansiedad que a muchos de ellos les producía la inminente vuelta de un socialista a La Moneda, tras la traumática experiencia con Allende.

## El giro del «yernísimo»

Julio Ponce Lerou no siempre fue un pragmático. Durante la dictadura de su suegro, usó su naciente imperio económico para apoyar por todos los medios al régimen. En los días previos al plebiscito de 1988, directivos de Soquimich «repartieron volantes y convocaron a reuniones anunciando las penas del infierno para quienes votaran por el "No"».[93]

Pero el fin de la dictadura, con sus flancos abiertos por las privatizaciones y por cuestionamientos a las condiciones laborales de las salitreras, lo obligó a protegerse. En 1992, alertado por su hermana Carmen Frei, senadora por Antofagasta, el seguro candidato presidencial Eduardo Frei visitó la zona y tuvo duras palabras para la empresa de Ponce Lerou: los trabajadores «viven como animales (...) en un ambiente de campo de concentración», declaró. El 25 de mayo, el senador llevó la denuncia a La Moneda y el Presidente Aylwin anunció una comisión interministerial para investigar los hechos.

Ponce Lerou conoce a Genaro Arriagada, por su interés común en la equitación. A través del dirigente, entonces mano derecha y futuro ministro de la Presidencia de Frei, hizo el contacto para destrabar el conflicto y comenzar a tender puentes con la Concertación. Hoy la Fiscalía investiga presuntos aportes ilegales de SQM a la campaña presidencial de Frei en 2009, a través de boletas de su colaborador Pedro Yaconi y de la contadora Clara Bensán.

Ponce también había forjado una estrecha relación con el dirigente DC Marcelo Rozas, dueño de la revista *Hoy*. A partir de 1991, Soqui-

92. Entrevista a Carlos Ominami, *Capital*, julio de 1997, 38-42.
93. Manuel Salazar, *Todo sobre Julio Ponce Lerou. De yerno de Pinochet a millonario*, Santiago, Uqbar, 2015, 159.

mich se convirtió en el principal avisador de esa publicación cercana a la Concertación.

Hombre clave en la reinvención política de SQM fue Patricio Contesse. Mano derecha de Ponce desde principios de los 80, el gerente general de la empresa llevó la relación con los políticos, a los que recibía en su oficina sin hacer distingos: Pablo Longueira, Jovino Novoa, Marco Enríquez-Ominami, Pablo Zalaquett, Carlos Ominami...[94] Otros, como Jorge Pizarro, Carolina Tohá, Pedro Araya y el propio Enríquez-Ominami, aceptaron invitaciones para viajar en avión privado junto a Contesse a las instalaciones de SQM en María Elena. Al cierre de este libro, los fiscales siguen recopilando antecedentes que vinculan a una larga lista de políticos con dinero de la salitrera.

Entre ellos están el presidente de la DC Jorge Pizarro (por supuestas «asesorías verbales» de sus hijos a la empresa), el dos veces candidato presidencial Marco Enríquez-Ominami (por pagos a su colaborador Cristián Warner, y correos en que el propio Warner implica a ME-O como conocedor de la transacción), el senador PS Fulvio Rossi (a través de su colaboradora Mariela Molina y otros), el exdiputado UDI Cristián Leay (por su Centro de Estudios Nueva Minería, la esposa de su hijo y varios colaboradores cercanos), el exsubsecretario UDI Pablo Wagner (por boletas de su cuñada, María Carolina de la Cerda), el senador UDI Jaime Orpis (por su asesora Carolina Gacitúa), el dos veces candidato presidencial Joaquín Lavín (a través de su asesora Karen Grollmus), el exsenador UDI Pablo Longueira (por su hijo José Tomás, una concuñada, un ahijado y la esposa de su ahijado, entre otras personas) y Sebastián Piñera (por sus empresas Bancorp y Vox Populi).

## Hecha la ley, hecha la trampa

Además, la Concertación construyó vínculos con el gran capital más allá de la cordillera. Un caso simbólico es el de David Rockefeller, el mismo que había liderado el esfuerzo de las trasnacionales estadounidenses por evitar la llegada de Salvador Allende a La Moneda.

94. Declaración ante la Fiscalía de Katherine Bischof, que fue secretaria de Patricio Contesse.

El siguiente socialista en postular a La Moneda, en cambio, contó con su beneplácito. En 1999, el candidato Ricardo Lagos expuso ante el Council of the Americas en Nueva York, y se reunió con Rockefeller y el magnate George Soros. En 2005 fue galardonado con la Insignia de Oro de la Americas Society por Rockefeller, quien lo alabó como un «líder visionario».

Rockefeller ya había sido condecorado con la Orden al Mérito Bernardo O'Higgins (el mayor honor que Chile entrega a extranjeros) en 1992, e invitado por Eduardo Frei a su asunción del mando. También Michelle Bachelet expuso ante el Council de Rockefeller su programa de gobierno, y fue luego condecorada por él con la Insignia de Oro.

La Concertación tenía así sus propias llaves de dinero. Pero eran de menor calado que las de RN y, especialmente, la UDI. El 4 de julio de 2001, el Presidente Lagos envió al Congreso el primer proyecto de ley de financiamiento electoral, alertando acerca de la «oscuridad» de las platas políticas y «la existencia de complejas relaciones entre la política y el dinero».[95]

Ese proyecto se convirtió en ley en 2003, con importantes modificaciones, tras el acuerdo Lagos-Longueira para superar la crisis por el caso MOP-Gate. La Concertación luego diría que la autorización para donaciones de empresas fue una imposición de la derecha. Como recuerda el entonces ministro Francisco Vidal: «La postura del gobierno del Presidente Lagos era que las empresas no donaran. Qué nos dijo la UDI, Longueira, me acuerdo perfecto. "No. Nosotros damos los votos para que haya devolución vía aporte fiscal siempre y cuando ustedes nos dejen que las empresas donen"».[96]

En verdad, el proyecto original de 2001 sí autorizaba las donaciones de empresas, aunque solo permitía que fueran anónimas si no superaban las 20 UF ($509.637 al valor del 29 de octubre de 2015).

Legalizar la influencia del gran dinero en las campañas, por lo tanto, no fue una imposición de la derecha, sino una iniciativa de la Concertación. Lo mismo sucede con la falta de mecanismos de fiscalización real, que convirtieron a la ley de inmediato en letra muerta. El proyecto original tampoco los contemplaba.

95. Biblioteca del Congreso Nacional, «Historia de la Ley 19.884», bcn.cl.
96. Gloria Faúndez, «Los candidatos gastan mucho más de lo permitido y de lo que declaran», entrevista a Francisco Vidal, *La Tercera*, 18 de enero de 2015.

Sí fueron condimentos agregados en la «cocina» de 2003 las franquicias tributarias para las empresas, pero no para las personas, que financiaran a políticos, además del engendro de los «aportes reservados», que permitiría mantener en secreto a donantes y destinatarios de las platas políticas. La ficción esgrimida era que, al ser depositados estos montos en el Servicio Electoral (Servel), los candidatos no se enterarían de la identidad de sus anónimos mecenas.

Fue una idea del centro de estudios que reúne a la gran empresa, el CEP, justificada con argumentos que hoy suenan demasiado optimistas. «Si un donante acepta que su identidad no pueda ser confirmada por el beneficiario, como logra la vía reservada, podemos confiar en que dicha donación solo expresa simpatía política, no la búsqueda de favores»,[97] decía uno de los responsables, Salvador Valdés. Para reforzar la ironía, Valdés desarrolló la idea en *Dinero y política: una tensa relación*, un libro de 2008 cuyo editor era un entonces desconocido Giorgio Martelli.

Un argumento interesante es el que compara las platas políticas con las donaciones para proyectos culturales o deportivos. «Es cierto, las personas jurídicas no tienen derecho a sufragio (…) tampoco asisten a la ópera. ¿Cómo se entiende entonces que el Estado autorice a personas jurídicas a donar al Teatro Municipal de Santiago?», se pregunta Valdés en *Dinero y política…*.[98] Esa idea, sin embargo, pasa por alto dos diferencias: la primera es que los tenores y barítonos del Municipal, financiados con ese dinero, no tendrán luego ninguna influencia sobre los negocios de la empresa donante: la forma en que se interprete *Tosca* o *La flauta mágica* no influirá en sus balances. Los políticos elegidos con su dinero, en cambio, sí tienen esa capacidad. La segunda diferencia es que las empresas persiguen un fin evidente al financiar el Teatro Municipal: la publicidad positiva que les trae vincularse con la cultura. De hecho, entregan dinero *a cambio* de esa publicidad. En los aportes reservados, el requisito es el inverso: la donación se realiza *a condición* de mantener reserva sobre ella.

Más que a la tragedia de una ópera, algunos argumentos en la tramitación del proyecto recordaron los diálogos disparatados de una opereta. Los senadores UDI Hernán Larraín y Juan Antonio Coloma,

97. Giorgio Martelli, *Dinero y política: Una tensa relación*, Santiago, Cuarto Propio, 2008, 148.
98. Íd., 159.

junto al exmiembro de la Junta Militar Rodolfo Stange, presentaron las primeras indicaciones que establecían aportes reservados. «Queremos que el aporte sea reservado», decía el entonces presidente de la UDI, Pablo Longueira. «¿En estos días estamos viviendo situaciones complejas porque algunos pueden estar siendo extorsionados porque recibieron platas en las campañas? Eso se acabó, amigos. Este es un golpe a los extorsionadores, por cuanto no quedará registrado en ninguna parte lo que se donó. Es mejor no saber quién le donó a uno. La persona va al computador, al Servicio Electoral, y señala ahí en qué cuenta deposita. Nosotros no sabremos quién fue; no habrá un papel para extorsionar».[99]

Los políticos sabían que eso no sería cierto. También, que las platas negras seguían fluyendo, con o sin ley. El propio proyecto del gobierno calculaba en 87 millones de dólares el gasto electoral en las campañas parlamentarias de 1997. Según el Servel, en las parlamentarias de 2013 los candidatos declararon gastos por unos 76,8 millones de dólares.[100] O sea, oficialmente las campañas eran más baratas y gastaban menos que dieciséis años antes, un absurdo considerando la espiral inflacionaria de gigantografías, palomas, brigadistas, y la propaganda en radios y periódicos.

«Yo fui candidato el año 2008 a alcalde de Santiago y se suponía que mi campaña no podía exceder de 80 millones de pesos, pero gasté más de 400», confiesa Jaime Ravinet. «Lo mismo pasa cuando a un senador le ponen como límite que gaste 600 millones de pesos: un senador por Santiago gasta, al menos, 3 mil millones de pesos (...) Ser candidato presidencial cuesta sobre 20 o 30 mil millones de pesos».[101] En 2013, Michelle Bachelet declaró gastos por $5.377 millones, y Evelyn Matthei, por $3.474 millones.

Las rendiciones de gastos falsas también se hicieron evidentes desde un principio. El 19 de octubre de 2006, investigando un caso de corrupción en Chiledeportes, recorrí Santiago buscando las direcciones de una serie de supuestas empresas proveedoras de servicios: Publisport, Publimundo, Publiart, Publicam... Todas las direcciones eran ficticias,

99. Biblioteca del Congreso Nacional, «Historia de la Ley 19.884».
100. Cálculo con el dólar observado promedio de diciembre de 2013, a 529 pesos.
101. Jorge Rojas, «Jaime Ravinet se sincera sobre el financiamiento a la política: "Me dolió cuando la Presidenta dijo que no sabía qué hacía Martelli"», *The Clinic*, 29 de mayo de 2015.

en calles que no existían o en casas particulares. El reportaje, emitido esa noche en Canal 13, provocó un terremoto en Chiledeportes, pero tuvo también una consecuencia inesperada. Además de justificar el desvío de dineros en la repartición estatal, Publicam aparecía como proveedora de servicios en la campaña senatorial del PPD Guido Girardi. El caso terminó con la condena del administrador electoral de Girardi, Ricardo Farías, a 541 días de presidio remitido por estafa al fisco. Girardi no fue perseguido por la Fiscalía y, pese a probarse las irregularidades en su campaña, completó su período y fue reelegido en 2013.

El 23 de noviembre de 2006, la Presidenta Michelle Bachelet anunció un paquete de reformas anticorrupción que incluía el fin de los aportes de empresas a campañas, cesación del cargo de parlamentarios elegidos con trampa, facultades reales para el Servel y mayor transparencia en los fondos electorales. Ninguna de ellas fue aprobada en el Congreso. Quedó intacto así el mecanismo legal para canalizar fondos desde las grandes empresas a los candidatos, sin transparencia, sin regulación y sin sanciones efectivas.

Empresas controladas a su vez por grupos económicos que afianzaban una relación cada vez más estrecha con los nuevos dueños de La Moneda, aunque sin descuidar los vínculos con la oposición de derecha. Esta lógica marcará el mapa del poder político-empresarial en el siglo XXI.

Un mapa que en el próximo capítulo se revela completo por primera vez.

Capítulo tres

# EL PE$O DEL DINERO

*Come on, come on / love me for the money.*
*Come on, come on / listen to the money talk*

AC/DC, «Moneytalks»

Sebastián Piñera metió la mano en un bolsillo del pantalón y sacó un fajo de billetes de diez mil pesos, atados con un elástico. En el otro bolsillo, lo mismo. Del bolsillo de atrás salió un tercer fajo de billetes amarrados. Mientras se acomodaba la camisa y el cinturón, el entonces presidente de Renovación Nacional sonrió y explicó su particular cargamento: «Es que de aquí me voy de gira por regiones. A visitar las bases».

Corría 2004 y las palabras de Piñera, quien esa noche se preparaba para ser entrevistado en un programa de Canal 13, podían sorprender por su crudeza, pero no por su contenido. El empresario había asumido la presidencia de RN en 2001, y para nadie era un misterio que financiaba gran parte del funcionamiento del partido de su bolsillo. Literalmente.

Lo mismo haría luego Carlos Larraín Peña. Cuando, en 2006, este concejal por Las Condes llegó a la presidencia del partido, todos entendieron que el punto clave de su campaña no había sido su escueta trayectoria política, sino su fortuna. Larraín era director del Consorcio Nacional de Seguros, heredero de amplios paños de terreno, y en 2003 asumió como vicepresidente de Finanzas de RN. Desde ese puesto, armó lealtades internas gracias a su generosidad para financiar campañas y a dirigentes de base. Esta relación clientelar con los dirigentes y candidatos del partido le permitió liderar RN por ocho años, pese a representar una posición de integrismo conservador que era minoritaria en la colectividad, pese a sus frases misóginas y homofóbicas, a los constantes enfrentamientos con sus bancadas parlamentarias, e incluso a su abierta disputa con Piñera, antes, durante y después de que este asumiera la Presidencia de la República.

La economía de RN es frágil. El sistema binominal ha obligado al partido a competir con su compañero de pacto, la UDI, pero sin contar con las espaldas financieras de esta. Ello otorga gran poder a los mecenas como Piñera y Larraín.

En pleno siglo XXI, Piñera ha repetido un esquema tan viejo como la República chilena: el millonario que ejerce directamente altos cargos de Estado y confunde su poder económico y político hasta que resultan indistinguibles. La historia de su «caja chica» manejada desde La Moneda ilustra el punto.

## La «caja chica» del Presidente

Los cuatro meses que duró la aventura presidencial de Evelyn Matthei, desde su proclamación de emergencia por la UDI y RN el 10 de agosto de 2013 hasta su estrepitosa derrota frente a Michelle Bachelet en la segunda vuelta del 15 de diciembre, estuvieron marcados por un fantasma: el de Arturo Alessandri Besa.

Designado de urgencia en 1993 por la derecha, Alessandri terminó su aventura en soledad, abandonado por los financistas de su sector y sin fondos para hacer campaña. Fue derrotado sin apelación al obtener el 24% de los votos. Matthei vio desde el principio que corría un riesgo similar. Los recursos empresariales se volcaban hacia las competitivas campañas parlamentarias de su sector, y también a su rival de la Nueva Mayoría, que todos daban por descontado que ganaría la elección: Michelle Bachelet.

Tanto en privado como en público, una frustrada Matthei dejaba ver su angustia por la falta de fondos para hacer campaña. «Mi contendora tiene mucho, mucho, mucho dinero, y se nota en sus comandos, en su publicidad», decía.[1] «Los gastos de Bachelet han sido tres o cuatro veces más que los nuestros», afirmó el 10 de noviembre de 2013. «Esa cantidad increíble de dinero que están mostrando desde Arica a Punta Arenas es una cosa de no creerlo, y no le creo que digan que eso se ha recaudado con comidas y con donaciones de cuadros y de esculturas… No es así, no es posible», completó Matthei, quien incluso calculó en 15 millones de dólares el gasto de la campaña de Bachelet.

1. Soledad Vial, «Evelyn Matthei define los ejes de su programa de gobierno: "Las propuestas de Bachelet no calzan con lo que hizo en su mandato, por eso no va a debates"», *El Mercurio*, 28 de septiembre de 2013.

Las cifras oficiales del Servel le dan la razón en que Bachelet gastó (o, al menos, declaró haber gastado) mucho más en su campaña presidencial: $5.377 millones versus $3.474 millones de la candidata de la derecha. Pero no así respecto de los montos de los aportes reservados que recibió cada una: $1.400 millones para Bachelet y $2.300 millones para Matthei.

El hecho es que la candidata oficialista se sentía en desventaja. Y sus pedidos de auxilio llegaron a lo más alto: al Presidente de la República. «Me levanto angustiada, y me voy a dormir angustiada», fue la frase textual de la candidata. Así lo reconoce hoy Matthei: «Hablé con Piñera sobre la falta de dinero en mi campaña. No le pedí directamente que me donara ni le pedí un monto específico. Sí le dije que estábamos súper complicados y que no había plata para nada. Hubo un momento en que ya no se podía seguir con la campaña».

Y Sebastián Piñera actuó. Según información recabada para esta investigación, el aporte se concretó por la vía legal de los aportes reservados canalizados por el Servel. Inversiones Santa Cecilia, la sociedad que es uno de los vehículos de inversión preferidos de Piñera, fue la elegida para materializar la donación del Presidente a la candidata. «No sabía que la donación se había concretado. Tampoco sé si fue poco o mucho. Pero me alegro de que me haya donado», dice hoy Evelyn Matthei.

Durante esa campaña parlamentaria y presidencial cuesta arriba para la derecha, Inversiones Santa Cecilia se convirtió en una caja chica para ayudar a candidatos en problemas. No era la primera vez. Santa Cecilia hizo aportes reservados en 2008 y 2012 (elecciones municipales), 2011 (año no electoral) y 2013 (parlamentarias y presidenciales). En los tres últimos casos, se trata del período en que Sebastián Piñera ejercía la Presidencia de la República, e Inversiones Santa Cecilia estaba bajo la administración de un fideicomiso ciego.

Desde el entorno del exmandatario explican que ese fideicomiso ciego cubría la administración de la cartera de inversiones de Santa Cecilia, pero no a la sociedad propiamente tal. Las decisiones sobre financiamiento político, por lo tanto, no habrían sido tomadas por los administradores del fideicomiso, sino por un comité ejecutivo formado por el abogado Fernando Barros, el empresario José Cox y el hijo del dueño, Sebastián Piñera Morel.

En las campañas de 2012 y 2013, entre los candidatos de la Alianza fue una práctica habitual pedir financiamiento al Presidente de la República. Esas solicitudes, especialmente fuertes en las parlamentarias de 2013, se canalizaron a través de sus colaboradores más cercanos: los ministros del Interior, Andrés Chadwick (primo hermano de Piñera), y secretario general de la Presidencia, Cristián Larroulet, militante y simpatizante, respectivamente, de la UDI. Uno de los criterios establecidos por el piñerismo para entregar o negar aportes fue el de la eficiencia: los fondos se concentraron en las circunscripciones y los distritos en que la Alianza disputaba voto a voto con la Nueva Mayoría para no ser doblada. En los lugares en que no se corría riesgo de doblaje, o en que la derrota del oficialismo era inevitable, las peticiones de fondos solían ser rechazadas.

En el listado de donantes aparece también Bancard, el otro vehículo de inversiones de Piñera, que se acogió a franquicias tributarias por donativos en 2008, año de elecciones municipales, cuando este era el más seguro candidato a la Presidencia para la elección del año siguiente.

Y en 2010, cuando se disputó la segunda vuelta que lo llevó a la Presidencia, Piñera también entregó dinero por medio de otro de sus vehículos de inversión, Axxion.

## Las platas de Chilevisión

Además de Bancard, Axxion y Santa Cecilia, Sebastián Piñera usó una tercera vía para financiar la política: Chilevisión.

El canal de televisión fue comprado por Piñera a Claxson Interactive Group, a través de Bancard, en abril de 2005. Lo mantuvo hasta agosto de 2010, cuando ya siendo Presidente lo vendió al grupo estadounidense Turner Broadcasting System.

Chilevisión no entregó aportes reservados a campañas ni con Claxson ni con Turner, pero sí lo hizo durante el período en que Piñera fue propietario, específicamente en 2008 y en 2009. En este último año, el propio Piñera fue candidato presidencial, en la campaña que lo llevó a La Moneda.

Los aportes de Chilevisión son un hecho inédito. ¿Quién decidió que un canal de televisión, obligado por la ley del Consejo Nacional de Televisión (CNTV) a respetar el principio del pluralismo, debía involucrarse en la entrega de dinero a ciertos políticos?

En 2005, al hacerse cargo de Chilevisión, Piñera nombró como directores a sus amigos Andrés Navarro (con vínculos con la Concertación) y Pedro Pablo Díaz (a quien luego designaría embajador en Australia), a su hermana Magdalena Piñera, al expresidente de la Sofofa y la CPC Juan Claro y al secretario general de Gobierno de Eduardo Frei, José Joaquín Brünner (PPD).

Luego entraron otros dos colaboradores habituales de los negocios de Piñera: Fabio Valdés y Santiago Valdés. A ellos se sumó Carlos Hurtado, ministro de Obras Públicas de Patricio Aylwin. Hurtado tiene experiencia en la materia. Cuando Molymet, la mayor procesadora de molibdeno del mundo, decidió entregar $50 millones a campañas en 2013, él fue designado para determinar qué candidatos serían los beneficiados.[2]

De esta información surgen varias dudas, más allá de que el aporte sea legal: ¿qué candidatos y partidos fueron beneficiados por los donativos de Piñera? ¿Corresponde que un Presidente de la República financie ciertas campañas electorales bajo secreto, sin transparentarlo a la ciudadanía, y que se beneficie de una franquicia tributaria por ese dinero? Más inquietante aun: ¿entregó dinero Chilevisión a la candidatura presidencial de Piñera en 2009? Y en 2010, año en que la única elección disputada fue la segunda vuelta entre Piñera y Frei, ¿aportó Axxion a la campaña de Piñera? De ser así, habría sido una autodonación aprovechando las franquicias tributarias que establece la ley de donaciones políticas.

Consultados para esta investigación, desde el entorno del empresario y político se excusaron de entregar detalles, aduciendo que tienen el deber legal de resguardar la reserva de los aportes vía Servel. Sin embargo, sí sabemos que cada uno de estos aportes de Axxion, Santa Cecilia, Chilevisión y Bancard pidieron y obtuvieron franquicias tributarias. Así, indirectamente, los contribuyentes chilenos financiaron parte de las donaciones secretas con que un candidato presidencial (y luego, el mismo Presidente de la República) distribuía favores entre sus partidarios políticos, y eventualmente hacia él mismo.

El asunto se complica aun más con las revelaciones de la existencia de boletas cruzadas entre Bancard, ejecutivos de Chilevisión y empresas financistas de la política. En 2010, el entonces director ejecutivo

2. Francisca Miranda y Francisca Skoknic, «Los secretos de las empresas que financian la política (II): Mineras, banca, pesqueras y más», CIPER, 18 de noviembre de 2013.

del canal, Jaime de Aguirre, boleteó y recibió pagos, a través de su empresa personal La Música, de SQM, Pampa Calichera, Aguas Andinas e Inversiones Ilihue. Las dos primeras son controladas por Julio Ponce Lerou, la sanitaria suma importantes pagos a políticos, e Ilihue es propiedad de José Cox, amigo de Piñera y exdirector de Bancard.

Santiago Valdés, exdirector de Bancard y de Chilevisión, formalizado por el caso Penta-SQM, declaró ante la Fiscalía que a De Aguirre se le pagaron $110 millones mediante «una especie de canje con clientes de Bancard».[3]

Las empresas de Piñera también hicieron importantes aportes a Renovación Nacional, los que, como reconocieron en el partido, sirvieron para pagar deudas contraídas por RN... con el mismo Piñera. En 2010, estando ya en La Moneda, el Presidente de la República vendió sus acciones de Lan al holding Bethia, a través de Axxion. La transacción incluyó un compromiso del conglomerado que encabeza Carlos Heller de entregar $2.075 millones a Renovación Nacional.

En 2007 y 2009, Piñera había hecho dos préstamos, por un total de casi $1.800 millones, a Renovación Nacional. RN reconoció que el dinero de Axxion fue destinado a pagar «deudas que mantenía con Sebastián Piñera».[4]

## Las boletas del canciller

Esta investigación logró establecer otro caso de una alta autoridad de gobierno que financió campañas mientras ejercía su cargo: el ministro de Relaciones Exteriores entre 2010 y 2014, Alfredo Moreno.

Claro que en este caso no se trató de aportes reservados vía Servel, sino de la emisión de boletas por servicios no respaldados. Dos empresas pertenecientes al excanciller y actual presidente del Banco Penta, Alfredo Moreno, pidieron rectificar sus declaraciones de impuestos para excluir boletas emitidas por cercanos del senador Iván Moreira. Al rectificar, las empresas reconocieron que habían computado esos pagos como gastos que en realidad no están en condiciones de demostrar, lo que

3. Declaración de Santiago Valdés ante la Fiscalía, 28 de septiembre de 2015.
4. Francisca Skoknic, «Donación de Piñera a RN se usó para pagarle un préstamo que él mismo hizo al partido», CIPER, 29 de mayo de 2015.

originalmente les permitió rebajar su carga tributaria. Es decir, admitieron que no habían recibido nada tangible, ningún producto o servicio, a cambio de esos aportes.

Se trata de AMC Consultores y Agrícola Río Claro, dos sociedades relacionadas de propiedad del actual hombre fuerte del Grupo Penta. Ambas empresas declararon al menos tres boletas que fueron emitidas durante el segundo semestre de 2013 por dos personas estrechamente vinculadas al senador UDI Iván Moreira, quien en ese momento era candidato por la Región de Los Lagos. Cuando se emitieron las boletas, Alfredo Moreno ejercía como ministro de Relaciones Exteriores.

Andrea Schultz Figueroa, secretaria de Iván Moreira, entregó una boleta a AMC Consultores durante el segundo semestre de 2013, por un monto de $3.000.000. Schultz ya está siendo investigada por la Fiscalía en el caso Penta, por la emisión de tres boletas de 5.555.556 pesos, en 2013, para triangular dineros desde Inversiones Banpenta II Ltda. y Empresas Penta a la campaña de Moreira.

Las otras dos boletas corresponden a Javier Billiard, coordinador de la campaña senatorial de Moreira en Los Lagos. En su caso se trata de dos documentos, por 7 y 5 millones de pesos respectivamente, girados a Agrícola Río Claro.

Tras el estallido del caso Penta, Alfredo Moreno llegó a presidir Empresas Penta. Con sus controladores, Carlos Délano y Carlos Lavín, formalizados por soborno y delitos tributarios, Moreno tomó las riendas de los negocios del grupo y lideró tres de sus empresas: Banco Penta, Penta Security y Penta Vida.

En ese contexto, las empresas de Moreno pidieron rectificar las boletas emitidas a cercanos de Iván Moreira: para adelantarse a eventuales acciones legales.

AMC Consultores fue fundada en 1985 por Alfredo Moreno Charme y nombrada por sus iniciales, y funciona como matriz para varias de las múltiples inversiones de Moreno. En Agrícola Río Claro, el excanciller tiene el 99,99% de la propiedad: el 63,90% como persona natural y el restante 36,09% a través de AMC Consultores.

Según la declaración de patrimonio que firmó al dejar la Cancillería, en marzo de 2014, Agrícola Río Claro tiene un patrimonio financiero de $9.768.623.848.

Moreno no niega los pagos. Argumenta que mientras fue canciller dejó la administración de ambas empresas en manos de un tercero.

Según su versión, «en julio de 2014, tras dejar el gobierno y post período de vacaciones, retomé la administración de mis empresas y revisé los gastos rechazados, informando al Servicio de Impuestos Internos de aquellas boletas que merecían dudas». Moreno dice no conocer a Javier Billiard, pero admite que sí «podría conocer» a Andrea Schultz, secretaria de Iván Moreira.

La rápida rectificación de sus boletas, así como la inacción general en que cayó Impuestos Internos en medio de las presiones por el caso SQM, han impedido que este caso de presunto financiamiento irregular de campañas diera paso a una querella del SII para ser investigada por la Fiscalía. Hasta el cierre de este libro, Moreno permanece como máxima autoridad del Grupo Penta.

## Políticos y mecenas

Sebastián Piñera y Alfredo Moreno no son, sin embargo, los únicos políticos que aparecen a ambos lados de la relación política-negocios, entregando dinero a la vez que ejercen altos cargos públicos.

El exministro de Deportes Gabriel Ruiz-Tagle es dueño de Inversiones III Limitada. A través de esa compañía comenzó a donar a la política en 2008, aporte que repitió en 2009 y 2013 —en este último caso, cuando era subsecretario de Deportes—, todos años electorales. Militante de la UDI, fue jefe de campaña de Pablo Longueira en las elecciones senatoriales de 2005. Fue presidente de Blanco y Negro y socio de Sebastián Piñera en la propiedad de la concesionaria de Colo-Colo, acciones que ambos mantuvieron por varios meses tras asumir en 2010 la Presidencia de la República y la subsecretaría de Deportes, respectivamente.

Ruiz-Tagle también fue dueño de la papelera PISA. El 28 de octubre de 2015, la Fiscalía Nacional Económica lo acusó de haber acordado con la empresa CMPC Tissue, del Grupo Matte, un cartel para controlar el mercado del papel higiénico, las toallas de papel, las servilletas y los pañuelos desechables. El desbaratado «cartel del confort» duró al menos diez años, entre 2001 y 2011, y es uno de los peores casos de colusión detectados en la historia de Chile.

Consultado acerca del monto de sus aportes y del o los destinatarios, Ruiz-Tagle respondió que no deseaba referirse a ese tema «ya que esa información es privada y, en su carácter legal, prefiero que siga de esa forma».

También hay casos de políticos que han donado a campañas mientras se desempeñan en el sector privado. Uno de ellos es quien fuera ministro de Vivienda de Frei, Edmundo Hermosilla (DC), el mismo que debió renunciar en 1997 tras hacerse público que había recibido dos caballos de regalo de Francisco Pérez Yoma, dueño de la Inmobiliaria Copeva, quien protagonizó un bullado escándalo por la construcción defectuosa de viviendas sociales. La empresa Wisetrack Chile, cuyo directorio preside Hermosilla, realizó aportes a campañas en 2013.

El exministro Fernando Echeverría es uno de los dueños de Echeverría e Izquierdo. Su empresa constructora hizo donaciones políticas en 2005 y 2009, después de que él fuera presidente de la Cámara Chilena de la Construcción, entre 2002 y 2004. Luego, en el gobierno de Piñera, Echeverría fue intendente de Santiago (2010-2011) y, fugazmente, ministro de Energía. En ese puesto duró solo tres días, debido a sus conflictos de interés por tener participación en una empresa del rubro energético. Fernando Echeverría me respondió que no deseaba hacer ningún comentario sobre esas donaciones.

Un caso particular es el del actual senador Manuel José Ossandón (RN). Uno de sus hermanos, Roberto, es considerado un recaudador histórico de Renovación Nacional, de cuyo *think tank*, el Instituto Libertad, es presidente. Pero es otro de sus hermanos, Ignacio, quien aparece haciendo donaciones políticas, y por partida triple.

En 2013, el año en que su hermano Manuel José enfrentó una durísima batalla senatorial contra tal vez la campaña mejor financiada de Chile (la de Laurence Golborne), Ignacio Ossandón hizo aportes políticos vía Servel a través de tres sociedades: Asesorías Igma, Inversiones Igma y Asesorías Nayén. Ninguna de las tres registra donativos en otros años electorales. «Claro que le hice una donación a la campaña de mi hermano», dice. Y detalla los montos: «De Asesorías Igma fueron $7 millones, Inversiones Igma pasó $11 millones y Asesorías Nayén $10 millones. En total, $28 millones».

Aunque Carlos Larraín Peña ya no es socio del estudio de abogados que fundó en 1994, los actuales socios sí realizaron donaciones reservadas a campañas parlamentarias en 2013. Según explica su hijo Carlos Larraín Hurtado, cada uno de los diez socios tuvo la libertad de elegir al candidato que quisiera apoyar. El más favorecido fue el partido

Renovación Nacional, que recibió el «voto» de ocho de los socios, con lo cual obtuvo $4 millones. Un noveno socio estaba de viaje, así es que no participó. Y el décimo destinó sus recursos al candidato a senador por Santiago Oriente del Partido Socialista, Carlos Montes ($250 mil) y al candidato a diputado de la DC por Providencia y Ñuñoa, Sebastián Pavlovic ($250 mil). No es muy difícil adivinar que ese socio fue Pablo Ruiz-Tagle, reconocido concertacionista.

«Hay que ayudar a la política», es la explicación del socio Carlos Larraín Hurtado para que el estudio destinara fondos para las campañas pese a que la decisión sobre su destino fuera individual. De todos modos, el grueso terminó en RN, en línea con la tradición del fundador del estudio, uno de los principales financistas de ese partido.

## La ley y la rendija

Todos estos datos, y los de las páginas siguientes, usted no debería conocerlos. La ley de financiamiento electoral, concordada hace más de una década entre la Concertación y la Alianza, estableció un riguroso manto de secreto sobre los «aportes reservados» de empresas a candidatos.

La ley sobre transparencia, límite y control del gasto electoral que rige desde 2003, establece el secreto de los aportes reservados a campañas políticas. Esta es la vía que suelen usar las empresas para entregar recursos a los candidatos. Como ya dije, esta reserva debía impedir que los candidatos beneficiados pudieran ser presionados por sus donantes. Los últimos escándalos relacionados con el financiamiento de la política han demostrado que esa garantía resultó ser falsa: en muchos casos, los candidatos sí saben qué empresas y cuánto dinero les donaron. Lo que sí es cierto es que los aportes reservados se mantienen en secreto a los ojos de la ciudadanía. A esta ley se suma la normativa que regula las donaciones directas a partidos e institutos de formación política. En ambos casos, los donantes pueden solicitar beneficios tributarios.

Esta posibilidad de descontar impuestos ha sido precisamente la zanahoria que pudo utilizarse en esta investigación para acceder a la nómina de las empresas que han financiado la política desde 2004, a través de aportes reservados realizados vía Servel —presumiblemente el grueso de la nómina— y de donaciones directas a partidos o institutos de formación política. Con la asesoría de la Fundación Pro Acceso, solicitamos al Servicio de Impuestos Internos por ley de transparencia la lista completa, año por año, de los RUT que han pedido la devolución de impuestos por donaciones políticas.[5] Esta vía indirecta nos entrega la nómina total de las empresas que han pedido devoluciones de impuestos por contribuciones políticas legales, ya sea a través del Servicio Electoral como directamente. Pero no nos permite acceder a datos clave: a qué candidatos o partidos se hicieron las donaciones, ni el monto de los aportes (ese detalle según el SII es parte del secreto tributario). Con todo, esta manera imperfecta e indirecta es la ventana más completa que se ha abierto al mundo del financiamiento secreto de las campañas políticas en Chile.

Los datos que siguen se basan en ese catastro de las 1.286 empresas que financian la política en Chile. La telaraña de intereses económicos cruzados que captura los poderes públicos. El quién es quién de los accionistas de Chile S.A.[6]

Están todos. Los 21 grupos económicos más grandes de Chile, sin excepción, son parte del listado de financistas de la política. Hay en ellos empresarios tradicionales y otros nuevos, algunos con figuración pública y otros que se mantienen en segundo plano. Hay «doctrinarios» y «pragmáticos». Pero todos dan dinero. Y obtienen franquicias tributarias para descontar esos aportes de sus impuestos (salvo uno, que opera solo «por fuera» de los aportes reservados).

La siguiente lista muestra los 21 primeros grupos según la cantidad de activos en el Ranking de Riqueza de Grupos Económicos, elaborado por la Facultad de Economía y Negocios de la Universidad del Desarrollo en junio de 2015.[7] Junto a ellos aparecen sus aportes a la política, medidos en cantidad de empresas aportantes y total de años tributarios en que han hecho donaciones.

---

5. En octubre de 2014, *La Tercera* publicó una lista similar pero circunscrita a las devoluciones del año tributario 2014, bajo el título «Revisa las empresas que efectuaron donaciones reservadas». Ver Francisca Miranda y Francisco Artaza, «Empresas que financian la política», *La Tercera*, 19 de octubre de 2014.
6. Una versión preliminar de estos datos se publicó en CIPER. Ver Daniel Matamala, «La lista completa: la verdad sobre las 1.123 empresas que financian la política en Chile», CIPER, 23 de abril de 2015. Peticiones posteriores de información adicional nos permitieron completar el catastro de las 1.286 empresas.
7. Se excluye a la Cámara Chilena de la Construcción, por ser un gremio antes que un grupo económico.

| Grupo | Ranking por activos | Activos (miles de millones de pesos) | Total de empresas aportantes[1] | Total de aportes[2] |
|---|---|---|---|---|
| Luksic | 1 | 40.629 | 20 | 47 |
| Matte | 2 | 24.632 | 36 | 75 |
| Yarur | 3 | 23.916 | 8 | 24 |
| Angelini | 4 | 20.018 | 20 | 60 |
| Said | 5 | 17.318 | 3 | 5 |
| Saieh | 6 | 13.982 | 7 | 24 |
| Cueto | 7 | 11.835 | 2 | 2 |
| Solari | 8 | 11.622 | 25 | 50 |
| Hurtado Vicuña | 9 | 10.732 | 5 | 9 |
| Paulmann | 10 | 10.412 | 12 | 29 |
| Security | 11 | 7.761 | 7 | 8 |
| Fernández León | 12 | 4.404 | 4 | 4 |
| Penta | 13 | 4.359 | 15 | 36 |
| Ponce Lerou | 14 | 3.485 | 5 | 10 |
| CAP | 15 | 2.972 | 2 | 6 |
| Navarro | 16 | 2.871 | 2 | 5 |
| Calderón[3] | 17 | 2.258 | 0 | 0 |
| Sigdo Koppers | 18 | 2.132 | 2 | 5 |
| Guilisasti | 19 | 997 | 1 | 3 |
| Piñera[4] | - | - | 4 | 7 |
| Ibáñez[5] | - | - | 3 | 6 |

1 Total de empresas pertenecientes al grupo económico que han hecho donaciones políticas desde 2004 en adelante.

2 Total de años tributarios en que empresas pertenecientes al grupo económico hicieron aportes (cada empresa se cuenta por separado).

3 El Grupo Calderón no registra donaciones legales, pero sí se ha detectado financiamiento político vía boletas, por fuera de la ley de financiamiento.

4 Piñera fue excluido del ranking UDD en 2011, por haberse desprendido de la mayor parte de sus sociedades anónimas abiertas al asumir la Presidencia de la República. Sin embargo, sigue estando, sin ninguna duda, entre las veinte mayores fortunas de Chile.

5 Ibáñez fue excluido del ranking UDD en 2011, tras vender D&S a Walmart. Sin embargo, sigue estando sin ninguna duda entre las veinte mayores fortunas de Chile.

«Financiamos la buena política y la buena política es transversal.» Esa es la definición de Bernardo Larraín Matte, presidente de Colbún y miembro del Grupo Matte. ¿Y qué es buena política? «Políticos con visión de Estado, de largo plazo, que hacen buenas políticas públicas, que privilegian el consenso..., ese es el criterio.»[8]

El Grupo Matte, el más tradicional de Chile, el mismo de la Papelera y de Alessandri, está en el grupo de los «pragmáticos» y entrega dinero tanto a la Alianza como a la Concertación (ahora, Nueva Mayoría), aunque los miembros de la familia estén ligados a la derecha —unos a la UDI y otros a RN— y sean en general cercanos a la Iglesia Católica (Eliodoro y Patricia, los más conservadores, están vinculados con los Legionarios de Cristo).

Sobrevivientes de las dos grandes caídas de grupos económicos de los últimos cuarenta años (el shock liberalizador de 1975 y la crisis de 1982), los Matte entienden la necesidad de mantener vínculos con todo el espectro político, y lo hacen usando el abanico de sus empresas. El requisito es que los beneficiados «privilegien el consenso».

La Compañía Industrial El Volcán es la más constante: ha aportado en todos y cada uno de los años electorales desde 2004, cuando entró en vigencia la ley de financiamiento electoral, es decir, en periodo de elecciones presidenciales y parlamentarias, y también municipales.

La eléctrica Colbún (copropietaria del proyecto HidroAysén), Colbún Transmisión, el Banco Bice y Entel también aparecen en la nómina de 36 compañías aportantes de los Matte. En el caso de Entel, a través de cuatro filiales: Empresa Nacional de Telecomunicaciones, Entel PCS, Telefonía Local y Telefonía Móvil. ¿Cuál es el monto de los aportes? Solo tenemos información fragmentada. Una pista la entrega una investigación de CIPER que, revisando actas de los directorios, descubrió donaciones totales por $215 millones para la campaña de 2013, a través de Colbún Transmisión y Río Tranquilo.[9]

8. Valeria Ibarra, «Suben aportes de empresas a la política: financian 44% de las elecciones presidenciales», *El Mercurio*, 19 de mayo de 2013.
9. Francisca Skoknic, Francisca Miranda y Gustavo Villarrubia, «Los secretos de las empresas que financian la política: Quiénes son y cuánto gastan», CIPER, 6 de noviembre de 2013.

Mucho mayores son las donaciones de la CMPC. En un hecho que hasta ahora había pasado inadvertido, su «reporte de desarrollo sostenible» de 2013, publicado en agosto de 2014, lista dentro de las «inversiones de carácter social» sus «aportes a campañas electorales». El monto total es de US$1 millón 345 mil ($935.773.474).[10]

La ley establece un aporte máximo por empresa de 10 mil UF ($247 millones) por tipo de elección, por lo que esta cifra puede multiplicarse en un año electoral como 2013, con aportes simultáneos para cuatro elecciones distintas: Presidente, senadores, diputados y consejeros regionales. La ley que regula los beneficios tributarios para aportes políticos también establece que «la donación deducida» no puede superar el 1% de la renta líquida imponible de la empresa.

Pero hay una manera sencilla de evitar el tope legal para financiar campañas: el Grupo Matte distribuye sus platas entre varias compañías. En el caso de la Papelera, además de la matriz Empresas CMPC y de la accionista Cominco, también entregan dinero a la política sus filiales Forestal Mininco, Forestal CMPC, Papeles Cordillera, CMPC Celulosa, Cartulinas CMPC, CMPC Tissue, Industrias Forestales, Bioenergías Forestales, Portuaria CMPC, Forsac, Envases Impresos e Inversiones CMPC, distribuyendo así las platas políticas de la forestal entre catorce firmas vinculadas.

En años anteriores, los reportes de desarrollo sustentable de la CMPC también incluyen algunas cifras de aportes según la ley de donaciones políticas: US$205.354 en 2004; US$669.268 en 2005; US$50.000 en 2006; US$304.000 en 2008 y US$789.000 en 2009. En total, en los seis años informados, la Papelera suma US$3,7 millones, poco más de $2.574 millones.

Así, sumando a las filiales de Colbún y de la CMPC, las platas políticas del Grupo Matte suman al menos $2.789 millones. Esa cifra incluye los montos de solo 16 de las 36 empresas donantes de los Matte, y, en el caso de Colbún Transmisión y Río Tranquilo, en un solo año.

En teoría, usar 36 empresas permitiría a los Matte inyectar hasta $1.356.813.100 en una campaña presidencial. O sea, podrían haber financiado hasta una cuarta parte del gasto legal total de Bachelet, o más de un tercio de lo declarado por Matthei en 2013. Y en un año electoral

10. Esta y las demás conversiones de dólares a pesos están calculadas con el tipo de cambio del 30 de octubre de 2015.

como 2013, podrían invertir hasta $35.568.000.000 en campañas políticas, cumpliendo escrupulosamente la ley.

Una ley en cuya redacción los Matte influyeron. El sistema fue ideado por la Comisión de Reforma del Estado del Centro de Estudios Públicos (CEP), el *think tank* del cual Eliodoro Matte es presidente y principal financista. El propio Matte fue uno de los miembros de la comisión. La propuesta del CEP, presentada en octubre de 2000, fue una de las bases de la ley promulgada en 2003.

Este conocimiento y uso de los pliegues de la norma puede ser la explicación de una paradoja: la de que, aunque muchos consultados por esta investigación ponen a los Matte entre los mayores donantes de la política, no hayan sido alcanzados por los escándalos de aportes ilegales.

Eliodoro, Bernardo y Patricia Matte aparecen en el puesto 683 en el ranking mundial de billonarios de Forbes, con una fortuna de US$2.800 millones. El 17 de abril de 2015, Eliodoro Matte reconoció que han financiado a candidatos a través de aportes reservados. También descartó categóricamente que su grupo hubiese realizado aportes por medio de boletas, y negó presiones de su parte a los beneficiados por la billetera de sus empresas. «Yo jamás he llamado a un parlamentario para pedirle que vote en tal o cual sentido un proyecto», afirmó.

## Angelini: plata legal e ilegal

Mucho menos cuidadoso en las formas, el Grupo Angelini hoy está en problemas por ello. Este imperio forestal, pesquero y energético está simultáneamente en la mira de la Fiscalía por sus aportes ilegales y en el segundo lugar del ranking de las donaciones vía Servel, con 20 empresas del grupo y 60 paquetes de aportes involucrados.

El ámbito de Celulosa Arauco es especialmente activo en política, con aportes de Celco y de otras seis compañías del grupo relacionadas con el negocio forestal: Bosques Arauco, Paneles Arauco, Aserraderos Arauco, Forestal Cholguán y Forestal Arauco (esta última, con dos RUT).

Así, CMPC y Arauco, los dos gigantes forestales de Matte y Angelini, se revelan entre los más generosos donantes de la política. Y el peso de su lobby se ha hecho sentir en discusiones como la prolongación de los subsidios que estas megaempresas reciben gracias al DL 701, dictado por Julio Ponce durante su paso por la Corfo en 1974.[11]

Corpesca, actor fundamental del debate sobre la última ley de pesca, también aparece en la lista, junto a otras dos pesqueras del Grupo Angelini: San José y Orizon. Corpesca también pagó directamente a la diputada Marta Isasi y al senador Jaime Orpis durante la tramitación de la ley de pesca. Con este último, la empresa acordó una remuneración mensual mientras ejercía su cargo como parlamentario. Ambos casos están siendo investigados por la justicia.[12]

También está entre los donantes la gigante Copec, dueña de 615 estaciones de servicio. La Minera Invierno, operadora de una controvertida mina de carbón en la isla Riesco, entregó dinero para la campaña municipal de 2012, precisamente el año en que comenzaba sus operaciones en medio de las protestas de grupos ambientalistas. Invierno fue multada en 2014 con $125 millones por la Superintendencia del Medioambiente por incumplir normas ambientales.

El grupo además participaba en la eléctrica Guacolda, una cuestionada planta a carbón y *petcoke*, que entregó platas en la campaña de 2005. Ese año, en medio de la creciente movilización de los habitantes de la zona, un estudio de la Universidad de Chile denunciaba la alta concentración de níquel en Huasco debido al *petcoke*. Pese a ello, en 2006 se autorizó la ampliación de la planta a un tercer generador.

Cuando estalló el escándalo de financiamiento ilegal de la política, el Servicio de Impuestos Internos obtuvo información de pagos del Grupo Angelini a varios políticos. Sin embargo, aprovechando las trabas a la indagación del SII, los abogados se adelantaron al inicio de una indagatoria formal. Entre el 7 y el 8 de mayo, por medio de una «autodenuncia», el grupo rectificó declaraciones entre 2012 y 2014 de Copec, la filial Compañía de Petróleos de Chile y Celulosa Arauco, por unos $1.500 millones entre boletas y facturas falsas. El Grupo Angelini ya pagó al menos un cheque por $850 millones por los impuestos adeudados.[13]

11. Los detalles del DL 701 y cómo ha beneficiado a los grupos Matte y Angelini se relatan en el capítulo 5.
12. Los detalles sobre los pagos de Corpesca a parlamentarios se relatan en el capítulo 9.
13. Paula Comandari, «El cheque que el grupo Angelini pagó al SII», *Qué Pasa*, 18 de junio de 2015.

Los pagos regulares e irregulares se mezclan en la operación del grupo. En junio de 2015, el presidente del conglomerado, Roberto Angelini, declaró ante funcionarios de la PDI que investigan el caso Corpesca y explicó su modus operandi: «Las donaciones a las campañas políticas deben ser aprobadas por el directorio, consistiendo básicamente en nombrar a un apoderado (...) Para efectuar donaciones, la empresa debe registrar utilidades».[14]

¿Qué pasó con los pagos al senador Orpis? Francisco Mujica, exgerente general de Corpesca, querellado por el Consejo de Defensa del Estado como autor de cohecho agravado y soborno, explicó a la Fiscalía que «en 2009 no tuvimos excedentes tributarios, por lo tanto solicité esta colaboración al resto de las empresas del grupo que pudieran hacerlo, nosotros teníamos pérdidas tributarias y no era conveniente hacerlo con Corpesca. Se solicitó el apoyo a los abogados tributarios del estudio Portaluppi, Guzmán y Bezanilla (...) si podían hacer la colaboración a través del Servel».[15]

La declaración muestra cómo el Servel era solo una vía más para entregar dinero a políticos, que podía usarse o no dependiendo de qué mecanismo fuera más conveniente para evitar el pago de impuestos. Estas platas políticas, aunque los lazos principales de Angelini estuvieran en la DC, eran también pragmáticas, e iban a los dos bloques políticos principales.

## Los múltiples RUT de los Solari

Tercero en el ranking de donaciones aparece el Grupo Solari,[16] con 25 empresas y 50 paquetes de aportes. El conglomerado en que tiene un papel relevante Liliana Solari Falabella, cuya matriz de inversiones es Bethia, es dominante en el negocio del *retail*. En el listado del SII

14. «La compleja trama del pago del Grupo Angelini a políticos», *Estrategia*, 13 de julio de 2015.
15. Ibíd.
16. Mantuve la denominación del grupo que le otorga el informe UDD, «Solari». En la prensa también se usan los términos «Solari-Cúneo» o «Solari-Cúneo-Heller» para describir las ramas de la familia; «Falabella», refiriéndose a la empresa de origen del clan; «Bethia», nombre de la matriz de inversión de la familia, y «Solari-Cúneo-Del Río», por la alianza con ese grupo en Falabella.

aparecen Sodimac y cinco compañías filiales de Falabella, además de la empresa de cobranzas Lexicom.

Según sus actas de directorio, Falabella Retail S.A. aprobó el 2 de octubre de 2013 una donación de $80 millones para las campañas presidenciales y parlamentarias. La resolución fue tomada por unanimidad, por los representantes de las dos familias controladoras: los Solari-Cúneo (Paola Cúneo, Carlos Heller Solari, Carlo Solari, Juan Carlos Cortés Solari, Sergio Cardone Solari) y los Del Río (Carolina y José Luis del Río Goudie).[17] En la sesión, caratulada como «extraordinaria y reservada», también se mandató a Alejandro González Dale para «repartir tales fondos en la forma que estime conveniente». González es el gerente de finanzas corporativo de SACI Falabella.

Unos días antes, el 24 de septiembre, el directorio de Sodimac, con varios de los mismos directores, había aprobado $196 millones para campañas políticas, también para ser distribuidos por González. Ambas actas notariales son prácticamente idénticas en su redacción, solo cambian los nombres de los asistentes a las reuniones y la fecha.

Las dos empresas son donantes frecuentes. Sodimac aparece con aportes en 2008, 2009, 2010, 2012 y 2013, todos años de elecciones. Falabella, en tanto, ha ido rotando entre sus diferentes filiales para hacer donaciones en 2004, 2005, 2006, 2008, 2009, 2010 y 2013. También Plaza S.A. y ocho malls del grupo aparecen en la lista: Plaza Antofagasta, Plaza del Trébol (Talcahuano), Plaza El Roble (Chillán), Plaza La Serena, Plaza Oeste, Plaza San Bernardo, Plaza Tobalaba y Plaza Vespucio (los cuatro últimos en Santiago). Ellos han donado tanto a campañas municipales como parlamentarias.

Además, la matriz de una de las ramas Solari, Bethia, acordó su propio aporte de $25 millones para las elecciones presidenciales y parlamentarias, en una sesión de directorio liderada por Carlos Heller, quien quedó facultado, junto a otras tres personas, para distribuir los dineros.

Cuatro empresas que ya no pertenecen al grupo entregaron platas políticas cuando aún estaban bajo su alero. Son las sanitarias Aguas del Altiplano, Aguas Araucanía, Aguas Magallanes y Aguas Nuevas. Las tres primeras fueron privatizadas por el Estado en 2004 (eran las antiguas ESSAT, ESSAR y ESMAG), y de inmediato comenzaron a donar: lo

17. Skoknic, Miranda y Villarrubia, «Los secretos de las empresas que financian la política: Quiénes son y cuánto gastan».

hicieron en 2005 y de nuevo (excepto Aguas Araucanía) en 2008. Casos complejos porque son empresas reguladas, cuyas fijación de tarifas y fiscalización dependen directamente del poder político.

## El poder de los Luksic

También una sanitaria del Grupo Luksic entregó platas a campañas. Aguas Antofagasta hizo aportes a políticos durante 2009, con elecciones presidenciales y parlamentarias de por medio.

El mayor grupo empresarial de Chile es cuarto en el ranking de donaciones, con 20 empresas y 47 paquetes de aportes. Se cuentan el Banco de Chile, CCU y las mineras Los Pelambres, Antofagasta PLC y Esperanza. También la matriz del holding, Quiñenco, hace sus propios aportes a campañas y entidades políticas.

Un nombre que se repite en esta materia es el de Hernán Büchi, ministro de Hacienda de Pinochet, director de empresas y estrecho colaborador de Julio Ponce Lerou. Además de ser director de SQM, Büchi interviene en las decisiones del Grupo Luksic. Es así como aparece en la sesión del directorio de Quiñenco del 6 de junio de 2013, que decide la entrega del aporte a campañas, aunque sin consignar monto. Antes, en septiembre de 2009, había sido «especialmente invitado», en calidad de asesor, al directorio de la CCU en el que se aprobó la entrega de aportes reservados. CCU ha dado dinero en todos los años de campañas presidenciales, y en 2009, con Büchi actuando como «invitado», además sumó a dos filiales, Cervecera CCU Chile y Embotelladoras Chilenas Unidas.[18]

En la sesión de Quiñenco que decidió la entrega de platas políticas también intervino Fernando Cañas Berkowitz, quien en ese entonces era presidente de la empresa estatal Metro S.A.

El caso de Minera Los Pelambres es especial, no solo por el conflicto que ha enfrentado en 2015 con vecinos de Caimanes y Salamanca por el uso del agua. También porque en este caso el directorio de la empresa acordó en 2013 un aporte «no superior» a los $825 millones, especificando que debía resguardarse «el criterio de equidad». Los generosos aportes a la política de la minera no son una novedad: ya había

18. Ibíd.

entregado dinero en 2004, 2005, 2008, 2009 (años electorales) y 2011 (cuando no hubo elecciones).

¿A quién va el dinero? Aquí no hay dudas. Los Luksic son transversales en sus aportes, que dividen entre Concertación y Alianza, y privilegian las zonas en que desarrollan sus proyectos mineros.

La última elección presidencial y parlamentaria fue especialmente activa para los Luksic, que financiaron candidatos a través de diez empresas. Eran los mismos días en que, como se sabría después, Andrónico Luksic se reunía en su oficina con el hijo de la candidata presidencial Michelle Bachelet, Sebastián Dávalos, y con la esposa de este, Natalia Compagnon, para aprobar un crédito de 6.500 millones de pesos de su Banco de Chile a la empresa Caval, donde Compagnon era dueña del 50% y Dávalos, gerente de proyectos. Caval se había constituido un año antes con un capital de apenas 6 millones de pesos.

## Casinos y pollos

¿Y los demás grupos económicos? Yarur aporta mediante ocho empresas, todas vinculadas al Banco BCI y a sus negocios de seguros, corredores de bolsa, factoring, administración de fondos y asesorías financieras.

BCI fue una de las empresas que rectificó su declaración ante Impuestos Internos, por más de $250 millones en boletas que habrían beneficiado a la UDI.[19] Su presidente, Enrique Yarur Rey, declaró ante la Fiscalía que aportó para la campaña senatorial de Iván Moreira, aunque ese dinero habría salido de su bolsillo, y no de la empresa. Yarur es suegro del diputado UDI Felipe de Mussy, quien fue formalizado por haber recibido $7 millones mediante boletas ideológicamente falsas desde Penta.[20]

Volviendo a la lista de donantes legales, en ella figuran tres compañías del Grupo Said, incluyendo Parque Arauco, y dos del Grupo Cueto: Latam Airlines y Lan Cargo. El Grupo Security aparece con siete, partiendo por el banco del mismo nombre.

---

19. Jorge Molina, «BCI rectifica más de 250 millones en el SII tras aportes a la UDI fuera de la Ley Electoral», *The Clinic*, 3 de septiembre de 2015.
20. Jorge Molina, «A horas de votación de Fiscal Nacional, trasciende que presidente del BCI reconoció en fiscalía aportes a campaña de Iván Moreira», *The Clinic*, 20 de octubre de 2015.

Paulmann financia campañas mediante doce de sus empresas: Cencosud, Easy y Costanera Center, entre ellas. El Grupo Hurtado Vicuña figura con cinco vinculadas a Consorcio Financiero. El Grupo CGE suma diez compañías, con presencia de las empresas eléctricas de Arica, Iquique, Atacama, Melipilla-Colchagua-Maule, Antofagasta y Talca, todas ellas compañías reguladas.

Saieh tiene siete, cuatro de ellas filiales de Corpbanca. El banco pagó por servicios de la empresa de Cristina Zúñiga al candidato a senador UDI Pablo Zalaquett en 2013. Según el entorno del exalcalde, fue una forma de cancelar pagos pendientes por una asesoría personal de Zalaquett a Corpbanca.[21]

Otros empresarios conocidos por su actividad política también lideran grupos económicos relevantes que han hecho aportes a candidatos. Rafael Guilisasti, estrecho colaborador de Andrés Velasco, donó a través de Viña Concha y Toro. Andrés Navarro, amigo y jefe de campaña de Sebastián Piñera en 2005, aportó mediante Sonda y la Viña Santa Rita. Guilisasti ha reconocido haber «pedido y recibido» aportes reservados para sostener la campaña de Velasco, mientras que Andrés Navarro admitió haber entregado dinero de manera irregular a campañas: «Estas facturas las tiraba a gastos...; es una irregularidad, pero afortunadamente están todas prescritas».[22]

Asimismo registran donaciones políticas el Grupo Fernández León (cuatro empresas donantes, sin contar su participación como socio de Penta en las empresas Banmédica) y Sigdo Koppers (a través de Puerto Ventanas).

El listado también incluye a Agrosuper. La empresa avícola fue condenada por el Tribunal de Defensa de la Libre Competencia a pagar US$25 millones por haberse coludido con Ariztía y Don Pollo para limitar la producción y asignarse cuotas de mercado, en el escándalo conocido como «el cartel del pollo». La empresa de Gonzalo Vial obtuvo franquicias tributarias por aportes políticos en 2005, 2008, 2012 y 2013, todos ellos años electorales.

Y, además de las sanitarias y las eléctricas, hay más casos en áreas económicas reguladas o sensibles. En la nómina aparecen tres casinos

---

21. Pedro Ramírez, «Empresa que emitió facturas falsas para campañas cobró $126 millones en asesorías a parlamentarios UDI y oficialistas», CIPER, 16 de marzo de 2015.
22. Entrevista a Andrés Navarro en Radio Duna, 18 de marzo de 2015.

de juegos de la familia Fischer, donando preferentemente en años de elecciones municipales: los de Punta Arenas (2012), Temuco (2012) e Iquique (2008 y 2013).

Como se ve, el traspaso de dinero empresarial a la política es mucho más relevante en años electorales. Pero algunas empresas declaran donaciones en períodos sin elecciones como 2007 y 2011, lo que devela que también financian actividades corrientes de los partidos políticos. Entre estos financistas permanentes se cuentan Cencosud, del Grupo Paulmann; las isapres Banmédica y Vida Tres, ambas del Grupo Penta; SQM Nitratos, de Julio Ponce Lerou, y Quiñenco, del Grupo Luksic.

No es casualidad que nombres como Luksic, Paulmann, Ponce Lerou y Penta se repitan también en esta última lista: a todas luces, nombres con que los políticos podían contar, no solo en período de campaña sino para entregar financiamiento más constante.

## Las cajas pagadoras de Penta y Ponce Lerou

Aparte de los ya conocidos aportes ilegales, el Grupo Penta también montó una amplia operación de donativos políticos en el marco de la ley electoral, que involucra a 15 compañías de su propiedad, con 36 paquetes de donaciones. Las más constantes en sus aportes son las isapres: Banmédica (con entrega de dinero en 2005, 2007, 2008, 2009 y 2012) y Vida Tres (en 2005, 2007, 2008, 2009, 2012 y 2013).

También aparecen en la nómina la Clínica Santa María, la Clínica Dávila, la aseguradora Penta Security, Penta Las Américas, Inversiones Banpenta, Penta Administradora General de Fondos, Penta Capital de Riesgo, Penta Corredores de Bolsa, Penta Propiedades, Vida Íntegra y la matriz Empresas Penta, dando cuenta del uso de toda la red de empresas relacionadas para allegar fondos a campañas o partidos, aprovechando de paso las exenciones tributarias.

En su declaración del 5 de enero de 2015 ante el fiscal Carlos Gajardo, Carlos Délano —uno de los dueños de Penta— calculó en $750 millones los dineros entregados vía Servel en las elecciones de 2009. Su socio, Carlos Lavín, coincidió en el monto en su propio testimonio. Además, Délano sinceró los hechos. «En tiempos de campaña recibo cientos de llamadas y mensajes pidiendo aportes económicos. El 99% de los políticos se financian más allá del Servel y eso es transversal, total», dijo el también militante UDI.

Pero los aportes de Penta no tienen esa transversalidad. Délano y Lavín podrían ser definidos como los últimos «dogmáticos». Tomando el testigo de los «tres mosqueteros», formaron una relación simbiótica con la UDI, manteniendo íntimas relaciones comerciales, familiares y de amistad con muchos de sus principales dirigentes. Así asumieron un papel que iba mucho más allá de la defensa de sus intereses económicos. A través de su dinero, el Grupo Penta pretendió delinear la fisonomía de la derecha chilena, exactamente como los «fácticos» lo habían logrado en los años noventa.

Lo sufrió Felipe Kast, candidato a diputado por Santiago en 2013 con el nuevo movimiento de derecha Evópoli. Pese a sus insistentes correos pidiendo ayuda, le fue negada por Carlos Lavín. «Ha corrido bastante agua bajo el puente de la política, y si antes me era difícil convencer a mi socio (Délano) de tu alternativa, ahora que hay que concentrar los esfuerzos para que Longueira gane la primaria, pareciera que las opciones terceristas como la tuya son casi tarea imposible», le escribió Lavín a Kast para cerrarle la puerta.

A través de su billetera, Penta ejecutaba una estrategia política: levantaba a su partido (la UDI) a la vez que, por una explícita razón táctica, negaba la sal y el agua a una alternativa naciente en la derecha (Evópoli).

El otro nombre célebre por sus platas políticas irregulares, SQM, también operó con un brazo legal: 10 entregas de 5 empresas. El grupo económico controlado por el exyerno de Pinochet proveyó financiamiento vía Servel en casi todos los años de elecciones (excepto en 2009), mediante cinco sociedades: Soquimich Comercial, SQM Salar, SQM Potasio, SQM Nitratos y SQM Industrial.

Según declaró ante la Fiscalía el actual gerente general de SQM, Patricio de Solminihac, el aporte reservado del holding en la última campaña presidencial y parlamentaria fue de US$1,1 millón. Julio Ponce Lerou dio un margen mucho mayor en su declaración ante los persecutores: «El directorio de la compañía decide efectuar aportes de campañas políticas mediante la ley de aportes reservados. La cifra exacta no la manejo, pero debiera ser más de US$1 millón y menos de US$10 millones», declaró.

Así, Penta y SQM utilizan formas complementarias para entregar financiamiento político: al mecanismo legal de los aportes reservados suman el uso de boletas por servicios no prestados para triangular aportes, un ilícito que actualmente investiga el Ministerio Público, pues les permitió a Penta y a la minera controlada por Ponce evadir impuestos. El mecanismo hace evidentes dos debilidades de la ley electoral: la incapacidad del Servel para fiscalizar que se cumplan los límites de donaciones y gastos, y las restricciones para perseguir legalmente estos ilícitos, pues la prescripción aplica al cabo del primer año y las sanciones son muy bajas (la ley considera solo multas).

Si los donantes podían canalizar dinero a la política de manera legal, ¿por qué ocuparon platas negras? Hay varias razones.

La primera es de montos. Aun con todas sus deficiencias, la ley electoral establece techos que el uso de boletas permite infringir. La segunda son los tiempos: las platas negras pueden fluir constantemente, no solo en el período legal de campaña. Y como los candidatos violan sistemáticamente los plazos autorizados para hacer propaganda, necesitan flujos de dinero fresco desde mucho antes. En palabras de Carlos Délano ante la Fiscalía: «El problema es que las campañas empiezan un año antes y solo se puede aportar los últimos noventa días de campaña, por lo que todos los candidatos empiezan a pedir antes, ya que noventa días antes las decisiones de votos ya están tomadas».

Es el caso de los senadores Iván Moreira y Ena von Baer, dos de los más célebres solicitantes del «pentadinero». En los primeros meses de 2013, ambos lanzaron ostentosas precampañas para ganar el cupo de senadores por Santiago Oriente. Aunque no había primarias previstas, comenzaron una enorme operación de propaganda, con avisos en la prensa y gigantografías desplegadas por Santiago. Cuando los dos fueron trasladados a competir en el sur del país, ya acumulaban gastos millonarios, por fuera de la ley electoral.

Y hay un factor más sutil, y eventualmente más perverso: con las boletas, el político no solo es deudor de su mecenas. Pasa a ser también su cómplice. Así, el futuro parlamentario o alcalde (¿o Presidente?) queda sometido al riesgo de chantaje por parte de quien lo financió de manera ilegal.

La trenza formada por SQM y el Ministerio del Interior para frenar las investigaciones sobre platas políticas en 2015 es la mejor demostración de que ese peligro es real, y que amenaza con corromper en un pacto de silencio a autoridades y financistas por igual.

¿Por qué los grandes empresarios entregan dinero a la política? ¿Qué buscan, y qué obtienen, a cambio de sus contribuciones? ¿Son estos aportes una inversión como cualquier otra, por lo tanto con una rentabilidad esperada?

En Estados Unidos, donde sí se cuenta con información transparente al respecto, el tema ha sido bien estudiado. En 1967, el economista Gordon Tullock planteó una pregunta provocadora: ¿por qué hay tan poco dinero en la política?[23] Considerando los billones de dólares en juego en las decisiones de autoridades y legisladores, Tullock hacía ver que el mercado de dinero político debía ser mucho mayor de lo que era. En teoría, para las empresas, invertir en política para influenciar decisiones públicas que las beneficien debería resultar una inversión mucho más rentable que gastar, por ejemplo, en mejorar su competitividad.

Esta «paradoja de Tullock» tiene muchas respuestas, pero hay dos que me parecen especialmente interesantes. La primera es el límite legal, que pone barreras a la presencia de dinero en la política. La segunda son las normas de transparencia, que obligan a que los aportes sean conocidos por los ciudadanos, y operan como un disuasivo para que funcione este «mercado» de favores políticos. El candidato corre riesgos si su electorado sabe qué empresas le entregan dinero y luego puede hacer el cruce entre ese financiamiento y sus votaciones como legislador.

Otra explicación es la cantidad de donantes. Un estudio de 2003 plantea que la relación entre los intereses de los mayores donantes y el comportamiento de los legisladores beneficiados es marginal. Para los autores, parte de la explicación es que el candidato responde a las aportes de muchos donantes individuales, que entregan montos pequeños. Eso difumina la «lealtad» del candidato a sus mecenas y evita su «captura» por un solo interés. «Es verdad que cuando los grupos de interés económico donan parecen actuar como inversionistas racionales. Sin embargo, este dinero "invertido" de grupos organizados es solo una pequeña fracción del total de fondos de campaña», dice el estudio, y agrega: «Los 20 millones de individuos en Estados Unidos [que donan

23. Gordon Tullock, *Toward a Mathematics of Politics*, Ann Arbor, University of Michigan Press, 1967.

a campañas] se protegen a sí mismos de los intereses especiales con sus donaciones de unos cien dólares cada una».[24]

Los límites legales, la transparencia y las pequeñas donaciones de individuos aparecen así como antídotos contra la captura de la política por los grupos económicos.[25] ¿Qué nos dicen esas conclusiones sobre Chile?

En simple: en nuestro país ninguna de esas barreras existe.

Como los límites legales no se fiscalizan, en la práctica no hay barreras para que se cree un mercado libre de «inversión» en favores políticos. A esto se suma que el tráfico de dinero entre empresa y política es secreto, por lo que el candidato no debe dar explicaciones a sus electores sobre sus conflictos de interés, ni tiene nada que temer si beneficia a sus donantes. El antídoto de las donaciones individuales tampoco es parte de la cultura política de nuestro país. En el año electoral de 2013, los aportes anónimos (menos de $485.000) apenas sumaron $1.881.481.377, o sea, el 3,67% del total de ingresos de los candidatos y partidos.

Los aportes reservados, en contraste, llegaron a $21.167.599.306, el 41,3% del total, depositados por 297 empresas y 12 personas, según datos entregados por el Servel.[26] Así, cada «inversionista» dio en promedio $68.503.557.

Lejos de fomentar una cultura de pequeñas donaciones individuales, la ley de 2003 las limitó: los aportes anónimos de hasta $485.000 no pueden representar más del 5% de los ingresos de un candidato, y no reciben beneficios tributarios, que están reservados para las empresas.

## La inversión en política en Chile

Sin barreras legales, sin transparencia y sin el antídoto de los pequeños donantes, el mercado de la política chilena queda abierto al ejercicio de

24. Stephen Ansolabehere, John M. de Figueiredo y James M. Snyder, Jr., «Why Is There So Little Money In U.S. Politics?», *The Journal of Economics Perspective* 17(1), invierno de 2003, 105-130.
25. En todo caso, en 2010, el fallo de la Corte Suprema de EE.UU. en el caso *Citizens United v. FEC* desmanteló buena parte de los límites al financiamiento de campañas en ese país, y ha aumentado drásticamente la influencia del gran dinero en las elecciones.
26. Otros $20.033.612.487 (39,1%) son reembolsos del Estado, según la votación obtenida por cada candidato. Ver «Elecciones peso a peso», en ciperchile.cl.

la oferta y la demanda entre candidatos necesitados de financiamiento y grandes empresarios dueños de esa llave.

La concentración de la economía en un puñado de grupos económicos agudiza el problema, en varios sentidos. Primero, como ya comprobamos, debilita las ya frágiles barreras legales para limitar las donaciones, al permitir aportes mediante diferentes empresas, usando filiales y distintos RUT. Segundo, la concentración reduce la cantidad de eventuales «inversionistas», aumentando su poder de negociación frente al candidato. Y tercero, aumenta el retorno esperado de la «inversión» al permitir al grupo obtener influencia simultáneamente en múltiples decisiones que afectan a diversas áreas de la economía.

Aun con las limitaciones ya comentadas, en Estados Unidos se ha comprobado que «legisladores que presiden comisiones o que integran comisiones poderosas recaudan sustancialmente más dinero que otros; y legisladores que son líderes de partido recaudan significativamente más que los que no lo son».[27] Los datos disponibles para Chile muestran una mezcla entre donaciones «pragmáticas» (a más poder, más dinero) e «ideológicas» (privilegiar a los cercanos). En las elecciones de diputados de 2013, por ejemplo, los 22 candidatos que recibieron más aportes reservados fueron todos de la Alianza, y 15 de ellos, militantes de la UDI. En el Senado, en cambio, el *top ten* se distribuyó algo más equitativamente: 7 de la Alianza y 3 de la Nueva Mayoría.

¿Por qué la diferencia? Es probable que los senadores sean percibidos por los «inversionistas» como poderes individuales mucho más relevantes, capaces de cambiar una legislación, cosa que no ocurre en una cámara más grande, con poder individual más débil y donde las votaciones suelen darse por bloques políticos.

De hecho, el senador electo que más aportes reservados recibió en 2013 fue Guido Girardi (PPD), con $504.508.369, dato que, dada su distancia ideológica con los grandes empresarios, solo puede explicarse por su conocida capacidad para moldear el trámite de proyectos en el Senado: en 2015, una encuesta de Plaza Pública-Cadem entre 340 líderes de opinión lo eligió como «el parlamentario más poderoso e influyente de Chile».

Girardi fue superado en aportes reservados por dos candidatos UDI que perdieron la elección: Pablo Zalaquett y Laurence Golborne.

27. Ansolabehere y otros, «Why Is There So Little Money In U.S. Politics?», 110.

Más atrás en el ranking quedaron el RN Andrés Allamand y la UDI Ena von Baer, ambos electos.[28]

En Chile, los empresarios argumentan que, más que activos inversionistas en el mercado de los favores políticos, son víctimas de las apremios de políticos que los presionan por dinero. «Las empresas pueden sufrir una cierta presión, donde está latente el riesgo de extorsión de políticos hacia grupos empresariales», dice el presidente de la CPC, Alberto Salas.[29] Es cierto que son los políticos, sus jefes de campaña y operadores quienes piden donaciones a las empresas. O, como brutalmente lo ilustró el entonces presidente de la CPC, Andrés Santa Cruz: «Aquí dicen que las empresas están preocupadas de darles plata a los políticos. Esto es todo al revés: es el desfile de los políticos a las empresas para que les pongan las lucas».[30]

La figura del «desfile» es apropiada para ilustrar las jerarquías en esta actividad. Lejos de extorsionar, los políticos deben mendigar dinero entre un pequeño grupo de donantes.

## «Mi gratitud para toda mi vida»

Los correos publicados a raíz del caso Penta demuestran esa relación de subordinación.

La senadora Ena von Baer escribió a Carlos Délano el 18 de diciembre de 2013, bajo el asunto «Ayuda», que se comunicaba por ese medio ya que «es difícil poder lograr una reunión contigo». «Espero que me puedas ayudar, espero con ansias la respuesta», concluye el correo en que Von Baer confiesa haber terminado las elecciones con una deuda de $100 millones, pese a que su declaración de gastos e ingresos al Servel está perfectamente cuadrada. Según ella, «ese mail nunca recibió una respuesta, por lo tanto yo jamás, nunca, recibí fondos de parte de empresas Penta».

28. Sobre aportes reservados a campañas políticas, ver «Elecciones peso a peso» en ciperchile.cl. También «El peso de los aportes reservados en las campañas de la derecha», CIPER, 29 de octubre de 2014.
29. Alberto Salas, «Relación política-empresas: Transparencia y probidad», presentación ante la Comisión Especial del Senado encargada de conocer proyectos relativos a probidad y transparencia, 10 de abril de 2015.
30. Programa *Estado Nacional* de TVN, 28 de septiembre de 2014.

El 7 de junio de 2013, el exdiputado Cristián Letelier escribió a Délano pidiendo dinero «en la confianza de nuestra amistad», y enfatizando que «toda ayuda se agradece». Letelier se despidió de su «amigo» con «un abrazo», aunque, según su versión, Délano ni siquiera se molestó en decirle que no. «Nunca tuve respuesta y menos aportes de ninguna naturaleza», dijo el actual ministro del Tribunal Constitucional.

Siguiendo la versión de Von Baer y Letelier, vemos que un gran empresario, cortejado por senadores y diputados de su propio partido, no solo no se siente extorsionado ni presionado; ni siquiera se toma la molestia de contestar las súplicas.[31]

Otros son más insistentes. El entonces diputado Iván Moreira no tenía acceso a Délano ni Lavín, pero sí al gerente general de Penta, Hugo Bravo. El 17 de diciembre de 2012, le escribió al hombre de los cheques, rogándole que «lo reciba y lo vea el "Choclo" [Délano], quiero mandarle una carta». «Me tienes castigado, Hugo? Te estoy llamando hace 10 días. Trata de devolverme llamada. Un abrazo», le escribió el 30 de enero de 2013, a las 3:29 de la madrugada. El 25 de septiembre le pidió más dinero: «Para los 1.000 metros finales, queda algún cupón de combustible? Avísame. Un abrazo y mi gratitud para toda mi vida». Y el 29 de octubre, otro pedido: «Tú crees que se pueda un raspado de olla para los últimos 100 m de campaña».

En la campaña de 2013, Von Baer recibió $323 millones por aportes reservados. Todos sus rivales por la circunscripción de Los Lagos, juntos, sumaron apenas $45,5 millones, siete veces menos. En Los Lagos, Moreira obtuvo $218 millones vía aportes reservados (sin contar sus múltiples entradas de dinero negro), más del doble que todos sus adversarios combinados (que sumaron $97 millones). ¿Qué independencia puede tener un senador o diputado cuando deba legislar alguna materia que toque los intereses de aquellos con los que, por escrito, comprometió su «gratitud para toda la vida»? ¿Pesará más el bienestar general de sus electores o el interés particular de sus financistas?

¿Qué respeto tienen por su investidura como representantes de los ciudadanos quienes se humillan así por dinero?

31. Según la declaración de Carlos Délano ante la Fiscalía, Ena von Baer y Jovino Novoa se reunieron con él y le pidieron ayuda para su candidatura. Von Baer reconoce la reunión, pero niega que se haya hablado de dinero. Dice que se conversó sobre «la situación política, mis opiniones sobre el país».

La inversión no solo se rentabiliza con regulaciones o leyes favorables. También con escudos personales. El 27 de agosto de 2014, el Servicio de Impuestos Internos presentó la primera querella contra los dueños de Penta, con abrumadora evidencia sobre comisión de delitos tributarios. En respuesta, el vicepresidente de la UDI, el diputado Gustavo Hasbún, acusó «una persecución política impresentable». «Están tratando de convertir al SII en una policía política de la Nueva Mayoría, con el fin de desacreditar a personas honestas», afirmó.

Cuando Délano y Lavín fueron formalizados por delitos tributarios y soborno, Hasbún fue un paso más allá. Durante la audiencia de formalización, envió un mensaje por Whatsapp a Délano. «Nunca he tenido la oportunidad de intercambiar palabras contigo y solo te quiero transmitir todo mi apoyo, mi cariño y mi respeto. Finalmente, quiero q sepas q siempre podrás contar conmigo para lo que necesites. Un abrazo fuerte y mucha fe. Gustavo Hasbún», decía el mensaje captado por un fotógrafo en el teléfono del financista de la UDI.

Hasbún fue el noveno candidato a diputado que más aportes reservados recibió en todo Chile en 2013. El parlamentario que comprometió su «apoyo, cariño y respeto» a un formalizado por graves delitos, al que ni siquiera conoce, es el mismo que suele hablar en duros términos del combate contra la delincuencia. «Esperamos que el gobierno deje de andar defendiendo a los delincuentes», «aquí falta mano dura con los delincuentes», «basta de jueces garantistas», son algunas de sus frases recurrentes.

Las que, claro está, no aplican si el formalizado por tales delitos es quien pone la plata.

## Capítulo cuatro

# HÁGALO USTED MISMO

*No éramos corruptos,*
*éramos amigos de los amigos*

Enrique Krauss,
exministro del Interior (2015)

En los catorce años y nueve meses que pasó como subgerente general de la isapre Colmena, Luis Romero se hizo fama de duro. O de «duro de matar», como él mismo describió el negocio de las isapres frente a los que consideraba ataques provenientes de los tribunales, la legislación y los entes reguladores. Hablaba de «controles excesivos que incrementan los costos administrativos» y de «interpretaciones arbitrarias» de tribunales como algunas de las amenazas contra el sistema.[1]

Romero dejó la subgerencia de Colmena en enero de 2010, pero volvió a la empresa como gerente general en agosto de 2013. Entre medio sumó un antecedente a su currículo: fue superintendente de Salud, máximo encargado de fiscalizar a Colmena y las demás isapres del sistema. Cuando asumió el mando de la Superintendencia de Salud, en julio de 2010, llevaba seis meses fuera de Colmena, y aunque la ley establece una veda de dos años en los que formalmente no podía tomar decisiones que afectaran a su anterior empleador, en la práctica eso era imposible: cualquier resolución que la Superintendencia tome o deje de tomar repercute directamente en cada una de las aseguradoras.

Durante el período en que Romero se desempeñó como superintendente de Salud explotó la judicialización de casos contra las isapres, con miles de usuarios demandando (y ganando) a las aseguradoras en tribunales, por las alzas en los planes de salud. En esos miles de casos los tribunales determinaron que las isapres estaban violando la ley al subir los precios de sus planes de forma injustificada y arbitraria. Romero, sin embargo, no promovió acciones al respecto. (Solo en 2014

---

1. Expresiones extraídas de su exposición en el Encuentro Nacional de la Salud (Enasa) de 2006.

la Superintendencia abriría su propio sistema de gestión de reclamos contra las alzas de planes.) Luego, tras dejar el cargo a fines de 2012, el ejecutivo cumplió la norma que establece una veda de seis meses para trabajar en empresas que hubiera fiscalizado desde su cargo público. A los ocho meses de haber dejado la Superintendencia de Salud, no solo regresó a Colmena sino que fue ascendido en su antigua empresa.

La historia del actual gerente general de la isapre Colmena es un ejemplo de una de las prácticas más extendidas de colonización del poder político desde el mundo empresarial: la «puerta giratoria». Se trata del tránsito de personas desde el sector privado al público (y viceversa), que desde el Estado regulan las empresas de las que provienen y/o a las que van a ir a trabajar una vez que dejan de ser funcionarios públicos.

## La puerta giratoria

Ya no estamos en el siglo XIX. A diferencia de esa época, es muy inusual que las grandes fortunas de Chile tengan cargos en el gobierno o en el Congreso, como lo hacían los Edwards y los Cousiño. Los Luksic, Angelini y Matte no son candidatos ni ministros (la excepción a la regla, obviamente, es Sebastián Piñera). Pero sí lo son sus hombres de confianza, que pueden llegar a ser altos funcionarios, autoridades o representantes públicos.

La puerta giratoria funciona en ambas direcciones. Una es colocar a ejecutivos o directores de las empresas en cargos clave del Estado. La otra es reclutar a esos altos funcionarios cuando dejan el cargo. Romero dio la vuelta completa. «No hay astilla más afilada que la del mismo palo», dijo el entonces ministro de Salud, Jaime Mañalich, para justificar la designación de Romero: «Aquí el que conoce el sector y sus deficiencias es el que puede ser un fiscalizador mucho más duro».[2]

Es comprensible que, en una economía tan concentrada como la chilena, muchos de los mejores expertos de cada área estén trabajando (y vayan a volver a trabajar) en empresas de los grandes grupos económicos. Así y todo, el riesgo para la democracia es obvio. No es un asunto

2. Francisca Skoknic, «Nuevo superintendente de salud agrava conflictos de interés en el gobierno», CIPER, 25 de junio de 2010.

de experiencia, sino de incentivos. ¿La lealtad de ese funcionario estará con el interés general, o con los intereses de sus previos (y, posiblemente, futuros) empleadores?

Otro ejemplo es el de Jorge Bunster. Ejecutivo fundamental del Grupo Angelini, donde trabaja desde 1986, especialmente en el ámbito energético, ha sido gerente general de Copec, director de Guacolda y director de Metrogas, además de director de Celco y de seguros Cruz del Sur, todas empresas del grupo. En marzo de 2010, dejó estos cargos convocado por el gobierno de Sebastián Piñera para tomar el mando de la Direcon, la dirección de la Cancillería encargada de las relaciones económicas de Chile. Dos años después, el 3 de abril de 2012, asumió como ministro de Energía y presidente de la estatal Empresa Nacional del Petróleo (ENAP).

ENAP es la principal importadora y refinadora de combustibles del país, con el 85% del mercado total, y tiene una estrecha relación con Copec, que es la principal distribuidora de los combustibles que vende ENAP: concentra el 58,8% del mercado de combustible líquido.[3] Copec no solo es competidor de ENAP en la importación, y su cliente en la venta. Además depende de los precios semanales de referencia fijados por la estatal para la venta minorista en sus 629 estaciones de servicio.

La designación de Bunster obligó a apresurados movimientos en la bolsa, donde esa misma mañana el nuevo presidente de ENAP debió vender sus paquetes accionarios de Copec y Enersis, en $273 millones. Ello despejó el problema legal, aunque no el debate político. «Puedes vender tus acciones, pero no puedes vender tu pasado, no puedes vender tus relaciones ni compromisos», dijo Ana Stipicic, vocera del movimiento Alerta Isla Riesco, opositor a un proyecto carbonífero de Copec. Bunster abandonó el Ministerio de Energía y la presidencia de la ENAP el 11 de marzo de 2014. En abril, ya era nuevamente director de Copec. La puerta giratoria había dado otra vuelta completa.

El subsecretario de Bunster, Sergio del Campo, también dio un giro entero. Pasó directamente de ser gerente general y compañero de Bunster en el directorio de la eléctrica Guacolda a ser el número dos del Ministerio de Energía y presidente del Centro de Energías Renovables

3. Empresas Copec, «Distribución de combustibles en Chile», participación de mercado al 2014, en empresascopec.cl.

(CER). Dejó esos cargos el 11 de marzo de 2014; 22 días después fue presentado como gerente general de AELA Energía, empresa dedicada precisamente a las energías renovables.

El empresario agrícola Luis Mayol fue presidente de la Sociedad Nacional de Agricultura (SNA) hasta diciembre de 2011, cuando dejó ese cargo para asumir como ministro de Agricultura. Mientras ejercía su función pública, se mantuvo como socio de dos empresas del rubro, Copeval y Viña Selentia, y como consejero honorario de la SNA, el principal grupo de presión al que debía enfrentar como ministro.

En mayo de 2006, Luis Ávila hizo una reconversión similar. Pasó de gerente de la Asociación de Distribuidores de Combustibles (Adico) a director de división, y luego, máximo encargado de la Superintendencia de Combustibles, ente regulador del área.

En 2010, el mismo año en que Romero se convirtió en superintendente de Salud, Loreto Silva, fiscal de la Asociación de Concesionarios de Obras Públicas (Copsa), contraparte del MOP en los procesos judiciales por concesiones, asumió como subsecretaria de Obras Públicas, y en 2012 se convirtió en ministra.

También en 2010, la subgerenta de Aguas Andinas, Mariana Concha, pasó a ser la número dos en la Dirección General de Aguas, y en 2011, directora de Obras Hidráulicas.

«Solo los muertos y los santos no tienen conflictos de interés», dijo el Presidente Piñera ante el cúmulo de casos polémicos que marcaron su llegada a La Moneda.[4] Y que lo incluían a él mismo (vendió sus acciones de Lan, Chilevisión y Blanco y Negro cuando ya estaba en la Presidencia) y a su subsecretario de Deportes, Gabriel Ruiz-Tagle, quien asumió manteniendo sus acciones de la mayor empresa deportiva del país, Blanco y Negro.

En agosto de 2014, cinco meses después de dejar su cargo como ministro de Transportes, Pedro Pablo Errázuriz se convirtió en socio de Inversiones Fanalca Chile, controladora de la operadora Subus, del Transantiago. Formaron una empresa de asesorías mineras. «No veo problema, porque se trata de un ámbito totalmente diferente al transporte», respondió Errázuriz ante las críticas. La ley solo impide

4. Hinde Pomeraniec, «Entrevista exclusiva al Presidente de Chile Sebastián Piñera: "Solo los muertos y los santos no tienen conflicto de intereses"», *Clarín* (Argentina), 9 de abril de 2010.

«relaciones laborales» entre una autoridad y empresas que haya fiscalizado, por un período de seis meses. Sobre sociedades, la legislación no se pronuncia. Como ministro, Errázuriz había renegociado los contratos de Subus, en agregados contractuales que se prolongaron hasta febrero de 2014.[5]

Los casos son innumerables y se repiten en distintos gobiernos, que suelen defender las designaciones con un mismo libreto: la integridad e intachable conducta de los involucrados. Pero la buena fe o la confianza ciega no pueden ser los únicos reguladores de las relaciones entre política y dinero en una república.[6]

«Necesitamos una regla estricta de puerta giratoria entre las empresas y el mundo político, que corte los vínculos por dos años, como ocurre en países desarrollados», dice el experto en lobby Renato Garín. «Una autoridad gana capital social y técnico, que luego coloca en el mercado. Se produce un flujo permanente de información y contactos estratégicos», explica. Por eso la legislación internacional fija distintos estándares: en Francia existe una veda de tres años; en Estados Unidos, la restricción general es de un año, aunque no se aplica en todos los casos. En el Reino Unido no hay un plazo fijo pero sí una entidad, el Advisory Committee on Business Appointments, encargada de revisar los casos.

Es que en todos los países el flujo de información privilegiada, desde el Estado hacia la empresa privada, es una preocupación constante. En 2011, el expresidente de la CPC Rafael Guilisasti fue designado consejero de la estatal Corfo. En mayo de 2015, como miembro del consejo, votó por llevar a SQM a juicio arbitral por supuesto incumplimiento de los contratos para explotar el Salar de Atacama. El juicio es crucial para SQM, porque amenaza su yacimiento más importante, que entrega más de la mitad de las utilidades de la minera (el 56% en 2014). Cuando la Corfo anunció su decisión de judicializar el conflicto, las acciones de SQM se desplomaron de inmediato en 15,61%, antes de que fueran suspendidas sus transacciones.

5. Pilar Rodríguez, «Exministro de Transportes se asocia con dueños de operador del Transantiago Subus», CIPER, 21 de agosto de 2014.
6. Una descripción detallada del tránsito de los funcionarios públicos desde y hacia el sector privado puede encontrarse en el sitio lapuertagiratoria.cl, proyecto de CIPER y CIP-UDP.

El 3 de septiembre, Guilisasti renunció a la Corfo. Once días después asumía como presidente de las sociedades Cascadas, a través de las cuales Julio Ponce controla SQM. El vicepresidente de Corfo, Eduardo Bitrán, reconoció que Guilisasti tenía información confidencial sobre el litigio con SQM: «Él tiene la información respecto de las tácticas y estrategias legales y comerciales de Corfo» en ese juicio, por lo que su decisión es «imprudente e impresentable», dijo.[7] Guilisasti se limitó a responder que «no hay conflicto de intereses», porque «nunca coincidí en ambos cargos».[8]

La Comisión Engel,[9] convocada por la Presidenta Bachelet para impulsar medidas de probidad, propuso una norma que impida por un año el tránsito de recientes ministros, subsecretarios y otras autoridades públicas a empresas de su área. Parte de esa idea se incluyó en el proyecto de ley que el gobierno de Bachelet envió al Congreso en junio de 2015, aunque en una versión suavizada. El proyecto propone mantener en seis meses la veda para que funcionarios de organismos fiscalizadores pasen a empresas fiscalizadas. Para ministros y subsecretarios, el plazo se fija en apenas tres meses. Y para el tránsito inverso, del sector privado al público, establece un período mínimo de seis meses para pasar del directorio o la gerencia de una empresa a un cargo de fiscalización.

## 71 SILLONES

Si instalar a ejecutivos de grupos económicos en cargos relevantes de gobierno es el anverso de la medalla, el reverso es hacer el camino contrario, esto es, abrir cupos en los directorios de empresas para políticos connotados.

---

7. Valeria Ibarra, «Bitran: "Decisión de Rafael Guilisasti es imprudente e impresentable"», *El Mercurio*, 16 de septiembre de 2015.
8. José Tomás Santa María, «Rafael Guilisasti: "Hay una voluntad de todos en SQM y en la Cascada de iniciar una nueva era"», *Pulso*, 15 de septiembre de 2015.
9. El Consejo asesor presidencial contra los conflictos de interés, el tráfico de influencia y la corrupción, o Comisión Engel, integrada por dieciséis personas, comenzó a trabajar el 10 de marzo de 2015 presidida por el profesor de Economía Eduardo Engel. El 24 de abril entregó sus resultados. El informe final puede consultarse en consejoanticorrupcion.cl, y el avance de las propuestas, en observatorioanticorrupcion.cl.

La ganancia, nuevamente, es mutua. El político se reinventa en la empresa privada, con una dieta muchas veces considerable por asistir a reuniones de directorio. En 2013, por ejemplo, las empresas listadas en el IPSA gastaron cerca de 90 millones de dólares en remuneraciones a sus directores. Los mejor pagados fueron los directores de CCU ($19 millones mensuales de promedio), CAP ($16 millones) y Sigdo Koppers ($15 millones).[10] En 2014, los directores en empresas IPSA ganaron en promedio $5.540.666 mensuales.[11]

A cambio, además de los méritos profesionales del director, la compañía obtiene puentes con el mundo político, información sobre la toma de decisiones en el aparato del Estado, y potencialmente un oído atento a sus necesidades si el político vuelve al gobierno, al Congreso o a la vida partidaria.

Tras hacer un catastro entre las 200 empresas chilenas más grandes, según el ranking de *América Economía*, se puede determinar que suman 71 sillones destinados a políticos en sus directorios al año 2015.[12] La distribución es transversal entre las dos grandes coaliciones, con cierto sesgo hacia la derecha: políticos vinculados a la Alianza ocupan 41 puestos, y 30 los cercanos a la Nueva Mayoría.

Contando solo sus principales empresas, los 21 mayores grupos económicos de Chile (los mismos que financian, sin excepciones, la política) suman 41 políticos en sus directorios. La siguiente es la lista de los grupos con al menos tres directores políticos en sus filas:

10. Estudio de Amrop MV Consulting. José Tomás Santa María, «Radiografía a los directorios en Chile: Los que más se repiten y los que mejor pagan », *Pulso*, 12 de diciembre de 2014.

11. Estudio de Amrop MV Consulting. Claudia Ramírez, «Remuneración promedio de un director del IPSA es $5,5 millones al mes y en el último año crece solo a la par de la inflación», *El Mercurio*, 22 de noviembre de 2015.

12. Actualizado al 24 de agosto de 2015. Defino «político» como persona que haya ocupado cargos de elección popular, como senador, diputado o alcalde, o haya ejercido altos puestos de exclusiva confianza presidencial, como ministro de Estado, subsecretario o superintendente.

| Grupo Económico | Total de directores políticos | Alianza | | Directorios | Nueva Mayoría | | Directorios |
|---|---|---|---|---|---|---|---|
| Luksic | 6 | 2 | | | 4 | | |
| | | Hernán Büchi | Ministro de Hacienda de Augusto Pinochet | • Quiñenco<br>• Cía. Sudamericana de Vapores<br>• Banco de Chile (como asesor de directorio) | Vivianne Blanlot | Ministra de Defensa de Michelle Bachelet | Antofagasta PLC |
| | | Rodrigo Hinzpeter | Ministro del Interior de Sebastián Piñera | CCU | René Cortázar | Ministro del Trabajo de Patricio Aylwin, ministro de Transportes de Michelle Bachelet | Canal 13 |
| | | | | | José de Gregorio | Ministro de Economía y Minería de Ricardo Lagos, y presidente del Banco Central, designado por Michelle Bachelet | Cía. Sudamericana de Vapores |
| | | | | | Jaime Estévez | Ministro de Obras Públicas, Transportes y Telecomunicaciones de Ricardo Lagos | Banco de Chile |

| Grupo Económico | Total de directores políticos | Alianza | | Directorios | Nueva Mayoría | | Directorios |
|---|---|---|---|---|---|---|---|
| Solari | 5 | 3 | | | 2 | | |
| | | Raúl Alcaíno | Exalcalde de Santiago | • Clínicas Las Condes<br>• Mega | José Pablo Arellano | Ministro de Educación de Eduardo Frei Ruiz-Tagle | Mall Plaza |
| | | Hernán Büchi | Ministro de Hacienda de Augusto Pinochet | Falabella | Edmundo Hermosilla | Ministro de Vivienda de Eduardo Frei Ruiz-Tagle | • Banco Falabella<br>• CMR Falabella |
| | | Felipe Morandé | Ministro de Transportes y Telecomunicaciones de Sebastián Piñera | Mega | | | |
| Matte | 5 | 4 | | | 1 | | |
| | | Raúl Alcaíno | Exalcalde de Santiago | Entel | Vivianne Blanlot | Ministra de Defensa de Michelle Bachelet | Colbún |
| | | Martín Costabal | Ministro de Hacienda de Augusto Pinochet | Empresas CMPC | | | |
| | | Luz Granier | Subsecretaria de Previsión Social de Sebastián Piñera | Colbún | | | |
| | | Rodrigo Ubilla | Subsecretario del Interior de Sebastián Piñera | Minera Valparaíso | | | |

| Grupo Económico | Total de directores políticos | Alianza | | Directorios | Nueva Mayoría | | Directorios |
|---|---|---|---|---|---|---|---|
| Calderón | 4 | 3 | | | 1 | | |
| | | Rodrigo Álvarez | Ministro de Energía | Banco Ripley | Sergio Henríquez | Ministro de Vivienda de Eduardo Frei Ruiz-Tagle | Banco Ripley |
| | | Laurence Golborne | Ministro de Obras Públicas, de Minería y de Energía de Sebastián Piñera | Ripley Corp. | | | |
| | | Felipe Morandé | Ministro de Transportes y Telecomunicaciones de Sebastián Piñera | Ripley Corp. | | | |
| Saieh | 3 | 1 | | | 2 | | |
| | | Jorge Selume | Director de Presupuestos de Augusto Pinochet | Corpbanca | Gustavo Arriagada | Superintendente de Bancos e Instituciones Financieras de Michelle Bachelet | Corpbanca |
| | | | | | Alejandro Ferreiro | Superintendente de Electricidad y Combustibles, superintendente de AFP y superintendente de Valores y Seguros de Ricardo Lagos; ministro de Economía de Michelle Bachelet | Corpvida |

| Grupo Económico | Total de directores políticos | Alianza | | Directorios | Nueva Mayoría | | Directorios |
|---|---|---|---|---|---|---|---|
| Angelini | 3 | 2 | | | 1 | | |
| | | Jorge Bunster | Ministro de Energía de Sebastián Piñera | Copec | Alberto Etchegaray | Ministro de Vivienda y Urbanismo de Patricio Aylwin | Celulosa Arauco |
| | | Carlos Hurtado | Ministro de Obras Públicas de Patricio Aylwin | Empresas Copec | | | |
| Aguas Barcelona | 3 | 1 | | | 2 | | |
| | | Herman Chadwick | Presidente del Consejo Nacional de Televisión de Sebastián Piñera | • Aguas Andinas<br>• Inv. Aguas Metropolitanas | Carlos Mladinic | Ministro de Agricultura y ministro vocero de Eduardo Frei Ruiz-Tagle | Inv. Aguas Metropolitanas (director suplente) |
| | | | | | Marcelo Tokman | Ministro de Energía de Michelle Bachelet | Inv. Aguas Metropolitanas (director suplente) |
| Endesa | 3 | 3 | | | – | | |
| | | Jorge Atton | Subsecretario de Telecomunicaciones de Sebastián Piñera | Endesa | | | |
| | | Herman Chadwick | Presidente del Consejo Nacional de Televisión de Sebastián Piñera | Enersis | | | |
| | | Hernán F. Errázuriz | Ministro de Relaciones Exteriores de Augusto Pinochet | Chilectra | | | |

Como vemos, la transversalidad es la regla, aunque no sea sorpresa ver a más políticos ligados a la Alianza del lado de los Matte, y a más cercanos a la Nueva Mayoría con los Luksic.

Sin embargo, los últimos escándalos sobre política y dinero han tenido un fuerte efecto sobre la práctica de contratar políticos para los directorios. En 2015 muchos de ellos han abandonado sus asientos en las grandes empresas, que han reaccionado cortando los puentes públicos con el poder político. Entre otros, dejaron sus cargos Carolina Schmidt (Endesa), Soledad Alvear (Luksic), Rodrigo Álvarez (Luksic), Alejandro Jadresic (Luksic), Jorge Rosenblut (Endesa) y Pablo Wagner (Said).

Por cierto, los méritos profesionales de muchos de estos directores son incuestionables. Y su incorporación a estas empresas tampoco los convierte en instrumentos de ciertos intereses. Sí es un elemento más para el análisis de la siempre sutil y compleja relación entre poder económico y poder político.

La designación de políticos en directorios al menos tiene la virtud de transparentar la «inversión» política, ya que los cargos y los conflictos de intereses que se crean son de conocimiento público. Menos claras son otras formas de relación, como el «boleteo» a cambio de asesorías, reales o simuladas. La delgada línea que diferencia los trabajos reales de aquellos simulados para encubrir un pago es relevante en el aspecto legal y ético, pero no tanto en la lógica de sus causas y consecuencias. Legales o ilegales, reales o simulados, estos trabajos pueden ser, al menos en parte, una inversión del poder económico en poder político, del que esperan obtener rentabilidad.

## Los directores de Luksic

Las ofertas resultan más atractivas en la medida en que haya expectativas de que el beneficiado ocupará altos cargos en el futuro. Un ejemplo claro se dio con los directorios del Grupo Luksic en los años previos a que Michelle Bachelet asumiera su segundo período.

Con la exmandataria en Nueva York, esperando el momento señalado para volver, dos personas de su círculo más íntimo fueron reclutadas por el grupo de origen croata. El exministro de Hacienda Nicolás Eyzaguirre asumió en agosto de 2012 como presidente del directorio de Canal 13, propiedad en 67% de Andrónico Luksic. Se sumó a Alberto

Arenas, quien pasó de director de Presupuestos de Bachelet (hasta marzo de 2010) a integrar el directorio del canal desde el 29 de noviembre de 2010. Arenas dejó el puesto el 12 de abril de 2013, para asumir como jefe programático de la campaña de Bachelet y, luego, como su primer ministro de Hacienda. Eyzaguirre abandonó el canal de Luksic el 22 de agosto de 2013 y meses después se convirtió en ministro de Educación, y luego, de la Segpres.

Máximo Pacheco Matte es el tercer exdirector de Luksic que luego pasó al gabinete de Bachelet. Fue miembro del directorio del Banco de Chile y de Lucchetti, y es íntimo amigo de Andrónico Luksic, con quien ha compartido aventuras como aficionado al montañismo. El ministro de Energía también tiene vínculos familiares y de amistad con los Matte, y su paso en distintos cargos por empresas como International Paper, Copec, Falabella y AFP Provida lo ha relacionado con varios de los principales grupos económicos.

Aurora Williams fue gerenta comercial de Aguas Antofagasta, del Grupo Luksic. Luego, en el primer gobierno de Bachelet, asumió como seremi de Obras Públicas. Volvió al Grupo Luksic como gerenta de administración y finanzas de la empresa operadora del Puerto de Antofagasta, donde se involucró en la construcción de un galpón de acopio de concentrado de cobre, obra controvertida por la contaminación por arsénico y plomo de niños que asisten a dos jardines infantiles en sus cercanías. De allí pasó a ser ministra de Minería en el segundo gobierno de Bachelet.

Sus vínculos con el Grupo Luksic volvieron a la palestra al conocerse el trato preferente que el Ministerio había entregado a uno de los proyectos del grupo: Los Pelambres. La minera mantiene un conflicto internacional con la empresa Glencore debido a un vertedero de residuos, Cerro Amarillo, en la frontera con Argentina. Glencore denuncia que Los Pelambres botó parte de sus residuos en territorio trasandino, en una finca que le pertenece, y entabló una querella criminal exigiendo la limpieza del lugar y el pago de indemnizaciones. Los Pelambres alega que actuó de buena fe, porque fue recién en 2012 que la subcomisión binacional de límites redibujó la frontera, dejando parte del botadero de escombros en terreno argentino. El 8 de abril de 2015, la minera escribió a la ministra pidiendo que el gobierno certificara oficialmente la correcta actuación de la empresa. Catorce días después, el jefe de gabinete de la ministra, Adolfo Galindo, extendió el documento oficial, consignando la «buena fe» de Los Pelambres, pese a que la Cancillería había definido que el conflicto es «un tema entre empresas particulares, en el cual no le cabe responsabilidad» al Estado de Chile.[13]

Este caso también significó que la exministra y exsenadora DC Soledad Alvear siga en la órbita de los Luksic, después de haber sido directora de Canal 13 tras dejar el Senado: ahora es abogada asesora de la minera en el conflicto.

Los vínculos del Grupo Luksic son transversales. Tras el fin del gobierno de Sebastián Piñera, también contrató al exministro del Interior y de Defensa, Rodrigo Hinzpeter. Apenas tres semanas después de abandonar el gabinete, Hinzpeter pasó a ser gerente legal de Quiñenco, la matriz del Grupo Luksic. También es director de CCU, otra de las compañías del holding.

## La hegemonía cultural

La influencia del poder económico en la política no se reduce al dinero (como revisamos en el capítulo anterior) ni a las personas (como vimos en los párrafos precedentes). Cada vez más, la defensa de sus intereses pasa por ejercer influencia a través de las ideas.

«Un "nuevo espíritu del capital" encarnado en los conglomerados trasnacionales más poderosos ha emergido en Chile», describe el investigador de la Universidad de California Fernando Leiva. «Este "nuevo espíritu" se refleja en la comprensión de que, para restaurar su hegemonía, el sector privado debe participar activa y directamente en la producción de ideas, reglas y subjetividad, como complementos y extensiones vitales de su tradicional rol en la valorización de capital», dice Leiva. «Como resultado, ha emergido una nueva relación orgánica entre capital y sociedad».[14]

Leiva toma del filósofo marxista Antonio Gramsci su concepto de «hegemonía cultural» de los grupos dominantes sobre el resto de la sociedad, que se pondría en riesgo por la presencia de movimientos

13. Ivonne Toro, «El trato preferente a Los Pelambres de la ministra de Minería que trabajó en empresa controlada por Luksic», *The Clinic*, 25 de mayo de 2015.
14. Leiva, «Chile's Grupo Luksic, the Center-Left and the "New Spirit" of Capital in Latin America», 3. En academia.edu.

sociales cada vez más poderosos, capaces de frenar los planes de los grandes conglomerados económicos. Para 2013, según un catastro de la Sofofa, la resistencia ciudadana, combinada con una nueva generación de jueces «activistas», como los caratulan sus críticos, había obligado a cancelar o posponer proyectos mineros y energéticos por US$76.516 millones,[15] entre ellos HidroAysén, Castilla y Pascua Lama.[16] El poder económico se ve en jaque, amenazado por adversarios cada vez más organizados y capaces de actuar con éxito en los frentes legal, comunicacional y de lobby político, como lo demuestran esos casos.

El investigador Cristian Cabalin, doctor en políticas educacionales de la Universidad de Illinois, explica que «los grupos económicos han entendido que la disputa por el poder supera los mecanismos tradicionales de control asociados al sistema político y económico. También se debe considerar la dimensión cultural y la subjetividad de las personas. Por eso, invierten en clubes de fútbol, canales de televisión, becan a periodistas para que estudien en universidades extranjeras y financian centros de estudios, entre otras acciones destinadas a la producción y circulación de ideas. No sé si todos ellos habrán leído a Gramsci, pero sí han asumido la disputa por la hegemonía cultural de una manera muy seria».

En este nuevo escenario, «la forma más eficiente de administrar y consolidar el poder es participando activamente en la construcción social de la realidad a través de la elaboración de sentido común. Todos estos mecanismos "subjetivos" de ejercicio del poder son fundamentales para ese propósito», dice Cabalin.

---

15. Íd., 32.
16. En el caso de HidroAysén, en junio de 2014 el Comité de Ministros del gobierno de Michelle Bachelet revocó la resolución de calificación ambiental favorable a HidroAysén, lo que, en la práctica, hizo inviable el proyecto. La empresa acudió a la justicia y al cierre de esta edición el caso está en manos del Segundo Tribunal Ambiental. En cuanto a la central termoeléctrica Castilla, en agosto de 2012 la Corte Suprema sepultó el proyecto señalando que la Corema había cometido una ilegalidad al otorgar la Resolución de Calificación Ambiental favorable, pues se había evaluado solo una de las partes (la central) y no su conjunto (contenía un puerto). Este año los dueños del proyecto anunciaron que pensaban reactivarlo, pero como una central a gas. Por último, en el caso de Pascua Lama, proyecto de Barrick Gold, las obras se detuvieron en 2013, primero por un fallo judicial y luego por orden de la Superintendencia del Medio Ambiente. En los tres casos, los dictámenes administrativos o legales estuvieron precedidos por movimientos sociales o ambientalistas de oposición a los proyectos.

De esos mecanismos hablaremos ahora. De los centros de pensamiento, el lobby, los medios de comunicación, y de cómo estos moldean el límite entre lo «técnico»y lo «ideológico».

## El poder de las ideas: el CEP

El de 1980 fue un año clave en la historia de Chile. Fue, claro, el año de la Constitución del 80, el artefacto vigente hasta hoy que ha sido reformado en sus ideas políticas de «democracia protegida» y tutelaje militar sobre el poder civil, pero no en su concepto económico de un «Estado subsidiario» y de resguardos reforzados al derecho de propiedad.

Más silenciosamente, fue también el año en que nació el Centro de Estudios Públicos, CEP. Su objetivo: difundir las ideas de «una sociedad justa, libre y democrática». Su primer presidente honorario: el padre del neoliberalismo, Friedrich von Hayek. Sus financistas: los grandes empresarios. Sus fundadores: el exministro de Hacienda de Pinochet, y ejecutivo del Grupo Cruzat, Jorge Cauas; el entonces ministro de Hacienda, Sergio de Castro; el director de *El Mercurio*, Arturo Fontaine Aldunate; el abogado de grandes empresas Carlos Urenda y quien fuera ministro de Economía de Jorge Alessandri, Julio Philippi. El CEP nacía en el cruce de los intereses económicos y el poder político, en el momento en que se moldeaba la reforma neoliberal.

Poco a poco, Eliodoro Matte se convirtió en la figura dominante del CEP, y no solo como mecenas. Preocupado por la oposición de la Iglesia Católica al modelo neoliberal, encargó y editó personalmente el libro *Cristianismo, sociedad libre y opción por los pobres*. Una «contribución muy importante y que fue bastante revolucionaria, incluso a nivel mundial, fue que demostramos que la tradición liberal no era contradictoria a la doctrina católica», declara con orgullo. El libro, según él, «fue un quiebre con la idea de que la tradición católica era antiliberal».[17]

Pero la clave en la influencia del CEP fue su capacidad para adaptarse a la transición a la democracia, entendiendo que la supervivencia de la dictadura y la del modelo económico corrían ya por carriles separados. El programa de encuestas del CEP, iniciado en 1987,

17. Juan Diego Montalva, «Chile según Eliodoro Matte. Análisis del empresario. Economía, política y desafíos», *El Mercurio*, 6 de marzo de 2005.

fue esencial en esa convicción. «El resultado fue muy interesante y produjo confrontación con algunos personeros del gobierno militar [a los] que les molestaba lo que decían las encuestas. Ahí nos dimos cuenta [de] que había deseo de mayor libertad y democracia. Por lo tanto, fue claro para nosotros que en el plebiscito iba a ganar el No. Y así siempre se la jugó el CEP», recuerda Eliodoro Matte en 2005. «Por otro lado, vimos que la población no quería cambios radicales. Saber eso fue muy positivo para los empresarios que participábamos en el CEP. Permitió que estuviéramos bastante tranquilos y que la transición a la democracia se hiciera de forma pacífica y sin ningún trauma en la inversión», redondeaba el principal mecenas del *think tank* más influyente de Chile.[18]

El hombre preciso para liderar ese giro era Arturo Fontaine Talavera. Hijo del exdirector de *El Mercurio* y fundador del CEP, con un fugaz paso por el Consejo de Estado en 1976 como «representante de la juventud», intelectual antes que lobista, filósofo y autor de la novela *Oír su voz*, fue nombrado director del CEP en 1983 y lo convirtió en un foro para las ideas liberales en un sentido bastante más amplio que el neoliberalismo económico.

Así, con un director transversalmente respetado, una encuesta prestigiosa que se convirtió en el oráculo de la política chilena y el apoyo financiero de la gran empresa, la sigla CEP tomó otro cariz: el de una plaza de encuentro, un «centro de empresarios y políticos».

## Los años de gloria del CEP

Ricardo Lagos no quería ir. Faltaban solo cuatro días para su llegada a La Moneda, y el Presidente electo se resistía a aceptar la invitación a juntarse con los grandes empresarios del país en el CEP. Recién terminaba una campaña electoral estrecha (y millonaria), en que la mayoría de ellos había votado con la billetera por su contendiente, Joaquín Lavín. A Lagos, según recuerda una crónica de *El Mercurio* «le disgustaba la idea de que quienes "se creen los dueños del país" lo sacaran al pizarrón», pero finalmente optó por asistir, convencido por el empresario y financista

18. Íd.

de la Concertación Máximo Pacheco Matte, primo del dueño de casa, Eliodoro Matte.[19]

El argumento fue la necesidad de tender más puentes con un empresariado ideológicamente de derecha, inquieto con la asunción del primer Presidente socialista desde la traumática experiencia de la UP. De modo que ese 7 de marzo de 2000 Lagos, flanqueado por su equipo económico, entró en la casona de Monseñor Sótero Sanz, en Providencia, y en una larga conversación con empresarios como Andrónico Luksic, Wolf von Appen, Bruno Philippi y León Vial comenzó a delinear el futuro de su mandato.

Ya como Presidente, repetiría la visita cinco veces, convirtiendo a este *think tank* neoliberal, creado por la crema y nata del gran capital criollo, en el inesperado favorito para gestar las políticas públicas de un gobierno socialista.

La segunda visita de Lagos al CEP, en noviembre de 2000, tuvo más consecuencias: se decidió establecer una instancia periódica de trabajo: almuerzos bimensuales entre el equipo del CEP y el influyente grupo de consejeros del Presidente conocido como el «segundo piso». Ernesto Ottone sería el anfitrión de esas reuniones, en La Moneda. En ellas, el CEP funcionó como un semillero de proyectos para el gobierno.

Las señales de buena voluntad serían muchas. En 2001, por primera vez en la transición, un Presidente nombró a un director no concertacionista en el Banco del Estado: el elegido fue uno de los líderes del CEP, el consejero David Gallagher. Y en 2003, Lagos nombró al frente del Banco Central a otro directivo del CEP, el economista Vittorio Corbo.

Cuando, en medio de la crisis por los escándalos político-empresariales de esa época, Pablo Longueira ofreció a Lagos un salvavidas en forma de acuerdo de modernización del Estado, no hubo dudas: el proyecto se basó en el trabajo que había avanzado el CEP. Paradójicamente, los políticos recurrieron al *think tank* que representa a los grandes empresarios de Chile para diseñar el modelo que regulara la influencia de esos mismos empresarios sobre la política. El resultado fue la fantasmagórica figura de los «aportes reservados», esa que permitió a los empresarios hacer donaciones supuestamente secretas a sus candidatos. El entonces ministro del Interior, José Miguel Insulza, reconoce

19. Sandra Novoa, «Los favores del CEP a la Concertación», *El Mercurio*, 27 de agosto de 2006.

hoy que «era completamente irreal e ingenuo proteger al candidato de la influencia del donante. Esto tuvo bastante acogida, yo no estuve de acuerdo con ello».

La reforma de modernización del Estado y la ley de bases del medio ambiente son otros proyectos fundamentales para los intereses del empresariado en que el CEP dejó su huella. Una relación privilegiada que se extendería con nuevas visitas presidenciales, ahora de Michelle Bachelet, y un fluido programa de encuentros con la ONG Expansiva, semillero del equipo económico de ese gobierno. En 2005, en el festejo del cuarto de siglo del Centro de Estudios Públicos, Eliodoro Matte podía presumir del gran éxito de su proyecto para validar el modelo neoliberal: «Creo que ningún Presidente —cualquiera sea su signo— se atrevería a cambiar radicalmente un sistema que ha demostrado que es exitoso y que cuenta con el apoyo de la población».[20]

## US$42 MILLONES PARA EL CEP

El 5 de junio de 2003, se repetía la rutina. Empresarios como Juan Antonio Guzmán, Máximo Pacheco, Felipe Lamarca, Hermann von Mühlenbrock, Segismundo Schulin-Zeuthen y José Ignacio Letamendi ya compartían un cóctel en la casona de Monseñor Sótero Sanz, junto al ministro de Justicia Luis Bates. El «mosquetero» Eugenio Heiremans, el senador Pablo Longueira y el ministro del Interior, José Miguel Insulza, estaban por entrar. Y el Presidente Ricardo Lagos ya iba en camino para otra cita con el poder económico.

Eran las 18:45. Entonces empezaron los gritos.

«¡Ladrones!»

Venían de la cocina. Un grupo de estudiantes había logrado infiltrarse en la sede del CEP. Cinco buses repletos de carabineros llegaron a desalojar el lugar. El ministro Insulza calificó como un «delito» la manifestación, y el encuentro entre el Presidente y los empresarios debió posponerse por una semana.

Mirado en retrospectiva, el incidente fue una advertencia. Diez años después, aunque de una forma bastante más indirecta, los estudiantes sí lograrían desbaratar al CEP.

20. Montalva, «Chile según Eliodoro Matte...».

Cuando el movimiento estudiantil sacudió el país en 2011, el Centro, en su tradición de debate intelectual abierto, invitó a los dirigentes universitarios a exponer. El hecho incomodó a los Matte, involucrados en la educación a través de la Sociedad de Instrucción Primaria, su red de escuelas sin fines de lucro, y como defensores del modelo educacional basado en los *voucher* y la competencia entre proveedores privados. Cuando en diciembre de 2011 el subdirector Harald Beyer, hombre cercano a los Matte, fue designado ministro de Educación, las ideas heterodoxas de Fontaine comenzaron a incomodar.

Fontaine se mostró receptivo a las críticas de los estudiantes al lucro en educación, cuestionó el proyecto de superintendencia que elaboró el ministro Beyer y, en la gota que colmó el vaso, se negó a firmar una carta de rechazo a la acusación constitucional que en marzo de 2013 presentaron diputados de la Concertación contra el ministro. La lógica de Fontaine era la que siempre había defendido: el CEP no debía involucrarse en la guerra política de trincheras. Pero el ambiente había cambiado. En abril de 2013 Beyer fue destituido por el Congreso, y para los Matte el asunto olió a traición. Un mes después, el 10 de mayo, el Comité Ejecutivo del CEP decidió la salida de Fontaine, después de tres décadas al mando.

Fue el propio presidente del consejo, Eliodoro Matte, quien expuso la necesidad de cambiar al director. Lo secundaron los consejeros Leonidas Montes (familiar de los Matte) y Enrique Barros, abogado del grupo, y además defensor de Beyer en el juicio político ante el Congreso. «Ha sido algo inesperado», diría luego Fontaine. Para completar la señal, en junio el propio Beyer fue designado como su reemplazante.[21] Asumía como un académico de prestigio, pero también como la víctima más ilustre del conflicto político desatado entre un gobierno de derecha débil y una oposición envalentonada.

El CEP había entrado en la trinchera. Y con armamento pesado. Por medio de una nueva Fundación CEP, los grandes empresarios aportaron US$42 millones frescos para la nueva etapa del instituto. Eliodoro Matte entregó US$16, 1 millones. Roberto Angelini, Jean Paul Luksic, Luis Enrique Yarur, Wolf von Appen, José Said y la Fundación Reinaldo Solari comprometieron US$4 millones cada uno. Juan Andrés Camus, Jorge Errázuriz y Juan Edgardo Obach donaron 800 mil dólares.

21. El anuncio se realizó un mes después de que Arturo Fontaine fuese relevado del cargo, a pesar de que Harald Beyer recién asumió en marzo de 2014.

Los financistas de la Fundación se asignaron el derecho de elegir al menos a tres de los nueve miembros del Comité Ejecutivo (equivalente al directorio) del *think tank*. Así, el centro sumó a sus «79 donantes, entre personas jurídicas y naturales», según informaba públicamente, el millonario aporte de los grupos económicos más grandes de Chile.

La Fundación CEP es la muestra más potente de la capacidad del gran capital de actuar como un solo cuerpo, más allá de sus diferencias ideológicas y conflictos empresariales. Los cinco grupos más grandes (Luksic, Matte, Yarur, Angelini y Said) son mecenas del centro de estudios. Y no es casualidad que los cuatro grupos que suman más empresas financistas de la política (Matte, Solari, Angelini y Luksic) formen también la lista.

Reperfilado y reforzado, el CEP pronto dio muestras de su nueva orientación. En medio de tensiones internas, Carolina Segovia, responsable del prestigioso programa de encuestas, renunció. El 14 de agosto de 2014, el CEP presentó su nueva encuesta, ya sin Fontaine ni Segovia. Y algunos resultados llamaron la atención; a contrapelo de sondeos anteriores, se informó que el 52% de los encuestados quería mantener el copago y el 49% estaba de acuerdo con el lucro en la educación escolar.

Gracias al prestigio de la encuesta, los resultados recibieron amplio eco en la prensa, incluso en la más lejana editorialmente a las ideas neoliberales. «CEP sepulta la Reforma Educacional: 49% está a favor del lucro», tituló *The Clinic*. «Encuesta CEP golpea corazón de la Reforma Educacional: chilenos apoyan lucro asociado a la calidad, el copago y la selección», destacó *El Mostrador*.

Sin embargo, hubo críticas a la redacción de las preguntas. Sobre el copago, se consultó: «¿Cree Ud. que es bueno que los padres puedan complementar el subsidio educacional que otorga el Estado a través de un copago (pagando matrícula y/o colegiatura) para mejorar la educación de sus hijos, o Ud. cree que esto debiera estar prohibido?».

Así, una alternativa se vinculaba a lo positivo («mejorar la educación de sus hijos») y la otra, a algo negativo («prohibido»). Lo realmente llamativo fue que, con semejante fraseo, un 37% se haya atrevido a decir que estaba a favor de la prohibición, y en contra de mejorar la calidad de la educación de sus hijos.

Esa pregunta ya se había hecho en los mismos términos en 2011 y 2012. En la consulta por el lucro, en cambio, hubo un giro en la redacción: «¿Qué le parece que los colegios particulares subvencionados, además de entregar educación, generen ganancias a sus dueños?». Las alternativas:

«Le parece bien, siempre y cuando tengan un nivel educacional bueno y los padres estén informados» versus «Le parece mal que se obtengan ganancias y debiera estar prohibido por completo». Nuevamente, la opción favorecida se presenta en positivo («nivel educacional bueno», «padres informados»), y la otra, en negativo («debiera estar prohibido»). La palabra «lucro» no se menciona jamás, ni en la pregunta ni en las alternativas.

En junio/julio de 2011, con Fontaine y Segovia a cargo, se había preguntado: «¿Está Ud. de acuerdo o en desacuerdo con que los colegios, escuelas y liceos tengan fines de lucro?». El 80% se había mostrado en desacuerdo.

Un nuevo golpe sufrió el centro el 28 de octubre de 2015, al denunciarse el cartel del papel que involucra a la CMPC, la empresa emblemática del Grupo Matte. Apenas veinte días antes Eliodoro Matte había recibido personalmente a la Presidenta Bachelet en la casa del CEP, y habían intercambiado saludos, bromas y risas para las cámaras. En ese momento Matte ya sabía que su empresa se había autodenunciado por colusión y que en algún momento la Fiscalía Nacional Económica haría una acusación pública sobre estos hechos. El empresario fue confirmado en la presidencia del CEP hasta 2016, y el consejero José Zalaquett renunció al CEP en protesta.

¿Qué viene para este nuevo CEP? «Sabemos que el CEP es administrado por los empresarios más poderosos de este país y que lo han revitalizado con una millonaria inversión. Es realmente una inversión para ellos: están invirtiendo en la defensa de sus ideas, que a la vez les aseguran buenos negocios y redes. Es decir, poder político, económico y simbólico, a través de la producción cultural y de ideas», resume Cristian Cabalin.

A pesar de todo, el CEP sigue contando con académicos de prestigio y en general se le reconoce rigor intelectual a sus investigaciones.

## LyD: el senador 39

Lo dicen con sorna, pero también con inocultable envidia: algunos parlamentarios de la Nueva Mayoría se refieren al Instituto Libertad y Desarrollo (LyD) como el «senador 39», por su enorme influencia en la discusión de los proyectos de ley en el Congreso.

Es el único *think tank* con oficina propia en el Congreso. Y hierve de actividad. No hay discusión legislativa en la que LyD no exponga sus argumentos, mediante minutas, documentos de análisis y orientación directa a sus parlamentarios afines. Porque, a diferencia del CEP, LyD nunca ha tenido dudas: lo suyo es la trinchera, como el *think tank* de la UDI, aunque con influencia también sobre senadores y diputados de RN. LyD no aspira a la transversalidad, sino a ser un eficaz defensor de las ideas de la derecha política, neoliberales en lo económico y conservadoras en lo valórico.

Fundado en 1990 por dirigentes como Hernán Büchi (hasta hoy consejero), Cristián Larroulet (director hasta marzo de 2010, cuando entró al gobierno de Piñera como ministro de la Presidencia) y Carlos Cáceres (presidente del Consejo desde 1991 hasta hoy), LyD vive en la intersección entre la derecha política y el poder económico.

Su consejo asesor está formado por once miembros. En lo político, seis de ellos han sido ministros (tres de Pinochet y tres de Piñera). Y en lo económico, nueve de ellos mantienen vínculos directos con los grandes grupos económicos:

- Carlos Cáceres: presidente del directorio de BAT (antes Chiletabacos), director de Carozzi (Grupo Bofill) y de Coloso (Grupo Lecaros)
- Patricia Matte: una de las herederas del imperio familiar de los Matte
- Lily Ariztía: gerenta de la SIP, la red educacional del Grupo Matte
- Hernán Felipe Errázuriz: director de Chilectra (Endesa) y de Banco Security (Grupo Security)
- Hernán Büchi: director de Falabella (Grupo Solari), Quiñenco (Grupo Luksic), Madeco (Grupo Luksic), SQM (Ponce Lerou), Iansa, Endesa, CAP, Sudamericana de Vapores (Grupo Luksic) y Consorcio, y asesor del Banco de Chile (Grupo Luksic)
- Juan Andrés Fontaine: director de Embotelladora Andina (Grupo Said) y Sigdo Koppers
- Pablo Ihnen: director de Echeverría Izquierdo y Puerto Angamos (Ultramar)
- Alfredo Moreno: presidente de Empresas Penta
- Lucía Santa Cruz: directora de Banco Santander, Chilena Consolidada y Nestlé

¿Cómo se financia Libertad y Desarrollo? Según el instituto, el dinero viene de «más de 650 suscriptores, empresas y personas», ninguno de los cuales representa por sí solo más del 8% de su presupuesto, que entre 2007 y 2012, según sus memorias, sumó 11 mil 300 millones de pesos. ¿Quiénes son esos mecenas? LyD no entrega esa información, aunque sí sabemos algunos datos.

El caso Penta permitió abrir la contabilidad de ese grupo, develando aportes mensuales a Libertad y Desarrollo de más de $2 millones, entre 2010 y 2012, por una cifra total de $82.084.878. Como vimos, el actual presidente de Empresas Penta, Alfredo Moreno, es consejero del instituto.

Otra de las empresas donantes es SQM, donde es director el fundador y consejero de LyD Hernán Büchi. En una serie de columnas y minutas, el instituto respaldó decididamente la controvertida licitación del litio que ganó la empresa de Julio Ponce, proceso liderado por el exsubsecretario Pablo Wagner, ahora imputado por la justicia en los casos Penta y SQM. «La licitación, recientemente adjudicada a SQM, es la opción menos riesgosa para el Estado y la más compatible con el marco jurídico actual», destacó en 2012 el investigador del programa económico de LyD Francisco Klapp.[22] Mientras, ese mismo año, el director del programa legislativo y constitucional, Rodrigo Delaveau, desacreditó los recursos judiciales contra el proceso: «La demanda tiene más bien un carácter testimonial, ya que pretende impedir por la vía judicial una incomodidad ideológica con la fórmula usada, pero que carece de fundamento jurídico».[23]

Finalmente, en octubre de 2012, la licitación fue anulada debido a vicios legales.

British American Tobacco es la multinacional que domina el 94% del mercado nacional de cigarrillos, a través de su filial BAT Chile, ex Chiletabacos. Y BAT Chile es otro donante de LyD: en 2013 entregó $5.504.406, según reveló CIPER.[24] Además, donante y receptor

22. Francisco Klapp, «Adjudicación de la explotación del litio: todos ganan», *Pulso*, 25 de septiembre de 2012.
23. Rodrigo Delaveau, «¿Se ajustó a legalidad la adjudicación de la explotación del litio?», *Pulso*, 1 de octubre de 2012. En lyd.org.
24. Alberto Arellano, «Lobby: El nexo financiero de la British American Tobacco Chile con Libertad y Desarrollo», CIPER, 4 de marzo de 2014.

comparten presidente: Carlos Cáceres es al mismo tiempo presidente del directorio de BAT Chile, y presidente del consejo de LyD. Como último ministro del Interior de la dictadura, en 1989 Cáceres fue el encargado de negociar los términos de la transición con la Concertación. Uno de sus éxitos en ese proceso fue proteger las privatizaciones, incluidas las de última hora.

BAT Chile también entregó otros $6.500.000 a Asesorías y Consultorías del Desarrollo Ltda., empresa perteneciente en 99% a la Universidad del Desarrollo. La UDD tiene estrechos lazos con la UDI y con LyD, a través de sus fundadores Hernán Büchi y Cristián Larroulet, y del decano de su Facultad de Gobierno, Eugenio Guzmán, todos ellos consejeros del instituto.

El 20 de diciembre de 2012, la bancada de diputados de la UDI intentó postergar la votación de un proyecto de ley antitabaco promovido por su propio gobierno. Como el ministro de Salud, Jaime Mañalich, se negó a la petición, el partido inscribió a todos sus parlamentarios como oradores, agotando el tiempo de la sesión y obligando a postergar la ley hasta 2013. Mañalich estalló. «No debemos dejar de reconocer que el lado oscuro de la fuerza se mueve muy vigorosamente y hay un lobby muy intenso para demorar la aprobación de este proyecto», acusó, desatando el conflicto entre el gobierno y su principal partido, la UDI.

Libertad y Desarrollo tuvo un rol activo en la resistencia a ese proyecto que, impulsado por el gobierno de su sector, afectaba los intereses de BAT Chile. El instituto calificó la ley como una «forma de intervención en la esfera individual de nuestras decisiones [que] constituye el mejor disfraz para atentar contra la libertad», y acusó la imposición de un «estado policial», por la ley que prohíbe fumar en espacios cerrados, toldos exteriores de restoranes y estadios.[25]

LyD asegura que sus investigadores no conocen a los donantes del centro ni reciben influencia de ellos, y que solo Carlos Cáceres, Luis Larraín (director ejecutivo) y Bettina Horst (gerenta general) manejan los temas de financiamiento.

25. Silvia Baeza (coordinadora de estudios jurídicos de LyD), «Tabaco y otros vicios», en lyd.org.

## La leña de Libertad

Si LyD es una máquina perfectamente aceitada y financiada, su contraparte de RN, el Instituto Libertad (IL), tiene una vida más azarosa. Fundado también en 1990, liderado por personalidades como Pedro Daza y María Luisa Brahm, se ha distinguido de LyD por una postura más liberal en materias valóricas.

Con una precaria economía interna, el Instituto Libertad fue parte del esquema de financiamiento de RN a través de Asetec, una empresa creada desde el partido para recaudar fondos mediante la venta de informes a empresas. Un convenio firmado en 1994 entre el gerente general de SQM, Patricio Contesse, y el tesorero de RN, Cristián Correa, significaba entradas por cerca de $2.500.000 mensuales, lo que totaliza unos $500 millones en dos décadas de funcionamiento.

Asetec era dueña de la sede en que funcionaba el Instituto Libertad, donde, según fuentes de RN citadas por *La Tercera*, se elaboraban también los informes que luego servían para justificar los aportes de empresas (versión negada por IL). Los ingresos por ese concepto rondarían los 8 millones de pesos mensuales. Según el entonces director ejecutivo de IL, Antonio Horvath Gutiérrez, el instituto maneja su propio sistema de suscripciones a empresas, que incluía otro convenio con SQM.[26]

IL maneja un presupuesto de unos $400 millones anuales. Tienen contratos de asesoría legislativa, legal y comunicacional con parlamentarios y alcaldes, además de hacer estudios sobre legislación a gremios y empresas privadas. Entre quienes han contratado sus servicios se cuentan las asociaciones de bancos y de isapres, la Cámara Chilena de la Construcción y el organismo de los concesionarios, Copsa.

También hacen lobby por gremios y empresas en la tramitación de leyes. «Cuando hay materias legislativas complejas, yo los cito a todos. Veo cuáles son las mayores empresas del rubro y les digo "vengan para acá", los junto con los parlamentarios y coordino el asunto», cuenta el presidente de IL, Roberto Ossandón. «En la ley eléctrica, por ejemplo, estábamos metidos de cabeza, hicimos cualquier cantidad de trabajo. Yo negociaba directamente con [el ministro de Economía]

26. H. López, A .Muñoz y G. Faúndez, «La sociedad creada por RN que recibió millonarios aportes de SQM», *La Tercera*, 5 de abril de 2015.

Rodríguez Grossi», dice. En ese caso, los clientes del *think tank* eran las empresas eléctricas.

¿Corresponde que un centro de estudios ligado a un partido político haga lobby pagado en favor de empresas y gremios privados en el trámite de una ley? «Son clientes nuestros, pero yo les pongo una condición: que la ley sea correcta», responde Ossandón, hermano del senador RN Manuel José Ossandón. «Ayudamos a mejorar las leyes, no a hacerlas a la pinta de nadie. Yo no me voy a salir de mis principios.»

Uno de los temas en que IL ha concentrado sus esfuerzos es la leña. Ante las voces cada vez más numerosas que piden la prohibición de este combustible por su incidencia en la contaminación de Santiago, y su regulación en ciudades del sur, el Instituto Libertad ha librado una ardorosa defensa.

«Dado que en muchas de las decisiones que se toman impera el desconocimiento y la desinformación, se debe precisar que la leña toda vez que se utiliza en forma responsable, se transforma en un significativo aporte social, ambiental y económico ya que representa un combustible renovable, autóctono y sustentable, generando además un aumento importante en fuentes de empleo en las regiones, disminuyendo el grado de dependencia de éstas respecto de otros combustibles y contribuyendo a la tan deseada descentralización», escribió en 2014 la economista Trinidad Lecaros en una de las columnas difundidas por IL, bajo el título «La estigmatización de la leña», que además pide que el Estado la reconozca como combustible, emprenda una campaña comunicacional sobre su uso, y facilite los trámites legales y tributarios de quienes la comercializan.[27]

Cuando en 2014 el gobierno de Bachelet anunció el estudio de la prohibición de los calefactores a leña en Santiago, debido a su incidencia en el esmog, IL contraatacó publicando un informe de veinte páginas que concluye que «el aporte de la leña al total de la contaminación en la Región Metropolitana es de tan solo un 1%». El informe también pide «crear una política de Estado (...) y reconocer el potencial energético de la leña». Es más: abunda en los nocivos efectos de las estufas competidoras de aquellas que funcionan a leña. «Más importante que la contaminación externa para la salud de las personas es la contaminación intradomiciliaria, la cual es producto de artefactos a parafina y gas (...)

27. Instituto Libertad, «La estigmatización de la leña», 9 de julio de 2014.

no así el uso de la leña», continúa el documento, que enfatiza la necesidad de fomentar el uso de la calefacción a leña en Chile.[28]

Todo ello contradice un estudio realizado en 2011 por el actual subsecretario del Medio Ambiente, Marcelo Mena, según el cual las emisiones por leña llegan al 49% del total en invierno.

Ocurre que los consejos del Instituto Libertad, de ser atendidos por las autoridades, beneficiarían directamente a Bosca, la principal empresa de estufas a leña de doble cámara en Chile. El creador de la compañía y presidente de su directorio es Roberto Ossandón. El presidente del directorio del Instituto Libertad es... el mismo Roberto Ossandón, quien ha encabezado desde los años 90 el lobby del negocio, y no ha sido precisamente tímido para defenderlo.

«Hablé con miles de autoridades», reconoció, en una entrevista en la radio Agricultura defendiendo el uso de la leña, y que el Instituto Libertad subió a su página web.[29] Y su actuación ha tenido resultados. Primero logró que se excluyeran sus estufas de doble cámara de la prohibición general de encenderse en Santiago. Y en 2003, obtuvo la autorización para que esos calefactores pudieran funcionar en episodios de alerta ambiental.

Así, IL se ha involucrado directamente en el lobby que beneficia los negocios de su presidente. El 5 de agosto de 2015, por ejemplo, el director ejecutivo Antonio Horvath expuso en la comisión de medio ambiente del gobierno regional de Santiago, en defensa del uso de la leña.

«Las autoridades están haciendo un show asqueroso en este tema, se están burlando de la gente», dice Ossandón. «Por eso, y como yo he estudiado el tema como dueño de Bosca por 35 años, le dije a Antonio Horvath que nos metiéramos en él. Le di algunos datos y él continuó con el estudio.» ¿No hay conflicto de intereses? «Con esa lógica, nadie podría hablar de nada —dice—. Mira a Libertad y Desarrollo, ¿de cuántas empresas es director Carlos Cáceres? Por lo demás, la nuestra es información objetiva. Son puros algoritmos matemáticos. Entonces, que me digan en qué estamos equivocados.»

El Instituto también se financia con fondos del Congreso. Entre marzo de 2014 y octubre de 2015, cinco diputados RN (Nicolás

---

28. Instituto Libertad: «Análisis del uso de la leña en la Región Metropolitana y su incidencia en la contaminación», 2 de octubre de 2014.
29. Íd.

Monckeberg, Paulina Núñez, Jorge Rathgeb, Alejandro Santana y Germán Verdugo) contrataron asesorías de IL, por un total de $50 millones. Además, el Comité de Parlamentarios RN ha entregado $65 millones. En el mismo período, tres senadores RN han contratado asesorías con el Instituto Libertad: Francisco Chahuán, José García Ruminot y Manuel José Ossandón, por un total de casi $70 millones. Las asesorías de Ossandón, hermano del presidente de IL, superan con creces las de sus colegas, y corresponden al 78% de ese monto.[30]

## Chile 21: ojos bien cerrados

«La Fundación Chile 21 trabaja por el fortalecimiento del pensamiento de izquierda y progresista.» Así reza la declaración de principios del *think tank* del progresismo criollo. Fundado en 1992 como instrumento intelectual del «laguismo», estuvo encabezado hasta 2000 por el propio Ricardo Lagos, cabecera que luego pasó al senador socialista Carlos Ominami, entonces uno de sus hombres de mayor confianza.

En 2015 la contabilidad de SQM reveló que esa empresa también financiaba a Chile 21, con pagos de $90 millones solo entre 2012 y 2013. El contrato, sin embargo, era previo: venía de 2007, por $2 millones mensuales, que luego aumentaron a $4 millones. Según Chile 21, SQM contrataba la suscripción de informes mensuales, resúmenes de talleres de trabajo, estudios de opinión y eventos de la fundación. Un sistema similar al de LyD.

¿Cómo explicar que la casa del «pensamiento de izquierda» fuera financiada por la empresa del exyerno del dictador? «A veces hay que cerrar los ojos», fue la respuesta del exdirector de Chile 21 y exministro Francisco Vidal, quien de paso reconoció que «la privatización de SQM fue un robo».[31]

La contabilidad de Chile 21, como la del resto de los *think tanks* chilenos, tampoco es transparente. La fundación solo informa que tiene

30. Elaboración propia con datos obtenidos de los sitios web de la Cámara y el Senado, que por ley deben publicar los gastos que cada parlamentario realiza en asesorías externas.

31. «Francisco Vidal sobre financiamiento SQM a Chile 21: "A veces hay que cerrar los ojos"», radio Duna, 24 de marzo de 2015.

tres fuentes de financiamiento: fondos externos, proyectos gubernamentales y «suscripciones» de empresas, por entre 1 y 7 millones de pesos mensuales cada una.

«Es como una suscripción a un diario», dice su presidente ejecutivo, Carlos Ominami. «Soquimich tiene el origen que tiene, pero es una empresa legalmente constituida (...) tenemos que hacer un juicio objetivo y no uno moral.» Sobre la identidad de los demás financistas, misterio: «Yo las desclasifico en la medida en que las otras fundaciones también lo hagan», desafía Ominami.[32]

El CEP, Libertad y Desarrollo, el Instituto Libertad y Chile 21 son cuatro de los centros de pensamiento político más importantes del país, pero cada vez tienen más competencia. En la última década se ha pasado de 11 a 31 centros, y los nuevos abarcan todo el arco político: Horizontal, en la derecha liberal; Progresa, vinculado al PRO de Marco Enríquez-Ominami; Nodo XXI, de la Izquierda Autónoma, por nombrar solo algunos.

Un caso saliente, por la notoriedad que ha alcanzado en corto tiempo, es la Fundación para el Progreso, creada y financiada por el empresario Nicolás Ibáñez (hasta hace un tiempo dueño del imperio del retail D&S, el de los Supermercados Líder) como un vehículo para la difusión de las ideas neoliberales. Otro ejemplo interesante es Res Publica, una suerte de «*think tank* exprés» creado por Andrónico Luksic en agosto de 2011, en el momento más álgido de la protesta estudiantil. El empresario encargó al economista Klaus Schmidt-Hebbel la formación de un equipo de doce intelectuales de distintas sensibilidades políticas. Ellos elaboraron una suerte de programa de gobierno, con 95 propuestas, que fue publicado el 17 de mayo de 2013, en plena campaña electoral.

Luksic corrió con todos los gastos. Como sinceró Schmidt-Hebbel, «el origen de la idea no fue nuestro, sino que fue una invitación de un empresario privado, quien sacó dinero de su bolsillo para financiar nuestra dedicación a esto».[33] Mostrando el impacto que estos trabajos pueden tener sobre la política, el entonces precandidato presidencial de RN Andrés Allamand adoptó de inmediato una de las iniciativas: «Se

32. Consuelo Olguín, «Ominami y relación de SQM con Chile 21: "Somos una institución diversa, no habría ninguna condición para decir 'esta plata se la pasamos a Marco'"», *El Dínamo*, 27 de marzo de 2015.
33. Sebastián Rivas, «El grito de Res Publica», *Qué Pasa*, 6 de junio de 2013.

debe aumentar la cotización en 3 puntos. Esta es una propuesta que ha salido de Res Publica y la hago mía».[34]

Los centros de pensamiento político pueden llegar a tener una gran influencia en la opinión pública, en la elaboración de políticas de gobierno y en el trabajo legislativo, proveyendo informes y expertos con el sello de garantía de lo «técnico». ¿Cuánto influye a su vez en ellos el poder del gran dinero?

Más allá de los casos que hemos citado en esta investigación, la respuesta es compleja. No solo su financiamiento es oscuro, además fueron excluidos de la primera ley del lobby. Como advierte el experto en la materia Renato Garín, «los *think tanks* no están regulados en Chile, lo que les permite vender servicios a privados y simultáneamente asesorar a parlamentarios, y además beneficiarse de la exenciones tributarias por la ley de donaciones culturales».

La falta de regulación deja a los centros de pensamiento en una zona gris. «Aparecen como refugios o trincheras para los grupos de interés que quieren promover agendas particulares o detener legislación que afecte sus posiciones. Cuando el capital busca influir en la política, encuentra las zonas más blandas, y en Chile los centros de pensamiento pueden ser ese canal», agrega Garín.

Sería exagerado, sin embargo, describirlos como simples instrumentos de sus financistas. Cada caso es peculiar y la agenda ideológica, la autonomía de sus profesionales y la competencia con otros centros son factores que deben considerarse a la hora de analizar su comportamiento.

## El lobby: «amigos de los amigos»

Recordemos la definición de plutocracia de Fukuyama (un estado de cosas en que los ricos influencian al gobierno para proteger y expandir su riqueza e influencia) y las dos herramientas que la elite económica prefiere para influir en el proceso político: la desregulación del financiamiento de campañas y la desregulación del lobby. En Chile, en ambas ha sido exitosa.

---

34. «A. Allamand: "Se debe aumentar la cotización en 3 puntos y hay condiciones para que lo haga el mundo empresarial"», *Diario Financiero*, 26 de abril de 2013.

Ya vimos que la primera ley de platas políticas, promulgada en 2003, está hecha a la medida de las grandes empresas, a las que permite financiar en secreto la política y además obtener exenciones tributarias por sus aportes. También la primera ley de lobby (2013) fue perdiendo filo en diez años de tortuosa discusión parlamentaria. El chiste de que «el lobby mató la ley del lobby» se convirtió en una frase hecha, y finalmente el proyecto fue promulgado con normas concordadas con los sujetos que pretendía regular. «Nos hemos dedicado a preguntarles a los lobistas cómo quieren ser regulados. No se puede hacer una legislación a pedido de ellos», decía en 2013, durante el trámite legislativo, el entonces diputado Jorge Burgos.

El resultado es que las empresas de lobby no deben publicar su lista de clientes, ni los montos que reciben. Las autoridades políticas sí deben completar un registro de las reuniones cara a cara que les soliciten los lobistas, pero no de sus conversaciones con ellos por teléfono o correo electrónico. «Es una ley de lobby a la chilena, sui géneris», dice Renato Garín; «más bien funciona como una ley de publicidad de las agendas de las autoridades. Internacionalmente la carga regulatoria está sobre el lobista. Aquí, en cambio, el actor activo (oficinas de lobby, gremios, abogados) quedó muy poco regulado.»

Es más: las autoridades ya están sacando partido de una interpretación de la ley. Si la reunión es convocada por el funcionario, y no pedida por el lobista, no es obligatorio registrarla. Por ejemplo, el 24 de marzo de 2015 la excanciller Soledad Alvear llegó al Ministerio de Minería para reunirse con la ministra Aurora Williams por el caso de la minera Los Pelambres. El abogado de los Luksic, Andrés Jana, y varias autoridades de gobierno participaron en la cita. Pero la reunión fue mantenida en reserva, y se adujo que había sido convocada por el gobierno.[35]

La misma explicación se dio para mantener en secreto una cena el 1 de junio, en el restorán Raúl Correa y Familia, entre los ministros de Interior y de Hacienda, Jorge Burgos y Rodrigo Valdés, el subsecretario de Interior Mahmud Aleuy y los máximos dirigentes de la Confederación de la Producción y el Comercio (CPC).[36] El hecho de que una reunión entre las máximas autoridades del gobierno y la plana mayor del

35. Juan Pablo Sallaberry, «El sumario dinamita», *Qué Pasa*, 25 de junio de 2015.

36. «La delgada línea que le tuerce la nariz a la Ley del Lobby», *El Mostrador*, 8 de julio de 2015.

grupo de presión más poderoso de Chile pueda mantenerse legalmente en secreto da cuenta del pobre impacto de la ley de lobby.

Tampoco hay normas que regulen la «puerta giratoria» entre esta industria y los cargos públicos. Dos casos emblemáticos de ello involucran a Imaginacción, la poderosa empresa de lobby de Enrique Correa. Su hijo, Carlos Correa, pasó directamente de la gerencia general de la empresa a la subdirección de la Secom cuando Michelle Bachelet asumió su segundo mandato en marzo de 2014. Jorge Insunza (PPD), gerente de asuntos públicos de Imaginacción, dejó el cargo en julio de 2013 para desarrollar una exitosa campaña parlamentaria que lo llevó al Congreso como diputado.

El poder de Correa quedó demostrado en septiembre de 2015, cuando salieron a la luz varios correos electrónicos intercambiados entre el arzobispo de Santiago, Ricardo Ezzati, y su antecesor en el cargo, Francisco Javier Errázuriz. Ambos cardenales estaban inquietos por la intención del gobierno de Bachelet de nombrar capellán de La Moneda al sacerdote jesuita Felipe Berríos, crítico de la jerarquía eclesiástica.

«Llamé a E. Correa para decirle que si el gobierno nombraba al personaje [Felipe Berríos] capellán de La Moneda estaría armando un gran e innecesario conflicto, porque te obligaría a rechazarlo, lo cual crearía serias tensiones entre el gobierno y la Iglesia, y al interior de la Iglesia. Me dijo que lo transmitiría de inmediato», le contó Errázuriz a Ezzati por *mail*. Efectivamente, el arzobispo rechazó la terna enviada por el gobierno para llenar el cargo, que incluía a Berríos.

Tras la publicación de los correos, el ministro del Interior, Jorge Burgos, dijo que Enrique Correa era «una persona que es amiga del gobierno, puede conversar pero no presiona, no diría que es así».

Parecido concepto de la «amistad» en cargos públicos tiene otro ministro del Interior. Enrique Krauss, quien lideró el gabinete entre 1990 y 1994, dijo en abril de 2015: «Nos metieron ahora con la historia del lobby, cuando este es un país basado en la "amistocracia". Aquí no éramos corruptos, éramos amigos de los amigos. Y se hacían favores legítimos, no existían en política favores chuecos». Ahora, en cambio, se quejó, «con lo del lobby nadie puede recibir, porque todo está bajo sospecha. Hemos perdido la relación básica del contrato social».[37]

37. Lowry Doren, «Manifiesto: Enrique Krauss, exministro», *La Tercera*, 12 de abril de 2015.

Ese «contrato social» basado en «favores legítimos» entre «amigos de los amigos», o sea, entre miembros de la elite política y económica, está profundamente enraizado a ambos lados del mesón. Aun después del gran escándalo suscitado por la negociación entre Andrónico Luksic y familiares de la Presidenta Bachelet en el caso Caval, muchos siguen sin entender dónde está el problema. Alberto Salas, presidente de la CPC, lo dejó claro: «Si a mí Sebastián Dávalos me hubiera pedido una reunión, se la habría dado. Seamos realistas».[38]

Lo que Salas, Burgos y Krauss parecen no ver es que el acceso a grandes empresarios, autoridades o parlamentarios está marcado por las relaciones. Y esas relaciones son el privilegio de unos pocos. Como es imposible prohibir esos contactos —depende de la prudencia de cada cual cómo se manejen—, lo que sí parece necesario es que la ciudadanía conozca quiénes son los clientes de los lobistas, por qué y cuánto pagan, además de que la agenda de autoridades y legisladores sea efectivamente transparente. La sanción al nepotismo, tanto público como privado, dependerá de que la sociedad perciba cuán legítimas o no son estas relaciones, y cuán justos o no son los resultados que producen.

## Los medios de comunicación y los grupos económicos

«La mayoría de los medios de prensa, incluyendo el 95% de la prensa escrita, están en manos de dos empresas familiares: Copesa y El Mercurio. No existen normas legales que garanticen la justa distribución de frecuencias a diferentes medios de difusión.»[39]

La sección 2A del informe de derechos humanos 2014 del Departamento de Estado dedicado a Chile no es especialmente halagüeña. A la concentración de la prensa escrita se ha ido sumando una participación creciente de los grandes grupos económicos en la propiedad de otros medios de comunicación.

---

38. J.T. Santa María y P. Toro, «Salas: "Si a mí Sebastián Dávalos me hubiera pedido una reunión se la habría dado"», *Pulso*, 6 de abril de 2015.
39. Departamento de Estado de Estados Unidos, «Country Reports on Human Rights Practices for 2014», ver Chile, sección 2A. En state.gov/j/drl/rls/hrrpt/humanrightsreport.

El mercado de los diarios está concentrado en un duopolio dominado por el Grupo Edwards (*El Mercurio*, *LUN*, *La Segunda* y veintiún diarios regionales) y Copesa (*La Tercera*, *La Cuarta*, *Pulso*, *La Hora*, *Diario Concepción* y las revistas *Qué Pasa* y *Paula*). El Grupo Edwards ha perdido relevancia en la economía nacional, pero el Grupo Saieh, propietario de Copesa, es el sexto más grande de Chile.

En el mercado de la televisión abierta, de sus cuatro actores fundamentales dos pertenecen a grandes grupos económicos. En 2010, Andrónico Luksic compró el 67% de Canal 13. Y en 2011, Bethia (Grupo Solari) compró al Grupo Claro el 100% de Mega. Los otros son propiedad del Estado (TVN) y del holding extranjero Turner (Chilevisión). En el cable, existen dos canales de noticias: 24 Horas de TVN (estatal) y CNN Chile (copropiedad de Turner y VTR).[40] Estos movimientos también han ayudado a concentrar en torno de los grandes grupos el tradicionalmente diverso mercado de las radios. Luksic maneja cuatro radioemisoras (Tele13Radio, Sonar, Play y Oasis), y Solari adquirió la radio Candela. Saieh es dueño del Grupo Dial, que incluye a Zero, Duna, Paula, Disney, Beethoven y Carolina. El resto de las emisoras de Santiago pertenece al grupo español Prisa, a través de Ibero Americana Radio Chile (once emisoras, entre ellas ADN y Corazón), al Grupo Bezanilla (Tiempo, Infinita y Romántica), a la Compañía Chilena de Comunicaciones (Cooperativa y Universo), y a la red de radio Bío Bío.

No solo la pluralidad y diversidad de los medios queda restringida con esta concentración. Además, los grandes grupos económicos obtienen una nueva herramienta para influir directamente en el debate público, la que se suma a la vía indirecta de presión que les entrega el ser también los compradores de gran parte del avisaje en los medios, en especial a través de empresas como bancos y retail.

«Este duopolio se transforma en monopolio tratándose de los contenidos y la orientación informativa e ideológica de los diarios», dice el exministro DC Genaro Arriagada en *Los empresarios y la política*, refiriéndose a las líneas editoriales de Copesa y El Mercurio.[41]

---

40. Desde 2012, el autor trabaja en CNN Chile y en la radio Sonar. También colabora esporádicamente con la revista *Qué Pasa*.
41. Genaro Arriagada, *Los empresarios y la política*, Santiago, Lom, 2004, 163.

## Los dueños de la pelota[42]

Tras la dictación de la ley de sociedades anónimas deportivas, en 2005, la plataforma pública del fútbol se convirtió en otro imán irresistible para billeteras generosas con agenda política. Es el caso de José Yuraszeck.

Este ingeniero hizo su fortuna en la oscura privatización de Chilectra, empresa estatal de la que fue gerente general durante la dictadura. El supuesto «capitalismo popular» con que se promovió la venta de la eléctrica terminó con el mismo Yuraszeck convertido en el propietario de la firma. Años más tarde, protagonizó uno de los grandes escándalos económicos de la transición, el caso Chispas. Él y otros altos ejecutivos fueron sancionados por infracción a la transparencia del mercado de valores, en perjuicio de los minoritarios, en la venta de la empresa a Endesa España. Así, el «negocio del siglo» dejó a Yuraszeck con una saludable billetera y una deteriorada imagen pública.

En 2007 el empresario entró a la propiedad de la «U» y se alió con otros dos inversionistas unidos por la militancia política. Porque Yuraszeck era militante, miembro de la comisión política e histórico financista de la UDI. Tal como Carlos Délano, uno de los controladores del Grupo Penta y el principal mecenas de la UDI, además de «samurái» de Joaquín Lavín e íntimo amigo de Sebastián Piñera.

Pese a su posición como presidente del directorio de Teletón, Délano también arrastraba una imagen conflictiva: había sido sancionado por uso de información privilegiada en la venta del Banco de Chile, fallo que la Corte Suprema confirmó en 2005.

A fines de 2008, ambos empresarios UDI iniciaron un agresivo plan para tomarse la «U»: mientras Yuraszeck acumuló el 14,92% de las acciones, Délano se quedó con el 7,19% de la propiedad. Su aliado lógico fue otro UDI, vinculado a Penta a través de la Universidad del Desarrollo: Federico Valdés, vicerrector de la UDD, dueño del 2,07% de Azul Azul y presidente de la concesionaria desde 2007.

El trío UDI se repartió los cargos de poder del club. Valdés se mantuvo como presidente del directorio y Yuraszeck asumió la crucial dirección del fútbol profesional. Junto a Délano, aislaron a otro de los

42. El texto de este apartado y del siguiente corresponde a extractos editados del capítulo 20 («Unión Demócrata Independiente Fútbol Club») de mi libro *Goles y autogoles: historia política del fútbol chileno*, Santiago, Viral Ediciones, 2015.

propietarios, Carlos Heller, del Grupo Bethia, y usaron cuanta tribuna hubiese disponible para rentabilizar en su favor la imagen de la «U». El 3 de junio de 2009, la despedida del ídolo azul Marcelo Salas fue uno de esos momentos. Valdés, Yuraszeck y Délano bajaron al césped del Estadio Nacional para entregar un galvano al «Matador», mientras Carlos Heller miraba impotente desde la tribuna. «Yo soy el mayor accionista de Azul Azul y no ellos», reclamó. «Estoy sentido, no fui consultado, aunque por lo menos me salvé de una pifia», dijo Heller, mirando el lado positivo: los jerarcas UDI eran resistidos por la hinchada.

Pero no por mucho tiempo, porque los éxitos deportivos pronto opacaron cualquier cuestionamiento a los vínculos políticos y negocios oscuros de los timoneles. El 14 de diciembre de 2011 llegó el clímax: liderada por el entrenador Jorge Sampaoli, la «U» ganó la Copa Sudamericana, el primer título internacional de su historia. Tres días después, Valdés, Délano y Yuraszeck eran recibidos junto con el plantel de jugadores en el Salón Azul de La Moneda. El Presidente Piñera y su amigo Délano posaron juntos con la copa, mientras los hinchas azules se congregaban en las puertas del Palacio. Gabriel Ruiz-Tagle, expresidente de Blanco y Negro, y en ese momento, subsecretario de Deportes, participó alegremente en la ceremonia: también él militaba en la UDI.

Y otra vez, los flashes solo alcanzaron para la troika de la UDI. El máximo accionista individual, y vicepresidente de Azul Azul, Carlos Heller, no recibió invitación ni de La Moneda ni de sus socios. «Hay algunos que quieren apropiarse del éxito de la "U", cuando este éxito les corresponde a los siete millones de chilenos azules», se lamentó Heller ante la prensa. «Este agravio no solo me sorprendió a mí, sino que también a los otros directores que fueron marginados.» Poco después, una entrevista a los tres UDI llenó las páginas del *El Mercurio*. La acompañaba un set de fotografías de los triunfantes Valdés, Yuraszeck y Délano con camisetas de la «U» y la copa de campeón.

Entonces, Yuraszeck quiso todo el protagonismo y, haciendo valer su paquete accionario, desplazó al exitoso Valdés para asumir la presidencia del directorio, quebrando, de paso, la férrea unidad de los empresarios UDI.

Las ambiciones políticas del excontrolador de Chilectra no son un misterio para nadie. Su nombre se evaluó en la UDI para ser candidato a senador por Tarapacá en 2001. En 2005, él mismo anunció que estudiaba una candidatura por Los Lagos, y también fue opción por Los

Ríos. Contaba con el dinero necesario para la aventura, pero la compra de Chilectra y el caso Chispas lastraron su imagen pública. La ratificación de su condena por la Corte Suprema en 2005 sepultó su aspiración senatorial y lo obligó a dejar la comisión política del partido. ¿Lograrían sus éxitos con la «U» cambiar su imagen? La respuesta es un rotundo «no». Su carácter irascible lastró su gestión. Pronto se ganó enemigos en la ANFP, la Selección y los clubes rivales. Fue amonestado por «faltas a la ética» tras entrar en el camarín del árbitro Enrique Osses para presionarlo, en un clásico universitario. En agosto de 2012 prometió la pronta construcción del estadio de la «U», pero tuvo que desdecirse.

Los éxitos deportivos se esfumaron junto a la partida de Jorge Sampaoli y al éxodo de las principales figuras del equipo campeón de la Copa Sudamericana. Yuraszeck se rindió en abril de 2014, cuando, tras dos años en la presidencia de Azul Azul, la dejó en manos de su gran rival, Carlos Heller. En pocos meses, el nuevo timonel recuperó la gloria perdida, con el título de campeón del segundo semestre de 2014. El éxito de su enemigo fue el final para Yuraszeck: el 27 de enero de 2015 le vendió sus acciones a Heller y abandonó la «U». Valdés también dejó el barco, molesto por las actitudes de Yuraszeck. Y Carlos Délano se hundió en el caso Penta, que dos meses después lo puso tras las rejas del Anexo Cárcel Capitán Yáber. El sueño político y económico de la troika «U-DI» había terminado.

## Políticos y empresarios: juego de equipo

Siguiendo los pasos de la «U», también Santiago Wanderers, el equipo más antiguo del fútbol chileno, sería controlado por un grupo político-empresarial vinculado a la UDI. En este caso, el nombre clave sería Joaquín Lavín.

Pudo ser de otra manera. En 2001, el primer coqueteo político de Wanderers fue con Sebastián Piñera. El entonces candidato a senador por Valparaíso Costa se dejó ver en el estadio Playa Ancha de Valparaíso junto a su hermano Miguel, y le regaló, en público, un traje nuevo al popular «Loro» de la barra de Wanderers, Osvaldo Soudre.

Pero Piñera debió renunciar a su candidatura senatorial cuando le mostraron encuestas en que aparecía como perdedor, y olvidó para siempre su fugaz amor por la camiseta verde. Por las vueltas de la política, ocho años después, sería el mismo Lavín quien seguiría los pasos de Piñera en Wanderers. Y por las mismas razones. Tras su derrota en la elección presidencial de 2005, Lavín vio el fútbol como una opción para reinventarse. En 2007 formó un grupo de inversionistas para comprar el control de Unión Española, con una oferta de $2.500 millones. Lo acompañaron varios políticos y empresarios ligados a la UDI: Julio Dittborn, expresidente del partido; Miguel Bejide, gerente de *La Nación* durante la dictadura, compadre de Lavín y asesor en la gestación de la Universidad del Desarrollo, y Hernán Cheyre, vinculado a la UDD y a la Fundación Miguel Kast, entre otros.

La quiebra del club y el rechazo de los socios a la persona de Lavín echaron por tierra el proyecto (finalmente, Unión Española terminaría en manos del cuestionado empresario de la educación español Jorge Segovia). Para entonces, Lavín y sus aliados ya habían centrado su interés en otro club: el equipo símbolo de Valparaíso, Santiago Wanderers. ¿Por qué? La respuesta es evidente: el excandidato presidencial preparaba una candidatura senatorial por Valparaíso Costa para 2009.

El 10 de enero de 2008, amenazados por el fantasma de la quiebra, los socios de Wanderers aprobaron entregar la concesión del club a Joya del Pacífico SADP. Bejide y Dittborn acompañaron nuevamente a Lavín, junto al presidente de Endesa, Mario Valcarce, y el director de Ripley Jorge Lafrentz.

El vicepresidente de Wanderers, Osvaldo León, sinceró por esos días el pegamento que unía a los nuevos inversionistas. «Ellos vendrán por encargo del Grupo Penta, al que está ligado Joaquín Lavín», dijo.[43] Entre ellos estaba Roberto Carrasco, ejecutivo de Penta y gerente contralor de Banmédica, quien se revelaría, luego, como el hombre clave de los *forwards* de Penta, a través de su sociedad Siglo Outsourcing. Hoy está siendo investigado por la Fiscalía y ha declarado como imputado.

También pasaron por la propiedad de Wanderers SADP (nuevo nombre de Joya del Pacífico SA) el fundador de la UDI Ignacio Fernández y el exejecutivo de Penta Pablo Wagner, también UDI, hoy imputado por cohecho y lavado de activos por aceptar pagos de Penta cuando ejercía como subsecretario de Minería de Piñera.

43. «Osvaldo León: "Wanderers ha demostrado que igual está vivo"», *La Cuarta*, 29 de noviembre de 2007.

El empresario Nicolás Ibáñez es otro de los inversionistas. No es militante de la UDI, aunque tiene afinidades ideológicas: creador de la Fundación para el Progreso, es declarado admirador de Augusto Pinochet y ferviente legionario de Cristo. Evaluó la opción de invertir en Blanco y Negro, pero finalmente tomó la opción de Wanderers, club que para el 2015, y tras la caída en desgracia de Penta, ya controla en un 77,25% por medio de su Fundación Futuro Valparaíso.

Cobijado por ese grupo, Lavín desembarcó en el puerto en abril de 2008, como vocero de los nuevos dueños de Wanderers. «Buscamos causar impacto en la ciudad», anunció. Y sobre su falta de identificación con el club, admitió: «Espero ganarme el derecho de ser un wanderino más».

El nuevo director cumplió con los ritos del caso: posó con la camiseta «caturra», asistió al estadio de Playa Ancha y compartió con Osvaldo Soudre, el popular «loro» de la barra de Wanderers, a quien en plena campaña le regaló una silla de ruedas cuando se hicieron públicos sus problemas de salud. Pero las cosas salieron mal. Wanderers terminó la temporada séptimo entre doce equipos, en la peor campaña de su historia profesional en la Primera B. Fueron días difíciles y Lavín desapareció de las vocerías del club. Recién al final de 2009 las cosas se encaminaron y Wanderers logró el ascenso a la Primera A con un empate ante San Luis, el 8 de noviembre.

Un mes después, el 13 de diciembre, Lavín sufrió una inesperada derrota en las senatoriales: fue superado por 2 mil votos por el RN Francisco Chahuán, y quedó fuera del Congreso. Meses más tarde, el Presidente Piñera lo designó en la cartera de Educación. El nuevo ministro abandonó el directorio de Wanderers, pero mantuvo su parte de la propiedad del club. La misma decisión —dejar el directorio, pero no la propiedad— tomarían el propio Piñera y los demás inversionistas del fútbol llamados a su gabinete.

El Presidente de la República y el subsecretario de Deportes, Gabriel Ruiz-Tagle, directores de Colo-Colo. El ministro de Educación, Joaquín Lavín, de Wanderers. El de Minería, Laurence Golborne, de Audax Italiano. Y los ministros de Hacienda (Felipe Larraín), Obras Públicas (Hernán de Solminihac) y de Relaciones Exteriores (Alfredo Moreno), directores de la Universidad Católica. El primer gabinete de Piñera, el de los «gerentes», estuvo marcado a fuego por inversionistas del fútbol.

Universidad Católica había sido el último de los tres «grandes» en sumarse al modelo de concesiones a sociedades anónimas. La UC conservaba el vínculo con la universidad, no estaba en crisis económica y tenía una saludable posición gracias a su infraestructura y bienes raíces. Pero la marea fue irresistible y Católica también se vio arrastrada por el nuevo modelo. El 29 de septiembre de 2009 Cruzados SADP se hizo cargo, por cuarenta años renovables, de los intereses de la rama de fútbol del Club Deportivo de la Universidad Católica. Y, tal como en los otros clubes, personeros políticos tomaron pronto posiciones de poder. El primer directorio, encargado de la apertura a la bolsa, estuvo presidido por el exbasquetbolista Jorge O'Ryan e incluyó al expresidente de la Cámara Chilena de la Construcción Fernando Echeverría (RN); a uno de los ministros de Planificación de la dictadura, Luis Larraín (cercano a la UDI); al líder del equipo económico de Piñera, Felipe Larraín; al decano de Ingeniería de la UC, Hernán de Solminihac (independiente de derecha), y al director de empresas vinculado a Penta Alfredo Moreno (cercano a la UDI).

Moreno entró al directorio gracias a una inversión personal de 300 millones de pesos. De Solminihac y Felipe Larraín, en cambio, fueron designados por la universidad. Los tres dejarían sus cargos a poco andar, al ser designados ministros de Relaciones Exteriores, Obras Públicas y Hacienda, respectivamente. También Jorge O'Ryan partió, para asumir como embajador en Alemania, mientras Fernando Echeverría se convertía en el nuevo intendente de Santiago.

La masiva salida de los directores al gobierno de Piñera tuvo una consecuencia que puede considerarse una rareza: el militante socialista Jaime Estévez fue designado presidente del directorio. A su fanatismo por la UC, Estévez sumaba sus vínculos con grupos económicos. Después de haber sido presidente de la Cámara de Diputados y del Banco del Estado, además de ministro de Transportes y de Obras Públicas, se privatizó como director de Endesa Chile y del Banco de Chile.

Poco a poco fueron entrando con fuerza a Cruzados SADP grupos económicos como los Solari (con Cecilia Karlezi, prima de uno de los dueños de Azul Azul, Carlos Heller), los Matte (con Luis Felipe Gazitúa, vicepresidente del directorio de Colbún) y los Del Río (con Juan Pablo del Río).

La aventura de Estévez al mando de Cruzados terminó en 2014, tras una gestión marcada por los fracasos deportivos. La presidencia del directorio pasó a manos de Luis Larraín, director ejecutivo del *think tank* ligado a la UDI, el Instituto Libertad y Desarrollo.

## La subversión de los mayordomos

Con esta enorme capacidad para contar con antiguos (y futuros) ejecutivos en puestos clave del aparato del Estado, para contratar a políticos en transición de un cargo a otro, para hacer lobby, controlar *think tanks* y medios de comunicación, y para acumular poder simbólico a través de instrumentos como el deporte, el poder de los grupos económicos puede parecer ilimitado. Sin embargo, es importante matizar. En todas estas instancias el dinero es una fuerza más, en disputa con otras. Muy poderosa, por cierto, pero no omnipotente. Los políticos no solo responden a sus lealtades con grupos económicos que los financien, los hayan empleado o puedan recibirlos en el futuro. Además de sus convicciones éticas e ideológicas, deben considerar la línea establecida por un gobierno y por su partido político, y también tienen incentivos para ser receptivos a las presiones y los intereses de otros poderes, movimientos sociales y de sus electores.

Pese a la contaminación de intereses que provocan, los puestos de trabajo y sillones en directorios de grandes empresas tienen la virtud de la transparencia. A diferencia de las platas de campaña, son conocidos y por lo tanto sus conflictos de interés pueden ser monitoreados por la opinión pública, lo que obliga al político a operar con prudencia, tanto si lo hace desde un puesto de gobierno, en el Congreso o como parte de una empresa.

En los *think tanks* también hay intereses cruzados. Para captar a los intelectuales de mayor calidad, y así ganar prestigio y reconocimiento, un centro de estudios necesita dotar de autonomía a sus investigadores, lo que debilita el control de sus financistas sobre él. Un caso de libro es el del CEP bajo Arturo Fontaine, que ganó poder y prestigio a cambio de la creciente autonomía de sus intelectuales. Cuando Eliodoro Matte y los demás grandes empresarios resolvieron tomar un control más directo, la reputación del centro resultó dañada, y eso debilitó el poder que ejerce sobre el debate público y el proceso legislativo.

Esta paradoja (para ganar poder se debe perder control) se repite en los medios de comunicación, cuya línea editorial puede depender de al menos cuatro factores: los intereses de su dueño, la presión de los avisadores que lo financian, el interés del público y la mirada de los profesionales que trabajan en él. Un gran grupo económico que quiera ejercer control editorial absoluto sobre un medio de su propiedad vería emigrar a sus mejores profesionales, decaer su audiencia y caer su avisaje. La existencia de una competencia, aunque limitada, en que profesionales, público y avisadores pueden optar por otros medios de comunicación pone a los dueños ante la misma paradoja: para ganar poder, deben resignar control.

Eso explica realidades que no encajan bien en una teoría simplista que atribuya a los poderes económicos el control hegemónico de la comunicación pública. Por ejemplo, que CIPER, el prestigioso sitio de investigación periodística que ha destapado numerosos casos de corrupción política y económica, sea financiado por el Grupo Saieh, y publique investigaciones que tocan los intereses de ese conglomerado. O que un diario y una revista de Copesa (*La Tercera* y *Qué Pasa*) hayan tenido un rol importante en la difusión de casos que complican al gran empresariado, como el caso Caval, los *mails* de Penta, o las platas políticas de SQM o el Grupo Angelini.[44]

Otro ejemplo fue la independencia editorial con que funcionó el canal Chilevisión cuando su dueño era Sebastián Piñera. Él entendió que intervenir directamente su línea editorial para favorecer sus intereses políticos y económicos sería inaceptable para sus profesionales, resultaría evidente para la opinión pública y tendría un efecto bumerán sobre su prestigio.

El analista y asesor de empresas Eugenio Tironi habla de la «subversión de los mayordomos» para caracterizar la creciente independencia de capas medias profesionales ante los intereses de la elite. «Son los fiscales y los jueces, la prensa, los medios digitales... Esos personajes que se suponía que tenían que servir a la oligarquía, y que por eso mismo les contó sus secretos. Su misión era proteger los secretos de la oligarquía y no convertirse en inquisidores y transgresores, que es lo que estamos

44. Me permito dar también un ejemplo personal. Trabajo desde 2012 en la radio Sonar, propiedad del Grupo Luksic, donde conduzco el programa *Sonar Informativo* junto a Rafael Cavada. Como pueden dar fe nuestros radioescuchas, en él comentamos a diario con tono crítico temas que se desarrollan en este libro, como la concentración de la riqueza y las prácticas corruptas en empresas. También cuestionamos actuaciones del propio Luksic y sus empresas en casos como Caval o Los Pelambres, sin haber sido nunca objeto de censura.

viendo».[45] La tesis de Tironi «me identifica mucho», dijo el más simbólico de estos «sublevados»: el fiscal Carlos Gajardo, del caso Penta. «Nuestra obligación es cumplir lo que dice la Constitución, nada más —recordó—. Y ahí no hay ninguna reserva sobre si hay que detenerse si la investigación afecta ciertos intereses.»[46]

Que la actuación de estos «mayordomos», en el Ministerio Público, la justicia, los centros de pensamiento o la prensa haya hecho posible que los controladores de un grupo económico vayan a la cárcel en prisión preventiva, y que otros estén declarando en tribunales, bajo investigación o escrutinio público, dice mucho acerca de las limitaciones que, pese a todo, su poder enfrenta en el Chile de hoy.

## El «neoliberalismo de izquierda»

El investigador Alfredo Saad-Filho, profesor de Economía Política de la Escuela de Estudios Orientales y Africanos de la Universidad de Londres, explica la convulsión social de 2013-2015 en Brasil por el malestar de la clase media ante las contradicciones planteadas por un «neoliberalismo de izquierda», nacido en la confluencia de intereses del gran capital y el Partido de los Trabajadores. Según Saad-Filho, este modelo logró un rápido crecimiento de la economía y fue exitoso en el combate contra la miseria, pero fracasó en la provisión de servicios públicos, profundizó la corrupción y provocó «la atrofia de las formas tradicionales de representación social».[47]

El investigador chileno de la Universidad de California Fernando Leiva ve un modelo similar al de Brasil en otros países sudamericanos con gobiernos de izquierda, como Uruguay, Ecuador y Chile. «Observamos una relación de coexistencia, colaboración, apoyo mutuo y codependencia mutuamente beneficiosa entre trasnacionales domésticas y gobiernos de centroizquierda», dice en un trabajo sobre el «nuevo espíritu del capital en Latinoamérica».[48]

---

45. Entrevista en radio Duna, 10 de octubre de 2014.
46. Rodrigo Fluxá y Arturo Galarce, «El hombre detrás de la corbata roja», *El Mercurio*, revista «Sábado», 29 de agosto de 2015.
47. Alfredo Saad-Filho, «Mass Protests under "Left Neoliberalism": Brazil, June-July 2013», *Critical Sociology* 39(5), septiembre de 2013, 657.
48. Leiva, «Chile's Grupo Luksic...», 3.

En nuestro país, la tradición de un gran empresariado firmemente identificado con la derecha es de larga data. Según Genaro Arriagada, «Chile tiene el empresariado más ideologizado del continente».[49] Los investigadores Osvaldo Sunkel y Esteban Geoffroy coinciden en caracterizar a «un empresariado ideológicamente homogéneo»,[50] aunque, con pragmatismo, este haya establecido una relación fluida con la izquierda tanto como con la derecha.

Pero Leiva ve un fenómeno nuevo, que ejemplifica con la simbiosis entre el Grupo Luksic y la fundación de la Nueva Mayoría. «El Grupo Luksic y facciones de la clase capitalista trasnacional chilena han encontrado en el gobierno de Michelle Bachelet / Nueva Mayoría un vehículo para defender sus intereses tácticos y estratégico de clase», indica.[51] Así, algunos grandes empresarios no solo tolerarían, sino que derechamente preferirían gobiernos de izquierda, por su capacidad para dar legitimidad al sistema y controlar la protesta social sin afectar las bases del modelo.

La creciente tensión pública entre representantes de los empresarios y el gobierno de Michelle Bachelet puede dar la impresión de que esta relación se ha roto. Pero no hay que olvidar que instituciones como la CPC o la Sofofa, pese a su influencia, «no son los instrumentos de presión en que los hombres de negocios de dimensión más significativa más confían», dice Genaro Arriagada. El exministro sostiene que «los cabezas de las más grandes fortunas (...) disponen de vías más eficaces y discretas. (...) En esa suerte de clandestinidad radica su peligrosidad». La cuerda que ata al poder político y económico puede tensarse, pero difícilmente romperse. Los grandes empresarios, prosigue Arriagada, «suponen, con razón, que la magnitud de sus intereses no les permite estar en pugna con los gobiernos».[52] Después de todo, «pueden o no estar en los gobiernos, pero nunca fuera del poder».[53] Herramientas para lograrlo, como hemos visto, no les faltan.

---

49. Arriagada, *Los empresarios y la política*, 5.
50. María Olivia Mönckeberg, *Los magnates de la prensa: Concentración de los medios de comunicación en Chile*, Santiago, Debate, 2011, 433.
51. Leiva, «Chile's Grupo Luksic...», 36.
52. Arriagada, *Los empresarios y la política*, 86.
53. Íd., 83.

## Capítulo cinco

# IMPUESTOS: LA DEMOCRACIA ENFERMA

*El arte de recaudar impuestos consiste en desplumar al ganso de forma que se obtenga la mayor cantidad de plumas con el menor ruido.*

Jean-Baptiste Colbert

Esa mañana invernal en los gélidos patios de La Moneda, ese lunes 13 de julio de 2014, después de cincuenta años de protagonismo político como subsecretario, ministro, líder opositor, presidente de la DC y de la Internacional Democratacristiana, presidente del Senado, vicepresidente de la República, senador por Santiago y por Maule, y precandidato presidencial, Andrés Zaldívar estaba a punto de lanzar una frase memorable.

«En estas cosas no todo el mundo puede estar en la cocina», dijo el senador. Y agregó: «Ahí muchas veces está el cocinero con algunos ayudantes, pero no pueden estar todos, es imposible». Y cerró con una sentencia más: «Este tipo de soluciones requiere una cierta manera de hacer las cosas que no puede hacerse de cara a la opinión pública». El escándalo fue inmediato. «La cocina de Zaldívar» pasó al léxico político chileno como un clásico instantáneo: era la materialización, en cuatro palabras, del malestar con un secretismo cupular mal avenido con la era de las redes sociales, las demandas por transparencia y los gobiernos horizontales.

Zaldívar fue ministro de Hacienda a los 27 años y ganó una elección senatorial a los 73. Entre medio, fue exiliado por el dictador Pinochet y, años más tarde, llegó a un acuerdo con el senador vitalicio Pinochet que terminó con este sentado en la testera del Senado. Le ganó una elección senatorial imposible a Ricardo Lagos en 1989, y fue barrido por el mismo Lagos en las primarias presidenciales de 1999. Asumió como ministro del Interior de Michelle Bachelet, y rompió todos los récords al ser destituido del cargo apenas cuatro meses y tres días después.

Pero el senador Zaldívar nunca estuvo en esa cocina que defendió con tanto ardor. Más bien se quedó en el comedor, con la servilleta al cuello, esperando para dar el vistobueno a un menú que otros habían preparado, en un sigilo mucho mayor. De espaldas no solo a la opinión pública, como había justificado Zaldívar, sino a los mismos que, como él, legalmente debían ser los encargados de preparar ese menú.

## Boleteando a los «poderosos de siempre»

«Los que atacan la reforma tributaria son los poderosos de siempre», proclamaba el video con que en abril de 2014 el gobierno defendía la primera de sus «reformas estructurales». Claro que la redacción de esa norma había sido financiada, precisamente, por algunos de esos poderosos.

En diciembre de 2011, el futuro ministro de Hacienda Alberto Arenas (PS) contactó al futuro director de Impuestos Internos, Michel Jorratt. El 4 de enero de 2012, en una reunión en su oficina en la Universidad de Chile, Arenas encargó a Jorratt «un informe de diagnóstico del sistema tributario chileno», con «una lista de temas o informes que se debían abordar», según contaría tres años después el académico a la Fiscalía.[1] Durante el siguiente año y medio, Jorratt dedicó un día a la semana a trabajar en el proyecto, a cambio de doce pagos de 1 millón de pesos cada uno, vía boletas emitidas a la empresa Asesorías y Negocios de Giorgio Martelli, la sociedad creada para canalizar $431.499.332 entregados por SQM Salar, Copec y Celco.[2]

Así, dos de los grupos económicos más poderosos del país (Angelini y Ponce Lerou) financiaron en parte la redacción de la reforma tributaria que, supuestamente, afectaría sus privilegios. Mientras, otro grupo (Luksic) pagaba una dieta de alrededor de un millón de pesos mensuales a Arenas, como director de Canal 13, entre 2010 y 2013.[3]

Ya con Arenas convertido en ministro, la reforma se envió a la Cámara de Diputados, donde el DC Pablo Lorenzini, presidente de la Comisión de Hacienda, la tramitó a marchas forzadas. El apuro tenía lógica política: la Presidenta Bachelet vivía su luna de miel tras ganar por paliza las elecciones presidenciales, y además contaba con una cómoda

1. Declaración de Michel Jorratt ante el fiscal nacional, 25 de junio de 2015.
2. Los detalles del caso se relatan en el capítulo 1.
3. Arenas recibió de Canal 13 $11.444.443 brutos ($953.000 mensuales) en 2011, y $13.333.332 brutos ($1.111.111 mensuales) en 2012.

mayoría parlamentaria para aprobar el proyecto. Así ocurrió el 14 de mayo de 2014, con 67 votos a favor y 44 en contra.

Entonces, el gobierno parpadeó. Aceptó dilatar la discusión. La Comisión de Hacienda del Senado recibió a más de noventa expositores, y dos grupos, liderados por los empresarios Bernardo Fontaine y Juan Pablo Swett, comenzaron campañas mediáticas contra el proyecto. La oposición política, golpeada en las urnas y diezmada en el Congreso, no estaba en condiciones de frenar la ley. La Presidenta sumaba 55% de aprobación, y la reforma, 46% de apoyo popular (contra solo 33% de rechazo).[4] Pero La Moneda también miraba otros números: una encuesta de Generación Empresarial y *El Mercurio* a 202 empresarios y ejecutivos mostró entre 80% y 85% de oposición a algunos puntos como la eliminación del FUT y los incentivos a la inversión.[5]

Los grandes empresarios se pusieron en campaña: los líderes de la CPC encargaron al exdirector de Impuestos Internos y abogado de empresas Ricardo Escobar un estudio económico y legal, y se reunieron con el presidente de la Comisión de Hacienda del Senado, Ricardo Lagos Weber. La cita no se produjo en el Congreso, sino en la sede del gremio de los grandes empresarios.

Eliodoro Matte, cabeza del segundo grupo con mayores activos de Chile, alertó que «el flujo de caja nos va a bajar (...) se acaban los estímulos a la inversión». En un seminario de la industria, frente al ministro de Hacienda, el presidente de la Sofofa, Hermann von Mühlenbrock, anticipó que «enfrentaremos caídas en los niveles de inversión y por ende del crecimiento, del empleo» y que los proyectos «se llevarán adelante, pero en otro país».

## La cumbre de las galletitas

El 9 de junio, Arenas recibió en el Ministerio a los senadores de Renovación Nacional José García, Andrés Allamand, Francisco Chahuán, Baldo Prokurica y Alberto Espina, junto al empresario Bernardo Fontaine.

4. Plaza Pública-Cadem: «Track semanal de opinión pública. 25 de mayo de 2014. Estudio N°19».
5. «85% de los empresarios no cree que reforma tributaria introduzca incentivos al ahorro e inversión», *El Mercurio*, 5 de abril de 2014.

Sería la última reunión formal y pública del proceso. Se acordó crear un «canal técnico» para negociar. Así, mientras la Comisión de Hacienda seguía analizando el proyecto, la verdadera acción se trasladó lejos del Congreso y de las oficinas del gobierno. Durante las siguientes cuatro semanas, la reforma tributaria fue negociada en secreto, en cerca de doce reuniones «reservadas, en una oficina perdida de la Alameda», según cuenta Bernardo Fontaine. La oficina, a una cuadra de La Moneda, no era una repartición oficial, y fue elegida precisamente para garantizar el secreto de las negociaciones.

En esa, la verdadera «cocina» de la reforma, nunca participó Andrés Zaldívar, y ningún otro parlamentario. Los encargados de legislar por mandato constitucional quedaron excluidos. Por el gobierno participaron en las citas secretas el subsecretario de Hacienda Alejandro Micco, el coordinador tributario del Ministerio, Alberto Cuevas (el mismo que meses después haría de recadero de la «solución» SQM-Peñailillo, como se cuenta en el capítulo 1), y otros asesores rotativos.

Sus contrapartes fueron Bernardo y Juan Andrés Fontaine (hermanos de Arturo, el exdirector del CEP), y los abogados Sebastián Guerrero y Nicolás Ulloa, este último de PwC Chile. Formalmente, eran asesores de la bancada RN, pero también tenían lazos importantes con los grandes grupos económicos. El exministro de Economía Juan Andrés Fontaine es investigador del CEP, consejero de Libertad y Desarrollo, director de Embotelladora Andina (Grupo Said) y Sigdo Koppers, y antiguo hombre de confianza de los Luksic, donde fue director de Quiñenco y el Banco de Chile. Su hermano Bernardo es director de Bicecorp (Grupo Matte), Embonor y La Polar, y antes pasó por Falabella (Grupo Solari) y Lan (Cueto).

El abogado Sebastián Guerrero es socio de Guerrero Olivos, uno de los bufetes más importantes del país, al que perteneció hasta 2015 el exsenador Jovino Novoa. Entre los actuales socios de Guerrero está el canciller de la dictadura Hernán Felipe Errázuriz. El estudio se enorgullece de su rol clave en la legislación. Su sitio web dice que en los años 80 «colaboró activamente en la redacción de normas que permitieron estas nuevas operaciones, tales como normativa del Banco Central y la modificación al estatuto de inversión extranjera (DL 600)».[6]

6. Ver «Historia» en guerrero.cl.

Micco, los Fontaine y los demás negociadores despejaron los principales puntos en conflicto: mecanismos para las pymes, impuesto a las utilidades por cuenta de propiedades, normas antielusión e impuesto a las empresas. Al filo del plazo para votar en la comisión, el domingo 6 de julio de 2014, se produjo la cita final, solo entre el ministro Arenas, el subsecretario Micco y el negociador Juan Andrés Fontaine (con su hermano Bernardo, que se encontraba fuera de Chile, participando por teléfono).

Increíblemente, el ministro de Hacienda en ejercicio aceptó que esa reunión decisiva se realizara en casa de Juan Andrés Fontaine. Durante seis horas se revisaron las últimas discrepancias hasta llegar a consenso. «Se hizo un cambio muy profundo, hay una diferencia diametral», constató, satisfecho, el exministro de Piñera tras el acuerdo. Y, de buen humor, reveló el menú de la cocina: «Comimos galletitas».[7]

En las 48 horas siguientes, el ministro Arenas llevó el nuevo plato tributario, aún humeante, al comedor donde esperaban los senadores. Su participación hasta entonces había sido marginal. Los parlamentarios de la Nueva Mayoría, en especial Ricardo Lagos Weber y Andrés Zaldívar, habían tenido algunas reuniones de coordinación con Arenas y Micco, mientras los de RN «recibían información general, no estaban en el detalle de las conversaciones», cuenta Bernardo Fontaine en entrevista para este libro. El martes 8 de julio, el acuerdo Arenas-Fontaine ya estaba traducido en un borrador escrito a la rápida. Los parlamentarios pusieron sus firmas y comparecieron esa misma noche frente a las cámaras, sin tiempo para estudiarlo. Habían tragado el plato sin siquiera masticarlo.

Más allá del fondo de los acuerdos, la «cocina» tributaria dejó profundas dudas acerca de la toma de decisiones en democracia. ¿Con quién negoció el gobierno? No con la oposición como cuerpo, por cierto. Aunque sus nombres fueron propuestos por RN, Bernardo Fontaine se declara «totalmente apolítico» y dice que su papel fue «técnico». Pese a ser su exministro, Juan Andrés contrarió la posición del líder del sector, Sebastián Piñera, quien no quería acuerdo. ¿Quién era la contraparte, entonces? ¿Solo dos intelectuales independientes? ¿RN? ¿El CEP? ¿Libertad y Desarrollo? ¿Los grupos Said y Matte? ¿Guerrero Olivos, el estudio de Jovino Novoa y de las grandes empresas? ¿Todos los anteriores?

7. Radio Duna, «Hablemos en Off», 9 de julio de 2014.

¿Cuántos escaños tienen los Fontaine en el Senado? ¿Cuántos votos recibieron en las últimas elecciones? Entonces, ¿frente a qué poder el ministro de Hacienda se sintió tan disminuido que aceptó ir a negociar al living de la casa de un profesional sin cargo oficial, mordisqueando galletitas mientras aceptaba desarmar la primera «reforma estructural» de su gobierno?

La «cumbre de las galletitas» se convirtió en la mejor demostración de una tesis planteada en 2000 por el sociólogo Antonio Cortés Terzi. La llamó «el circuito extrainstitucional del poder», definido por «la presencia de actores no reconocidos por la institucionalidad o formalidad de la política, y de actores que, estando investidos de autoridad institucional o formal, aceptan llevar a cabo el negocio político con recursos y mecánicas no convencionales».[8] ¿Quiénes dominan este «circuito extrainstitucional» de toma de decisiones? Cortés Terzi sostenía que, en Chile, «su homogeneidad y potencialidad hegemónica han erigido al empresariado, siguiendo la conceptualización gramsciana, en "clase dirigente", aun cuando no ostente el poder formal».[9]

Cortés Terzi murió en 2009. El intelectual socialista no alcanzó a ver cómo uno de sus correligionarios se inclinaba ante este circuito del poder en el Chile del siglo XXI.

## La salud de la democracia

Los impuestos no son un asunto más. Son la principal demostración del equilibrio de poder en una sociedad. Por eso es que varias de las grandes revoluciones de la historia se han gatillado por esa pregunta básica: ¿quién debe pagar los impuestos?

El largo camino del Reino Unido hacia un estado de derecho comenzó con la Carta Magna de 1215, que permitió a los nobles protegerse de la imposición de impuestos arbitarios por el rey. Más tarde, la Bill of Rights, proclamada en 1689 tras la Revolución Gloriosa, quitó definitivamente al rey la facultad de crear nuevos gravámenes, entregando ese poder al Parlamento. Por eso, cuando los británicos trataron

8. Antonio Cortés Terzi, *El circuito extrainstitucional del poder*, Santiago, Chileamérica Cesoc, 2000, 84.
9. Íd., 63.

de imponer esos tributos en sus colonias americanas, el Motín del Té, de 1773, fue el primer grito de la revolución de independencia. «No taxation without representation» («ningún impuesto sin representación») fue el lema del movimiento que preparó la rebelión: al no estar representados los colonos en el Parlamento británico, forzarlos a pagar nuevos impuestos violaba sus derechos. Su ejemplo fue seguido en el siglo XX por Mahatma Gandhi en la «marcha de la sal», una protesta contra el impuesto de los británicos a ese producto básico, que preparó el camino para la independencia de la India.

¿Más ejemplos? La Revolución Francesa estalló en 1789, cuando Luis XVI intentó cobrar gravámenes a la nobleza y al clero, hasta entonces exentos. Su negativa obligó a la convocatoria de los Estados Generales, y brindó la chispa para el estallido de la revolución. La primera demanda del estado llano fue que los estamentos privilegiados pagaran también tributos.

«Una medida básica de la salud de una democracia moderna es su capacidad para extraer legítimamente impuestos de sus elites», dice Francis Fukuyama.[10] Aunque se intente reducir el sistema tributario a una mera discusión técnica, hablada en jerga e incomprensible para los legos, se trata de un asunto profundamente político, que define el balance de poder.

La elite buscará un sistema regresivo, en que el costo de los tributos recaiga en quienes menos dinero y poder tienen en la sociedad. Al revés, siguiendo la tesis de Fukuyama, una democracia sana debiera tender a los tributos progresivos, en que la mayor carga esté en la parte alta de la pirámide social.

Es perfectamente natural que la elite se resista a pagar altos impuestos. Hasta los Beatles pusieron el grito en el cielo cuando se dieron cuenta de los efectos tributarios de su nuevo estatus de millonarios. De ahí surgió en 1966 «Taxman», una canción de George Harrison contra el «superimpuesto» a la renta de hasta 95% que debían pagar, expresado en la frase «1 para ti, 19 para mí» («There's one for you, nineteen for me») en la canción.

10. «The Weakness of Liberal Populism», en *Plutocracy & Democracy: How Money Corrupts Our Politics and Culture*, Washington DC, The American Interest, 2012, edición kindle.

El 95%, por supuesto, puede ser una exageración.[11] El economista francés Thomas Piketty calcula en 82% el nivel óptimo de la tasa impositiva más alta para los países desarrollados, considerando que esa cifra permitiría no afectar el crecimiento y al mismo tiempo «distribuir mejor y limitar de forma apreciable comportamientos económicamente inútiles».[12] Pero también advierte que «ninguna fórmula matemática, ningún cálculo econométrico, permite saber exactamente qué tasa se debe aplicar (...) Solo la deliberación colectiva y la experimentación democrática pueden desempeñar tal función».[13]

Es un asunto de poder. Y cuando este lo controla una pequeña elite, lo usa para defender sus privilegios. «Las sociedades más disfuncionales del mundo en desarrollo son aquellas cuyas elites tienen éxito en eximirse legalmente de los tributos, o en aprovechar una laxa aplicación de la ley para evadirlos», afirma Fukuyama.[14] Y el problema se extiende a democracias desarrolladas donde una pequeña elite puede diseñar las reglas del juego en su favor. «Los impuestos han llegado a ser regresivos en la cima de los ingresos en la mayor parte de los países, o están a punto de serlo», advierte Piketty. Un ejemplo es Francia, donde la mitad más pobre de la población paga entre 40 y 45% de impuestos; la clase media tributa entre 45 y 50%; y el 0,1% más rico paga solo el 35%, debido a múltiples forados que permiten dejar a resguardo las ganancias de capital.[15]

Siguiendo la definición de Fukuyama, ¿qué tan sana (o enferma) está la democracia chilena? ¿Qué tan capaz es de extraer impuestos a sus elites? La búsqueda de la respuesta nos lleva a «cocinas» previas a la de 2014.

## De la alcabala al FUT

Chile fue un país con pocos impuestos durante sus primeros cien años de vida independiente. En el siglo XIX existieron algunos tributos, como

11. En Estados Unidos se llegó a un máximo de 91%, en la década de 1960.
12. Thomas Piketty, *El capital en el siglo XXI*, México, FCE, 571.
13. Ibíd.
14. Fukuyama, «The Weakness of Liberal Populism».
15. Piketty, *El capital en el siglo XXI*, 549.

la alcabala, un impuesto a la venta de bienes raíces y otras propiedades; el «impuesto de timbres, estampillas y papel sellado», que gravaba los contratos de venta de bienes muebles; el primer impuesto a la renta, creado en 1866, con una tasa del 5% (pero nunca implementado a cabalidad) o el fallido intento de gravar la riqueza privada que terminó con una amputada ley tributaria en 1879, como contamos en el capítulo 2.

Tras la guerra del Pacífico, los ingentes recursos obtenidos por la exportación del salitre permitieron postergar la discusión sobre los impuestos varias décadas más; en 1883, apenas el 12,2% de los ingresos tributarios del Estado chileno eran tributos internos. Y en 1891, los impuestos a la renta fueron derogados del todo. Solo sobrevivió un puñado de gravámenes, como el de los alcoholes, para cuya administración se creó en 1902 el germen de lo que luego sería el Servicio de Impuestos Internos. La bonanza del «oro blanco» proveía el resto, en un Estado que por lo demás apenas si brindaba servicios sociales. Así, la república oligárquica logró eliminar los impuestos directos.

Pero antes de seguir recordemos la diferencia entre impuestos directos e indirectos, porque la distinción es importante. Como resumió en un trabajo de 1939 sobre los impuestos en Chile Enrique L. Marshall: «Las clases capitalistas prefieren gravar la riqueza en cuanto se transfiere o se consume; las clases populares quieren gravar la posesión misma de la riqueza y la percepción de las rentas».[16] Los primeros son impuestos indirectos, como el IVA. Tienden a ser regresivos, o sea, afectan proporcionalmente más a los más pobres, que no tienen capacidad de ahorro y gastan íntegramente sus ingresos. En la práctica, un IVA del 19% significa que las personas de menos ingresos destinarán casi 1 de cada 5 pesos que ganen a impuestos al comprar el pan, la leche o la ropa.

Los segundos son impuestos directos, como el global complementario, que gravan el ingreso, y que pueden ser progresivos, o sea, concentrarse en los más ricos. Por ejemplo, con exenciones (se paga solo desde determinado ingreso hacia arriba) y con tasas diferenciadas (a mayor ingreso, mayor porcentaje). Lo mismo ocurre con los tributos a los bienes raíces, los instrumentos financieros, las herencias, etc., que gravan más a los que más tienen.

16. Enrique L. Marshall, «El impuesto a la renta en Chile», *Anales de la Facultad de Ciencias Jurídicas y Sociales* 5(17-20), Universidad de Chile, 1939.

Este conflicto de intereses se volvió urgente cuando la crisis del salitre en el mercado internacional obligó a discutir el establecimiento de un verdadero sistema tributario. En 1921, se agregó al impuesto de timbres un tributo del 1% a las compraventas, antecedente del IVA actual. Y en 1924, meses antes del colapso de la república oligárquica parlamentaria, el gobierno de Arturo Alessandri logró aprobar un impuesto a la renta, seguido en 1925 por el primer impuesto global complementario en el país. En los cincuenta años siguientes, sucesivas leyes establecieron una larga lista de tributos a las rentas, las importaciones, la producción y la compraventa, repletos de exenciones teóricamente progresivas, pero que en la práctica muchas veces respondían al lobby de determinados sectores, como los bancos.[17] Solo entre 1966 y 1972 se dictaron veintidós leyes y decretos sobre impuestos.[18]

El 31 de diciembre de 1974 el gobierno militar estableció el IVA, con una tasa única del 20%, que permitió ordenar el sistema, aunque basándolo en un impuesto regresivo, al consumo, el preferido por las «clases capitalistas» según la definición de Marshall. Y estas se anotarían otro gran éxito en 1984, con un cambio clave: la creación del Fondo de Utilidades Tributables (FUT), que permite postergar indefinidamente el pago de impuestos por las rentas del capital, con «la intención de incentivar por este medio el ahorro y capitalización de utilidades en las empresas», según la justificación del proyecto.[19] Un rol clave en el impulso de ese mecanismo, durante la discusión en la Junta de Gobierno, lo tuvo el entonces director de Impuestos Internos, y futuro presidente de la Sofofa, Felipe Lamarca. El impuesto a las empresas sería del 10%.

En el FUT quedan las utilidades que no han sido sacadas de la sociedad por sus dueños, por las que no pagan impuestos hasta retirarlas; al mismo tiempo, es un registro de los impuestos pagados por las empresas y que sus dueños descontarán como crédito de sus propias declaraciones. Este sistema, según el doctor en Derecho de la Universidad

17. A modo de ejemplo, en 1956 se exceptuaron de impuestos setenta artículos, desde el arroz hasta las revistas, y desde las cebollas a las escobillas para lavar ropa, además de ciertos productos en las provincias de Chiloé, Tarapacá, Antofagasta y Atacama. Otros productos «suntuarios» tenían tasas especiales.

18. Esteban Escalona, «Historia de los impuestos al consumo en Chile desde 1920 y al valor agregado», *Revista de Estudios Tributarios* 10, 2014, 9-49.

19. Biblioteca del Congreso Nacional, Boletín 303-05, bcn.cl.

de Edimburgo y magister en Tributación Francisco Saffie, significa que «en Chile las empresas no pagan impuestos, sino que solo adelantan los tributos de sus dueños».[20]

«La fórmula escogida para recaudar los impuestos debe ser tal que no desincentive la acumulación de capital», explicó en 1986 el economista Hernán Cheyre.[21] Y su éxito en ese aspecto fue formidable. Durante las siguientes tres décadas, se acumularon en ese fondo 200 mil millones de dólares. Los beneficiados directos con esa gigantesca exención, por cierto, son los grandes empresarios. El sistema tributario chileno «está diseñado para privilegiar a unos pocos, así de simple», es la conclusión de Saffie.[22] Una realidad que no ha cambiado en lo fundamental desde 1984 hasta hoy.

## Las cocinas de la transición

En 1990, la nueva democracia se encontró con un sistema tributario más racional y moderno que el que existía previamente, pero regresivo y desfinanciado. Antes del plebiscito de 1988, Pinochet había rebajado el IVA del 20% al 16% y suprimido otros impuestos, por un total de 600 millones de dólares anuales. Y en febrero de 1990, días antes del cambio de mando, virtualmente eliminó el impuesto de primera categoría, el que grava las utilidades de las empresas. El sistema se basaba en el regresivo IVA (46,1% de la recaudación), mientras los progresivos impuestos a la renta apenas sumaban el 18,5% del total.[23]

En su programa de gobierno, Patricio Aylwin incluyó una reforma tributaria que eliminaba el FUT y exenciones como la «renta presunta», a la vez que mantenía el IVA en 16%. Pero los empresarios hicieron ver su descontento: el día previo a las elecciones, el presidente de la Sofofa, Fernando Agüero, dio a conocer un estudio que estimaba una caída del

20. Francisco Saffie, «¿No sería bueno que las empresas empezaran a pagar impuestos?», CIPER, 17 de abril de 2012.
21. Hernán Cheyre, «Análisis de las reformas tributarias en la década 1974-1983», *Estudios Públicos* 21, verano 1986, 1-48.
22. Francisco Saffie, «El sistema tributario chileno está diseñado para privilegiar a unos pocos», CIPER, 8 de febrero de 2012.
23. Mario Marcel, «Políticas públicas en democracia: el caso de la reforma tributaria de 1990 en Chile», Estudios Cieplan 45, junio de 1997, 42.

2% en el crecimiento si la Concertación aplicaba su reforma. Después de las elecciones, los técnicos del gobierno de Aylwin, deseosos de dar señales de buena voluntad al empresariado, decidieron repartir las cargas, manteniendo el FUT, subiendo el impuesto a las empresas al 15%, y también el IVA, al 18%. Pese a la reticencia de Aylwin («a mí siempre me han dicho que los impuestos indirectos son negativos porque afectan a los sectores más pobres», dijo),[24] esa primera «cocina tributaria» funcionó sin contratiempos entre el ministro de Hacienda Alejandro Foxley y el equipo de RN encabezado por el senador Sebastián Piñera y la diputada Evelyn Matthei.

En el camino se cayeron algunas de las propuestas, como la eliminación del artículo 57 bis de la ley de impuesto a la renta, que subsidia la compra de acciones. También se mantuvo un sistema basado en el regresivo IVA: «La reforma fue en definitiva relativamente neutral desde el punto de vista distributivo y parte importante de las medidas racionalizadoras fueron transadas en el proceso de negociación política», admitió el entonces asesor de Hacienda Mario Marcel en 1997.[25]

Además, la reforma se convirtió en transitoria, por lo que en 1993 el gobierno debió renegociarla. Pero hubo un cambio fundamental. Esta vez, según Marcel, «el gobierno enfrentó este debate cambiando su estrategia de negociación. En lugar de dirigirse a la oposición, se inició una serie de contactos con el sector empresarial (...) Tras un sistemático ejercicio de persuasión, que pasó por compartir con los empresarios proyecciones fiscales que ilustraban el efecto desestabilizador de la reversión de la Reforma Tributaria, se logró un acuerdo básico que permitió poner en marcha las negociaciones políticas con la oposición».[26]

Pasada la primavera política de 1990, con un acuerdo negociado entre el ministro de Hacienda y RN, el gobierno entendió que el eje de poder había cambiado. Con Sebastián Piñera fuera del mapa por la operación militar-empresarial del «kiotazo», había que hablar directamente con los recién bautizados «poderes fácticos». Esa sería la nueva cocina, que incluyó un punto de enormes consecuencias, aunque entonces pasó inadvertido: la ampliación del financiamiento compartido en la

24. Ascanio Cavallo, *La historia oculta de la transición*, Santiago, Uqbar, 2012, 73.
25. Marcel, «Políticas públicas en democracia...», 62.
26. Íd., 57.

educación subvencionada.[27] En todo caso, esta idea de acuerdos directos con el empresariado ya había sido anticipada por Alejandro Foxley en un libro de 1988: «Tenemos que lograr una forma de relación definitivamente no tradicional entre los agentes económicos», para dar estabilidad a la política económica, escribió entonces.[28]

En el camino, el objetivo distributivo se perdió. En 2003, cuando la caja fiscal necesitó recursos frescos para compensar la baja de aranceles por tratados de libre comercio, y para financiar los planes Auge y Chile Solidario, el gobierno de Ricardo Lagos recurrió de inmediato al impuesto regresivo: el IVA se aumentó «transitoriamente» al 19%, alza que luego se convirtió en definitiva.

El gobierno de Lagos también sacó adelante una ley contra la evasión y la elusión, que aumentó la recaudación, y aprobó un primer impuesto específico a la gran minería.

El chileno Gabriel Palma es doctor en Economía de la Universidad de Oxford y el creador del «Palma ratio», uno de los índices que la OCDE usa para medir la desigualdad. Advierte que «la estructura tributaria chilena es muy regresiva. Básicamente, mientras menos gana una persona, más porcentaje de ese ingreso se paga en impuestos, y el porcentaje va cayendo a medida que la gente gana más y más plata». Y es que aun hoy el 49,6% de la recaudación de impuestos en Chile proviene del IVA. Otro 9,1% procede de los impuestos específicos al consumo de alcohol, tabaco y combustible. El impuesto a la renta, cobrado tanto a empresas como a personas naturales, suma el 37,9%.[29]

Sin embargo, según un estudio encargado por el Ministerio de Hacienda al Banco Mundial (BM), la reforma tributaria de 2014 sí tendrá un efecto positivo en reducir la desigualdad. Los cálculos del BM muestran que tres de cada cuatro pesos recaudados por la reforma saldrán de los bolsillos del 0,1% más rico del país. Este segmento, unas 12 mil personas, con una mediana de ingresos devengados de $48 millones

27. La Ley 19.247, de 1993, permitió a los colegios que reciben subvención estatal cobrar además una mensualidad obligatoria a los apoderados (desde 1989 había sido voluntaria). Entre 1993 y 1998, el porcentaje de alumnos de colegios subvencionados que pagaba este copago saltó del 16% al 80%.
28. Alejandro Foxley, *Chile puede más*, Santiago, Planeta, 1988, 184.
29. Dirección de Presupuestos y Servicio de Impuestos Internos. Montos recaudados por el gobierno central en 2014.

mensuales, verá caer levemente su participación en la riqueza nacional: del 18,7% al 17,4% del total.[30]

El resultado mixto de la reforma tributaria de 2014 muestra algo del tira y afloja entre el poder político y el poder económico. Un gobierno elegido por amplia mayoría, y que contaba con una cómoda mayoría parlamentaria, logró implementar parcialmente el sistema comprometido en su programa de gobierno. La oposición tanto política como empresarial no logró detener el proyecto, pero sí atenuarlo bastante. De paso, franquicias arbitrarias de todo tipo lograron sobrevivir.

## «Una capilla para evadir»

Si usted es un almacenero, si vende productos que cocina en el horno del patio de su casa, o si tiene un quiosco en el barrio, debe pagar como impuesto el 20% de sus ganancias (o el 25% o 27%, después de la reforma de 2014). Pero si, en vez de dedicarse a los abarrotes, las empanadas o las revistas, usted es dueño de camiones, de una parcela agrícola o una faena minera, la historia es muy distinta. En esos casos, usted, por el solo hecho de ser transportista, agricultor o minero, puede tributar mediante la «renta presunta». Una presunción muy favorable, porque significa pagar impuestos muchísimo menores que los que debería: la evidencia es que en promedio se paga la mitad de lo que correspondería según ingresos.[31]

La «renta presunta» es un ejemplo grosero del efecto distorsionador de los lobbys sobre los impuestos en Chile. Es injusta, es arbitraria, beneficia solo a un grupo privilegiado, pero nadie se atreve a sacarla del sistema y construir un sistema donde los que ganan lo mismo paguen los mismos impuestos.

En 1984, cuando la dictadura armó el modelo del FUT, con un 10% de impuesto a la renta, gran parte de los agricultores, mineros y transportistas quedaron excluidos gracias a la «renta presunta». El programa de gobierno de Patricio Aylwin eliminaba el beneficio, pero todo se enredó en la cocina parlamentaria de 1990. La Sociedad Nacional de

30. Nicolle Peña, «Banco Mundial: 73% de la recaudación de la reforma tributaria provendrá del 0,1% de los chilenos más ricos», *La Tercera*, 4 de octubre de 2015.
31. Estimación de Claudio Agostini para esta investigación.

Agricultura presionó fuerte, especialmente a los parlamentarios de RN. Los agricultores, ayudados en particular por el senador Sergio Onofre Jarpa, «mantuvieron un fuerte lobby sobre el gobierno y el Congreso, lo que les permitió postergar en dos oportunidades la entrada en vigencia del nuevo sistema», recuerda Mario Marcel.[32]

El privilegio sobrevivió. Los agricultores con ingresos anuales de hasta 8.000 UTM (unos $352 millones de 2015), los mineros hasta 6.000 UTM ($264 millones) y los transportistas hasta 3.000 UTM ($132 millones) no tendrían que pagar por sus ganancias reales, sino apenas un porcentaje del valor de sus bienes raíces, minas, buses o camiones. El lobby fue tan efectivo que después logró cuadruplicar el techo de la renta presunta para la minería, dejándolo en 24.000 UTM ($1.057 millones).

Director del SII por doce años, Javier Etcheberry define la «renta presunta» como «una capilla para evadir». «¿Por qué los agricultores no pagan como el resto?», se pregunta, para responderse: «A la elite le gusta mantener sus privilegios. Las rentas presuntas son un ejemplo».[33]

La reforma tributaria de 2014 no se atrevía a eliminar este privilegio, pero al menos limitaba la renta presunta a empresas con ingresos anuales de 2.400 UF ($60 millones). Ante el Congreso, representantes de los camioneros, los taxistas, los agricultores y los mineros reclamaron airadamente. Y encontraron eco. El diputado Diego Paulsen (RN) interrogó al ministro de Hacienda sobre la renta presunta. «Se ven perjudicados transportistas, agricultores y pequeños mineros», dijo.[34] Según sus declaraciones de intereses y patrimonio, Paulsen es copropietario, junto a su hermano, de dos empresas de transportes (Comercial CPK y Transportes Ñielol), precisamente uno de los rubros beneficiados por la renta presunta.

Paulsen insistió en diversas intervenciones en el Congreso en cuestionar los beneficios de eliminar la renta presunta,[35] en describir los efectos supuestamente negativos de esa medida sobre los pequeños

32. Marcel: «Políticas públicas en democracia…», 56.
33. Marcelo Soto: «A la elite le gusta mantener sus privilegios», *Capital*, 2 de abril de 2015.
34. «Informe de la Comisión de Hacienda, recaído en el proyecto de ley de reforma tributaria que modifica el sistema de tributación de la renta e introduce diversos ajustes en el sistema tributario», Boletín N° 9290-05, en Biblioteca del Congreso Nacional, «Historia de la Ley 20.780», bcn.cl.
35. Biblioteca del Congreso Nacional, «Historia de la Ley 20.780», 237.

empresarios[36] y en calificar el proyecto de «horroroso», por ir «en contra de los pequeños y medianos emprendedores, agricultores y transportistas».[37] Sin embargo, hizo una pausa en sus críticas para agradecer al ministro Arenas por aceptar una exención favorable a los vehículos petroleros usados como herramienta de trabajo.

La cocina dio frutos. El gobierno cedió y la renta presunta sobrevivió. Los límites propuestos de $60 millones anuales crecieron hasta $125 millones para los transportistas, $226 millones para los agricultores y $427 millones para los mineros. Los privilegios de quienes están mejor organizados (agricultores y mineros), o pueden amenazar con paros desastrosos (dueños de camiones), siguen intactos. Mientras, los almaceneros, quiosqueros o vendedores de empanadas caseras deben seguir pagando religiosamente sus impuestos. Sin privilegios.

## Boleta o factura

Mineros, transportistas y agricultores usaron la misma palabra mágica para defender sus privilegios: «Pyme». «El 99% de los contribuyentes agrícolas son pymes», declaró ante los parlamentarios el presidente de la SNA, Patricio Crespo.

«Ahí está la trampa», retruca el doctor en Economía de la Universidad de Michigan Claudio Agostini. «La SNA hizo un lobby muy efectivo, pero lo que no dijo es que el 86,6% de las utilidades de las empresas con renta presunta benefician a dueños que son del 10% más rico de Chile». Agostini ha investigado las bases de datos de Impuestos Internos. Esa indagación le permitió encontrar cifras duras para desmitificar el sacrosanto concepto de «pequeña y mediana empresa». «Hay una obsesión con mirar las pymes, y no mirar a los dueños de las pymes», dice. «El 77% de las utilidades de las pequeñas y medianas empresas van al 10% más rico del país.» Y agrega otro dato revelador: entre el 50% y el 60% de las pymes de Chile tienen dirección en Las Condes, Vitacura y Lo Barnechea. Curioso, considerando que en esas comunas apenas si hay fábricas, talleres o curtiembres. ¿Por qué tantas pymes ahí, entonces? Simple: son las direcciones de profesionales que trabajan como

36. Íd., 1029.
37. Íd., 3770.

personas naturales, pero tributan como si fueran empresas, para pagar menos impuestos.

Es una práctica legalmente aceptada, que permite pagar 0% si son sociedades 14 bis (el régimen más favorable, creado en democracia); o un 20% (o 25% a 27%, después de la reforma) en vez del tope de hasta 40% (35% después de la reforma) de los impuestos personales. La lógica tributaria en Chile es la desigualdad en el tratamiento entre las ganancias del dueño de la empresa y los sueldos que recibe un empleado. O, en palabras más técnicas, entre las rentas del capital y las del trabajo: a iguales ingresos, las primeras pagan menos que las segundas. Por lo tanto, tributariamente a los trabajadores les conviene disfrazarse de «emprendedores».

Años antes de su rol en la «precampaña» y en Impuestos Internos, Michel Jorratt investigó a fondo estos asuntos. En un estudio de 2009, demostró que menos de un tercio de las utilidades de las empresas se distribuyen, pagando los impuestos correspondientes. El 52% de todas las utilidades retenidas en 2006 quedó en «sociedades de inversión». Múltiples resquicios permiten disfrazar esos retiros personales como «gasto» de la empresa de papel.[38]

De ahí derivan prácticas corruptas que ya están socialmente aceptadas. Es común que en los restoranes los garzones pregunten «¿boleta o factura?», aunque los comensales estén en un almuerzo familiar de domingo. (En verdad la pregunta debería ser: «¿Quiere eludir impuestos?».) O que por las cajas de facturas de los supermercados pasen carros repletos con compras para la casa. O llenar el estanque para el 4x4 a diesel familiar. Las facturas de esos almuerzos, esas compras de supermercado y esas pasadas por la bencinera son descontadas luego de los impuestos de la «empresa», una ficción legal en la que todos nos hacemos los desentendidos.

Para las grandes riquezas, una «industria de la evasión tributaria» ha creado mecanismos mucho más sofisticados para hacer pasar retiros como si fueran reinversión y evitar el pago de impuestos. «En Chile paga impuestos el que tiene un mal contador», dice Gabriel Palma. «Existe un área gris de legalidad con formas infinitas de evadir impuestos y descontar todo tipo de gastos.»

38. Michel Jorrat, «La tributación directa en Chile: equidad y desafíos», Cepal, septiembre de 2009.

Los únicos que no tienen acceso a estos resquicios son los trabajadores dependientes.

En una ceremonia el 6 de agosto de 2013, el Presidente Piñera celebró la «creación de 200 mil nuevos emprendedores» durante su gobierno. Meses antes, el 2 de mayo, el ministro(s) de Economía, Tomás Flores, destacaba que, gracias a las nuevas normas para crear empresas en un día, «670 mil empresas constituidas como persona natural podrán constituirse rápidamente como sociedad de responsabilidad limitada o por acción». Pero en realidad muchas de esas empresas no existen. «No tienen empleados, son sociedades de papel creadas para eludir impuestos», dice Agostini, que cifra en 80% de las pymes estas «supuestas empresas que no producen nada».[39]

Los nuevos «emprendedores», entonces, son pymes, aunque tengan altos ingresos. Si la definición tributaria de pequeña y mediana empresa antes se aplicaba a sociedades con ventas anuales de hasta $220 millones, el proyecto de reforma lo aumentaba a $500 millones, y la «cocina» tributaria llevó el tope hasta $1.200 millones. O sea, un gerente o director de empresas que gane 100 millones de pesos al mes puede en Chile ser una «pyme», y verse beneficiado por medidas que buscan proteger a los «emprendedores» de clase media.

Según los cálculos de Claudio Agostini, para el sistema impositivo chileno el 98,8% de las empresas son pymes, y apenas el 1,2% restante grandes empresas.

## El abismo y las franquicias

«El sistema tributario es uno de los pilares del fomento de las desigualdades en Chile», advierte Carlos Huneeus.[40] Efectivamente, una de las sorpresas que cualquier observador se lleva al analizar los datos de la OCDE es que la gran brecha entre Chile y el resto de los países del club en materia de desigualdad se explica comparando las cifras *después* de impuestos y transferencias, no *antes*.

39. Cálculo referido a las empresas acogidas a tributación simplificada gracias al artículo 14 bis del sistema anterior a la reforma tributaria.
40. Huneeus, *La democracia semisoberana*, Santiago, Taurus, 2014, 384.

*Antes* de impuestos y transferencias, la brecha entre Chile y los demás existe, pero es menor. Según el Índice Gini (0 = igualdad perfecta; 1 = completa desigualdad), antes de impuestos Chile (0.532) exhibe cifras de desigualdad similares a las de Portugal (0.536), Reino Unido (0.523) o Estados Unidos (0.509). Incluso países como Alemania (0.501), Austria (0.496) o Noruega (0.410) no aparecen tan lejos.[41]

La diferencia se convierte en abismo cuando comparamos las cifras *después* de impuestos y transferencias. O sea, cómo queda la sociedad una vez que el Estado cobra impuestos y ocupa ese dinero para entregar beneficios sociales a sus ciudadanos. En Chile, no pasa casi nada. El Gini apenas se mueve a 0.503. En Portugal, en cambio, cae a 0.341. En Reino Unido, a 0.351. En Estados Unidos, a 0.401. Ni hablar de Alemania, donde queda en 0.289; Austria, en 0.276, Noruega, en 0.253.[42]

¿Qué hacen esos países? Básicamente, privilegian los impuestos directos (renta) sobre los indirectos (IVA), y gravan las rentas del capital (ganancias, intereses, acciones, herencias…) más que las del trabajo (sueldos). Así, logran impuestos progresivos, que corrigen parte de la desigualdad, aunque por cierto las recetas específicas varían entre economías más liberales, como Estados Unidos, y otras más cercanas al Estado de bienestar, como Noruega.

La distinción es relevante porque, como postula Thomas Piketty en *El capital en el siglo XXI*, a largo plazo la tasa de retorno del capital es superior al crecimiento de la economía. Esta regla, resumida en la fórmula $r > g$, significa que la riqueza heredada crecerá más que el ingreso de las personas, aumentando la desigualdad.

A menos que surja alguna «aplanadora» social, que borre las acumulaciones de capital y permita partir desde cero. Es lo que ocurrió en Europa en el ciclo 1914-1945, marcado por las guerras mundiales, la crisis de 1929 y la hiperinflación. La paradoja es que estos terribles cataclismos humanos, al destruir las riquezas establecidas, fueron el punto

41. Algunos economistas advierten que el Gini no refleja adecuadamente la concentración extrema de la riqueza en un segmento muy pequeño de la población, como ocurre en Chile.

42. Todas las cifras fueron extraídas de la base de datos de la OCDE, considerando los últimos datos disponibles para cada país el 4 de septiembre de 2015, ver stats.oecd.org.

de partida para crear sociedades más iguales. Pero esas «aplanadoras» tuvieron como complemento «la aparición a lo largo del siglo pasado de una tributación significativa sobre el capital y sus ingresos».[43] Es una de las causas por las que aún hoy, después de setenta años de paz social e inflación domesticada, Europa no haya vuelto a los niveles de desigualdad de la Belle Époque.

En Chile, al revés, hemos visto que las rentas del capital (el lucro) tienen un tratamiento impositivo privilegiado. «Cualquier beneficio tributario que favorezca a alguna fuente de ingresos del capital favorece en mucho mayor proporción a los contribuyentes de altos ingresos y aumenta la desigualdad», advierte Claudio Agostini.[44]

Y los casos de esos beneficios desiguales sobran. A modo de ejemplo, digamos que un profesor universitario gana un sueldo de $5.000.000 mensuales. Además de las cargas sociales obligatorias, debe pagar un impuesto a la renta de $724.000. Ahora, supongamos que ese mismo profesor deja su cátedra para dedicarse a especular en la bolsa. Le va bien y gana los mismos $5.000.000 comprando y vendiendo acciones. ¿Cuánto paga en impuestos? Cero.

Así es: debido a una norma incluida en la reforma al mercado de capitales (MK I) en 2001, la compraventa de acciones que cumplan ciertos requisitos está exenta de impuestos. La norma pretende «generar incentivos para una mayor participación, profundidad y liquidez en el mercado accionario». Su efecto tributario es un privilegio a los más ricos, siempre que esa riqueza se logre en el mercado bursátil, y no en el mercado del trabajo.

Ello profundiza aun más las desigualdades. Porque para ganar los $5 millones en la bolsa hay que tener un capital que permita realizar grandes inversiones. Incluso nuestro muy bien pagado profesor universitario tendría que tener un capital considerable (una herencia, por ejemplo) para obtener tales ganancias libres de impuestos.

Exenciones similares favorecen la venta de bienes raíces (incluidas cuotas de estos cuando son poseídos en comunidad), la enajenación de derechos de agua, las pertenencias mineras y el traspaso de

---

43. Piketty, 411.
44. Claudio Agostini, «Una reforma eficiente y equitativa del impuesto al ingreso en Chile», en *Tributación para el desarrollo: Estudios para la reforma del sistema chileno*, Santiago, CEP-CIEPLAN, 2013, 220.

propiedad industrial o intelectual. En cambio, otras formas de renta, como los intereses de depósitos a plazo y en cuentas de ahorro, sí deben pagar impuesto.[45]

También el negocio de las universidades recibe franquicias tributarias: está exento del impuesto a la renta de las empresas, gracias a una ley de 1959, que exime del tributo a «la Universidad de Chile y demás universidades reconocidas por el Estado». Al crearse las universidades privadas no tradicionales desde 1981, todas comenzaron a usufructuar también del beneficio. La franquicia representa el 1% de la recaudación total del impuesto a la renta en Chile. Las universidades tampoco deben pagar el IVA por su actividades de enseñanza, ni pagar contribuciones por bienes raíces, ni cancelar el impuesto de timbres y estampillas.[46]

Todas estas exenciones tienen justificaciones económicas,[47] pero, desde el punto de vista de la distribución de poder en la sociedad, su efecto es beneficiar al rentista sobre el trabajador, y exarcerbar las desigualdades. Piketty define al rentista como «enemigo de la democracia».[48] No es un juicio de valor, sino una constatación. «Nuestras sociedades se basan en una visión meritocrática del mundo, o por lo menos en una esperanza meritocrática», dice.[49]

Esa dimensión política del debate suele tacharse de «ideológica» y excluirse de las áridas discusiones técnicas que dominan la conversación sobre impuestos en Chile. Pero los discípulos chilenos de Milton Friedman harían bien en releer a Irving Fisher, el investigador neoclásico a quien el propio Friedman catalogó como «el más grande economista de Estados Unidos». En 1919, Fisher hablaba con alarma de «una distribución antidemocrática de la riqueza», que «amenaza las bases de la sociedad estadounidense». Un diagnóstico que no parece muy distinto del que tenemos sobre Chile, un siglo después.

---

45. Varias de estas exenciones fueron discutidas, y algunas modificadas, en el debate tributario dc 2014.
46. María Olivia Mönckeberg, *El negocio de las universidades en Chile*, Santiago, Debolsillo, 2007, 493.
47. Para mayores detalles, ver Eduardo Engel y Alexander Galetovic, «¿Qué hacer con los impuestos a las ganancias de capital?», *Estudios Públicos* 79, 2000, cepchile.cl.
48. *El capital en el siglo XXI*, 464.
49. Ibíd.

## Bajo la influencia del alcohol[50]

Como parte de su reforma tributaria, el gobierno anuncia un alza en el impuesto al pisco. Pero hay resistencia: los parlamentarios de la región de Coquimbo se oponen y hacen frente común con la industria. Finalmente, un senador oficialista anuncia con satisfacción que los pisqueros pueden estar tranquilos: el gobierno ha dado su brazo a torcer.

Es la historia de la reforma tributaria de Bachelet y del senador Jorge Pizarro en agosto de 2014, sí. También la de los mismos protagonistas en abril de 2014. Y de la reforma tributaria de Piñera y el senador UDI Gonzalo Uriarte, en 2012. Tres veces en apenas dos años, el lobby parlamentario ha obligado a un ministro de Hacienda a frenar en sus intenciones de gravar más fuertemente el pisco.

La industria pisquera no califica entre las más relevantes económicamente de Chile, pero su poder en el Congreso es considerable. Las últimas tres pruebas de su influencia son ilustrativas.

En abril de 2012, el Presidente Piñera presentó una reforma tributaria que incluía un alza del 27% al 40% del impuesto específico a los alcoholes sobre 40 grados. Los parlamentarios de la región de Coquimbo anunciaron su rechazo, y el gobierno cedió: en agosto, tras encabezar la presión sobre Hacienda, el senador UDI Gonzalo Uriarte podía anunciar «un alivio y una buena noticia»: el alza del impuesto a los alcoholes se retiraba del Congreso.

El alivio no duró demasiado: en abril de 2014, la Presidenta Bachelet anunció una reforma tributaria que pretendía recaudar ocho veces más que la de Piñera (US $8.200 contra US $1.000 millones). El impuesto a los alcoholes también era más agresivo, con una tasa especial por grado de alcohol que llevaría el impuesto al pisco hasta un máximo de 57%, según los cálculos de la industria. El lobby funcionó de inmediato: los seis diputados de la región presentaron un proyecto de acuerdo contra la iniciativa, y el senador Jorge Pizarro anunció que votaría en contra del tributo. El líder del «bacheletismo DC», alineado con el gobierno contra los «matices» de la directiva de Walker, aquí se declaraba en rebeldía.

Además del peso específico de Pizarro, un aliado que La Moneda no podía darse el lujo de perder, el poder de la «bancada pisquera» en

50. Este texto se basa en una columna escrita en 2014 y publicada en la revista *Qué Pasa*. El título es del editor general de la revista, Francisco Aravena.

la Nueva Mayoría es relevante: siete de los ocho parlamentarios de la zona son oficialistas. Sin sus votos, la mayoría del gobierno se reduce ostensiblemente en la Cámara (de 67 a 62 diputados) y desaparece en el Senado (de 21 a 19 senadores). Por eso no es de extrañar que la presión, de nuevo, funcionara: el primer ajuste a la reforma mató la «súper tasa» a los alcoholes, reemplazándola por una mucho menor, de entre 35,5% y 38,5%. Pero la Asociación de Productores de Pisco fue por más, y pidió un gravamen fijo de 31,5%. El gobierno otra vez dio su brazo a torcer. Y cuando, al redactar la nueva versión de la reforma tributaria, Hacienda trató de pasarse de lista, llegó el punto cúlmine. El sábado 9 de agosto de 2014 se presentó la indicación que fijaba un impuesto de 33,5%. El domingo en la mañana el senador Pizarro dio una conferencia de prensa en la que calificó al ministro Arenas de «insensible», y al alza de «brutal».

Por tercera vez, funcionó. Y ahora en tiempo récord: antes de que terminara el domingo, Pizarro anunciaba públicamente que el ministro lo había llamado para enmendar el «error». El impuesto quedaba exactamente donde los pisqueros lo habían solicitado: 31,5%. Fin de la historia.

Si el menú de la reforma tributaria se preparó en una «cocina» secreta de lobbies y presiones, al menos el pisco sour del aperitivo se mezcló a vista y paciencia de todos, con una presión parlamentaria pública y transparente. Con un pero. Porque, así como es perfectamente legítimo que los diputados y senadores defiendan las industrias que crean empleo en sus zonas (en el caso del pisco, 3.863 puestos de trabajo permanente y 24.000 en época de cosecha en la región de Coquimbo), también es indispensable que los ciudadanos sepamos qué personas, empresas e industrias financian sus campañas.

Una cifra: si contamos todas las alzas de impuestos anunciadas por Hacienda y frenadas por el Congreso en los últimos dos años, los parlamentarios por Coquimbo le han ahorrado a la industria del pisco unos 57 millones de dólares anuales en nuevos tributos.

Pues bien: financiar completas, hasta el límite máximo del gasto electoral, las campañas de los dos senadores y los seis diputados de la región de Coquimbo en 2013 habría costado en total US$3.178.625. O sea, dieciocho veces menos que el dinero que la industria del pisco se ahorrará al año gracias al lobby parlamentario. Los candidatos de la Alianza y la Nueva Mayoría al Senado por Coquimbo en las elecciones de 2013 recibieron $525.964.300 en aportes reservados. El mercado del pisco tiene dos grandes actores: Cooperativa Capel y CCU, a través de la

Compañía Pisquera de Chile. Capel no ha entregado fondos por esa vía legal. La compañía del Grupo Luksic, en cambio, sí aparece con aportes reservados en 2005, 2009 y 2013, años todos de elecciones presidenciales y parlamentarias.

## El decreto de Ponce Lerou

En julio de 1974, un ingeniero forestal calerano fue designado director de la Corporación Nacional Forestal (Conaf). Su currículo no era demasiado impresionante: una pasantía en Canadá, trabajos en Inforsa y CMPC, y la subgerencia de un aserradero en Panamá. Datos complementados con uno clave: Julio Ponce Lerou estaba casado con Verónica Pinochet, hija del dictador.

El yerno del general estuvo cinco años y medio al mando de la Conaf, período en que el Estado privatizó sus activos forestales: Celco y Arauco pasaron al Grupo Cruzat, y tras la caída de este conglomerado en la crisis del 82, al Grupo Angelini. Inforsa fue entregada primero al Grupo Vial, luego reestatizada ante el colapso de ese grupo, y finalmente adquirida por la CMPC de los Matte, en un proceso que se llevó adelante pese a una impugnación de la comisión antimonopolios, en 1986.

Paralelamente, la Junta Militar aprobó el Decreto Ley 701, de 1974, y sus sucesivas modificaciones, que entregaron enormes franquicias a la industria forestal. En cuarenta años de vigencia, entre 1974 y 2013, el DL 701 adjudicó beneficios por US$875 millones, un 70% de los cuales fueron a manos de grandes forestales. Fundamentalmente, a tres: la CMPC de los Matte, Arauco de los Angelini y Masisa.

El DL 701 permitió fomentar la producción forestal, con la explosión de los monocultivos de pino y eucalipto. Más allá de las consecuencias ambientales, sociales y sobre las comunidades indígenas, resultaba cada vez más discutible entregar más y más subsidios a los grandes grupos económicos. Para 2014, la industria forestal ya sumaba exportaciones anuales por US$6.094 millones. Los Matte, los Angelini y el internacional Grupo Nuevo de Masisa no parecen precisamente emprendedores necesitados de «capital semilla» para sobrevivir.

Tras sucesivas prórrogas, el DL 701 caducaba en 1998. El gobierno de Eduardo Frei, sin embargo, alargó su vigencia por doce años más, con cambios destinados a priorizar a los «pequeños productores». Estas modificaciones fueron combatidas por la SNA y la Corporación de la Madera, que consideraron inaceptable que «se discriminara a muchos agricultores no susceptibles de ser catalogados como pequeños propietarios forestales».[51] De hecho, el DL 701 tenía normas bastante generosas. Una forestal con ventas anuales de 100.000 UF (2.521 millones de pesos) era considerada como «mediano propietario». Los beneficios fueron prorrogados nuevamente en 2011, bajo el gobierno de Piñera.

Las franquicias para las grandes forestales se extendían una y otra vez, en rápidos trámites, en el Congreso. En contraste, el ritmo de la ley para proteger el bosque nativo era muy diferente. El proyecto se presentó al Congreso el 10 de abril de 1992 y fue despachado recién el 2 de julio de 2008, 16 años y 3 meses después.

Los beneficios para las empresas forestales expiraron finalmente en 2013. Pero el 20 de mayo de 2015, el gobierno de Michelle Bachelet repitió lo que habían hecho Pinochet, Frei y Piñera: una nueva ley para alargar los subsidios a las forestales. El proyecto se presentó el 14 de julio ante la Comisión de Agricultura, que lo aprobó de inmediato, por unanimidad y sin debate. En noviembre de 2015, el proyecto que renueva el DL 701 hasta 2018 sigue en trámite en el Congreso.

## El gran blanqueo

No estaba en el programa de gobierno, ni en el proyecto de reforma. No se discutió en la «cocina». No fue planteado por los asesores del Ministerio. No lo propuso el Servicio de Impuestos Internos. No lo exigió la oposición. No lo sugirió la DC. Nunca se mencionó en la discusión del proyecto en la Cámara de Diputados. Sin embargo, ahí estaba. Cuando los senadores firmaron el acuerdo proveniente de la «cocina» tributaria, vieron que aparecía en él un acápite sobre el blanqueo de capitales sacados irregularmente de Chile.

Los parlamentarios oficialistas pusieron el grito en el cielo. «Esto es indignante. Un insulto para los chilenos», dijo el presidente de la Comisión de Hacienda de la Cámara, Pablo Lorenzini (DC). «Es una mancha, un error», opinó el diputado DC Sergio Espejo. «Esto no habla bien de Chile», completó el senador PS Carlos Montes. En la oposición

51. Biblioteca del Congreso Nacional, «Historia de la Ley 19.561», 100.

tampoco hubo entusiasmo. El diputado RN Nicolás Monckeberg habló de «el más grande blanqueo de platas negras que ha tenido nuestro país». «No corresponde», coincidió su colega de bancada José Manuel Edwards. «Es una pena, me violenta», agregó el UDI Ignacio Urrutia.

A continuación, el Senado y la Cámara de Diputados aprobaron el blanqueo de capitales, que se convirtió en ley. ¿Qué había ocurrido?

Todos coinciden en un nombre: Juan Pablo Letelier.

«Recuerdo que el actual senador Juan Pablo Letelier hace unos seis años daba vueltas por la Cámara de Diputados pidiéndonos a cada uno de los diputados que lo apoyáramos con un proyecto de blanqueo de capitales de afuera», decía en 2014 el diputado UDI Ignacio Urrutia.

El parlamentario socialista fue incansable: hizo lobby entre sus colegas por una iniciativa que, tras el terremoto de 2010, venía con un gancho atractivo: el dinero se usaría en la recuperación del patrimonio dañado por la catástrofe. Letelier llevó la idea al ministro de Hacienda de la época, Felipe Larraín, y logró una primera respuesta positiva. Habló varias veces al respecto con el Presidente Piñera. Consiguió la firma de 25 senadores y 58 diputados. Hizo seminarios y hasta publicó un libro sobre la reconstrucción patrimonial.

En julio de 2010, Letelier ya hablaba de «levantar un catastro del patrimonio de valor histórico dañado por el terremoto y elaborar los diseños sobre cómo se va a reconstruir», usando para ello los hasta US$2 mil millones que, según él, rendiría esta repatriación. Finalmente, Piñera excluyó la idea de su proyecto tributario. Pero Letelier no cejó: redactó por su cuenta la «ley que crea el fondo para la reconstrucción y preservación del patrimonio de valor histórico y de la vivienda rural y mecanismo de regularización tributaria de inversiones».

En 2012 firmó una nueva petición al respecto, dirigida al gobierno. En 2013 insistió para incluirla en el programa de gobierno de Bachelet y, luego, en la reforma tributaria, pero tampoco tuvo éxito. Hasta que, en las agitadas horas de la «cocina», cuando Hacienda recolectaba los votos para asegurar el acuerdo, y ajustaba las estimaciones de ingresos para dar por cumplida su meta de recaudación, finalmente lo logró. Arenas aceptó incluir el punto en el protocolo del Senado y convertirlo en el artículo 24° transitorio de la ley.

Sobre la reconstrucción patrimonial, que Letelier había usado como justificación en los años precedentes, ni una palabra. Ahora el proyecto quedó desnudo en sus finalidades.

El debate en las siguientes semanas fue insólito. Salvo Letelier y Arenas, prácticamente nadie defendía el mérito de la idea. Pero estaban atrapados. Como el Senado había aprobado el acuerdo sin discusión, si los diputados rechazaban el punto eso obligaría a ir a una comisión mixta, retrasando todo el proceso. «Hay un acuerdo que honrar», justificaba el presidente de la DC, Ignacio Walker. Y con ese argumento, pese a la resistencia encabezada por el diputado falangista Sergio Espejo, el blanqueo de capitales se convirtió en ley, con 69 votos a favor y 43 en contra en la Cámara de Diputados.

## Salvavidas para los evasores

Gracias al perdonazo, personas que hayan evadido impuestos, sacando dinero de Chile sin tributar por él, ahora pueden declararlo pagando una tasa preferencial. En otros países, las leyes de repatriación exigen el pago total del impuesto adeudado y una multa, a cambio de la amnistía por el delito de evasión tributaria. El blanqueo a la chilena, en cambio, significa que, mientras los ciudadanos honestos pagaron hasta 40% por sus ganancias, los beneficiados con la nueva ley cancelan apenas el 8%, y además obtienen de regalo la impunidad por su evasión tributaria. Ni siquiera se les exige repatriar el dinero; solo deben declararlo y pagar el 8%. Tampoco deben pagar la multa legal (tres veces el monto evadido), ni los intereses correspondientes (18% anual más IPC).

«Esto es escandaloso: una amnistía para evasores de impuestos de altos ingresos», resume Claudio Agostini.

Para el exdirector de la Unidad de Análisis Financiero (UAF) del gobierno de Chile, Víctor Ossa, la ley facilita el lavado de dinero. «El gobierno dice que tampoco se trata de un blanqueo y que a la UAF se le darán todas las facultades para la persecución de tales delitos. No veo cómo la UAF pudiera hacer persecución, la UAF hace solamente trabajo de análisis y análisis de información que le llega, no tiene facultades para salir a pedir información».[52]

*El Mercurio* lo define como «una franquicia a los evasores que es difícil de justificar y que da una perturbadora señal de tolerancia

52. Hernán López y Francisca Miranda, «La "zona gris" de la reforma tributaria», *La Tercera*, 21 de septiembre de 2014.

ante el delito de cuello y corbata», puesto que beneficia a quienes «han evadido de forma flagrante sus obligaciones tributarias».[53] Para el investigador de Libertad y Desarrollo Axel Buchheister, se trata de un «blanqueo oscuro».

¿Quiénes son los beneficiados? En 2015, la filtración de información del cuestionado banco suizo HSBC dio algunas pistas. Según los datos identificados por el Consorcio Internacional de Periodistas de Investigación, entre sus clientes se cuentan Andrónico Luksic, José Yuraszeck, Ricardo Abumohor, Óscar Lería, Álvaro Saieh y José Miguel Gálmez. No necesariamente estas cuentas son irregulares, aunque el HSBC ayudaba a sus clientes a crear sociedades pantalla en paraísos fiscales, y países como España, Inglaterra, Francia, Bélgica y Argentina han conducido investigaciones en que han recuperado cientos de millones de dólares en fondos evadidos a través del banco.[54]

La presión de Estados Unidos contra los bancos y paraísos fiscales está obligando a regularizar los fondos, por lo que la ley de blanqueo es un oportuno salvavidas para los grandes evasores chilenos. «Las condiciones que impone hoy el sistema financiero internacional hacen imposible mantener ahorros o inversiones no declaradas», constata Rodrigo Benítez, abogado de BDO Tax & Legal. «El secreto bancario se cae», resume Rubén Bustillos, de DyP Abogados.[55]

Bancos como el Credit Suisse presionan a sus clientes chilenos a «proporcionar pruebas del cumplimiento de las obligaciones tributarias». Comienza la cuenta regresiva para el intercambio automático de informaciones entre entidades tributarias, que desde enero de 2017 pondrá a los evasores internacionales entre la espada y la pared. Y justo cuando era posible detectar y sancionar a estos grandes evasores, el Estado chileno dictó una amnistía ad-hoc para ellos. No solo eso; además, el SII les entregó todas las facilidades imaginables. El oficio 1.934, del 27 de julio de 2015, volvió innecesario entregar documentos detallados sobre el origen de los capitales evadidos. «El primer y más relevante elemento de trazabilidad es la propia declaración del

53. «¿Un blanqueo de capitales?» *El Mercurio*, 10 de agosto de 2014.
54. Francisca Skoknic y Juan Andrés Guzmán, «De Luksic a Abumohor: Millonarios en la mira del SII por cuentas en el HSBC en Suiza», CIPER, 8 de febrero de 2015.
55. Silvana Celedón y Pablo Obregón: «Presión de los bancos, mayor flexibilidad del SII y próximo fin de beneficio tributario impulsan repatriación de capitales», *El Mercurio*, 11 de octubre de 2015.

contribuyente», dictaminó el SII.[56] Además, se permitió que los abogados de los evasores recibieran un informe de «prefactibilidad» del SII, sin revelar ningún dato personal del beneficiado. El objetivo de este privilegio es «darles tranquilidad a los contribuyentes que (...) temen que estos antecedentes puedan ser posteriormente usados en un proceso de fiscalización».[57]

Dar tranquilidad a los evasores de impuestos. Retorcida finalidad para el Servicio de Impuestos Internos.

Al momento de imprimir este libro, se estimaba que hasta cinco mil contribuyentes se acogerían al blanqueo, declarando hasta US$10 mil millones. Pagarían así US$800 millones por el blanqueo, en vez de los cerca de US$4.000 millones que habían evadido, sin contar multas ni intereses. En promedio, cada evasor declararía capitales por $1.366 millones, embolsándose $437 millones gracias a no haber pagado los impuestos que correspondían.[58]

Sus millones de dólares en capitales sacados ilegalmente de Chile terminarán pagando un impuesto total del 8%. Menos de la mitad de lo que debe cancelar cualquier chileno al comprar un kilo de pan o un litro de leche.

## Los escudos de Cardoen

¿Qué intereses están detrás de la ley de blanqueo? Un nombre ha sobrevolado esta discusión desde el principio: el de Carlos Cardoen.

Cardoen aparece, junto a personajes como Monzer al Kassar y Adnan Khashoggi, entre los grandes traficantes de armas del mundo según la lista que confeccionaron los periodistas españoles Ilya Topper y Darío Menor. Bajo la dictadura de Pinochet, el chileno amasó una fortuna vendiendo bombas de racimo al Irak de Saddam Hussein, durante su guerra con Irán. En 1993, Washington despachó una orden de captura internacional en su contra, acusándolo de haber fabricado

56. Servicio de Impuestos Internos, Oficio Ordinario 1.934.
57. Celedón y Obregón, «Presión de los bancos...»..
58. Elaboración propia en base a estimaciones de expertos consultados en Celedón y Obregón, «Presión de los bancos, mayor flexibilidad del SII y próximo fin de beneficio tributario impulsan repatriación de capitales». Se considera que los beneficiados debían pagar tasa marginal de 40%.

sus armas con circonio obtenido ilegalmente en Estados Unidos, la que sigue vigente hasta hoy.

Atrapado en Chile, Cardoen ha reinventado su imagen con inversiones enológicas, culturales y patrimoniales en el Valle de Colchagua, como el Museo de Colchagua y el Tren del Vino. Y ha contado con el entusiasta apoyo de políticos de todos los signos para cada uno de sus emprendimientos y batallas.

Sus logros de relaciones públicas son impresionantes para un exvendedor de armas con orden de captura internacional. En 2001, el Presidente Lagos lo recibió en La Moneda para hablar del proyecto del «tren del vino». Y en 2005, también bajo el gobierno de Lagos, el Estado de Chile le concedió la Orden al Mérito Docente y Cultural Gabriela Mistral, mismo honor que han recibido el músico Paul McCartney, el escritor Gabriel García Márquez y el cineasta Raúl Ruiz, entre otros.[59] «Hay que resaltar también las cosas buenas que hacen las personas, más allá de las discusiones que puedan haber sobre el tema de las guerras y de las armas. Ninguno es ángel sobre la Tierra», dijo el ministro de Educación, Sergio Bitar, al justificar el galardón para el proveedor de bombas de racimo de Saddam Hussein.

Cardoen se declara «de la Concertación, desde el momento en que se creó», y reconoce «abiertamente, absolutamente» haber financiado varias campañas presidenciales.[60] Estas incluyen las de Ricardo Lagos y Michelle Bachelet. ¿Cómo lo ha hecho? Ninguna de las diez compañías del Grupo de Empresas Cardoen aparece en la nómina de 1.286 sociedades que han entregado aportes reservados. Cardoen admite que la práctica de pasar por gastos de la empresa las donaciones políticas «era un mecanismo común. Todos los empresarios han pasado por situaciones similares y yo también».[61] Él toma sus resguardos: por ejemplo, no tiene correo electrónico.

En 2009, abandonó la Concertación para respaldar a Sebastián Piñera. ¿A cambio de qué? «Le pedí dos cosas: que por favor aprendiera a escuchar a la gente y que no se comiera las uñas. No hizo ninguna de

---

59. Cardoen la recibió en grado de Comendador. Los artistas mencionados la obtuvieron en grado de Gran Oficial.
60. «Cardoen a los 70: no le entran balas», *Capital*, 8 de mayo de 2012.
61. Luisa Navea, «Cardoen dispara contra Dávalos: "Bachelet no se merece el 'cagazo' que dejó su hijo"», *La Segunda*, 27 de marzo de 2015, 26.

las dos.» Sobre este particular consejo, Cardoen dice simplemente que «puede ser insultante, pero la confianza de nuestra amistad lo permitía».[62] Claro que la amistad se resintió después de que las autoridades designadas por Piñera cuestionaran el origen de los objetos que Cardoen recolecta y exhibe en su museo. El empresario había excavado vestigios arqueológicos que simplemente llevó a su museo, sin informar del hallazgo. «Piñera se portó tan mal, entre otras cosas, porque puso a una loca en la Dibam que le dio conmigo (...) Esta señora no encontró nada mejor que mandar a la PDI», dijo Cardoen refiriéndose a la arquitecta especializada en gestión cultural Magdalena Krebs.[63]

Tiene buen ojo Cardoen. Ha estado del lado ganador en todas las elecciones desde la vuelta de la democracia, y ha contado con el apoyo constante del Estado de Chile en su batalla contra el FBI, por la «alerta roja» que desde 1993 le impide salir del país sin riesgo de ser arrestado. Los gobiernos de Frei, Lagos, Piñera y Bachelet, sin excepción, han hecho gestiones en su favor. En 2012 y 2014, Chile envió notas diplomáticas a Estados Unidos intercediendo por él.

El Congreso chileno también es parte de la batalla jurídica de Carlos Cardoen. En 2004, tanto el Senado como la Cámara de Diputados aprobaron proyectos de acuerdo pidiendo a la Cancillería interceder en su favor. Los defensores del empresario son transversales: la iniciativa fue presentada por los senadores Andrés Chadwick (UDI), Rafael Moreno (DC), Carlos Ominami (PS), Sergio Bitar (PPD) y Sergio Romero (RN). En la Cámara, recibió 41 votos a favor, ninguno en contra y una sola abstención, la de Eliana Caraball (DC). Así, ambas cámaras del Congreso «manifestaron su interés en que el Poder Ejecutivo efectúe gestiones de apoyo respecto de este ciudadano chileno, que se encuentra afectado por la acción de un Estado extranjero».[64]

Días después, los diputados Rodrigo Álvarez (UDI) y Juan Pablo Letelier (PS) partieron a Washington, donde se reunieron con Jim Derham, subsecretario de Asuntos Hemisféricos, para pedir una solución por «razones humanitarias» (a Cardoen se le había detectado cáncer). «Estados Unidos usó a Cardoen como un chivo expiatorio para encubrir

62. Sabine Drysdale, «Soy simplemente Carlos», *Paula*, 3 de diciembre de 2014.
63. Íd.
64. Cámara de Diputados, sesión del 15 de septiembre de 2004, 38.

su política de armar a Saddam Hussein contra Irán», argumentó Letelier en ese momento.

Un impresionante despliegue diplomático para tratar de influir en la situación judicial personal de un privado, antiguo traficante de armas.

## Letelier y Cardoen

El senador socialista es uno de los más fieles defensores públicos de Cardoen. Letelier es parlamentario por la región de O'Higgins desde 1990: cumplió dieciséis años como diputado, y fue elegido hasta 2022 para completar otros dieciséis como senador. Es la región natal de Cardoen, donde concentra sus negocios y sus proyectos culturales, y la misma por la que eran senadores Chadwick y Moreno en 2004, cuando lideraron el proyecto en su favor en el Congreso.

Juan Pablo Letelier es el mejor aliado imaginable para un fugitivo de la justicia de Estados Unidos. El senador nació en Washington DC, tiene nacionalidad estadounidense y, como hijo de Orlando Letelier, asesinado por la dictadura chilena en la capital norteamericana en 1976, es una figura simbólica en el mundo judicial de ese país.

El 11 de junio de 2014, cuando el Senado discutía un tratado de extradición con Estados Unidos, Letelier criticó a ese país «por su doble estándar ante casos como el de Carlos Cardoen, quien hoy es perseguido por ese gobierno».[65] También calificó a sus perseguidores de «gringos hipócritas».[66] «Cardoen es un empresario comprometido con la cultura y con la región», dice.

También con la política. Según un reportaje de *La Segunda*, el dinero de Cardoen financia las campañas de Letelier, «quien a su vez ayuda a otros candidatos socialistas en la VI Región».[67]

«A mí me ha apoyado, y también ha actuado contra mí. Hemos estado en diferentes situaciones», dice Letelier. ¿Lo ha apoyado financieramente? «Me apoyó en mi primera campaña senatorial, en 2005», admite.

---

65. «Sala aprueba tratado de extradición entre Chile y Estados Unidos», Senado, 2014.
66. *Capital*, «La delicada zona gris», entrevista, 28 de junio de 2011.
67. Viviana Candia: «Quiénes son los mecenas de la política chilena», *La Segunda*, 14 de abril de 2012.

Cuando lanzó la alerta roja en su contra, Estados Unidos congeló los activos de Cardoen en ese país. Considerando que su fortuna proviene del negocio de la venta internacional de armas, muchos sospechan que él podría ser un directo beneficiado de una ley de blanqueo de capitales. De ahí las suspicacias que levanta el activismo de Letelier. «¿Por qué tanto entusiasmo?», se preguntaba en 2011 un reportaje en la revista *Capital*. «Las sospechas apuntan a que, al igual que otras figuras del Congreso, tendría cercanos en el mundo empresarial a quienes beneficia esta ley.»[68]

En ese entonces, Letelier aseguraba que su mayor preocupación era la reconstrucción patrimonial, aunque, como vimos, cuando revivió el proyecto en 2014 ya no tenía nada que ver con el patrimonio; solo con recaudar dinero por medio del blanqueo de capitales sacados irregularmente de Chile.

¿Es, entonces, una ley para Cardoen? «Yo no sé si él tiene plata afuera. No tengo idea. No tengo razón para decir de antemano que no, pero intuyo que si tuviera capitales afuera le habrían congelado los fondos», contesta Letelier. Y asegura que él no ha tenido «contacto con ningún empresario que tenga capitales afuera y me diga "hazme este favor"».[69]

La ley de blanqueo de capitales es un síntoma. Pocas veces una ley ha tenido tantos detractores y tan pocos defensores, al menos en público. El que una norma que concita rechazo transversal haya sido igualmente aprobada por el Congreso, atrapado en razones de mecánica legislativa, muestra hasta qué punto el proceso democrático es vulnerable a ser capturado por un interés con capacidad de gestión sobre él. Y sin transparencia: la norma garantiza la confidencialidad de quienes se acojan a ella, evitando que los ciudadanos sepamos qué intereses fueron beneficiados.

Es el síntoma de una democracia enferma.

68. *Capital*, «La delicada zona gris».
69. Íd.

## Capítulo seis

# LOS MONOPOLIOS Y «UN PINCHE TRIBUNAL»

*Rara vez se verán juntarse los de una misma profesión u oficio, aunque sea con motivo de diversión u otro accidente extraordinario, que no concluyan sus juntas y sus conversaciones en alguna combinación o concierto contra el beneficio común, conviniéndose en levantar los precios de sus artefactos o mercaderías*

Adam Smith, *La riqueza de las naciones*

«Yo era amigo de Ricardo Lagos...» Francisco Fernández Fredes, socialista, abogado, habla con una media sonrisa cargada de nostalgia. Luego endurece la mirada y se gira hacia la pared de su oficina, donde cuelga una fotografía enmarcada de Salvador Allende. «Yo fui colaborador del Presidente Allende. Ahí tengo un retrato de él, autografiado y dedicado a mi persona. Para mí Lagos representaba lo mismo. Tenía la misma admiración por él. Entonces, cuando constaté que una figura por la cual sentía aprecio, admiración y cariño, se había apartado tanto de esos valores...» Deja la frase resonando mientras busca cómo cerrarla: «... fue muy amargo», se decide al fin.

Es el invierno de 2015 y Fernández habla en su oficina en el Tribunal Constitucional, cargo que ha ocupado por nueve años, designado por la Corte Suprema, y que se apresta a dejar.[1] Antes fue profesor en la Universidad de Chile, director del Sernac y miembro del Comité Central del Partido Socialista. Antes aun, exiliado en México durante la dictadura. Y mucho antes, en los sesenta, colaborador en las primeras aventuras electorales de un brillante académico llamado Ricardo Lagos.

Se conocieron en la Escuela de Derecho de la Universidad de Chile, cuando Lagos era ayudante en la cátedra del senador radical Alberto Baltra, y Fernández, su alumno. Ambos provenían del Instituto Nacional. «En la reforma universitaria interactuábamos bastante», recuerda

1. Francisco Fernández dejó su cargo como miembro del Tribunal Constitucional el 27 de agosto de 2015.

Fernández. «Trabajé por él en la campaña de decano de la Facultad, que perdió [en 1969] contra Eugenio Velasco. Y [antes] para director de la Escuela de Ciencias Políticas y Administrativas, que la ganó».

Luego vino el golpe y, para Fernández, el exilio en México, donde trabajó en el Instituto Nacional del Consumidor. Especializado en la materia, en 1989 volvió a Chile y preparó el primer proyecto de ley de defensa del consumidor, que dio origen al Sernac. En 1993, Patricio Aylwin lo designó director de ese servicio. Ahí estuvo hasta 1998, cuando se sumergió en la política partidista, en medio del entusiasmo del PS por la candidatura de su «líder natural», Ricardo Lagos. Cuando el Presidente electo lo llamó, en el verano de 2000, Fernández pensaba en volver al Sernac, pero Lagos tenía otra idea: aconsejado por Carlos Ominami, le ofreció asumir como fiscal nacional económico.

—Te lo agradezco, Ricardo, pero no es mi especialidad. Soy abogado, no economista. Me sentiría más cómodo trabajando en la protección al consumidor.

—Lo vas a hacer bien ahí, tienes buena formación.

—Pero, Ricardo, en ese puesto se pisan muchos callos, habrá muchas presiones, necesito respaldo político.

—Lo vas a tener.

—¿Cuál?

—El mío. El del Presidente de la República.

Fernández aceptó. «Yo no soy un cultor de la economía de mercado, pero mi responsabilidad era ser el árbitro. Garantizar que imperara la justicia, el juego limpio, la honestidad», recuerda.

Diecisiete meses después, ese juego había terminado. Diecisiete meses de presiones políticas en beneficio de poderes privados, y de gestiones gubernamentales para afectar la libre competencia, pasando por encima de las instituciones que debían resguardar a los ciudadanos.

Esta es una historia que se cuenta aquí por primera vez.

## Salvar al capitalismo de los capitalistas

«Un hombre vivía en una casa construida con ladrillos de monopolio, con ventanas de vidrio de monopolio; se calentaba con carbón de monopolio (...) que quemaba en una chimenea fabricada con hierro de monopolio (...) Se lavaba con jabón de monopolio, y en su ropa, ponía almidón de monopolio. Se vestía con encajes de monopolio, lino de monopolio, piel de monopolio, hilo de oro de monopolio (...) Se sujetaba la ropa con cinturones de monopolio, botones de monopolio y alfileres de monopolio. Se teñía con tintes de monopolio. Comía mantequilla de monopolio, pasas de monopolio, arenques rojos de monopolio, salmón de monopolio y langostas de monopolio. Condimentaba la comida con sal de monopolio, pimienta de monopolio y vinagre de monopolio. Escribía con plumas de monopolio, leía (con gafas de monopolio, a la luz de las velas de monopolio) libros impresos por un monopolio».[2]

Así describía el historiador Christopher Hill el mercado británico en el siglo XVII. Para 1621, se calcula que había cerca de setecientos monopolios legalmente autorizados en las islas británicas. Contra ese estado de cosas reaccionó el fundador de la economía moderna, Adam Smith, cuando publicó en 1776 uno de los libros más influyentes de la historia, *La riqueza de las naciones*. En él, aboga por la libre competencia y por la «mano invisible» del mercado como silenciosa rectora de la economía. Pero también advierte sobre fuerzas poderosas que operarán, desde las mismas empresas, contra el ideal competitivo.

«Los intereses de los que comercian en ciertos negocios particulares o manufacturas no solo son diferentes, sino enteramente opuestos al beneficio común», escribió el economista escocés. «Ampliar la venta de sus productos y restringir la competencia es siempre interés de los comerciantes, en tanto ampliar el mercado es muy conforme al interés público.»[3]

Así, Smith dejó sentada, hace más de dos siglos, la tensión básica de las economías de libre mercado. El interés de los consumidores es contar con una competencia libre y abierta, en que las empresas deban luchar por el favor del público ofreciendo alta calidad, productos diferenciados y precios bajos. En cambio, el interés de los dueños de las empresas es evitar esa competencia que, en teoría, los obliga a aumentar calidad, bajar precios y reducir sus márgenes de ganancia.

¿Quién ganará? La respuesta es política.

2. Citado en Daron Acemoglu y James A. Robinson, *Por qué fracasan los países*, Barcelona, Deusto, 2012, 225-226.
3. Adam Smith, *La riqueza de las naciones*, libro I, capítulo XI, México, Fondo de Cultura Económica, 1958, 279.

Si la democracia funciona, el interés general del público, que es consumidor a la vez que votante, se impondrá. La «mano visible» del Estado actuará para castigar prácticas anticompetitivas, evitar distorsiones y derribar las barreras de entrada, de modo que los incumbentes estén bajo permanente amenaza de nuevos competidores. En los casos en que existan monopolios naturales, serán adjudicados por ventas o licitaciones transparentes, y regulados para evitar abusos.

En cambio, si los incumbentes logran usar su poder económico para instrumentalizar el Estado en su favor, levantarán barreras que impidan la competencia, desarmarán a los consumidores y someterán a los nuevos emprendedores que quieran desafiarlos. O, a espaldas del Estado, podrán aumentar precios y repartirse cuotas de mercado. Los monopolios y los oligopolios florecerán cómodamente, sin transparencia ni regulaciones adecuadas.

«Lo mejor de las utilidades monopólicas es una vida tranquila», decía el Premio Nobel de Economía John Hicks.[4] «Los que tienen el poder —los incumbentes— quieren mantenerlo. Se sienten amenazados por los mercados libres», escriben los economistas de la Universidad de Chicago Raghuram Rajan y Luigi Zingales en un libro con un título brillante: *Saving capitalism from the capitalists.*

La preocupación de estos «Chicago boys» del siglo XXI, fervientes partidarios del libre mercado, por cierto, es la misma de Smith: el capitalismo es demasiado importante para dejarlo en manos de los capitalistas. «La amenaza —escriben Rajan y Zingales— viene de los incumbentes, aquellos que ya tienen una posición establecida en el mercado y quieren mantenerla en exclusividad. La identidad de los incumbentes más peligrosos depende del país y de la época, pero ese papel lo han tenido en distintos momentos la aristocracia terrateniente, los dueños y gerentes de las grandes empresas, sus financistas y los sindicatos.»[5]

La disputa, entonces, enfrenta a unos pocos capitalistas establecidos, que concentran gran poder y muchos incentivos para actuar, con

4. Citado en Claudio Agostini, «Institucionalidad e incentivos para la libre competencia», Expansiva Serie En Foco 99, 4.
5. Raghuram G. Rajan y Luigi Zingales, *Saving Capitalism from the Capitalists: Unleashing the Power of Financial Markets to Create Wealth and Spread Opportunity*, Nueva York, Crown Business, 2003, 277.

una enorme cantidad de consumidores/ciudadanos, dispersos, desorganizados y generalmente ignorantes de lo que está en juego. Eso vuelve al libre mercado «políticamente débil», advierten Rajan y Zingales. Por eso, el capitalismo real suele estar «muy lejos del ideal. Es una versión corrupta, en la cual intereses poderosos evitan que la competencia cumpla su función natural y saludable».[6]

Las consecuencias de esta pugna van mucho más allá del precio de los productos o de la renta que puedan obtener los dueños de empresas. Pueden definir el éxito o el fracaso de un país. En su libro *Barriers to Riches* («Barreras a los ricos»),[7] los economistas Stephen L. Parente y Edward Prescott muestran cómo el PIB per cápita baja cuando la defensa de la libre competencia es débil.

## La destrucción creativa

En 1589, el sacerdote William Lee inventó una máquina de tejer medias, capaz de hacer mucho más rápido y barato el proceso de producción. Entusiasmado, llevó su invento desde Calverton, un pueblo en el centro de Inglaterra, hasta Londres, para mostrarlo a la reina Isabel I. Pero ella se negó en redondo a concederle una patente. «Considerad qué podría hacer esta invención a mis pobres súbditos. Sin duda, sería su ruina al privarles de empleo», dijo la reina. Su sucesor, Jacobo I, también se negó a considerar el invento, por las mismas razones.[8]

A Isabel y Jacobo les preocupaba que el reemplazo tecnológico generara conflictos sociales que amenazaran su poder. Y por ello frenaron una creación que pudo haber adelantado la revolución industrial. «La elite, sobre todo cuando ve amenazado su poder político, forma una barrera enorme para hacer frente a la innovación», dicen Acemoglu y Robinson.[9] La elite política y económica le teme a la «destrucción creativa», concepto popularizado por Joseph Schumpeter para describir el motor del capitalismo. En *Capitalismo, socialismo y democracia*, el

6. Íd., 25.
7. *Barriers to Riches* (Walras-Pareto Lectures), Cambridge, Mass., The MIT Press, 2000, edición kindle.
8. Acemoglu y Robinson, *Por qué fracasan los países*, 220.
9. Íd., 221.

economista austriaco explica este «proceso de mutación industrial que revoluciona incesantemente la estructura económica *desde adentro*, destruyendo incesantemente lo viejo, creando incesantemente lo nuevo».[10]

El crecimiento económico, por lo tanto, debiese ser un proceso traumático, que desestabiliza a las elites, al producir nuevos ganadores y eventuales nuevos perdedores. Estos eventuales perdedores, económicos y políticos, usarán entonces su poder para bloquear el cambio y mantener su posición de privilegio. Pensemos en industrias como las de las diligencias, el fax o los discos compactos, barridos del mercado por innovaciones como el Ford T, el correo electrónico y la música digital. Todos fueron arrasados por la «destrucción creativa» causada por la innovación. Pero esta «destrucción creativa redistribuye no solamente la renta y la riqueza, sino también el poder político».[11] La Revolución Industrial fue fundamental para crear una democracia en el Reino Unido, al desplazar el poder del rey y la nobleza terrateniente hacia la nueva burguesía urbana industrial y, luego, a las masas organizadas en sindicatos y partidos políticos. Isabel y Jacobo tenían razón al intentar bloquear las nuevas tecnologías.

Esa resistencia ocurre en todos los países y en todas las épocas. «Ese sistema de locomoción traerá la ruina de los propietarios de carretas», dice un político santiaguino al oponerse a la llegada del ferrocarril, en la novela *El roto*, de Joaquín Edwards Bello. Y al intelectual venezolano Andrés Bello lo tacha de «miserable aventurero», por fomentar la importación de ese medio de transporte.[12]

Hoy mismo, la revolución de las comunicaciones no solo está creando nuevos imperios económicos (Microsoft, Google, Facebook...) y destruyendo otros. También está redistribuyendo el poder político en favor de estos entrantes, pero potencialmente también de los ciudadanos, lo que amenaza de paso el poder de las elites. El papel de las redes sociales en la fugaz «primavera árabe» y los denodados esfuerzos de la dictadura china por bloquear el acceso de la población a ellas son solo dos ejemplos del poder desestabilizador de la «destrucción creativa».

«La teoría básica de Adam Smith es que sin competencia no hay progreso», afirma el economista chileno Gabriel Palma. «El capitalismo

10. *Capitalismo, socialismo y democracia*, Madrid, Aguilar, 1961.
11. Acemoglu y Robinson, *Por qué fracasan los países*, 246.
12. Joaquín Edwards Bello, *El roto*, 20ª edición, Santiago, Universitaria, 2006, 2 y 3.

puede ser un gran motor de cambio, pero eso depende cien por ciento de la competencia. Si le sacamos la competencia, nos quedamos con un enjambre de redes, rentistas y especuladores.» «Hace cuarenta o cincuenta años, Chile exportaba cobre, vino, frutas, salmones y un poco de madera. Hoy, Chile exporta más o menos lo mismo», dice el exministro de Hacienda Andrés Velasco. ¿Cuántos símiles de Henry Ford o Mark Zuckerberg se cuentan entre los grandes empresarios chilenos? ¿Cuántas fortunas locales se basan en la creatividad y la innovación? «Cuando se gana mucha plata con las rentas derivadas de los recursos naturales y los momentos de auge de los precios, hay mucha gente que dice para qué innovar, diversificar y arriesgar», explica Velasco. «La clase empresarial chilena se ha vuelto poco innovadora y algo rentista.»

Coincide el diputado UDI Jaime Bellolio, un «Chicago boy» de esta década, estudioso de economistas liberales como Smith y Schumpeter. «Muchas veces el empresario deja de ser emprendedor y se vuelve un rentista más, no muy distinto de los nobles guillotinados en Francia», reconoce, y lanza una advertencia: «Si la capacidad de generar destrucción creativa se detiene, el sistema se osifica y eso nos lleva al mundo capitalista temido por Marx. Y claramente, yo no quiero que gane él».

«¡Es la política, estúpido!», resume el economista turco Dani Rodrik, citando muchos ejemplos de cómo, en distintos tiempos y lugares, «las elites poderosas manipulan las reglas para beneficiarse en detrimento de la mayoría».[13]

¿Nos pone nuestra chilena democracia al resguardo de esa manipulación de las elites, por las elites y para las elites?

## Monopolios a la chilena

«Hay monopolio u oligopolio en las siguientes actividades: papeles y cartones, vidrios planos, envases de vidrio, cemento, hierro, maderas, gas, molinos de trigo, hilados de algodón y de rayón, cigarrillos, fósforos, calzados y cerveza».[14]

El recuento es de Jorge Ahumada y se refiere al Chile de 1958, en una economía muy distinta a la actual: con bajo ingreso per cápita,

13. Citado en Acemoglu y Robinson, prefacio.
14. Jorge Ahumada, *En vez de la miseria*, Santiago, Del Pacífico, 1958, 173.

restricciones a las importaciones, y un «desarrollo hacia adentro» que protegía a una precaria industria nacional. Pero, pese al radical giro de la economía chilena después de 1973, hay algo que se mantiene: los monopolios y oligopolios siguen campeando. Si replicamos el ejercicio de Christopher Hill para el Chile de 2015, podemos decir que hoy nos sentamos ante una pantalla alimentada por energía de oligopolio, nos conectamos a un proveedor de internet oligopólico, para comprar un pasaje aéreo de oligopolio, y pagar con nuestra cuenta en un banco de oligopolio, mientras tomamos una bebida de oligopolio y fumamos un cigarrillo de monopolio.

Recordemos lo que dice Gabriel Palma: «Chile no es ni ha sido nunca una economía de mercado. Chile es una economía de grupos de mercado. Existe muy poca competencia entre los grupos grandes. En el sector económico que uno mire, hay dos o tres empresas que lo controlan, y que se coluden de forma explícita o implícita».

Algo parecido constata Jaime Bellolio: «La empresa tradicional chilena fue, primero, contraria a la apertura de la economía. Luego, fue favorable a la apertura mientras esto le significó flujos, y ahora es cada vez más favorable a múltiples regulaciones (o no regulaciones) que signifiquen barreras de entrada para emprendedores». «Existen mercados de servicios casi totalmente capturados por actores dominantes que obtienen rentas monopólicas sin verse obligados a competir», coincide otro diputado UDI, el expresidente de ese partido Ernesto Silva.[15]

Un ejemplo de cómo una buena regulación puede potenciar de verdad la competencia es el multicarrier para las llamadas telefónicas de larga distancia, cuya implementación, en 1994, bajó los precios a la mitad e hizo crecer las llamadas al doble. Ganaron los usuarios, que recibieron el servicio a menor precio; las empresas nuevas, que pudieron entrar en un mercado antes cerrado; y los trabajadores, ya que se crearon nuevos puestos de trabajo. El único perdedor fue Entel: con el fin de su monopolio «sus utilidades cayeron dramáticamente y el directorio decidió el despido de su gerente general».[16]

Los poderosos incumbentes tienen mucho que perder. Por eso, la voluntad política para defender la libre competencia ha sido siempre

15. Ernesto Silva, *Aire nuevo para Chile. Un recambio* necesario, Santiago, RiL editores, 2015, 44.

16. Eduardo Engel y Patricio Navia, *Que gane «el más mejor». Mérito y competencia en el Chile de hoy*, Santiago, Debate, 2011, capítulo 3.

débil. En 1959 se dictó la primera ley antimonopolios, que prohibió la entrega de monopolios comerciales, tipificó delitos contra la competencia y creó la Comisión Antimonopolios. En 1963 se creó el cargo de fiscal nacional económico, que fue asumido entonces por Waldo Ortúzar (fundador y socio del estudio de abogados Ortúzar, Feliú y Sagües). Pero era una institucionalidad anémica: la comisión dependía del gobierno de turno, no tenía presupuesto propio, y ni siquiera contaba con un local donde sesionar.

Tras el golpe militar se dictó el Decreto Ley 211, de 1973, que establecía penas de cárcel para los infractores. Pero en la práctica la autoridad se concentró en desarmar los privilegios de los colegios profesionales, a los cuales les prohibió restringir el ejercicio profesional o fijar aranceles por los servicios. Lo mismo con los sindicatos: el DL 2.760, de 1979, prohibió las restricciones a la «libertad de los trabajadores» y sancionó a quienes «entraben el legítimo acceso a una actividad o trabajo». Varios fallos obligaron a abrir oficios como el de suplementero o vendedor viajero más allá de los miembros de una asociación.

Así se liberó el mercado del trabajo, pero no hubo el mismo rigor para el resto de los mercados, donde las privatizaciones en muchos casos significaron pasar de un monopolio estatal a uno privado, sin regulaciones efectivas. En cuanto a la independencia del fiscal nacional económico, por supuesto no existía. «Me siento absolutamente identificado con el actual gobierno», proclamaba Waldo Ortúzar, a quien su incondicionalidad le trajo buenos réditos: cumplió veintisiete años en el cargo, que recién abandonó con el regreso de la democracia, en 1990.

## Lan: los hechos consumados

Entre 1985 y 1990, en el último tercio de la dictadura, cerca de treinta empresas públicas pasaron a manos privadas. Muchas de ellas proveían servicios con poca o ninguna competencia: Endesa en el sector eléctrico, Iansa en el azúcar, Lan en la aviación comercial, CTC en la telefonía, CAP en el acero, SQM en la sal y Entel en las telecomunicaciones.

Una de las justificaciones para este acelerado proceso privatizador fue abrir estos mercados a la competencia. Algo que no ocurrió. Más allá de lo oscuro del proceso, las pérdidas sufridas por el Fisco y las maniobras de muchos cercanos al régimen que se apoderaron de estas compañías aprovechando su información privilegiada, lo cierto es que la ola privatizadora significó un problema adicional: la creación de monopolios u oligopolios privados, capaces de concentrar mercados y evitar la competencia.

Un caso es el de Lan. Privatizada en 1989, la Línea Aérea Nacional competía con Ladeco en el mercado de la aviación comercial. En 1994, mismo año en que el entonces senador Sebastián Piñera se convertía en uno de los dueños de la compañía, Lan negociaba la compra de su competidor. La transacción tenía un problema evidente: significaba concentrar el 85,1% del mercado de pasajeros y el 83,4% del transporte de carga en manos de una sola empresa. Lan pidió a la Comisión Preventiva Antimonopolios autorización para la compra. La solicitud fue denegada, la apelación fue rechazada, y cuando Lan recurrió al fiscal nacional económico, Rodrigo Asenjo, este también la impugnó, con un argumento obvio: la fusión creaba «condiciones monopólicas» en el mercado aéreo nacional.[17]

La empresa controlada por los Cueto y Piñera insistió ante la Comisión Resolutiva Antimonopolios. Y esta, contrariando todos los dictámenes anteriores, permitió la fusión en 1995, en un fallo en que decretó que la ley «no sanciona ni prohíbe la existencia de empresas que ocupen una posición dominante o monopólica en un determinado mercado».[18] Sí, leyó bien: la Comisión Antimonopolios fallaba que no le competía evitar los monopolios.

Es cierto que en Chile, tal como en Estados Unidos con la ley Sherman, se sanciona el abuso de posición monopólica o dominante, y no la mera existencia del monopolio. Sin embargo, una fusión como esta es diferente, ya que reduce hasta prácticamente eliminarla la competencia en un mercado.

Esta comisión estaba integrada por cinco miembros: un ministro de la Corte Suprema, designado por sus pares; un decano de Derecho y otro de Economía, elegidos por sorteo, y dos funcionarios de gobierno. A favor de Lan votaron el juez Mario Garrido, el ministro de Justicia y Relaciones Exteriores de la dictadura Jaime del Valle (como decano de Derecho de la Universidad Católica) y los dos funcionarios de gobierno:

17. Comisión Resolutiva Antimonopolios, Resolución 445 del 10 de agosto de 1995, fne.gob.cl.
18. Íd., 11-12.

el director del INE, Alexis Guardia, y, como subrogante del superintendente de Valores y Seguros, el PPD Pedro Mattar. Un nombre, este último, que tendría un rol crucial más adelante.

La comisión exigió a Lan que presentara en noventa días un proyecto de «autorregulación tarifaria». Pero la empresa ni siquiera cumplió con eso. Tras múltiples postergaciones, recién el 28 de octubre de 1997 el plan fue aprobado. Lan ya había aprendido que una «comisión antimonopolios» que no veía problema alguno en los monopolios no debía tomarse demasiado en serio. Pese a que el organismo había instruido que Lan y Ladeco debían operar por separado, pronto la empresa anunció la fusión de las operaciones. En 2001, la marca Ladeco desapareció, justo en los momentos en que Avant Airlines, la pequeña «competidora» del nuevo conglomerado aéreo, quebraba y cerraba sus operaciones. Lan entonces creó Lan Express, una marca de su propiedad para vuelos nacionales, que fue tratada por la Junta de Aeronáutica Civil como si fuera una empresa separada para fines regulatorios y el cumplimiento del plan de autorregulación.

«Las restricciones no se cumplieron», reconoce el entonces fiscal nacional económico, Francisco Fernández. «Me acuerdo que nosotros lo comentábamos en la Fiscalía, en el sentido de que debía reprochársele a Lan el incumplimiento de algunas de esas medidas de compromiso», dice, y agrega con resignación: «Pero del comentario no pasamos, en verdad. Porque se van creando dinámicas propias de los hechos consumados».[19]

Fernández ya estaba derrotado. Sus diecisiete meses al mando estaban terminando. Como veremos, ya había perdido sus dos grandes batallas, y la pelea por la competencia en el mercado aéreo ni siquiera la libró.

## Las chispas de Yuraszeck

La privatización del complejo eléctrico del Estado tuvo un gran ganador: José Yuraszeck. Como gerente general de la estatal Chilmetro, diseñó el proceso privatizador, y aprovechó de privatizarse con él. A través del control del supuesto «capitalismo popular» de las sociedades

---

19. Patricio Bernedo, *Historia de la libre competencia en Chile 1959-2010*, Santiago, Fiscalía Nacional Económica, 2013, 155.

Chispas, salió de la dictadura convertido en el controlador de la sociedad Enersis y de su filial Chilectra, dedicada a la distribución eléctrica.

Pero Yuraszeck quería más. La privatización de Endesa le abrió el apetito para integrar verticalmente toda la industria: generar, transmitir y distribuir la energía. El 19 de abril de 1990, usando su 12,15% de la propiedad de Endesa, se alió con el creador del sistema de AFP, José Piñera. Actuando en conjunto con un grupo de AFP, logró elegir de común acuerdo a la mayoría del directorio de Endesa. Piñera fue apoyado por AFP Habitat (4,56% de las acciones). Yuraszeck, por Concordia (0,27%), y Summa (2,56%).[20]

Yuraszeck repetía el empleo de la misma palanca. Si antes había usado los fondos de los pequeños accionistas para controlar por medio de las Chispas a Enersis, ahora utilizaría los fondos de pensiones de los chilenos para capturar el control de Endesa.

Comenzaba así la primera batalla por evitar los monopolios en la energía eléctrica.

El abogado DC Ramón Briones denunció a Enersis, y el fiscal económico, Gilberto Villablanca —sucesor de Ortúzar y primero en ocupar el cargo tras el retorno de la democracia—, le dio la razón, constatando que la integración vertical «crearía de hecho un poder monopólico», en perjuicio de los usuarios. Entonces Briones buscó respaldo político. «Fui a hablar con Jaime Tohá, que era ministro de Energía, para pedir ayuda del gobierno. Y él me dijo: "No nos podemos meter en el tema eléctrico y en el control de la electricidad"».

Briones no quedó conforme. Y apuntó más alto. Al Presidente de la República. Patricio Aylwin recibió a su correligionario en La Moneda. «Don Patricio me dijo: "Mire, don Ramón, no le quiero pedir que se eche a morir, la pelea hay que seguirla dando, pero yo no lo puedo apoyar oficialmente como gobierno"», recuerda Briones. El abogado pidió razones y el Presidente se las dio. Eran del más crudo realismo político: «Yo tengo un frente que son los militares y tengo la preocupación de que esta gente pueda aliarse con los militares», le dijo Aylwin, refiriéndose al poder empresarial representado por personeros como «los Pepes» (José Yuraszeck y José Piñera). «Si ellos actúan junto a Pinochet, pueden crearme problemas mayores a los que ya tengo», le explicó Aylwin.

20. Presentación de Ramón Briones ante el fiscal nacional económico.

La batalla se resolvió a favor del «zar de la electricidad» el 2 de junio de 1992, cuando la Comisión Antimonopolios no solo desechó los argumentos del fiscal, sino que autorizó a Enersis a seguir comprando paquetes de Endesa. Los votos a favor del financista de la UDI José Yuraszeck vinieron del juez Enrique Zurita y de los académicos Sergio Gaete y Julio Dittborn. Gaete había sido ministro de Educación de Pinochet, mientras que Dittborn acababa de dejar la presidencia de la UDI, que ejerció hasta el 19 de febrero de 1992. Los dos representantes del gobierno —el superintendente de Valores y Seguros Hugo Lavados y el director subrogante del Instituto Nacional de Estadísticas Abraham Dueñas— votaron en contra.

Ya en 1994 Endesa dominaba el 65% de la generación eléctrica y el 100% de la transmisión, mientras el 40% de la distribución estaba en manos de Chilectra, filial de Enersis que, a su vez, controlaba Endesa a través de la propiedad directa del 14%, y del manejo de su directorio. Pese a ello, en 1997 la Comisión Resolutiva Antimonopolios rechazó un nuevo intento del fiscal económico por separar el patrimonio y la administración de las empresas, esta vez con el voto conforme de los dos delegados del gobierno (el director del INE, Alexis Guardia, y el director de Aduanas, Enrique Fanta).

A esas alturas, Yuraszeck estaba saliendo del mercado eléctrico, al vender Enersis a Endesa España. Por cierto, el «negocio del siglo» se convertiría en el «escándalo del siglo»: en 2004, tras un largo proceso judicial, Yuraszeck y sus aliados fueron condenados al pago de multas por US$75 millones, por usar en beneficio propio y en desmedro de los accionistas minoritarios su posición dominante en la empresa.

La siguiente batalla por los monopolios eléctricos sería protagonizada por los nuevos dueños españoles. Y esta vez La Moneda no se limitaría a encogerse de hombros: actuaría decididamente en pro de los intereses del gran capital.

## Los españoles, el fiscal y el juez

Tras comprar Enersis a Yuraszeck, los españoles se movieron rápido. En 1999, usando la política de hechos consumados, sin pedir autorización, compraron un paquete adicional de acciones de Endesa que los dejó con el control del 60% de la generadora. Completaban así lo que el «zar» había dejado pendiente: el dominio absoluto de los principales actores de la generación y la distribución eléctrica.

Pero habría escollos en su camino.

El primero fue el fiscal Rodrigo Asenjo, quien encabezó la Fiscalía Nacional Económica durante el gobierno de Eduardo Frei Ruiz-Tagle. Militante DC, exjefe de gabinete de Enrique Krauss en Interior, este fiscal enérgico e impetuoso llegó a barrer con las prácticas impropias de su oficina. «Muchas veces los temas o las dificultades vinculados a la competencia se transaban en el escritorio del fiscal, y se llegaba a avenimientos. Eso lo encuentro inconcebible», recordó años después de dejar el cargo.[21] Y el fiscal no transaba ante el lobby desatado, que iba mucho más allá de las empresas directamente interesadas. «Recibí muchas llamadas de diversos personeros (...) Muchos funcionarios, parlamentarios, jefes de otros servicios y empresarios».[22]

*El Mercurio* aseguraba que Asenjo «se había convertido en el terror de muchas empresas»,[23] y de hecho no dudó en impugnar la operación que dejó a los españoles con el control de Endesa, advirtiendo que si se concretaba «incrementará brutalmente el grado de integración vertical» del mercado.[24] Además, pidió a la Comisión Antimonopolios obligar a Endesa España a deshacerse de sus acciones y multarla por actuar sin autorización, además de urgir al gobierno a enviar un proyecto de ley que frenara la concentración del sector eléctrico.

El 11 de marzo de 2000, con el dictamen de la comisión aún pendiente, Asenjo dejó el cargo junto al fin del mandato de quien lo había nombrado, Eduardo Frei. Llegaron a La Moneda Ricardo Lagos y a la FNE Francisco Fernández. Entonces, en una movida estratégica, los españoles vendieron la transmisora Transelec al grupo canadiense Hydro-Québec, e insistieron luego en que se visara la compra de Endesa.

Las presiones se acumulaban sobre el escritorio de Fernández. Y venían directamente del Palacio de La Moneda. Según relata, quien lo llamaba era el ministro secretario general de la Presidencia, Álvaro García, en un diálogo que era cada vez más áspero:

---

21. Íd., 148.
22. Ibíd.
23. Luis Fromin, «El poder incontrarrestable», *El Mercurio*, 5 de diciembre de 1999.
24. Comisión Resolutiva Antimonopolios, Resolución 667, 30 de octubre de 2002.

—Tienes que retirar el recurso de Asenjo. Las condiciones cambiaron; los españoles ya vendieron Transelec.

—Esperemos que el tribunal decida eso.

—No. Tienes que retirar tú el recurso.

—No quiero aparecer involucrado, cediendo frente a los españoles.

—Te estoy transmitiendo la inquietud directa del Presidente. El proceso debe terminar. Ten cuidado. El Presidente está preocupado.

Los llamados son desmentidos por García. «Jamás hablé con el fiscal económico de un asunto así, ni me prestaría para hacerlo», afirma.

«El entonces representante de Endesa en Chile fue varias veces a la Fiscalía por esta causa, y me dijo que se lo había planteado al Presidente como una inquietud muy importante para ellos. Quería que este proceso terminara», recuerda Fernández. La conversación con Lagos se habría producido durante un viaje a España.

Los poderes tras Endesa España eran de temer: sus principales accionistas eran los bancos Santander y Central Hispano. Ya veremos que ellos movieron también sus hilos en otro caso de libre competencia en Chile, esta vez en el sector bancario.

Fernández resistió. No retiró el recurso, y dejó el caso en manos de la Comisión Antimonopolios. Y ahí apareció otro protagonista crucial: el ministro de la Corte Suprema José Luis Pérez Zañartu.

Este pertenecía a la Corte desde 1998, cuando se incorporaron abogados externos al tribunal tras la reforma que pretendía inyectarle aire fresco a la institución. Pronto fue designado por sus pares como presidente de la Comisión Resolutiva Antimonopolios. Y ocurre que Pérez Zañartu tenía una estrecha relación con Endesa: había trabajado como abogado en esa empresa estatal por veintiséis años. Hasta que se topó de frente con el poder de José Yuraszeck.

Todo ocurrió ese 19 de abril de 1990 en la junta de accionistas en que Yuraszeck, aliado con José Piñera y las AFP, intentaba tomar el control del directorio de la empresa. Entonces, el abogado Pérez Zañartu impugnó el sufragio que había emitido el «zar», y que equivalía a 220 millones de acciones:

—No es válido.

—Pero si está firmado por mí.

—Eso no es suficiente. No tiene nombre, no sale el beneficiario del voto.

—¡Pero cómo, está firmado!...

—Sí, y está en blanco. No es válido. No se contabiliza.

De todos modos, Yuraszeck se hizo con el control del directorio, y el choque entre el impetuoso empresario y el puntilloso abogado se resolvió rápidamente: Pérez Zañartu debió renunciar a su empresa de toda la vida. Con esa experiencia, cuando una década después el caso FNE versus Enersis llegó a sus manos, él encabezó las discusiones en la comisión: conocía perfectamente el sector eléctrico y entendía que la integración vertical era inaceptable. «Yo sopesaba perfectamente las consecuencias: se acaban las licitaciones, se acaba todo, porque comprador y vendedor serían lo mismo», explica.

Coincidían con él los economistas José de Gregorio, Eduardo Engel, Ronald Fischer, Alexander Galetovic, Patricio Meller, Alejandra Mizala, Andrea Repetto y Pilar Romaguera, quienes publicaron una inserción alertando el riesgo de que «el monopolio natural eluda la regulación, permitiendo que la firma integrada obtenga rentas monopólicas». «Creemos que fue un error permitir que Enersis tomara el control de Endesa», concluían los expertos.[25] Ese razonamiento convenció a los dos funcionarios del gobierno en la comisión: Alberto Undurraga, director del Sernac (hoy ministro de Obras Públicas), y Eduardo Jacquin, director subrogante de Aduanas. Con el caso decidido, Pérez se abocó a redactar un detallado fallo de 47 puntos, que ordenaba a Enersis deshacerse de las acciones compradas en Endesa, y pagar una multa por la operación.

«Cuando el fallo estuvo listo, se lo entregué a Undurraga, y estoy seguro de que él fue donde [Jorge] Rodríguez Grossi y se lo mostró. Siempre hacía lo mismo», dice Pérez Zañartu. Rodríguez Grossi era el ministro de Economía y Energía, y Undurraga uno de sus subalternos.

La votación se produciría el miércoles 30 de octubre de 2002. Cuatro días antes, el sábado 26, el ministro de la Corte Suprema viajó a Valparaíso para visitar en su casa a Jacquin. Revisaron juntos el veredicto y quedaron de acuerdo en el voto a favor. Pero, alertado del ambiente de presiones que rodeaba el caso, Pérez Zañartu quiso asegurarse:

—Tú sabes que al gobierno no le va a gustar esto.

—No me importa.

—Puedes perder la pega.

—No tengo miedo. Ya lo hablé con mi señora y estamos de acuerdo. Tengo un negocio propio, una constructora, me las puedo arreglar.

---

25. Íd., 41.

Al momento de la votación del miércoles, sin embargo, todo cambió. La posición de Undurraga y Jacquin había girado en 180 grados. Ahora se oponían a la resolución que habían aprobado un par de días antes:

—Estoy en desacuerdo. Obliga a Endesa a vender sus acciones a un precio ridículo —dijo Jacquin.

—No es así, se le da un plazo de cinco años para vender —retrucó Pérez.

—No, no. Esto podría generar una debacle en el mercado.

Jacquin y Undurraga votaron a favor de los españoles. Sumados sus sufragios a los de los académicos Patricio Rojas, decano de Economía de la Universidad Finis Terrae, y Antonio Bascuñán, decano de la Facultad de Derecho de la Universidad de Chile, dieron vuelta el fallo, y, por 4 votos contra 1, consagraron la integración vertical en el mercado eléctrico chileno.

«Hubo falta de independencia, lamentablemente», recuerda hoy el ministro Pérez Zañartu. «[El Presidente] Lagos llamó personalmente a Jacquin y Undurraga para ordenarles que votaran en contra», asegura el abogado Ramón Briones. «Lo sé de una fuente directa.» El llamado fue confirmado por una segunda fuente directa e independiente.

Trece años después, Jacquin intenta hacer memoria: «No recuerdo llamados del gobierno o del Presidente en ese caso», dice finalmente. ¿Desmiente haber sido presionado para cambiar su fallo? «No recuerdo ni sí ni no —contesta—. No podría confirmar ni desmentir que haya ocurrido.» Alberto Undurraga fue contactado, pero no entregó su versión.

Para Pérez Zañartu, fue el final. A modo de protesta, de todos modos adjuntó el fallo de 47 puntos a la sentencia, ahora convertido en voto de minoría. «Ya no tenía sentido seguir en esas condiciones. Así es que fui donde el presidente de la Suprema [Mario Garrido] y renuncié. Quería golpear la mesa.» Domingo Kokisch lo reemplazó como presidente de la Comisión Resolutiva Antimonopolios. También él, años después, tendría que enfrentar las presiones de La Moneda para favorecer a Telefónica.

## Suenan los teléfonos

Cuando moría el siglo XX, Telefónica dominaba Santiago, literalmente. Su edificio corporativo con forma de teléfono celular, de 143 metros de altura, era el símbolo de la época. El futuro estaba en los celulares. Y, por eso, la apertura de las frecuencias del espectro radioeléctrico para el desarrollo de la banda ancha era el negocio más esperado por las empresas del sector.

«Eso fue una vergüenza», recuerda José Luis Pérez Zañartu. «La subsecretaría de Telecomunicaciones (Subtel) había entregado frecuencias a Telefónica. Nosotros dijimos que no, que había que licitar. Y después vimos que habían armado una licitación que igual aseguraba a Telefónica quedarse con todo.»

La Subtel, dirigida por el subsecretario Christian Nicolai, publicó las normas de concesión el 29 de octubre de 1999, en plena recta final de la estrecha campaña que llevaría a Ricardo Lagos a La Moneda. Ardió Troya. Compañías como VTR, Chilesat y Telefónica del Sur reclamaron que las bases estaban hechas a la medida de la española Telefónica, la empresa dominante del mercado. Las normas obligaban a competir por concesiones nacionales, y no locales, exigían cuantiosas boletas de garantía y reducían a apenas tres las bandas por licitar. La Fiscalía reaccionó, primero a través de Asenjo y luego comandada por Fernández. Pidió aclaraciones a la Subtel, y finalmente impugnó el decreto, acusando «imperfecciones cuyos efectos entorpecen o restringen la libre competencia».[26]

En esos días febriles, Pérez Zañartu recibió una visita en su oficina de la Corte Suprema. «Era un exministro de Estado. Un viejo y querido amigo, así es que lo recibí a la chacota, tirando la talla», recuerda.

—No, esto es muy serio, vengo de parte del Presidente de la República.

—...

—Es por el fallo en la Comisión. El Presidente dice que Chile necesita más capitales, que hay que permitir la inversión de Telefónica.

—Si le preocupa tanto, dile que se quede tranquilo. Hay más de veintisiete empresas internacionales, algunas más grandes que Telefónica, interesadas en participar en la licitación. Así es que inversión va a haber.

—Pero para el Presidente es importante...

Entonces Pérez cambió el tono.

—¿Tú me dices que vienes de parte de don Ricardo Lagos? ¿El que dice que las instituciones funcionan? Bueno, dile que las instituciones van a funcionar.

26. Comisión Resolutiva Antimonopolios, Resolución 584, 27 de septiembre de 2000, 12.

¿Quién era el misterioso recadero? «Prefiero no decirlo. Porque después siguió siendo mi amigo, y no hablamos nunca más del tema», cierra Pérez con una sonrisa.

Ricardo Lagos niega haber ordenado esa gestión. «No creo que nadie pueda atribuirse el nombre mío para esos efectos», dice. ¿No le pidió a nadie que conversara con Pérez? «En absoluto.»

El 27 de septiembre de 2000, la Comisión Resolutiva Antimonopolios ordenó a la Subtel rehacer la licitación, aumentando la subdivisión de bandas, permitiendo licitaciones locales, y evitando que las boletas de garantía fueran «una barrera de entrada injustificada para los usuarios».[27]

Pero esa era solo la batalla preliminar. El combate de fondo comenzaría recién entonces.

Telefónica tenía un gran objetivo: la libertad tarifaria. Ya en 1998, durante el gobierno de Frei, el fiscal Asenjo y la Comisión Antimonopolios le habían dado un portazo, ordenando al gobierno que fijara tarifas a la empresa.[28] El 18 de enero de 2001, cambio de gobierno mediante, la empresa española volvió a la carga, y pidió a la Comisión liberar las tarifas que pagaban los usuarios de teléfonos fijos. La empresa argumentaba que la cantidad de celulares ya había superado la de líneas fijas. Pero la Fiscalía se opuso, argumentando que se estaba lejos de la libre competencia: el tráfico originado en líneas de telefonía local (dominadas por Telefónica) era todavía más de diez veces el producido desde equipos móviles.

Y entonces sonaron los teléfonos.

«Mi acción incomodó mucho a Carlos Cruz (entonces ministro de Obras Públicas, Transportes y Telecomunicaciones)», dice Fernández. «Cruz era el operador de Ricardo Lagos. Su recadero. Y tenía una inclinación desembozada por favorecer a Telefónica», agrega. Según su relato, Enrique Correa y Darío Calderón[29] se sumaron al lobby de la empresa española ante la Fiscalía.

«No recuerdo yo haber tomado decisiones a favor de Telefónica», contesta hoy Carlos Cruz. «El que tiene que haberme inducido a algo, si es que alguien me indujo a algo, es Nicolai. La controversia específica la

27. Íd., 13.
28. Comisión Resolutiva Antimonopolios, Resolución 515, 22 de abril de 1998.
29. Abogado, concertacionista, miembro de varios directorios de empresas, cercano a Ponce Lerou y recaudador de campañas.

llevaba él.» Cruz sí reconoce que hablaba con Fernández sobre «criterios generales, si se justificaban o no determinadas decisiones, si Chile era o no un mercado abierto».

Contactado para esta investigación, el exsubsecretario Christian Nicolai, militante DC y actual director ejecutivo de la Comisión Nacional de Investigación Científica y Tecnológica (Conicyt), prefirió no hacer comentarios.

Lagos, por su parte, tenía una relación fluida con César Alierta, presidente de Telefónica España, con quien se reunió durante su gobierno en Santiago y Madrid. Años después, ambos coincidirían en el consejo consultivo de la Universidad de Georgetown.

También el ministro Cruz viajó a España para reunirse con Alierta, en medio del litigio por la adjudicación de frecuencias, desatando el nerviosismo de las demás empresas chilenas. Blas Tomic, vicepresidente de VTR, llamó entonces a Fernández:

—Estamos muy preocupados de lo que se pueda acordar allá a nivel político. El temor es que haya concesiones muy graves a favor de Telefónica —dijo Tomic.

—Pero tú fuiste el presidente del comando de los empresarios por Lagos, ¿por qué no le pides entrevista?

—Llevo dos meses pidiéndola y no me la concede. ¿Puedes ayudarme?

El fiscal rechazó la petición, que daba cuenta de los intereses cruzados en juego.

Si los disidentes contaban con Tomic, Telefónica sumaría luego a su directorio a un íntimo amigo del Presidente, el empresario socialista Fernando Bustamante, a quien Lagos ya había designado presidente del Metro. Pero, más allá de las amistades, Telefónica tenía otro punto a su favor en la relación con el gobierno. La empresa española había definido que para las campañas electorales donaría transversalmente a los sectores políticos, en relación con su votación en los comicios anteriores. Una rareza para la época: una compañía que, en teoría al menos, daba más dinero a la Concertación que a la Alianza.

Fernández no tiene dudas. «Aquí hubo injerencia directa de la empresa, y yo llegué al convencimiento personal de que Telefónica y otros consorcios con capital español, como Endesa, hicieron aportes significativos a las campañas», dice. «No me cupo duda de que esto era resarcirse de los aportes hechos a las campañas. Era la captura del poder político por el poder económico.»

Entrevistado para esta investigación, Ricardo Lagos rechaza cualquier intervención. «Mire, esas cosas a mí no me llegaban. No recibí presiones de [George W.] Bush, y voy a recibir esas presiones, qué quiere que le diga», dice riendo.

—Pero usted se reunía con el presidente de Telefónica. ¿Él no le comentaba estos temas?

—No, nunca. Esas cosas no se comentan. Ellos podrán hablar de las inversiones que quieren hacer, en fin, y si usted los recibe los escuchará. Pero ir a otro tipo de planteamientos es una línea que no es adecuada ni para ellos ni para la autoridad.

—¿No se lo plantearon?

—Nunca.

## «Un pinche tribunal»

Era el lunes 7 de mayo de 2001. La tensión entre el fiscal y el gobierno llegaba al máximo, con nueve conflictos entre empresas telefónicas resolviéndose en la Comisión Antimonopolios. Fernández recuerda que a las once de la mañana tenía agendada en su oficina una reunión con Carlos Cruz. El ministro de Obras Públicas insistía en que el fiscal retirara su requerimiento contra la licitación.

Pero Cruz llamó más temprano.

—El Presidente ha dispuesto que la reunión sea en su despacho, a mediodía.

Para Cruz, no se trataba de una petición tan inusual. «Siempre controversias así se llevaban al Presidente Lagos, y él dirimía», recuerda hoy. Claro que en este caso la controversia incluía a un fiscal supuestamente autónomo, y a un tribunal en teoría independiente.

Cuando llegó a La Moneda, el fiscal Fernández se encontró en territorio hostil: el ministro Cruz, el subsecretario Christian Nicolai y el director jurídico de la Presidencia, Carlos Carmona, acompañaban al Presidente.[30]

30. «He escuchado esa versión de Francisco, pero no recuerdo esa reunión específica. No podría confirmarlo ni desmentirlo», dice Carlos Carmona, hoy presidente del Tribunal Constitucional y durante varios años compañero de Fernández en ese organismo. Christian Nicolai asegura no recordar esa conversación, aunque tampoco desmiente que haya ocurrido.

Según Fernández, Lagos estaba irritado. Y, a poco de iniciada la reunión, perdió la paciencia con el fiscal:

—¿Por qué le diste entrada a los requerimientos de las empresas?

—Es mi deber. La Fiscalía representa el interés general, y en este caso está comprometido.

—Ellos quieren enturbiar las cosas, nada más.

—Eso tiene que definirlo la Comisión, Presidente.

Entonces Lagos lanzó una frase que al fiscal, con sus años de vida en México, le quedaría grabada para siempre:

—Eso es trastocar las cosas. Porque la política económica la fija el Presidente de la República y no un pinche tribunal.

Ofuscado, el Presidente preguntó a viva voz quiénes eran los miembros de la Comisión Resolutiva. Se le informó que los representantes del gobierno eran los directores del Sernac, Alberto Undurraga, y de Aduanas, Cristián Palma.

—Los quiero a los dos esta tarde a las cinco —ordenó el Presidente.

La secretaria que tomaba nota de la reunión salió rauda de la oficina. Volvió unos minutos después informando que ambos estaban en Valparaíso: Undurraga en el Congreso y Palma en la Dirección de Aduanas.

—Que vengan mañana —concedió Lagos.

Y, según el relato de Fernández, agregó:

—Si no votan conforme el gobierno estime necesario que voten, me van a presentar ambos la renuncia de inmediato.

Lagos reconoce haber convocado al fiscal a esa cita en su oficina, aunque su versión de lo ocurrido es distinta. «La resolución de la Subtel había sido objetada por el fiscal, y eso produjo un debate en la prensa muy intenso. Yo pedí que me explicaran qué había pasado, y me dijeron que pasó a la Comisión. Y la Comisión resolvió», dice hoy Lagos. Y da una interpretación distinta a la frase que tanto impactó a Fernández: «La política económica obviamente que la fija el Presidente de la República. La definición yo la hago a través de un decreto. Y el tribunal dice sí o no, porque hay una instancia jurídica. Ahora, si usted quiere deducir de eso que yo debo incidir en el tribunal, no, no me parece adecuada esa decisión [sic] suya».

—En ese momento usted pide llamar a Undurraga y Palma, ¿por qué?

—Bueno, porque ellos eran funcionarios del aparato del Estado. Pero esa parte no la recuerdo, haber hablado con esos funcionarios.

—¿Se les puede haber dado alguna sugerencia o haberles preguntado cómo iban a votar?

—No, esas cosas no las hago yo. Es un poquito ofensiva su observación, ¿no cree usted?

—No. Se lo pregunto porque…

—Y yo se lo respondo.

—¿Usted no lo hizo, en ningún momento?

—Nunca.

Sin embargo, una segunda fuente independiente confirma la presión del Presidente a por lo menos uno de los funcionarios de gobierno. Y fue directa: Lagos llamó a Alberto Undurraga a su teléfono celular, mientras él manejaba. Impresionado, el entonces director del Sernac tuvo que estacionarse para recibir los argumentos del Presidente sobre por qué era «bueno para Chile» fallar a favor de Telefónica.

En apenas tres meses, entre abril y julio de 2001, la Comisión Resolutiva debió fallar nueve casos en telefonía. Casi todos ellos enfrentaban a Telefónica con sus competidores. «Había un lobby enorme, las empresas de telecomunicaciones se tenían tomada la Comisión con demandas cruzadas, y los abogados nos llamaban para pedirnos reuniones. Yo no los recibía», dice el entonces director de Aduanas Cristián Palma.

Cuatro días después de la reunión en La Moneda, el fiscal dice haber llamado a Undurraga y Palma a su oficina.

—¿Ya les dieron las órdenes?

—Sí, pero no te preocupes, porque vamos a votar en conciencia.

Palma tiene una versión distinta de los hechos. «No me llamaron para darme instrucciones sobre cómo votar, y jamás las habría aceptado», asegura. Dice que le quedó grabada una advertencia que les hizo el juez Pérez Zañartu cuando se integró a la Comisión: «Nos hizo ver que éramos una sala del Poder Judicial, y que si fallábamos contrario a derecho podíamos cometer el delito de prevaricación».

La del viernes 11 de mayo fue una sesión difícil. «Como es lógico, los dos funcionarios de gobierno votaron en contra del recurso de la Fiscalía», recuerda Pérez. Pero el juez tenía de su lado al decano de Economía de la Universidad Católica, Francisco Rosende, y ante la ausencia del otro académico, Arnaldo Gorziglia, hubo un empate de dos votos por lado. «Y yo, como presidente de la Comisión, tenía el voto dirimente. Fin de la historia.»

Pero esa Resolución 600 sería seguida por otras. El 11 de julio de 2001, los comisionados volvieron a sesionar para decidir sobre la libertad tarifaria. Pérez, Gorziglia y Patricio Rojas, que se integraba como decano de Economía de la Universidad Finis Terrae, votaron contra Telefónica. Undurraga y Palma compartieron la resolución, aunque ambos hicieron algunas prevenciones. «Undurraga y Palma cumplieron con lo que me habían prometido, y actuaron en conciencia», dice Fernández.

Al menos por ese día, las instituciones funcionaron.

## Suenan los teléfonos (otra vez)

Fue en todo caso una victoria pírrica para Fernández. Después de aquella frase sobre el «pinche tribunal» en La Moneda, el fiscal nacional económico presentó su renuncia, que fue aceptada el 6 de agosto de 2001, una vez que se encontró a su reemplazante: Pedro Mattar.

Desde el Ministerio de Obras Públicas y la Subtel habían requerido la salida de Fernández. En palabras de *El Mercurio*, «había tenido conflictos con varias reparticiones estatales que consideraban excesivo su rol fiscalizador».[31]

«Cuando me di cuenta de que las reglas eran manipuladas, sentí una fuerte decepción y me dije que ya no tenía sentido seguir en esto», cierra Fernández; «uno tiene sobre sus hombros la responsabilidad de ser consecuente con lo que cree, predica y practica». Una exautoridad de gobierno que tuvo discrepancias con su gestión retruca que «el problema de Fernández es que él se comportaba como *ombudsman*, como defensor de los consumidores. Y ese no era su rol».[32]

En todo caso, pese a su decepción, Fernández aceptó seguir trabajando en el gobierno de Lagos, a cargo precisamente de implementar la institucionalidad del *ombudsman*.

Pedro Mattar, el nuevo fiscal, era el mismo que seis años antes había votado a favor de la compra de Ladeco por Lan, aduciendo que la ley no sancionaba los monopolios. En los trámites de cambio de mando, Fernández vio de inmediato cómo venía la mano: «Él me dijo: "Yo no me voy a hacer los problemas tuyos, aquí uno está para cumplir con

---

31. *El Mercurio*, «Pedro Mattar, nuevo Fiscal Antimonopolios», 7 de agosto de 2001.
32. Entrevista concedida a condición de anonimato.

lo que le orienta el gobierno que lo nombró y por consiguiente no hay que asumir una actitud de autodeterminación o rebeldía"», afirma. Y Mattar también marcó en público el cambio de rumbo. Se comprometió a «evitar en lo posible la solicitud de medidas cautelares que puedan entorpecer la marcha de los negocios», y declaró que «las concentraciones en sí mismas no son perniciosas, por lo tanto mal se puede hablar de peligro» en ellas.[33]

Una frase «increíble», según el economista Claudio Agostini, quien explica que en otros países existen índices de concentración que marcan claros límites, los que por sí solos impiden que se apruebe una fusión.

El nuevo fiscal no traería más dolores de cabeza al Presidente, por lo que no sería necesario llamarlo al orden. «Yo no tuve nunca ninguna conversación con Mattar. Como él me dijo después, nunca tuvo el gusto de conversar conmigo mientras yo fui Presidente», recuerda Lagos.

La *razzia* en la Fiscalía Nacional Económica fue total. El subfiscal, Juan Pablo Lorenzini, y el encargado del departamento legal, Tomás Monsalve, intentaron mantener la línea fiscalizadora de Asenjo y Fernández, pero fueron removidos; ambos dejaron sus cargos en enero de 2003. El gobierno se alineaba tras una lógica pro-negocios más que pro-mercado. En 2004, un discurso del ministro de Economía, Jorge Rodríguez Grossi, explicitó la línea oficial: «Se debe evitar estereotipar (...) las fusiones, que al ser calificadas como necesariamente anticompetitivas desalientan la inversión y afectan el crecimiento», decía ante una audiencia de grandes empresarios en la celebración del Día de la Competencia. Años antes, se había definido como «hincha fanático de los empresarios».[34]

Sin Fernández, Lorenzini, Monsalve ni Pérez en sus cargos, parecía no haber obstáculos. Hasta que —otra vez— un caso que involucraba a Telefónica hizo sonar los teléfonos.

Todo empezó el 12 de marzo de 2002, cuando la empresa española demandó al Estado de Chile por $181.038 millones, más reajustes e intereses, acusando ilegalidades en el Decreto 187, que había fijado

33. *El Mercurio*, «Un nuevo árbitro en la cancha», 10 de noviembre de 2001.
34. Francisca Skoknic y Víctor Carvajal, «El "hincha fanático de los empresarios" que presidirá el BancoEstado», CIPER, 25 de septiembre de 2015.

las tarifas para telefonía fija en el quinquenio 1999-2004. Se acercaba la próxima decisión de la autoridad, y esta vez Telefónica pretendía que sí se dictara libertad de precios, pese a su abrumador dominio del mercado. La demanda civil sería la espada de Damocles sobre esa decisión de la Comisión Antimonopolios, que ya en 1998 había obligado al gobierno a fijar tarifas, al decretar que no existían condiciones de libre competencia, fallo ratificado en 2001.

El íntimo amigo del Presidente Lagos, Fernando Bustamante, fue uno de los directores de Telefónica que votó por demandar al Estado, el mismo Estado que él representaba como presidente de la empresa estatal Metro S.A. Esa «doble militancia» causó una tormenta política, con críticas hasta de sus correligionarios del Partido Socialista, pero Bustamante se mantuvo en ambos cargos, con el respaldo del Presidente.

El 13 de enero de 2003, Telefónica pidió a la Comisión Antimonopolios que revirtiera su fallo de 1998 y decretara libertad tarifaria para las líneas fijas en gran parte del país, incluido Santiago, aduciendo que existían condiciones de competencia. Los datos, sin embargo, difícilmente sustentaban esa posición. En 227 de las 307 comunas con servicio de telefonía local existía un solo proveedor: Telefónica. En apenas 17 comunas el principal actor tenía menos del 70% del mercado. Y Telefónica controlaba el 78,6% del mercado nacional.[35]

Entonces se desató el lobby.

A través del Ministerio de Economía y de la Subtel, el gobierno se puso decididamente del lado de la empresa española. «Podías darte cuenta de que se multiplicaban las conversaciones privadas, sin estar sujetas a control y sin ninguna obligación de declararlas o hacerlas públicas, lo que generaba mucha opacidad», recuerda el entonces superintendente de Electricidad y Combustibles, Sergio Espejo, representante del Ministerio de Economía en la Comisión Antimonopolios.

Hombre clave fue Bruno Philippi, designado en marzo de 2001 presidente de Telefónica. Tres meses después, Jorge Rodríguez Grossi fue nominado ministro de Economía. Entre 1994 y 2001, este había sido presidente del directorio y luego gerente general de la eléctrica Guacolda, del Grupo Gener. En la misma época, hasta 2000, Philippi fue presidente de directorio de Gener. Buenas noticias para el presidente

35. Comisión Resolutiva Antimonopolios, Resolución 686, 20 de mayo de 2003, 3.

de Telefónica: quien hasta el año anterior era su subordinado ahora se convertía en ministro.

Los lazos entre Telefónica y el Ministerio de Economía eran fluidos. El economista Alexander Galetovic, cercano al ministro Rodríguez Grossi, era asesor de Telefónica. En 2006, como investigador del CEP, publicaría un informe pagado por la compañía española, que concluía que la introducción de la telefonía IP (telefonía por internet) sobre banda ancha «haría caer el bienestar social».[36]

Economía y la Subtel entregaron informes coincidentes a la Comisión Antimonopolios; ambos declararon a favor de Telefónica, pidiendo que se fijaran tarifas meramente «referenciales». Y el fiscal Mattar se ausentó del país cuando debía alegar ante la Comisión. «La posición del gobierno se hizo clara y mi opinión era distinta», recuerda Espejo. El superintendente de Electricidad y Combustibles —que, recordemos, debía representar al Ministerio de Economía en la Comisión Antimonopolios— tenía claro que la libertad tarifaria no correspondía. «Estaba en un dilema», recuerda Espejo. «¿Debía resolver en conciencia o hacer valer la opinión del gobierno que me había designado?»

El debate dentro de la Comisión fue álgido y estuvo cruzado por el lobby oficial. Se dice que «la presión del gobierno en este proceso fue fortísima y, por momentos, se cruzaron todos los límites».[37] Finalmente, se votó. Telefónica contaba con dos apoyos: Hernán López, subrogante del superintendente de Valores y Seguros, y el decano Patricio Rojas. En contra se pronunciaron el juez de la Corte Suprema Domingo Kokisch y el decano de Derecho de la Universidad de Chile, Patricio Valdés. La decisión estaba en manos de Espejo. Y votó en contra de Telefónica. Por tres votos contra dos, la empresa española fue derrotada. Las tarifas volverían a fijarse por decreto, tal como en 1999.

El voto de minoría, por flexibilizar las tarifas, fue redactado por el economista Patricio Rojas. Pero al momento de publicarse, el 20 de mayo, Rojas ya había renunciado a la Comisión. Reapareció apenas

36. Alexander Galetovic y Ricardo Sanhueza, «Una evaluación social de la introducción de la telefonía IP sobre banda ancha», *Estudios Públicos* 103, 2006. El informe explicita que fue financiado por la empresa y especifica que esta «renunció a su derecho a revisión» del material.

37. Christian Vianco, «Gobierno presionó a favor de Telefónica CTC», *El Mercurio*, 24 de mayo de 2003.

algunas semanas después, cuando Telefónica lo propuso como «perito imparcial» para el proceso de fijación tarifaria.[38] Sería el comienzo de una larga y fructífera relación entre el economista y la empresa. En 2008, Patricio Rojas ya aparecía como director de Telefónica, cargo que mantiene hasta hoy.

## Suenan los teléfonos (¡por tercera vez!)

El superintendente Espejo pidió ayuda al economista Claudio Agostini, entonces en Estados Unidos, quien le envió antecedentes detallados sobre por qué liberalizar las tarifas de Telefónica no tenía ningún sentido económico. Tiempo después, lo llamó para agradecerle y contarle el vía crucis por el que había pasado. «Fue terrible, lo pasé pésimo, me llamaron directamente para presionarme. Y como no acepté, luego me sacaron», contó Espejo a Agostini.

«Tenía la sensación de caminar por la cuerda floja», recuerda Espejo, hoy diputado de la Democracia Cristiana. «Voté y quedé en contradicción con el gobierno, lo que obviamente volvió mi situación insostenible.» Pese a que su período en la Comisión Antimonopolios se extendía hasta el 28 de marzo de 2004, fue removido el 30 de agosto de 2003.

«Había votos disidentes, me acuerdo de uno de Espejo. Lo cual le revela que él estaba actuando por su cuenta», dice hoy Ricardo Lagos.

—Pero después de eso tuvo que irse de la Comisión.

—No sabría decirle, no me acuerdo.

En todo caso, Telefónica ya tenía listo su contraataque, y debía actuar antes de que se dictara el decreto tarifario. En el apuro, se perdió todo respeto por las apariencias: apenas dos días después de la salida de Espejo, Telefónica presentó un recurso pidiendo «aclarar» el dictamen de mayo.

La Comisión sesionó el 3 de septiembre de 2004, con el vicepresidente de Corfo, Óscar Landerretche Moreno, debutando como delegado del gobierno, en el puesto de Espejo. Tampoco estaba ya Valdés,

38. «Carta N° 003/PT2003: Comunica Nombre de Perito nominado por Telefónica CTC Chile y Propone Nombres de Expertos para Designar Perito de Común Acuerdo», Archivos de Subtel, subtel.gob.cl.

reemplazado por el abogado Miguel Álex Schweitzer. El juez Kokisch era el único sobreviviente de los que habían votado en contra de las pretensiones de Telefónica.

Y se defendió con dientes y uñas. En 2002, Landerretche había realizado un informe para la FNE sobre Telefónica. Kokisch le exigió entonces que se inhabilitara, y la sesión se volvió tormentosa.

Diez días después, el 13 de octubre, la Comisión Antimonopolios acogió la solicitud de Telefónica para flexibilizar las restricciones. No habría libertad tarifaria, pero la empresa sí podría ofrecer «planes diversos», bajo vigilancia de la autoridad.[39] Para Blas Tomic, de VTR, eso «sería el *far west*».

«Sabía que cuando saliera de la Comisión, Telefónica iba a insistir —dice—. Pero no pensé que sería tan rápido. No se demoraron ni un segundo.»

En septiembre de 2004, el gobierno publicó el nuevo decreto tarifario: los cargos de acceso que las demás compañías debían pagar a Telefónica aumentaron en 67%. La tercera llamada había sido la vencida.

## Una vez en cuarenta años

Mientras en privado presionaba a jueces, fiscales y autoridades para alinearlos con los intereses de Endesa y Telefónica, en público el gobierno de Ricardo Lagos impulsaba una nueva institucionalidad: el 14 de noviembre de 2003, promulgó la Ley 19.911, que creó el Tribunal de Defensa de la Libre Competencia (TDLC). La norma se celebró como un paso adelante, pues aumentaba facultades y recursos. Los miembros del tribunal serían designados por el Presidente de la República y el Banco Central, y tendrían un sueldo por sus funciones.

Así se profesionalizaba un sistema muy precario. Un exintegrante de la Comisión Resolutiva Antimonopolios aún recuerda cuando, al integrarse, otros dos miembros lo invitaron a discutir sobre un caso: lo llevaron a un «café con piernas», en una galería del centro de Santiago.

Fue un avance, como reconocen los abogados especializados en libre competencia. En una encuesta de 2012, el 78% de ellos consideró

39. Comisión Resolutiva Antimonopolios, Resolución 709, 13 de octubre de 2003, 2.

que la nueva institucionalidad (FNE y TDLC) tiene un efecto disuasivo «alto» o «muy alto» contra las práctica anticompetitivas.[40]

En el proceso también se eliminó el bienestar del consumidor como objeto de protección. El fin del nuevo TDLC sería solo «promover y defender la libre competencia en los mercados».[41] El entonces fiscal Pedro Mattar se felicitaba de este cambio, argumentando que «la competencia no la hacen los consumidores, sino los productores y comerciantes». Además, como veremos en el próximo capítulo, se eliminaron los delitos contra la libre competencia: la colusión sería ahora solo una falta, sancionada con multa.

Sin embargo, pese a la nueva ley, los principales mercados se han seguido fusionando y agrupando en pocas manos. El TDLC debutó en 2004 permitiendo la fusión de VTR y Metrópolis-Intercom, que concentró el 90% de la televisión pagada y el 50% de la banda ancha. También autorizó que, en 2012, SMU (Unimarc) se fusionara con Supermercados del Sur, aunque con la condición de vender algunos puntos de venta y distribución (la FNE luego acusó que las condiciones no se cumplieron).

El TDLC no impidió la concentración en los cines, donde Hoyts se integró con Cinemundo, acaparando el 100% de la oferta en ciudades como Temuco y Valparaíso. Ni en los laboratorios, cuando en 2014 Abbott compró Recalcine.

En 2011, el TDLC aprobó una nueva fusión de Lan, esta vez a escala internacional, con la brasileña Tam. El tribunal impuso condiciones, pero, historia repetida también, en 2015 la FNE acusó que Lan no había cumplido el requisito de renunciar a acuerdos de códigos compartidos con aerolíneas pertenecientes a alianzas distintas de Oneworld.

Hasta ahora, solo una fusión no ha sido autorizada: la de Falabella y D&S, dos de las principales empresas del *retail*. Por primera vez, dos grandes grupos —los Solari y los Ibáñez— se enfrentaron a la negativa de la autoridad. ¿Se trata de un cambio de política? ¿O es solo una excepción? No hay todavía suficiente información para hacer un juicio definitivo. Lo que sí es claro, en cambio, es que la legislación puede mejorar.

«El hecho de que se haya negado solo una fusión en cuarenta años [Falabella y D&S] no es un buen indicador», dice María Elina

---

40. Deloitte, «La percepción sobre el efecto disuasivo de las acciones de la Fiscalía Nacional Económica entre abogados de libre competencia», fne.gob.cl.
41. Ley 19.911, artículo 1º.

Cruz, directora del Centro de la Libre Competencia de la Universidad Católica. Como no existe una obligación legal de consultar al tribunal antes de fusionarse, a las autoridades solo les queda demandar, una vez que los hechos ya están consumados. «La concentración es una luz amarilla, puede generar abuso de condición dominante. Pero, una vez hecha, es muy difícil revertirla. Ya se traspasó información confidencial, se fusionaron directorios... Si ya hiciste huevos revueltos, es imposible deshacerlos», grafica Cruz.[42]

El mejor resumen para cerrar el tema viene de boca del expresidente de la Sofofa Felipe Lamarca: «Los monopolios u oligopolios campean donde miro en Chile. Veo los precios y son iguales. Me dicen que hay competencia y las tasas de interés son súper parecidas. Qué raro».[43]

42. En el caso de Soprole y Nestlé Chile, las mismas empresas abandonaron su proyecto de fusión antes de que el TDLC fallara el caso. Esto ocurrió en 2006 y, nuevamente, en 2011.

43. *La Segunda*, 23 de julio de 2004.

## Capítulo siete

# IMPUNIDAD DE CUELLO Y CORBATA

*Detrás de toda gran fortuna se esconde un crimen*
Honoré de Balzac

La declaración duró exactamente un minuto y dos segundos. Carlos Délano sacó un papel, se puso sus anteojos y leyó un comunicado, rodeado por los micrófonos de los periodistas que seguían el segundo día de la audiencia de formalización contra él, su socio Carlos Lavín y otros imputados en el caso Penta.

El día previo, el Ministerio Público había comenzado una detallada descripción de las múltiples conductas ilegales atribuidas a los implicados, que en el caso de Délano incluían delitos tributarios y soborno. La expectativa era enorme. La comparecencia de las cabezas de uno de los grandes grupos económicos del país, en una audiencia pública frente a tribunales, era inédita para la democracia chilena.

«Es una cultura de la evasión», había dicho, ante el juez de garantía Juan Manuel Escobar, el fiscal Carlos Gajardo. «Lo que se ha constituido en el Grupo Penta es una máquina para defraudar al Fisco.»

De modo que al mediodía siguiente, en un receso de la audiencia, cuando Délano comenzó a desdoblar un papel ante la prensa que lo rodeaba expectante, todos esperaban su respuesta a las acusaciones. Pero el formalizado no reclamó inocencia. No desmintió la existencia de más de mil boletas y facturas ideológicamente falsas, ni los 102 contratos *forward* ficticios por más de 3 mil millones de pesos. Tampoco negó haber pagado 42 millones de pesos en catorce cuotas a Pablo Wagner mientras este era subsecretario de Minería. No rechazó haber usado boletas falsas de su esposa y de la cónyuge de su socio por unos mil millones de pesos, para rebajar impuestos. Tampoco, haber disfrazado de gasto el combustible que usaban ellos y sus familias, con documentos de la esposa del júnior de la empresa.

No. Délano no dijo nada sobre eso.

En cambio, en esos 62 segundos:

1. Especificó la cantidad de empleados que tiene («Esto se lo quiero decir a los más de treinta mil empleados de Penta y sus familias»),
2. Listó todas las áreas en que influyen sus intereses económicos («Empresas Penta es una máquina cuyo corazón ha latido para crear empleo, emprendimiento, educación, salud, bancos, pensiones, seguros, proyectos inmobiliarios para miles de personas»), y
3. Reiteró su condición de importante empleador («Empresas Penta es una máquina para dar trabajo y aportar al progreso de Chile»).

El fiscal hablaba de delitos. El formalizado respondía argumentando sobre empleos, inversiones e intereses. Su socio, Carlos Lavín, no tenía un papel escrito. Pero su argumento ante la prensa, ese mismo día, fue similar: «He sido un empresario bastante notable, entonces oír este tipo de cosas es algo totalmente desagradable, fuera de lugar».

Cuando el juez Escobar dejó a Délano y Lavín en prisión preventiva, uno de los amigos que los visitó en el anexo Capitán Yáber fue el arquitecto Cristián Boza.

«Han regalado como doscientos o trescientos colegios (...) Los gallos han aportado, le han devuelto a la sociedad la posibilidad que les dio de ser hombres ricos. Y a los huevones los tienen metidos ahí. Imagínate lo dramático que es. En una pieza sin luz, sin ventana, con más de 36 grados de calor».

Los cargos contra sus amigos no lo impresionaron. «A cualquiera en este país le podría pasar (...) Los de Penta hacen lo que hacen todos —opinó el arquitecto—. ¿Quién no le pide a la señora una boleta para justificar gastos? Si recorriéramos preguntando por la cuadra de mi barrio se salvarían muy pocos.» Sin advertirlo, Boza confesaba un delito: evasión tributaria. Pero seguía adelante: «Yo me lo he preguntado: ¿habrá aquí una especie de revancha contra la elite sofisticada, pirula, rica? Suena, suena bien (...) Hay de por medio un personaje siniestro que es [Hugo] Bravo, que fue quien los llevó a esta historia. Bravo abrió la boca, los amenazó con decir todo si no le pagaban no sé cuántos millones y no evaluó lo que le iba a pasar. Porque él no es de la elite, no es rico, aunque ha ganado plata igual».[1]

1. Emilia Duclos, «Cristián Boza: "Dávalos, ese sí que hizo una maldad. Los de Penta hacen lo que hacen todos"», *The Clinic*, 5 de mayo de 2015.

La franqueza de Boza es extraordinaria, pero el fondo de su argumento no. Para gran parte de la elite chilena, la delincuencia es un tema de clase. Algo que ocurre en otros estratos socioeconómicos, en otros barrios y en otras profesiones. Un miembro de la elite puede ser imprudente, incurrir en una falta o cometer un error, pero nunca ser un delincuente.

El ex senador RN Ignacio Pérez Walker también visitó a sus amigos. «Esto me parece excesivo: son tan garantistas con unos y tan poco garantistas con otros», dijo. Sobre Délano, arguyó que «fue presidente de la Teletón, daba cuatro millones de dólares», además de donar «unas trescientas y tantas escuelas». Meses antes, el abogado y presidente de Soprole Gerardo Varela defendió a Délano en su columna en *El Mercurio*. Algunos de sus argumentos:

1. Délano estudió en un colegio privado de la elite (es «del Saint George, lo que inmediatamente me genera confianza»),
2. Es rico («él y sus empresas han pagado más impuestos de lo que han pagado la suma de sus acusadores juntos»),
3. Es exitoso («Es Gulliver amarrado por los liliputenses, que están felices de perseguirlo por no sumarse a su cruzada contra el éxito»),
4. Es muy exitoso («Hay chilenos que envidian el éxito porque no conocen el sacrificio que requiere»), y
5. Es muy, pero muy exitoso («En el Chile actual, el éxito de algunos es un espejo en el cual muchos chilenos no quieren mirarse, porque refleja envidia y resentimiento, por eso hay que perseguirlo»).[2]

Esta compulsión por responder a cargos penales con argumentos de clase no solo se da en el debate público. Incluso se repite ante tribunales. Entre las evidencias expuestas por el abogado Julián López para evitar la prisión preventiva de Délano, estuvieron su participación en el directorio de Teletón y sus donaciones para la construcción de colegios tras el terremoto de 2010. Además mostró un certificado firmado por

2. Gerardo Varela, «Caso Penta: "El Choclo", ¿un falsificador ideológico o el pago de Chile?», *El Mercurio*, 18 de octubre de 2014.

el entonces vicario episcopal y moderador de la curia, Rodrigo Tupper,[3] destacando su aporte social, por haber entregado dinero a obras como el Santuario Inmaculada Concepción. Y aludió a su condición de «Best Old Georgian», un premio entregado por algunos de sus excompañeros del colegio Saint George.

¿Argumentos absurdos? No necesariamente. El «arraigo social» es uno de los elementos que se consideran en la dictación de la prisión preventiva. Y aunque Délano y Lavín pasaron 45 días en la cárcel, su caso es una excepción, en medio de una enorme presión pública sobre jueces y fiscales. La regla es que en Chile, como dicen los doctores en Derecho José Muñoz y José Ángel Fernández, existe «una justicia penal de o para los pobres y una justicia penal de o para los poderosos».[4]

## O'Reilly, Karadima y Larraín

Edwin Sutherland causó un escándalo en Filadelfia, en diciembre de 1939. Frente a los miembros de la American Economic Society, el sociólogo se permitió acuñar un concepto: el de *white-collar crime* (delito de cuello blanco, o de cuello y corbata).

A una sociedad que asociaba mecánicamente delincuencia con clases bajas, marginalidad o sicopatías Sutherland le habló de la manipulación de informes financieros, los sobornos, la corrupción de funcionarios públicos, la malversación de fondos, los trucajes de pesos y medidas o el fraude fiscal, entre otras. Todas conductas del mundo de los negocios. El sociólogo «rompió la impunidad de la que gozaban los delincuentes de las clases acaudaladas»,[5] y para ello citó estadísticas duras. En 1908, las autoridades estadounidenses habían reportado violaciones a la ley en el 75% por ciento de los bancos examinados. Un contador

3. El 17 de junio de 2015, y tras 25 años de ejercicio, Rodrigo Tupper renunció al sacerdocio.
4. José Muñoz y José Ángel Fernández, «Estudio dogmático penal de los artículos 291 del Código penal y 136 de la Ley General de Pesca y Acuicultura. A propósito del caso del Santuario de la Naturaleza Carlos Anwandter», *Política Criminal* 5(10), diciembre de 2010, 416.
5. Fernando Álvarez-Uría, «El sociólogo Edwin H. Sutherland creó el concepto de delito de cuello blanco —Evolución y actualidad», en Ssociólogos Blog de Sociología y Actualidad, 14 de agosto de 2013, ssociologos.com.

público estimó que el 80% de las declaraciones financieras de las corporaciones eran falsas.

Estos casos, sin embargo, no terminaban en tribunales. «Los delitos de las clases más bajas están en manos de policías, fiscales y jueces, con sanciones penales en forma de multas, prisión y muerte», constataba Sutherland. En cambio, «los crímenes de las clases más altas resultan en inacción oficial o demandas por daños en tribunales civiles, o son manipulados por inspectores, y por comisiones administrativas, con sanciones penales en forma de advertencias, orden de cesar y desistir, ocasionalmente la pérdida de una licencia, y solo en casos extremos por multas o condenas de prisión». Por eso, «los criminales de cuello blanco no son considerados como verdaderos delincuentes ni por ellos mismos ni por el público general ni por los criminólogos».[6]

La descripción de Sutherland sobre el Estados Unidos de 1940 no difiere demasiado del Chile de 2015. Si Cristián Boza se impresionó con la falta de aire acondicionado cuando visitó a Délano y Lavín en el anexo Capitán Yáber, tal vez qué hubiera pensado de haber conocido el infierno de la antigua Penitenciaría o la Cárcel de San Miguel, donde el joven Bastián Arriagada murió en un incendio en 2010. Cumplía una pena de 61 días de prisión por vender discos piratas.

La segregación socioeconómica en las cárceles es una realidad aceptada: tener una posición social permite «comprar» mejores condiciones carcelarias. Por supuesto, en el improbable caso de que se llegue a prisión. Según Sutherland, hablando de su país en 1940, menos del 2% de las personas encarceladas pertenecían a la clase alta. Se benefician de mejores abogados, jueces comprensivos, fiscales inhibidos y una prensa mucho más prudente que los presenta como simples sospechosos o imputados, no como culpables ni delincuentes. Ellos «son relativamente inmunes debido al prejuicio de clase de las cortes y al poder de su clase para influenciar la implementación y administración de la ley», advertía Sutherland.[7]

Esa presión es constante. En mayo de 2010, Eliodoro Matte pidió una audiencia con el fiscal nacional, Sabas Chahuán, para interceder por el sacerdote Fernando Karadima. El expárroco de El Bosque estaba

6. Edwin H. Sutherland, «White Collar Criminality», *American Sociological Review* 5(1), 1940.
7. Íd.

siendo investigado por la justicia a raíz de las denuncias por abuso sexual presentadas en su contra por un grupo de antiguos fieles de la parroquia.[8] La reunión entre Chahuán y Matte se conoció recién un año después. En marzo de 2011 el fiscal nacional afirmó que en el encuentro Matte «me dice que está preocupado por el tema Karadima y quiere una investigación rápida. (…) Le dije que la Fiscalía hace lo mismo en todas las investigaciones, nos tomamos un café y no hablamos más, porque no correspondía que habláramos más, yo no tenía idea del tema. No me presionó, porque no acepto presiones y porque Matte no me dijo nada más».

Lo que Chahuán no aclaró entonces fue la fecha exacta en que recibió a Matte. Un dato importante, puesto que justo en mayo de 2010, mes en que se reunió con el empresario, el fiscal nacional dijo a la prensa que le había pedido al jefe de la Fiscalía Oriente, Xavier Armendáriz, «que esto [la investigación sobre Karadima] sea lo más rápido posible, respetando la garantía de todos los involucrados, pero siendo lo más enérgicos posible en la represión de estos ilícitos».

La intervención de Matte fue duramente criticada y luego el empresario pidió disculpas públicas, a través de una carta al director de *El Mercurio*, el 5 de abril de 2011, en la que señaló que la reunión con Chahuán para abordar el caso Karadima había sido un error, «y aprovecho de pedir disculpas al Fiscal Nacional».«Formulo mis excusas en perfecta conciencia de que todos los que ostentamos de una u otra forma alguna autoridad o poder debemos ser extremadamente cuidadosos al ejercerlo», agregó.

Dos años después, fue la esposa de Matte quien volvió a la carga: el irlandés John O'Reilly, vocero de los Legionarios de Cristo y sacerdote favorito de parte de la elite económica chilena, fue acusado por la Fiscalía en 2013 por abusos sexuales contra menores. Dos días antes de la audiencia de formalización, 1.084 personas firmaron mensajes de apoyo publicados como insertos a doble página en *El Mercurio* y *La Tercera*. Entre ellas se contaban Pilar Capdevila, esposa de Eliodoro Matte; el empresario Nicolás Ibáñez; el hermano del ministro del Interior, Herman Chadwick; el socio de la inmobiliaria FFV Arturo Fernández León; el gerente general del Grupo Security, Renato Peñafiel, y el director de

8. Josefina Ríos, «El rol de los Matte en el caso Karadima», *Qué Pasa*, 25 de marzo de 2011.

CMPC Arturo Mackenna. «No podemos callar frente al dolor infinito de un hombre inocente imputado por el más vil de los delitos», proclamaba el inserto.

En 2014, O'Reilly fue condenado por abusos sexuales contra una niña, con reiteración y uso de su posición de poder como sacerdote. A causa de esos agravantes, su pena debería haber sido como mínimo de 5 años y un día de cárcel efectiva. Además, el informe sicológico aseguraba que un régimen de libertad vigilada «sería ineficaz» en su caso. Pero los jueces no lo enviaron a la cárcel; fue sentenciado a 4 años de libertad vigilada. ¿Por qué? El tribunal evaluó en su favor que fuera licenciado en Teología y, como «atenuante muy calificada», haber recibido la nacionalidad por gracia, otorgada por el Congreso en 2008. Para el profesor de Derecho de la Universidad Andrés Bello Francisco Estrada, «a mayores honores, la persona tiene mayores responsabilidades y agravantes ante la comisión de un delito». Pero el tribunal tuvo el criterio opuesto: los contactos políticos de O'Reilly hicieron la diferencia entre la cárcel y la libertad para un abusador sexual reiterado.

Según la profesora de Derecho de la Universidad Católica María Elena Santibáñez, «la pena fue mal impuesta», ya que debía partir del piso de 5 años y un día». Y el penalista Miguel Soto Piñeiro dijo que «es raro que el informe de Gendarmería no se haya considerado».[9]

En la madrugada del 18 de septiembre de 2013, al volante de un jeep, Martín Larraín atropelló y mató a Hernán Canales en Curanipe. Canales era un trabajador de la construcción. Larraín es hijo de Carlos Larraín, en ese momento senador designado y presidente de RN, y de María Victoria Hurtado, heredera del Grupo Hurtado Vicuña. Tras el atropello, el joven huyó del lugar y escondió su jeep, evitando someterse a la alcoholemia, mientras dos de los amigos que lo acompañaban se presentaron como testigos ante la policía, inventando una versión falsa de los hechos.

La Fiscalía no pidió pena de cárcel. La opción de que Larraín fuera privado de libertad se esfumó cuando la viuda de Canales retiró la querella presentada por la familia, que sí solicitaba prisión, tras recibir dinero de Carlos Larraín; el político calificó el pago como «una ayuda

9. Patricio Pino y Catalina De Améstica: «Libertad vigilada a cura O'Reilly abre debate entre penalistas», *La Segunda*, 12 de noviembre de 2014.

humana».[10] En un segundo juicio, y ya con los querellantes fuera del proceso, el tribunal absolvió a Martín Larraín. Una prueba relevante fue el testimonio de dos exalumnos del Colegio Santa Cruz de Chicureo, Sebastián Milon y Jorge Hurtado, quienes aseguraron haber visto el atropello y que el accidente había sido provocado por la imprudencia de la víctima. Dijeron haberse ocultado en una zanja, donde «se pusieron a llorar», y haber abandonado el lugar sin avisar a Carabineros. Declararon recién ocho días después, una vez que Larraín ya había sido arrestado.

Hurtado era conocido de Sebastián Edwards, el acompañante de Larraín que inventó una versión falsa sobre el accidente, y primo de Matías Villela, otro de los ocupantes del jeep, quien portaba un bidón con seis litros de pisco y hielo. Pese a ello, los jueces basaron parte de su argumentación en sus testimonios.

## Garantistas de clase

El doble estándar es pan de cada día en el debate público chileno. Los «jueces garantistas» que son tan criticados cuando resguardan los derechos de delincuentes «comunes» son en cambio añorados cuando de la elite se trata.

Un ejemplo entre muchos: desde su columna en *El Mercurio*, el abogado Gerardo Varela fustiga a quienes hurtan en multitiendas, evaden el pasaje del Transantiago, roban a salmoneras o agricultores, e incluso cita entre la «deshonestidad que campea» a «600 mil clientes de La Polar [que] se sintieron tan estafados, que decidieron no pagar el precio original del artículo que compraron». Su conclusión: «La barra brava no entiende de sutilezas, el mensaje de tolerancia cero con el delito tiene que ser consistente».[11] Pero cuando los acusados son Carlos Délano y Carlos Lavín, Varela usa el mismo espacio editorial para negar que emitir boletas ideológicamente falsas sea delito, asegurar que «resulta obvio» que los controladores de Penta no conocían el mecanismo

10. CNN Chile, 5 de julio de 2014. El abogado de la familia, Gonzalo Bulnes, denunció un pago de $10 millones a la viuda, mientras que Carlos Larraín habló de una «mensualidad». «Si son 60 mil pesos al mes es mucho», dijo.
11. Gerardo Varela, «¿Seguridad? ¡No me hagan reír!», *El Mercurio*, 5 de octubre de 2013.

con que pagaban a políticos, y concluir que «nada ofende más nuestro sentido de la justicia que la condena a un inocente, y por eso que el estándar de prueba es exigente, la prueba requerida debe ser rigurosa y no contaminada. Es preferible liberar a 100 culpables que condenar a un inocente».[12]

El Instituto Libertad y Desarrollo también suele ser crítico del «garantismo». En distintos documentos menciona una «ruta de la impunidad», favorecida por «la existencia de jueces garantistas que, sobre la base de pura ideología o del uso indiscriminado de formalismos procesales, buscan declarar como ilegales controles de detención legítimos o no decretar la prisión preventiva».[13] También denuncian que «el formalismo extremo de los denominados jueces garantistas (...) está llegando a límites propios del realismo mágico».[14]

Sin embargo, a propósito de los casos Penta, Caval y SQM, que afectan a la elite política y económica, LyD enfatiza la importancia del «uso restrictivo de la prisión preventiva», y dice que en el caso de Délano y Lavín «es muy discutible que el juez de garantía haya ratificado las prisiones preventivas». Es más: denuncia «una dinámica de caza de brujas» (el mismo término usado por Hernán Büchi y Rodrigo Peñailillo) en que «nuestro Estado de Derecho podría encaminarse a uno no muy distinto al que existe en una Dictadura que pisotea garantías básicas para luchar contra el "terrorismo" o el que cualquier fin justifica los medios en la "guerra contra la drogas", como hemos conocido en democracia en la región».[15]

Este «garantismo de clase», sin embargo, explica solo en parte que, en palabras del abogado Esteban Vilchez, «nuestras cárceles están llenas de personas de escasos recursos privadas económica y socialmente y casi carentes de personas ABC1».[16] En muchas ocasiones, la

12. Gerardo Varela, «Caso Penta: Cambio en el equipo; sale el show, entra el Derecho», *El Mercurio*, 14 de marzo de 2015.
13. «La ruta de la impunidad», *Temas Públicos* 1.037, Libertad y Desarrollo, 28 de octubre de 2011.
14. José Francisco García, «Gobierno y orden público», *El Mercurio*, 13 de octubre de 2011.
15. «Casos Penta, Caval y Soquimich: estado de derecho debilitado», *Temas Públicos* 1.198, 20 de marzo de 2015.
16. Esteban Vilchez Celis, «Reforma al código penal», Cartas al Director, *La Tercera*, 10 de marzo de 2014.

persecución de los delitos de cuello y corbata ni siquiera comienza. Es el caso de la evasión de impuestos.

## «Un conflicto atroz»

En febrero de 2012, la abogada penquista Marisa Navarrete asumió como jefa de la oficina de litigación penal del Servicio de Impuestos Internos. El 31 de noviembre de 2013 fue despedida, tras haber denunciado los primeros antecedentes del fraude al FUT, que luego derivarían en el caso Penta.

Navarrete había actuado pese a la oposición de sus superiores. En los veintiún meses que ejerció su cargo en el SII, la abogada recibió múltiples informes de las distintas reparticiones del Servicio sobre eventuales delitos tributarios. Pero hubo una excepción. «Nunca recibí un informe de la Dirección de Grandes Contribuyentes, como sí me enviaron de todas las direcciones regionales. Ninguno», revela. Jamás, en casi dos años de trabajo, hubo antecedentes para llevar a tribunales a quienes evaden montos relevantes. «Las acciones penales iban contra pequeñas sociedades, no contra las grandes empresas», dice la abogada. Y la conclusión es clara: «El SII no está actuando proactivamente para descubrir delitos que son casi evidentes».

Como los delitos tributarios son de acción exclusiva y discrecional de Impuestos Internos, esa inacción basta para consagrar la impunidad. Aun si la Fiscalía tiene pruebas de un delito de evasión tributaria, si el SII no se querella el delito queda impune. «Eso da pie para la corrupción —dice Navarrete—. Hay un margen de discrecionalidad que es bastante peligroso.»

Así, el SII se concentra en perseguir a comerciantes que no dan boleta («casos por unos 50 o 100 mil pesos, a lo más», dice la abogada), mientras los grandes contribuyentes tienen poco que temer. Llevada al extremo, la lógica de la «economía procesal», por la cual Impuestos Internos está facultado para negociar con los grandes evasores el cobro de los impuestos adeudados antes que comenzar un costoso proceso judicial, puede ser contraproducente.

Las consecuencias de esta política pueden medirse en miles de millones de pesos evadidos ilegalmente. Usando datos de 2003 a 2006, un estudio de Michel Jorratt calculó en 48% la evasión del impuesto a la renta de las empresas, excluyendo la minería del cobre. La brecha entre la recaudación teórica y efectiva llegó al 64% entre el 0,2% de contribuyentes de mayores ingresos: en ese tramo, debían pagarse $32.261 millones, pero solo se cancelaron $11.520 millones.[17]

Un estudio más reciente de Tasha Fairfield y Jorratt calcula que el 1% más rico tiene una tasa efectiva de entre 16% y 17%, pero que esta se convierte en apenas 9% debido a la subdeclaración de ingresos. «La evasión del impuesto a la renta se estima en 46%», concluyen los investigadores tras analizar bases de datos del SII.[18]

¿Cuánto le cuesta a Chile no perseguir en serio la evasión tributaria? Una pista la encontramos en la Operación Renta 2015, la primera tras destaparse (a pesar del SII, no gracias a él) los escándalos Penta y SQM. Los gastos rechazados de empresas pasaron de US$135 a US$160 millones. «Las empresas se pusieron conservadoras y declararon gastos que normalmente no habrían considerado gastos rechazados», dice la abogada tributarista Soledad Recabarren, la misma que representó ante el Congreso la posicion crítica de la CPC sobre la reforma tributaria. El experto Rodrigo Benítez, socio y encargado del área legal-tributaria de BDO Chile, coincide en que «las empresas progresivamente van tomando más conciencia de aquellos gastos que no pueden ser deducibles de la base imponible».[19]

En otras palabras: enfrentadas por primera vez a la posibilidad de una fiscalización real, las empresas evadieron menos.

Las regalías de Impuestos Internos a los dueños de grandes empresas tuvieron su caso más escandaloso con Johnson's: el SII condonó US$119 millones a la multitienda, correspondientes al 99% de multas e intereses por impuestos impagos, permitiendo la compra de la empresa por Cencosud. Una sociedad familiar del director del Servicio, Julio Pereira, mantenía un contrato de arriendo por $22 millones mensuales con la firma de *retail* del Grupo Paulmann. Además, tanto él como el subdirector jurídico, Mario Vila, eran socios de la auditora PwC cuando esta asesoraba a Johnson's.

17. Michel Jorratt, «La tributación directa en Chile. Equidad y desafíos», Serie Macroeconomía del Desarrollo 92, Cepal, septiembre de 2009. Datos de 2003 y 2006.
18. Tasha Fairfield y Michel Jorratt: «Top Income Shares, Business Profits, and Effective Tax Rates in Contemporary Chile», International Centre for Tax and Development, Sussex, ICTD Working Paper 17, enero de 2014. En ictd.ac.
19. Nicolle Peña y Carlos Agurto, «O. Renta: Recaudación se eleva 8,2% y gastos rechazados también aumentan», *La Tercera*, 9 de junio de 2015.

«Si uno hace una condonación como la del caso Johnson's, está mostrando a todos los demás, que pagan religiosamente, que son unos imbéciles», dice el exdirector del SII Javier Etcheberry. «Mirando los resultados, no es bueno poner a regular a gente que viene justo del sector que estaba ayudando a las empresas a pagar menos. Lo encuentro un conflicto atroz.»[20]

Esta «puerta giratoria» es común. El antecesor de Pereira, Ricardo Escobar, trabajó diez años en Carey y Cía., el estudio de abogados más grande del país, del que llegó a ser socio. Ahora trabaja en Bofill Escobar Abogados, estudio que asesora a ejecutivos de empresas como Penta y SQM. Desde ese puesto, ha reiterado que «no hay delito» en las boletas políticas y que «yo no me habría querellado» por ellas.

Prácticas como las denunciadas por Navarrete se convirtieron en una política explícita el 22 de junio de 2015, cuando, al mando de un interino y tras el terremoto interno causado por las investigaciones de platas políticas, el SII emitió la Circular 10. Este oficio establece los criterios para saber cuándo llevar a los evasores de impuestos ante la justicia y cuándo sancionarlos solo con una multa.

Uno de esos criterios es «la proporción que represente el monto de los tributos evadidos producto del delito en el total de los impuestos pagados por el contribuyente». La norma puede usarse para consagrar explícitamente la impunidad de los grandes contribuyentes que evadan impuestos. Con esta fórmula, si un almacenero y un gran empresario evaden impuestos por el mismo monto, el SII puede llevar al primero a tribunales, pero no al segundo. Claro, los montos evadidos por el almacenero son una proporción mayor de su pago total. Una norma clasista y que viola la igualdad de las personas ante la ley: ante acciones idénticas, dependiendo del tamaño de su fortuna, uno arriesga cárcel y el otro una sanción administrativa: el pago de lo evadido, más intereses y una multa.

Ricardo Escobar admite que usó ese mismo criterio en sus decisiones como director del SII: «Esto siempre ha estado; se explicitó algo que es lógico. Si una empresa deja de pagar $10 millones, cuando paga $50 mil millones, es difícil suponer que eso se hizo con dolo. Puede ser un error».[21]

---

20. Marcelo Soto, «Javier Etcheberry: "A la elite le gusta mantener sus privilegios"», *Capital*, 2 de abril de 2015.
21. CNN Chile, 13 de agosto de 2015.

¿Deberíamos usar ese mismo criterio con una persona de clase alta y otra de clase baja que hurten una prenda de vestir en una tienda? ¿Dependiendo del tamaño de su billetera, debemos suponer error en el primer caso y dolo en el segundo?

Como hemos visto, la evasión tributaria rara vez se persigue en serio, pero al menos en teoría sigue siendo penada por ley. Sin embargo, en muchos casos los integrantes de la elite ni siquiera deben temer un proceso judicial. Simplemente, las infracciones que cometen suelen no estar caratuladas como delito.

## «Un robo a mano armada»

«Señor Presidente, por favor déjenos trabajar tranquilos.»

Era la noche del 20 de noviembre de 2001, y las palabras del presidente de la CPC, Ricardo Ariztía, al Presidente de la República, Ricardo Lagos, se escucharon fuerte en el Encuentro Nacional de la Empresa (Enade). Los 1.500 empresarios presentes ovacionaron el duro emplazamiento de su líder.

La frase no era espontánea. Justo una semana antes, el 13 de noviembre, Ariztía la había ensayado en público contra el ministro del Trabajo, Ricardo Solari, a raíz de su decisión de estudiar la denuncia de despidos masivos en empresas, realizada por la CUT. «Déjennos trabajar tranquilos y generar empleos», dijo entonces.

Mientras el líder de la CPC hacía de «policía malo», el presidente de la Sofofa mostraba la cara amable: Juan Claro invitaba al gobierno a elaborar en conjunto una «agenda pro-crecimiento». Ministros y líderes empresariales se reunían de inmediato para poner manos a la obra.

En febrero de 2002, la agenda negociada directamente entre el gobierno y los grandes empresarios se convirtió en trece proyectos de ley. Uno de ellos era el que, como contamos en el capítulo anterior, pretendía «fortalecer la libre competencia», creando el Tribunal de Defensa de la Libre Competencia (TDLC). Lo que entonces pasó prácticamente desapercibido fue que, como parte de ese «fortalecimiento», la ley también eliminaba los delitos contra la libre competencia.

Así es: la gran empresa y el gobierno habían decidido que prácticas como la colusión ya no serían delito en Chile. Serían simple materia de sanciones administrativas, y su investigación quedaría radicada en un tribunal especial.

Se revertía un largo camino. En 1951 se había presentado el primer proyecto para penalizar delitos como la especulación ilícita y las alzas de precios injustificadas. En 1959, la Ley 13.305 sancionó por primera vez las prácticas contra la libre competencia. Y en 1973, el DL 211, promulgado por la dictadura, estableció penas de cárcel para quienes ejecutaran «cualquier hecho, acto o convención que tienda a impedir la libre competencia». Entre ellos se listaban los repartos de cuotas, la asignación de zonas y los acuerdos de precios.

De este modo, los delitos contra la libre competencia fueron establecidos por el gobierno de derecha de Jorge Alessandri en 1959, reforzados por la dictadura de Augusto Pinochet en 1973, y eliminados por el gobierno socialista de Ricardo Lagos, gracias a un acuerdo con los grandes empresarios, con la promulgación de la Ley 19.911, el 14 de noviembre de 2003. Las razones fueron especiosas. El proyecto de ley justificaba la eliminación de los delitos «por estimar que resultan incompatibles actualmente con el complejo escenario en que se desenvuelven los agentes económicos», y porque, como no habían existido condenas por este delito, «tenía aspectos de una ley penal en blanco».[22]

Los parlamentarios acogieron con entusiasmo tales argumentos. El diputado DC René Saffirio explicó que «se termina con la figura del delito de monopolio, en atención a que hubo solo dos procesos en 40 años y ninguna sentencia condenatoria». El PPD Aníbal Pérez coincidió en que no había existido «ninguna condena, lo que demuestra que el sistema ha sido nulo. Por eso queremos cambiarlo por sanciones administrativas y económicas».[23]

Especioso: es aparentemente lógico, pero contiene engaño. Pensemos qué pasaría si el gobierno enviara un proyecto de ley para eliminar un delito como el robo con fuerza, bajo el argumento de que «no hay condenas» por ese tipo penal. ¿Se imagina el escándalo? La pregunta sería qué está fallando en el sistema de persecución penal, y cómo hacer que este funcione. Aquí, en cambio, el sistema político decidió que, al no haber condenas, era mejor eliminar el delito y convertirlo en una falta administrativa, objeto solo de multas.

---

22. Biblioteca del Congreso Nacional, «Historia de la Ley 19.911», bcn.cl.
23. Íd.

La comparación entre la colusión y el robo con fuerza no es mía. La hace María Elina Cruz, doctora en Economía de la Universidad de Bristol y directora del Centro de la Libre Competencia de la Universidad Católica. «La colusión es una manera elegante de decir robo. Es un robo a mano armada contra los consumidores», explica. Gregory J. Werden, consejero económico senior del Departamento de Justicia de Estados Unidos, califica la colusión como «un crimen, tal como el robo o el hurto, aunque los carteles provocan un daño económico mucho mayor. Los carteles despojan a los consumidores y demás participantes del mercado de los beneficios tangibles de la competencia».[24]

Para Ricardo Lagos, la eliminación de los delitos se explica porque «cuando usted tiene penas aflictivas la posibilidad de detectar colusión es muy difícil, en consecuencia es una figura común la que se establece en el ordenamiento común anglosajón, como usted debe conocer».

—Muchos sí tienen penas, partiendo por Estados Unidos.

—Sí, claro (...) Pero es más difícil poderlas detectar cuando aquellos que la denuncian van presos.

—¿Y no era posible mantener la delación compensada para lo penal, como en Estados Unidos, donde quien se acoge a delación evita penas de cárcel?

—Eso es lo que le estoy diciendo, que la delación permite modificar o adecuar penas de cárcel.

—Pero en este caso se eliminó el delito, que es una opción distinta.

—Eso —cierra la conversación el expresidente.

## Colusión sin remedio

La creación de la FNE y el TDLC, bajo el gobierno del Presidente Lagos, sí ha permitido desbaratar algunos carteles. La revelación de las colusiones de las farmacias, los pollos y el papel fue posible gracias a una Fiscalía Nacional Económica más profesional y con más recursos.

Los carteles pueden ser desbaratados, entonces, pero sus responsables no pueden ser juzgados criminalmente. Cuando en 2008 se

24. Gregory J. Werden, «Sanctioning Cartel Activity: Let the Punishment Fit the Crime», *European Competition Journal* 5(1), abril de 2009.

reveló el cartel de las farmacias, el Ministerio Público, encargado de las investigaciones criminales, supo que tenía entre manos un regalo envenenado. La colusión fue acreditada por la Corte Suprema, que confirmó las multas definidas por el Tribunal de la Libre Competencia. La ciudadanía estaba indignada. Pero no había delito por el cual perseguir a los ejecutivos que se habían puesto de acuerdo para subir el precio a los medicamentos.

Presionado por la opinión pública, el Ministerio Público desempolvó una olvidada norma de 1874, que penaliza a «los que por medios fraudulentos consiguieren alterar el precio natural» de las cosas. Sabiendo que su caso era endeble, los fiscales firmaron un acuerdo con los diez ejecutivos: debían hacer «donaciones» de entre 5 y 30 millones de pesos a instituciones de beneficencia, y asistir a clases de ética empresarial. A cambio de eso, no habría juicio.

¿Una burla? Sin duda, pero no por culpa de los fiscales. Ante el nuevo escándalo resultante, la Corte de Apelaciones anuló el acuerdo y forzó a los persecutores a ir a juicio. En él ocurrió lo esperable: la justicia absolvió a los acusados.

El gobierno de Michelle Bachelet reaccionó enviando al Congreso un proyecto que volvía a penar la colusión. Historia repetida: lo mismo había hecho ante la revelación del cartel, en su primer mandato, la misma Presidenta. El primer proyecto fue anunciado en la cuenta pública del 21 de mayo de 2009, pero, pasada la marea de indignación ciudadana, no avanzó en su trámite.

El 28 de octubre de 2015, la Fiscalía Nacional Económica denunció un nuevo caso de colusión, esta vez en el mercado del «papel tissue» (papel higiénico, toallas de papel, pañuelos desechables y toallas faciales). El cartel fue reconocido por sus dos protagonistas: la CMPC (la «Papelera») de Matte, y la sueca SCA (ex PISA). Escándalo y, de nuevo, cinco días después, el gobierno puso otra vez suma urgencia al proyecto.

La oposición a penalizar criminalmente los carteles la encabeza el presidente del TDLC, Tomás Menchaca, quien califica la criminalización como «contraproducente». Y Julio Pellegrini, presidente de la Comisión de Libre Competencia del Colegio de Abogados, argumenta que «la cárcel es innecesaria porque existen sanciones en la ley actual que producen un fuerte efecto disuasivo y sancionatorio (...) Si se aplican dichas multas con rigor, indudablemente se generara un efecto disuasivo similar al que se está buscando con la cárcel, pero sin los costos ni las desventajas asociadas a ella».[25]

¿Tiene una multa el mismo efecto disuasivo que una pena de cárcel? ¿Por qué no aplicamos esa misma lógica a lanzas, ladrones de casas, violadores u homicidas?

Pellegrini defiende a empresas en casos de arbitrajes y ante el TDLC. Trabajó, entre otros, con Falabella en su frustrada fusión con D&S. Menchaca tiene un estudio de abogados que asesora a empresas, y se ha mostrado comprensivo ante los monopolios. «Si un empresario es tan eficiente que tiene costos más bajos que todos los demás —dice—, y que por mérito se convierte en el único que provee un bien y servicio, porque lo hace mejor, ¿lo vamos a castigar por eso?»[26]

En 2009, una reforma legal entregó a la Fiscalía Nacional Económica facultades intrusivas (incautar documentos, intervenir teléfonos...) y además permitió la delación compensada, mecanismo que todos los expertos consideran clave para desarticular carteles. Algunos especialistas temen que una ley que reponga el delito de cárcel para colusión pueda entorpecer la delación compensada, o abrir contiendas de competencia entre la justicia económica y criminal. Las abogadas Nicole Nehme y Daniela Gorab advierten que «podrían darse juicios paralelos en sede de libre competencia y criminal, lo que haría esperable que se invoquen ante el TDLC garantías propias de lo penal como el derecho a la no autoincriminación, a guardar silencio, exigencias de estándar de pruebas más altas y otros, que entorpecerían la labor del tribunal especializado».[27]

Una encuesta encargada por la FNE entre abogados especializados reveló que ellos consideran a «la posibilidad de persecución penal» como el disuasivo más eficaz para evitar que se formen carteles, por encima del daño reputacional, las multas y las demandas.[28]

---

25. Julio Pellegrini, «Criminalización de la colusión», *El Mercurio*, 31 de mayo de 2015.
26. Sohad Houssein, «Presidente del TDLC: "Por más de treinta años la colusión tuvo sanción penal y nadie fue a la cárcel"», Radio Universidad de Chile, 16 de octubre de 2014.
27. Raphael Bergoeing y Lucas Sierra, eds., «¿Cárcel para la colusión? Seis opiniones», *Puntos de Referencia* 409, Centro de Estudios Públicos, agosto de 2015.
28. Deloitte, «La percepción sobre el efecto disuasivo de las acciones de la Fiscalía Nacional Económica entre abogados de libre competencia», fne.gob.cl.

El proyecto reactivado tras el «cartel del papel» establece penas de entre 5 y 10 años de cárcel a los organizadores de un cartel, liga las multas a las ganancias obtenidas o las ventas realizadas durante la colusión, y extiende los beneficios de la delación compensada también al área criminal.

Unos 35 países tienen penas de cárcel por colusión, entre ellos Estados Unidos, Reino Unido, Francia, Canadá, Australia y España (no así la Unión Europea, como bloque). En Estados Unidos, las penas llegan a los 10 años de cárcel, y se cumplen efectivamente.

El 14 de marzo de 2015, Susumu Tanaka fue condenado a 15 meses de cárcel. El alto ejecutivo de la Nippon Yusen Kabushiki Kaisha (NYK) se libró de una condena de 10 años de prisión gracias a que se declaró culpable y colaboró con la justicia en la investigación de un cartel internacional de navieras. Antes, otros dos ejecutivos de empresas coludidas habían sido condenados a penas de cárcel por el mismo delito en Estados Unidos.

El cartel involucra también a navieras chilenas. El 28 de enero de 2015, la FNE acusó por colusión a las nacionales Compañía Sudamericana de Vapores (CSAV) y Compañía Chilena de Navegación Interoceánica (CCNI), a la coreana Eukor y a las japonesas K-Line y Mitsui, además de la NYK. La diferencia es que los símiles chilenos de Tanaka no arriesgan penas de cárcel. Tampoco tienen el incentivo de colaborar con la justicia para rebajar sus penas. Todo se reduce a un problema de multas más o multas menos.

## Historia de dos millonarios

Alfred Taubman era una celebridad en el mundo de la empresa. Hijo de un contratista de Michigan, se hizo conocido como el inventor del concepto moderno de *mall*, era dueño de un imperio económico y destacado filántropo (solo a la Universidad de Michigan le regaló US$141 millones para bibliotecas, laboratorios e investigaciones). Pero nada de eso importó en 2002, cuando las autoridades estadounidenses desbarataron un cartel entre las glamorosas casas de subasta Sotheby's y Christie's. Taubman era el dueño de Sotheby's. El juez George Daniel no solo lo condenó a pagar una multa de 7 millones de dólares; también lo envió a la cárcel por 15 meses. «Nadie está por encima de la ley, pese a lo alto que haya conseguido llegar en la vida», dijo el juez en su sentencia. Y también: «Este no es un crimen motivado por la desesperación o la necesidad, sino por la arrogancia y la codicia».

A sus 79 años, el multimillonario se convirtió en el preso #50444-054. Fue liberado diez meses después. Dijo que había perdido «una parte de mi vida, mi reputación y trece kilos de peso».

En Chile, la compañía de otro millonario de 79 años enfrentó cargos similares. En 2014, el TDLC acreditó que tres empresas de pollos (Agrosuper, Ariztía y Don Pollo) se habían coludido en un «cartel que controló las cuotas de producción de carne de pollo en el país durante al menos diez años». El fallo fue confirmado por la Corte Suprema en 2015. Las pruebas incluían los correos entre ejecutivos en que concordaban cuotas de producción y maneras de sacar a competidores del mercado. Pero, a diferencia de Taubman, el dueño de Agrosuper, Gonzalo Vial, no tenía mucho que temer. En Chile, el cartel de los pollos no es delito. «Conozco a mis ejecutivos. ¡Son unas monjas!», dijo tras la condena. Y sobre los fiscalizadores, proclamó desafiante: «Es gente a la que le falta calle. Si nunca han producido nada ni le han dado trabajo a nadie».[29]

Económicamente, el cartel chileno de los pollos era bastante mayor que el de las célebres casas de remates. Se acusaba a Sotheby's de cobrar US$48 millones de más a sus clientes. En cambio, el ministro de Economía, Luis Felipe Céspedes, calculó que el cartel de los pollos causó «daños en torno a los US$1.500 millones».

Christie's y Sotheby's debieron pagar US$512 millones. En Chile, las empresas involucradas tuvieron que cancelar módicos US$60 millones, apenas el 4% de sus presuntas ganancias. Además, el tribunal ordenó la disolución de la Asociación de Productores Avícolas, el gremio que reunía a las compañías del sector, y a través del cual se coordinó el cartel.

El fiscal nacional económico, Felipe Irarrázabal, acusa de «desparpajo» a Vial. «Les salió barato infringir la ley. Fue un buen negocio. Pagan la multa de US$60 millones y ganaron cerca de US$1.500 millones. Eso hace crecer la indignación», dice Irarrázabal.

29. Cristián Rodríguez, «Habla Gonzalo Vial, dueño de Agrosuper, post fallo: "Hace treinta años la gente modesta no comía carne en Chile"», *El Mercurio*, 12 de octubre de 2014.

Para seguir con las analogías, pensemos que el ladrón que robó una cartera no solo no va a la cárcel. Además, si es atrapado y se determina que en la billetera había 150 mil pesos, apenas debe devolver 6 mil, y puede quedarse con el resto.

En Chile, formar un cartel para «robar a mano armada» 1.500 millones de dólares a los consumidores de pollo no es un delito. Pero hurtar una gallina sí. El abigeato tiene penas que van de los 541 días a los 5 años de cárcel.

## Justicia para los de a pie

En 2012, Rajat Gupta, director de inversiones de Goldman Sachs y antes CEO de la firma consultora McKinsey, entregó datos confidenciales a su amigo Raj Rajaratnam, fundador de la compañía Galleon. Le contó que el multimillonario Warren Buffett iba a invertir 5 mil millones de dólares en Goldman Sachs. Entonces, Galleon compró más de 175 mil acciones de Goldman Sachs que, gracias a esa información privilegiada, le reportaron ganancias por 900 mil dólares.

En 2000, Andrónico Luksic informó a los socios de Consorcio (Patricio Parodi, Eduardo Fernández León, José Antonio Garcés, Juan José Mac Auliffe, Juan Hurtado Vicuña), y los dueños de Penta (Carlos Eugenio Lavín y Carlos Alberto Délano) que invertiría en el Banco de Chile. Contando con esta información privilegiada, el 4 de diciembre de 2000 los ejecutivos compraron acciones, y las vendieron diez días después, con una ganancia de 200 millones de pesos.

En Estados Unidos, el ejecutivo de origen indio fue condenado a dos años de cárcel y el pago de una multa de US$5 millones por tres cargos de fraude y uno de conspiración, por la filtración de información privilegiada. En Chile, los empresarios fueron multados con $30 millones por uso de información privilegiada. No hubo cargos penales y, como se trata de una sanción administrativa, hasta hoy Délano y Lavín pueden usar a su favor la figura de «intachable conducta anterior».

Según el Código Penal chileno, quien salte la reja de una casa y se lleve una bicicleta (hurto en propiedad privada) arriesga hasta cinco años de cárcel. Quien compre a una autoridad pública (soborno), solo tres años. «Los delitos de cohecho y soborno tienen penas extremadamente bajas en nuestro país», dijo en la primera formalización del caso Penta la abogada del Consejo de Defensa del Estado, María Inés Horvitz. «Pero yo no he visto a ningún parlamentario pedir que se aumenten las penas como ocurre cuando empieza el aumento de la delincuencia común.»

«Siempre se ha dicho que el sistema de justicia penal es para los que andan a pie y yo creo que eso es efectivo —dice el decano de Derecho de la Universidad Diego Portales, Juan Enrique Vargas—. Hay un sesgo de selectividad importante, esto es reconocido por todos los estudiosos del tema.»

Las empresas reaccionan ante esos incentivos. Las farmacias, por ejemplo, ya se habían coludido antes. En 1993, la Fiscalía Nacional Económica denunció «acuerdos de precios de venta a público» contra las mismas cadenas: Ahumada, Cruz Verde, Salco y Brand (que aún no se habían fusionado). Los ejecutivos de Cruz Verde confesaron la colusión. Y la Comisión Resolutiva Antimonopolios la acreditó. El resultado: las cuatro empresas coludidas para subir los precios de los medicamentos solo debieron pagar multas totales por 7.000 UTM, equivalentes a $309 millones de hoy. La Comisión, además, no permitió al fiscal ejercer acciones penales.

Después de 2003, incluso la amenaza teórica de una acción penal también había desaparecido. ¿Era racional que las farmacias dejaran de coludirse, si en el peor de los casos arriesgaban una multa por una fracción de lo ganado?

## Delitos que no son delitos

El problema no es simplemente la desidia de autoridades cooptadas o legisladores inactivos. El académico Jaime Winter, abogado de la Universidad de Chile y estudiante de doctorado de la Universidad de Giessen, ha estudiado bien el tema, y su conclusión es que «las organizaciones y, por tanto, quienes actúan a través de ellas tienen un tratamiento privilegiado por parte de nuestro sistema penal». Eso no es casual. Winter sostiene que «se ha optado por este tratamiento privilegiado. Hay una clara intención del legislador».[30]

30. Para más detalles, ver Jaime Winter, «Derecho penal e impunidad empresarial en Chile», *Revista de Estudios de la Justicia* 19, 2013, 91-125.

Cita múltiples casos de conductas empresariales que en Chile no son delito. Por ejemplo, la Ley 20.417 del Medioambiente, en la cual, dice el abogado, «no existe un solo delito ambiental». Así, no hay una figura específica para penalizar casos como Celco o Freirina. Y el dueño de Agrosuper, Gonzalo Vial (el mismo de la colusión de los pollos), puede reducir el problema de las emisiones nauseabundas y la contaminación del agua con mercurio a que la comunidad afectada en Freirina «no entiende mucho del asunto. Porque el chancho va a tener siempre olor a chancho, pierda cuidado».[31]

En Chile sí están tipificadas la extracción ilegal de recurso en veda, la tala ilegal, la quema ilegal y la usurpación de aguas, lo que da cuenta del perfil económico antes que ambiental de la protección. También existen normas de difícil aplicación, como el artículo 291 del Código Penal que sanciona «la propagación indebida de sustancias tóxicas que por su naturaleza sean susceptibles de poner en peligro la salud animal o vegetal», y el artículo 136 de la ley de pesca que sanciona la introducción de «agentes contaminantes químicos, biológicos o físicos que causen daño a los recursos hidrobiológicos, sin que previamente hayan sido neutralizados para evitar tales daños».

El Congreso aún discute un proyecto que tipifica el delito ambiental, impulsado por el fiscal nacional: «Necesitamos una herramienta enérgica y disuasiva de la comisión de delitos medioambientales», ha dicho Sabas Chahuán. Llevamos décadas de retraso. En Alemania, el Código Penal contempla desde 1980 un capítulo dedicado a delitos como la contaminación del agua y el aire. En España existe el «delito ecológico», y en Brasil, una ley penal de protección del ambiente.

Tampoco existe en nuestro país un derecho penal laboral. Conductas como la violación de derechos de los trabajadores o del derecho a huelga son delito en países como España. No en Chile, como se demostró cuando la causa por el accidente de los 33 en la mina San José se cerró sin sanciones tras su rescate.

El uso de información privilegiada tampoco suele ser penado como delito en Chile, como vimos al comparar el caso de Rajat Gupta, con el de Carlos Délano y Carlos Lavín. La razón es que la ley de mercado de valores exige probar que se haya usado «deliberadamente» esa información, «con el objeto de obtener un beneficio pecuniario o evitar

31. Rodríguez, «Habla Gonzalo Vial...».

una pérdida», requisitos que no existen en legislaciones como las de España, Alemania o Estados Unidos.

En 2007, Sebastián Piñera fue sancionado por la SVS por comprar acciones de Lan con información privilegiada. Sin embargo, solo se le multó por incumplir el «deber de abstención», una falta administrativa. «La diferencia entre el Derecho administrativo sancionador y el penal, puede ser la diferencia entre ser Presidente de la República o ser considerado un delincuente», constata Winter.[32]

Otro caso es el del lucro en las universidades. El fiscal de la causa, Carlos Gajardo, reconoció que «la sola conducta de lucro, es decir, que se obtengan utilidades a pesar de que están prohibidas por la ley, no está tipificada penalmente», lo que obligó a investigar otros posibles delitos, como fraude o evasión de impuestos. Lo mismo ocurre con las infracciones a la ley electoral, que no tienen delito ni pena asociada. Tampoco el cohecho entre privados es delito en Chile.

Una de las pocas leyes que penaba con fuerza la delincuencia de cuello y corbata era el lavado de activos. Hasta noviembre de 2014, cuando, con el apoyo unánime de los diputados, se aprobó la ley que limita la pena al máximo castigo contemplado para sancionar el «delito base», es decir, el que ha dado lugar al lavado del dinero. La primera consecuencia de este cambio se observó en el caso La Polar. Como la repactación unilateral contra los clientes no era delito, la Fiscalía persiguió la figura de infracción a la ley de mercado de valores y, a través de ella, el lavado de activos, pidiendo hasta 14 años de cárcel para los ejecutivos acusados. Pero, gracias al Congreso, ahora la pena por el lavado de activos no puede superar el castigo por el delito base, que en este caso llega solo a 5 años. O sea, pena remitida. «Lo más probable es que las penas ahora bajen debido a la ley», constató el fiscal del caso, José Morales.[33]

Los legisladores llevan décadas discutiendo proyectos sobre estos temas. Las comisiones para reformar el Código Penal, actualizándolo con sanciones para delitos de cuello y corbata, se arrastran por años. Pero esta inacción se vuelve actividad frenética cuando se trata de lo

32. Winter, «Derecho penal e impunidad...», 104.
33. La Fiscalía presentó sus nuevas acusaciones el 2 de junio de 2015, sumando distintos delitos para llegar a un máximo de 12 años en el caso del expresidente de La Polar, Pablo Alcalde. El juicio oral está aún pendiente al momento de escribir estas líneas.

inverso: proyectos promocionados por las grandes empresas para tipificar y sancionar infracciones que se cometen *contra* ellas.

## Delitos a la carta I: robo de cajeros

El 11 de abril de 2011, el gobierno presentó un proyecto para tipificar el delito de robo de cajeros automáticos, aumentando el piso de la pena, de 541 días a 3 años de cárcel. El trámite en la Cámara de Diputados demoró apenas cuatro meses y en él no se escuchó a ningún abogado, fiscal, juez ni profesor de derecho penal; solo al representante de la Asociación de Bancos, Roberto Jiménez, quien respaldó la medida. A través de su empresa Transbank, los bancos están integrados verticalmente para tener el monopolio de la operación de cajeros automáticos.

Con 54 votos a favor y 29 en contra, los diputados aprobaron la norma. Pero también hubo cuestionamientos. El PPD Felipe Harboe habló de un «proyecto que responde a la presión y el lobby de la banca» y cuestionó que se legisle para «dar protección a máquinas que son propiedad de la banca privada, sobre todo considerando que en estos delitos no está en peligro la vida o integridad física de las personas».[34]

Gracias a la nueva ley, quien robe el dinero directamente del cajero automático arriesga una pena mínima de 3 años de cárcel. En cambio, quien asalte a una persona que acaba de sacar plata del cajero recibe una sanción de solo 541 días. O sea, robarle a una máquina perteneciente a un banco es más grave que asaltar a una persona.

El trámite reveló datos interesantes; por ejemplo, que la banca, que había ganado US$3.383 millones en 2010, recibía protección gratuita del Estado para sus cajeros: parte de la dotación de Carabineros, entre las cinco y las siete de la madrugada, se dedicaba a cuidar los cajeros.

«¡Indigna! Irrita que la industria de la banca, que obtiene una de las mayores utilidades del país, nos venga a pedir un subsidio —porque eso es—, ¡un subsidio!», reclamó el diputado radical Samuel Venegas durante la tramitación del proyecto. «Estamos construyendo un tipo penal a la medida de los dueños de los bancos», opinó el senador PPD Jaime Quintana. El diputado RN René Manuel García, por otro lado,

34. Biblioteca del Congreso Nacional, «Historia de la Ley 20.601». Todas las citas de la discusión en el Congreso extraidas desde esta fuente.

afirmó que tenía «la convicción más profunda de que toda persona, cualquiera sea su situación socioeconómica, tiene derecho a que sus bienes sean protegidos».

La mayoría favorable al proyecto indicó que este no solo beneficiaba a los bancos. El diputado RN Cristián Monckeberg razonó que «la destrucción del cajero automático de una localidad tiene una serie de consecuencias que afectan a las personas que acceden a su uso». «Se piensa que apunta a favorecer al sistema bancario, cuando es justamente lo contrario», dijo el ministro secretario general de la Presidencia, Cristián Larroulet. «El ciudadano común y corriente se beneficia con las fórmulas modernas, como un cajero automático, para acceder a un bien esencial para el funcionamiento de la sociedad. ¿Cuál es ese bien? ¡El dinero!»

Pese a tratarse de robos en lugares deshabitados, sin violencia contra las personas, el diputado UDI Jorge Ulloa calificó los robos de cajeros automáticos como «uno de los delitos que tiene mayor connotación social».

A diferencia de la Cámara, el Senado sí escuchó a juristas en el debate, antes de aprobar el proyecto por una abrumadora mayoría transversal de 26 votos a 5. Un papel clave tuvo el senador Andrés Zaldívar, al concordar indicaciones que rompieron la resistencia inicial de otros seis senadores de la Concertación. Zaldívar tiene una estrecha relación de amistad con su correligionario Jorge Awad, entonces presidente de la Asociación de Bancos.

La ley, promulgada el 6 de julio de 2012, tras menos de quince meses de trámite, logró su objetivo. En su primer año de vigencia, los robos de cajeros automáticos disminuyeron en 73%. Y, tal como habían advertido varios expertos y parlamentarios en el Congreso, los delincuentes se reorientaron hacia los robos en casas. El jefe del OS-9 de Carabineros, comandante Francisco Villarroel, explicó que «algunos delincuentes mutaron del robo de cajeros automáticos a robar domicilios con o sin moradores». Este factor nunca estuvo en el centro de la discusión.

## Delitos a la carta II: robo de cobre

El «superciclo» del cobre no solo trajo cuentas alegres para la economía chilena. Las empresas telefónicas y de distribución eléctrica vieron con preocupación cómo se disparaba el hurto de sus líneas de transmisión. El kilo de cobre llegó a cotizarse en $4.000 en el mercado negro, y volvió muy atractivo el robo de cables del tendido eléctrico y telefónico.

Las empresas, entonces, se pusieron en campaña: las tres principales eléctricas denunciaron pérdidas por U$50 millones en 2005, mientras Telefónica calculaba perjuicios por $1.500 millones en ese mismo período. Los parlamentarios, otra vez, reaccionaron con celeridad: entre el 22 de junio y el 1 de agosto de 2006, se presentaron tres proyectos de ley, fundamentados en las «millonarias pérdidas a las empresas y problemas de abastecimiento eléctrico y telefónico» por los robos.

Las iniciativas, pronto fundidas en un único proyecto, establecían cinco años de cárcel por la receptación de cobre, y planteaban que el mero intento de robo fuera sancionado como «consumado desde que haya un principio de ejecución, tal como sucede con el robo con violencia». (De paso, tipificaban un nuevo delito: robo de tapas de alcantarillado.) El proyecto final, aprobado por la unanimidad de los diputados, convirtió el hurto de cable en un «robo con fuerza en las cosas», equivalente, por ejemplo, a romper una ventana. Además, se estableció como agravante provocar el corte de suministro (algo obvio en el caso de los cables de cobre), haciendo que las penas partieran en los tres años de cárcel.

Así, descolgar tendido de cobre propiedad de una empresa eléctrica o telefónica se convirtió en un delito más grave que quitarle un anillo o un brazalete de cobre a una persona.

También el gobierno —esta vez el de Bachelet I— dio su respaldo al proyecto, y la Ley 20.273 fue promulgada el 23 de junio de 2008, después de dos años y un día de discusión en el Congreso.

## Delitos a la carta III: robo hormiga

No solo los bancos, eléctricas y telefónicas tienen sus delitos *a la carta*: también el comercio. Desde 2001, las tiendas de *retail* comenzaron a publicitar los perjuicios que sufrían por el «robo hormiga» (o, en rigor, «hurto hormiga»). Usando los servicios de abogados, empresas de seguridad y asesores comunicacionales, convirtieron el tema en un problema nacional.

El 2 de octubre de 2002, un grupo transversal de parlamentarios presentó el proyecto respectivo. La Comisión Especial de Seguridad

Ciudadana escuchó a dieciséis personas en su estudio: dos representantes del gobierno y catorce ejecutivos, abogados y asesores del *retail*. Entre ellos se contaba el gerente general de D&S, Cristóbal Lira, quien se convertiría años después en subsecretario de Prevención del Delito del gobierno de Sebastián Piñera.

Prácticamente no hubo voces disidentes; los parlamentarios repitieron una y otra vez la cifra entregada por los representantes del *retail*, que acusaban US$150 millones en pérdidas anuales y US$27 millones en menor pago de impuestos, pese a que el detalle del propio informe de las empresas (elaborado por Leemira Consultores) establecía que esos US$150 millones eran la suma de todas las «mermas» en la sala de ventas: deterioro de los productos, vencimientos, consumos autorizados de los empleados, consumos no autorizados, errores de despacho... y también hurtos.

El Senado sí escuchó los informes, en general favorables, de fiscales, jueces de policía local y abogados. También aquí hubo votaciones muy cercanas a la unanimidad, y nuevamente el trámite fue expedito: la ley para sancionar el robo hormiga fue promulgada el 27 de mayo de 2004.

Sin duda, estas leyes tienen sus méritos: es cierto que el robo de cajeros automáticos genera problemas de suministro de dinero, que la sustracción de cables puede interrumpir el servicio eléctrico y telefónico en los hogares, y que el hurto hormiga crea un ambiente de inseguridad para los clientes. También es verdad que las empresas afectadas pueden traspasar esos mayores costos a los consumidores. Sin embargo, llama la atención que las mismas autoridades que arrastran los pies a la hora de castigar delitos cometidos desde las empresas, en perjuicio de los ciudadanos, sean en cambio tan ágiles y creativas para endurecer penas e incluso inventar tipos penales cuando las empresas son las perjudicadas.

«La legislación, en lugar de criminalizar las actividades de las grandes empresas, más bien busca protegerlas de la criminalidad tradicional», constata Jaime Winter: «Cómo se explica, si no, que se hayan creado normas especiales para adelantar la punibilidad del hurto hormiga, es decir, el que sustrae unos calcetines en La Polar o un chocolate del mostrador de una farmacia».[35]

35. Winter, «Derecho penal e impunidad...», 117.

Las farmacias «robaron a mano armada» US$42 millones a sus clientes, al coludirse en los precios de 222 medicamentos. Sin embargo, los legisladores decidieron que su acción no era delito y, a siete años de destapado su cartel, aún discuten si reponer o no las penas de cárcel para futuros casos similares. En cambio, los legisladores sí actuaron rápida y decisivamente para penalizar a quien hurte un producto desde alguna de esas farmacias.

La Polar realizó repactaciones unilaterales de sus clientes, usando esa mora para encubrir sus números rojos y así engañar al mercado y a los accionistas, afectando de paso a cientos de miles de consumidores y a millones de ahorrantes de las AFP. Pero la norma más dura que sus ejecutivos debían temer (lavado de activos) fue suavizada por los legisladores. Los parlamentarios, de nuevo, sí actuaron para castigar los hurtos en sus locales.

Como vimos, los bancos, el *retail*, las eléctricas y las telefónicas están entre los rubros empresariales que financian la política y pagan las campañas de los legisladores. El lobby de esas grandes empresas entre los parlamentarios ha sido efectivo y ha logrado impulsar una legislación penal que las favorece. Las asociaciones de consumidores y ciudadanos no parecen tener el mismo éxito.

¿Dónde están las prioridades? ¿A quiénes defiende nuestra democracia?

## Capítulo ocho

# GANA LA BANCA

*Son los bancos los que en Chile tienen la dirección de la política.*

Alfredo Irarrázaval, diputado liberal (1901)[1]

*Ese es el sistema imperante en Chile, pues. Yo te quiero ver a ti pidiendo más cosas para manejar a los bancos, qué te van a decir.*

Ricardo Lagos, expresidente de la República (2012)[2]

«El papá de la guagua, poh.» Jorge Awad hizo una pausa para mirar a los periodistas que lo observaban sin entender. Apenas horas antes, el ministro de Hacienda y parlamentarios de gobierno y oposición habían firmado el protocolo de acuerdo para la reforma tributaria de 2014. Y, consultado por el tema, en ese segundo de silencio una sonrisa cruzó el rostro del presidente de la Asociación de Bancos e Instituciones Financieras (Abif). «Creo que me siento con el derecho a decir que el papito está aquí», cerró al fin Awad.

«Hay un momento de satisfacción, como cuando nace un hijo o un nieto. Eso traté de expresar», explicó luego. Tenía razones para estar satisfecho. En los meses previos, la Abif había desplegado toda su fuerza para evitar que los bancos fueran traspasados al régimen tributario de renta atribuida. Los banqueros formaron un equipo jurídico que emitió una serie de informes, tildando la reforma de inconstitucional y de contraria a los acuerdos de doble tributación para la inversión extranjera.

Agitando esos dos fantasmas (un recurso ante el Tribunal Constitucional y un pleito en tribunales internacionales), Awad presentó su

1. Sesión de la Cámara de Diputados, 25 de julio de 1901. En Ricardo Donoso, *Alessandri: agitador y demoledor*. México, Fondo de Cultura Económica, 1953, 72.
2. Daniel Matamala, «"¿Y por qué tengo que hacer una autocrítica?"», *Qué Pasa*, 26 de enero de 2012.

caso ante la Comisión de Hacienda del Senado. El hombre clave allí era su viejo amigo Andrés Zaldívar.

En 1968, Awad, militante DC de toda la vida y proveniente de una familia cercana al Presidente Frei Montalva, fue designado director de la Dirección de Industria y Comercio. La Dirinco fue la antecesora del Sernac, aunque con facultades bastante más amplias: debía fijar los precios de productos de primera necesidad, que iban desde el pan y el arroz hasta las entradas del fútbol profesional.

Awad tenía veintidós años. Su jefe era Andrés Zaldívar, ministro de Hacienda y Economía a los veintisiete años. Ambos forjaron una estrecha relación desde veredas distintas, aunque no opuestas. Después de 1973, Awad se dedicó a los negocios: fue gerente general de Bellavista Oveja Tomé y vicepresidente de Fast Air Carrier. Con la transición, la carrera de Awad floreció. Entre 1994 y 2012 fue presidente de Lan, como hombre de consenso entre los dos controladores, el Grupo Cueto y Sebastián Piñera.

Awad es un ejemplo del abrazo entre política y negocios. Con amistades transversales, estuvo a la cabeza de Lan mientras ejercía como el hombre de la DC en los directorios de varias empresas públicas: Codelco, TVN y La Nación. Tiene la costumbre de usar un maletín diferente para cada una de las empresas en que es director y, según su propia cuenta, llegó a acumular unos cuarenta directorios, incluyendo Gacel, Copeva, Laboratorio Chile y Asfaltos Chilenos. Ha trabajado en empresas de Luksic y Said, y fue tesorero de la campaña presidencial de Eduardo Frei Ruiz-Tagle en 1993.

Ese currículo político-empresarial le permitió dar en 2011 el salto del directorio del Banco de Chile a la presidencia de los banqueros, promovido por el Grupo Luksic, bienvenido por la Concertación y acogido con beneplácito por el gobierno de Sebastián Piñera.

Y en ese rol chocó finalmente con Zaldívar. El senador DC se atribuyó la «cocina» de la reforma tributaria (en la que por lo demás, como vimos en el capítulo 5, nunca estuvo). El banquero se declaró el «papito». A Zaldívar la frase le molestó: «Le quiero decir a Jorge Awad, que es mi amigo, que sus palabras son de una pretensión increíble. Él no tuvo ninguna influencia (…) Awad cometió un error grande».[3]

3. Hernán López, «Andrés Zaldívar: "El que creía que iba a refundar la república estaba muy equivocado"», *La Tercera*, 13 de julio de 2014.

Demasiado tarde. La frase del líder de los banqueros ya se había transformado en el epítome de la estrecha relación entre la banca y el poder político. Una simbiosis que es tan antigua como la historia del país.

## Un tesista y tres «supergrupos»

El año clave fue 1860. Chile definía su futuro: el absolutismo montt-varista cedía espacio al poder del Congreso, la Fusión Liberal-Conservadora se aprestaba a tomar el poder y la ley de instrucción primaria ponía los cimientos de la educación moderna.

También la economía enfrentaba decisiones fundamentales. La exportación de trigo, cobre y plata impulsaba la producción, y la necesidad de capital para los florecientes emprendimientos se volvía imperiosa. Respondiendo a ello, en 1860 el Congreso dictó la ley general de bancos, que les entregó la facultad de emitir moneda, por hasta el 150% de su capital metálico. La legislación, destaca el economista estadounidense Frank W. Fetter, «no limitaba la naturaleza de los préstamos, no fijaba una reserva en relación con los depósitos, no limitaba los préstamos a los directores ni determinaba especie alguna de supervigilancia o fiscalización del gobierno».[4]

Esta desregulación permitió que, en un solo año, entre 1877 y 1878, los directores del Banco Nacional se concedieran a sí mismos créditos que habrían alcanzado el 50% del capital del banco.[5]

Las décadas siguientes marcaron un fenómeno fundamental: la explosión del poder económico y político de la banca. Coyunturas críticas como la guerra con España en 1866 y la crisis económica de 1878 fueron sendas «oportunidades aprovechadas por los banqueros para realizar buenos negocios; incrementaron sus emisiones y obtuvieron concesiones de diversa índole que les reportaron apreciables beneficios», según el historiador Hernán Ramírez Necochea.[6]

4. Frank Whitson Fetter, *La inflación monetaria en Chile*, Santiago, Universidad de Chile, 1937.
5. César Ross, *Poder, mercado y Estado: los bancos de Chile en el siglo XIX*, Santiago, Lom, 2003, 67.
6. Hernán Ramírez Necochea, *Balmaceda y la Contrarrevolución de 1891*, Santiago, Universitaria, 1958.

En 1878 el gobierno autorizó una emisión de billetes extraordinaria, para cubrir un empréstito. Pero se permitieron $10.100.000, siendo que el préstamo era de solo $2.525.000. La fiebre emisora puso en riesgo la estabilidad de los prestamistas y entonces el gobierno decretó un primer «rescate» de los bancos ordenando la inconvertibilidad en metálico. Las consecuencias: inflación y devaluación del peso.

Según Fetter, existían «relaciones indeseables entre el gobierno y los bancos y el mal sistema bancario».[7]

«Para todo el período 1860-1925, la actividad bancaria desarrollada en Chile fue todo lo flexible y permisiva que la ley soportó», destaca el investigador César Ross.[8] El fin de la república oligárquica cerró esa primera época de oro de los bancos —en 1925 se crearon el Banco Central y la Superintendencia de las Empresas Bancarias, y se establecieron mayores regulaciones—, pero eso no impidió que los bancos siguieran concentrando un enorme poder.

Quien volvió a poner ojo en el tema fue un joven estudiante llamado Ricardo Lagos Escobar, quien, en 1962, se recibió de abogado de la Universidad de Chile con una tesis titulada «La concentración del poder económico», que tres años más tarde sería publicada como libro.

Tras un largo trabajo de levantamiento de información, Lagos logró identificar once grandes grupos económicos en Chile. Ocho estaban basados en bancos: Sud Americano, Chile, Edwards, Nacional del Trabajo, Español, Continental, Crédito e Inversiones y Panamericano. A su vez, estos se confundían por medio de propiedades y directorios relacionados hasta formar tres «supergrupos». «He aquí, fríamente, la realidad económica chilena: once grupos o mejor tres (Sud Americano, Chile y Edwards), porque tres son los que tienen las vinculaciones con los demás grupos, dominan el 70,6% de todos los capitales nacionales», concluía Lagos.[9]

Los vínculos políticos eran directos. El Sud Americano estaba relacionado con los Matte y los Alessandri. El Edwards era propiedad de la familia dueña de *El Mercurio*. Estos grupos dominaban, así, gran parte de las actividades productivas y de los medios de comunicación.

---

7. Fetter, *La inflación monetaria en Chile*, 36.
8. Ross, *Poder, mercado y Estado*, 39.
9. Ricardo Lagos, *La concentración del poder económico*, Santiago, Del Pacífico, 1965, 165. En repositorio.uchile.cl.

Más de cien sociedades anónimas tenían a senadores o diputados en sus directorios. «Un solo parlamentario pertenece a los directorios de 17 sociedades (...), un ex Presidente de la República formaba parte en 1958 de seis importantes directorios de sociedades anónimas y un ex ministro de Relaciones Exteriores, de 12 directorios de otras no menos importantes sociedades», decía Lagos, además de describir una importante presencia de estos grupos en las directivas de los partidos Liberal, Conservador, Radical y Demócrata Cristiano.[10]

Un informe pedido en 1966 por el Congreso a la Superintendencia de Compañías de Seguros reveló que el parlamentario con más directorios era Fernando Alessandri Rodríguez, excandidato presidencial e hijo y hermano de Presidentes. El informe también listó los nombres de los directores de bancos. La lista «parecía la guía telefónica de la elite tradicional que hacía más de un siglo ejercía su poderío económico en el país»:[11] Vial, Infante, Matte, Ossa, Larraín, Correa, Subercaseaux, Aldunate, Eguiguren, Valdés y Edwards.

Dominaban el sector las familias Yarur (Crédito e Inversiones, Llanquihue), Said (Panamericano, Nacional del Trabajo), Matte (Sud Americano), Edwards (A. Edwards) y Litvak (Israelita).

«La gran concentración que existe en Chile, este verdadero monopolio que alcanza a todas las actividades, no podrá ser destruido con reformas superficiales y aparentes o con leyes "antimonopólicas" como las que en la actualidad conocemos y que se aplican a los panaderos, a los dueños de verdulerías, a los matarifes, etc.», escribía Lagos. «El verdadero poder está en el aparato financiero (los bancos), en el gran campo industrial y en el latifundio. Hacia allá debe dirigirse el poder regulador del Estado.»[12]

A tono con la influencia de la ideología marxista en la época, el tesista proponía estatizar los medios de producción, bancos incluidos. Una receta que el gobierno de la Unidad Popular intentó concretar por medio de la compra de acciones de esas entidades. Entre 1971 y 1972, el Estado, a través de la Corfo, ya controlaba todos los bancos pequeños

10. Lagos, *La concentración del poder económico*, 168.
11. Víctor Herrero, *Agustín Edwards Eastman. Una biografía desclasificada del dueño de El Mercurio*, Santiago, Debate, 2014, 257.
12. Lagos, *La concentración del poder económico*, 172.

y medianos, tenía el 71,5% del Sud Americano y el 46% del Chile.[13] Pero la UP se encontró con un adversario inesperado: el fiscal nacional económico, Waldo Ortúzar, quien objetó las compras, aduciendo que pretendían la formación de un monopolio estatal sobre el mercado bancario. El fiscal llevó la causa a los tribunales antimonopolios, que, en 1975, ya en dictadura, condenaron a los funcionarios de la Corfo, el Banco del Estado y el Banco Central involucrados en las compras, por atentar contra la libre competencia.[14]

Por cierto, para entonces todos los condenados estaban en el exilio. Y la inconclusa estatización de la banca comenzaba a tener consecuencias muy diferentes de las que había previsto el gobierno de Allende.

## El rescate y la deuda subordinada

Después del golpe, los «Chicago boys» se encontraron al mando de un Estado que era propietario de al menos diecinueve bancos. Estos fueron rápidamente privatizados, en un proceso «que registró escandalosos niveles de discrecionalidad y falta de transparencia. En general, estas empresas fueron compradas por personas distintas a sus primitivos dueños y ello originó un fuerte cambio en la composición de la clase empresarial», relata Genaro Arriagada. El 65% de los activos privatizados hasta 1978 quedó en manos de ocho grupos económicos,[15] los mismos conglomerados que mantenían relaciones privilegiadas con los «Chicago boys».

Estos nuevos imperios económicos, sin embargo, eran frágiles. Para 1981, el 46% del capital del sistema financiero estaba comprometido en carteras de riesgo.[16] La fiebre especulativa terminó en la devaluación del peso y el derrumbe del castillo de naipes del sistema financiero. El colapso obligó al Estado a rescatar a la banca, y se desmantelaron grupos como Cruzat (Banco de Santiago), Vial (Chile, BHC), Fluxá, Sahli-Tassara o Calaf. El 13 de enero de 1983 la dictadura intervino la

---

13. Eduardo Novoa, «Derecho, juristas y cambio económico», en *Estudios de Derecho Económico II*, 1981, 186-187.
14. Patricio Bernedo, *Historia de la libre competencia en Chile 1959-2010*, Santiago, Fiscalía Nacional Económica, 2013, 55-58.
15. Genaro Arriagada, *Los empresarios y la política*, Santiago, Lom, 2004, 154.
16. Ascanio Cavallo, Manuel Salazar y Óscar Sepúlveda, *La historia oculta del régimen militar*, Santiago, Uqbar Editores, 2008, 409.

banca, en un proceso que dejó ver la profunda imbricación entre poder político y económico: Rolf Lüders, el biministro de Hacienda y Economía a cargo de la intervención, había llegado al gobierno desde el Grupo Vial, para el cual ejercía como director del Banco de Chile. Y tras salir del gabinete, sería encarcelado y condenado por supuestas transacciones ilegales durante su período en ese banco (en 2005, después de veintidós años de proceso judicial, la Corte Suprema anuló la condena).

Tres bancos fueron liquidados, cinco (incluyendo el Banco de Chile) fueron intervenidos y otros tres quedaron bajo observación. Según el plan, los dueños de los bancos solo pagarían US$600 millones de los US$2.120 millones en pérdidas. Otros US$520 millones serían absorbidos por ahorrantes y *brokers*, y US$1.000 millones por el Estado.[17]

Luego, la implementación real de este plan sería aun más generosa con los bancos. El Estado, a través del Banco Central, compró la deuda insolvente de las instituciones financieras, y estas se comprometieron a recomprarla en condiciones preferenciales: a una tasa de 5% de interés y en un plazo indefinido. La obligación era destinar todos sus excedentes a este pago. Así se generó la «deuda subordinada»: su pago estaba subordinado a que los bancos tuvieran utilidades.

El rescate, en cambio, no puso como condición la desconcentración del mercado bancario. Cuando terminó la dictadura, los bancos mantenían una deuda impaga de US$4 mil millones. Dos de los más endeudados, el Chile y el Santiago, acumulaban el 55% de los activos de la industria. Tenían la sartén por el mango: una vez más, eran «demasiado grandes para caer».

## «Un balde de vaselina»

Una de las leyes de última hora de la dictadura permitió en 1989 que los bancos capitalizaran los excedentes, esto es, destinaran sus ganancias a aumentar el capital de los accionistas en vez de pagar la deuda. Luego, los beneficiados podían vender esas acciones (capitalizadas a valor libro) a precio de mercado, consiguiendo grandes utilidades. Así lo hicieron el Chile y el Santiago. Mientras algunos bancos (BCI, del Desarrollo, O'Higgins) cancelaban su deuda con el Estado, otros habían encontrado

17. Íd., 442.

la fórmula perfecta para privatizar sus ganancias, sin pagar por las pérdidas que habían socializado en 1983.

El UDI Adolfo Rojas había sido designado interventor del Banco de Chile por el régimen militar. Como tantos otros, se privatizó junto con la empresa. El advenimiento de la democracia lo encontró cómodamente instalado en la presidencia del Chile, y también de la Asociación de Bancos.

En 1995, el Congreso aprobó una ley que derogaba la franquicia de 1989: los bancos deberían destinar todos sus excedentes a pagar la deuda subordinada. Sin embargo, parlamentarios de derecha recurrieron al Tribunal Constitucional y lograron que este objetara la ley. La acción parlamentaria fue dinero puro para los banqueros: permitió que el Chile aprobara una nueva capitalización en la junta de accionistas de abril de 1995.

Entonces el presidente del Banco Central, Roberto Zahler, demandó al Banco de Chile ante la justicia, acusando «ejercicio abusivo» de sus derechos. El Banco Central era un ente autónomo desde 1989, cuando, siguiendo el modelo del Bundesbank alemán o de la Reserva Federal estadounidense, debutó la independencia del banco, consagrada por la Constitución de 1980. Sus cinco consejeros durarían diez años en el cargo, no podrían ser despedidos y fijarían sus políticas con plena libertad.

Volvamos a Zahler. En marzo de 1995, fue invitado a un desayuno en casa del ministro del Interior, Carlos Figueroa, junto a los ministros de Hacienda (Eduardo Aninat), Gobierno (José Joaquín Brünner) y Presidencia (Genaro Arriagada), y a los senadores Sergio Bitar (PPD), Carlos Ominami (PS) y Andrés Zaldívar (DC). El tema de la reunión fue la relación del Central con el Chile. Todos los asistentes mostraron a Zahler «su preocupación por las consecuencias de una lucha con el sector privado».[18] El lobby había comenzado.

Pero el presidente del Banco Central no se dejó impresionar. El economista era famoso por su carácter terco y escéptico. Cuando todo el país se comparaba con los «tigres» asiáticos, el presidente del Central fue el aguafiestas: «Los tigres no se hacen de la noche a la mañana, mucho menos si tienen una larga historia de ser gatos, con cultura, costumbres y perspectivas de gatos», dijo.

---

18. Ascanio Cavallo, *La historia oculta de la transición*, Santiago, Uqbar, 2012, 379.

Con la colaboración del fiscal del Banco Central, el abogado Víctor Vial, Zahler siguió adelante y logró que la Corte Suprema acogiera el recurso de protección que había presentado contra el Banco de Chile. Pero el gobierno de Eduardo Frei Ruiz-Tagle ya había decidido otro curso de acción: negociar una salida con los controladores del banco. El ministro de Hacienda logró aprobar una nueva ley para saldar la deuda subordinada, e invitó a los bancos a acogerse a ella. El Chile puso una condición: Zahler debía desistir del juicio en su contra.

Pronto el asunto dividió al consejo del Banco Central, con intereses cruzados en juego. La consejera María Elena Ovalle era accionista del Chile, y como se negó a vender esos títulos, debió abstenerse en esos temas. Y cuando el consejero Pablo Piñera declaró públicamente que no había acuerdo en el Central para llevar al Chile ante la justicia, Rojas entendió que había ganado la partida.

Por eso, cuando Vial y Zahler recibieron a un abogado del Chile para negociar, este pudo lanzarles una frase directa sobre el futuro de la querella:

—Les vamos a traer de regalo un balde de vaselina.[19]

Sin respaldo político, Zahler terminó por renunciar. El Chile se acogió entonces a la nueva ley. El poder de un banco privado había demostrado ser capaz de ganarle la partida al guardián de las políticas monetarias.

Con una nueva ley de modernización, y con la deuda subordinada en vías de solución, los bancos quedaron saneados, y llegó la hora de las compras y las fusiones. La transición sería terreno fértil para operaciones que concentraron la propiedad de los bancos y la unieron a los grandes grupos económicos.

En 1996 se fusionaron los bancos Osorno y Santander. Al año siguiente, el O'Higgins con el Santiago. En 2001, el Chile con el Edwards. El 2002, el Santiago y el Santander. Además, BCI compró la financiera Conosur, y Corpbanca adquirió Condell y Corfinsa.

Para 2002, los dos mayores conglomerados bancarios del país concentraban casi la mitad de las colocaciones del sistema. El Santiago-Santander, del grupo español BSCH, tenía el 27,7%. El Chile-Edwards, de Luksic, sumaba el 19,6%. Más atrás quedaban el Banco Estado (12,1%), el BCI de Yarur (8,8%), el español BBVA-BHIF (5,6%) y Corpbanca de Saieh (4,7%).[20]

---

19. Íd., 382.
20. Datos de la Superintendencia de Bancos.

¿Qué hizo el poder político en democracia ante la concentración de la banca en un puñado de grupos económicos? Tolerarla. E incluso, en al menos un caso, facilitarla y financiarla. Sí: financiarla.

## ¡Cómprate un banco, Perico!

«¡Cómprate un auto, Perico!» Para muchos es inolvidable la imagen de Nissim Sharim pedaleando al encuentro de su amada, interpretada por Delfina Guzmán, en ese comercial de televisión que se convirtió en ícono de 1980. Claro que el spot no intentaba vender autos sino dinero: era la publicidad de los créditos de consumo del Banco de Santiago.

Fundado en 1977, la irrupción del Santiago marcó la cúspide de poder del Grupo Cruzat. Era el Chile de la plata dulce, en que la clase media entraba por primera vez al mundo del consumo gracias a un crédito abundante y al alcance de la mano. Ese paraíso en que Pinochet prometía, en 1979, que «hacia 1985 o 1986, cada trabajador chileno va a tener casa, auto y televisor. No va a tener un Rolls Royce, pero tendrá una citroneta del 75». Y los Pericos se ilusionaban con bajarse de la bicicleta y subirse a la citroneta, con el gentil auspicio, en cómodas cuotas mensuales, del Banco de Santiago.

Tras el derrumbe del Grupo Cruzat, el Santiago siguió la trayectoria del resto de la banca: intervención, reprivatización, fusión (con la Colocadora Nacional de Valores), otra fusión (con el Banco O'Higgins), absorción (al Santander).

Todo partió en España, donde el Banco Central Hispano (BCH) se fusionó con el Santander, dando origen al BSCH. Cuando el BCH compró el Santiago, el grupo español se convirtió en dueño de dos de los mayores bancos chilenos, con el 27,7% de las colocaciones. Los españoles compraron a los Luksic su parte del Banco Santiago (el antiguo O'Higgins). Y luego, el Banco Central también vendió, entregando así el control total de ambas entidades a los españoles.

«A mí no me gustaba nada vender al Santander», recuerda el entonces consejero del Banco Central Jorge Desormeaux, quien intentó buscar más interesados en el paquete de acciones en poder del Estado, para lo cual incluso recorrió Estados Unidos. «Pero fracasamos. Nadie ofreció más que el Santander. Con ello [Carlos] Massad [entonces presidente del Central] sintió que el mercado validaba la operación. Fue una pena, yo hubiera preferido tener una banca menos concentrada y un mercado de capitales más dinámico.»

La Superintendencia de Bancos no puso reparos, pero un recurso de los abogados DC Ramón Briones y Hernán Bosselin alertó a la Fiscalía Nacional Económica. El fiscal Rodrigo Asenjo presentó un requerimiento ante la Comisión Resolutiva Antimonopolios, pidiendo separar la propiedad en un plazo máximo de 18 meses. Sin embargo, tras el cambio de gobierno, de Frei a Lagos, y de fiscal, de Asenjo a Fernández, en 2000, el caso contra los bancos no prosperó. El fiscal Francisco Fernández admite que «ausculté la opinión del Ejecutivo en torno a esto, porque, ya soldado viejo, no iba a permitir ir a la guerra y sin fusil. Y me encontré con un ambiente muy adverso».[21]

El caso se decidió en 2002. Y la Comisión Resolutiva Antimonopolios permitió la operación. Los representantes del gobierno, Alberto Undurraga y Cristián Palma, junto al académico Antonio Bascuñán, se pronunciaron a favor del Santander. El juez José Luis Pérez y la economista María Eliana Rojas firmaron el voto de minoría, pidiendo una serie de medidas para garantizar la libre competencia. Briones y Bosselin recurrieron a tribunales, pero perdieron. «Hicimos todo lo que humanamente pudimos», recuerda Briones.

## El préstamo de Estévez

Tras vender su parte del Santiago a los españoles, los Luksic no tardaron en volver al mercado bancario. Compraron en US$244 millones el Edwards y luego apostaron por el premio mayor: el Banco de Chile.

Sin embargo, estaban cortos de efectivo. Y para completar los US$541 millones que costaba la operación, le pidieron plata nada menos que al Estado de Chile. En diciembre de 2000, el presidente del Banco del Estado, el socialista Jaime Estévez, autorizó un préstamo por US$120 millones al Grupo Luksic. Ese dinero permitió cerrar la compra del 35% del Banco de Chile al pacto controlador (Penta, Consorcio y Falabella).

El Grupo Luksic se movió rápido: logró que la comprensiva Superintendencia de Bancos lo autorizara a ampliar su propiedad en el

21. Bernedo, *Historia de la libre competencia en Chile,* 153.

Chile, hasta llegar al 58%, y a continuación fusionó su nuevo banco con el Edwards, lo que, nuevamente, fue visado por la Superintendencia y por las autoridades antimonopolios.

Con autorización, auspicio y dinero del Estado, el grupo económico más grande de Chile se había apoderado del mayor banco del país, y luego había concentrado aun más el mercado mediante una nueva fusión. «Lo importante para el país es que exista la certeza de que habrá un banco grande y ciento por ciento chileno», declaraba con satisfacción el patriarca del grupo, Andrónico Luksic Abaroa. Mientras, los diputados DC Pablo Lorenzini y Jaime Jiménez calificaban el crédito como «el más grave acto de corrupción de los últimos veinte años».

Estévez se negó a entregar los detalles de la transacción, afirmando que estaba protegida por el secreto bancario, y argumentó que había sido un buen negocio para la institución. «Con los empresarios hacemos negocios, vemos sus balances y les cobramos, pero con los pobres no. El Banco del Estado va a competir y vamos a tratar de estar en todos los grandes negocios», dijo el exdiputado y antiguo jefe territorial de la campaña de Ricardo Lagos, que continuó a la cabeza del Banco del Estado hasta 2005, cuando fue promovido a ministro de Obras Públicas y Transportes. Al terminar el gobierno de Lagos se privatizó como director de Endesa y de las AFP Provida y Protección.

Cuando Andrónico Luksic Abaroa murió, en 2005, Estévez concurrió a su velorio y demostró su cercanía con el patriarca del grupo. «Él se construyó un camino, con esfuerzo, con tesón, con trabajo, y aparte fue un hombre simpático, afable, que sabía vivir la vida y era muy agradecido de ella», afirmó el aún ministro. «Él ayudó no solo a construir el Chile que hoy tenemos sino que también a saber vivir la vida.»

En 2007, siete años después de la operación, el Grupo Luksic designó a Jaime Estévez director del Banco de Chile, cuya compra, con dinero estatal, él mismo había facilitado. Hasta la fecha continúa en el directorio del Chile. En marzo de 2014 fue reelegido para un nuevo período que llega hasta 2017. Solo entre 2013 y 2014, obtuvo $354 millones en dietas y remuneraciones del Banco de Chile.[22]

22. Banco de Chile, «Directorio», 3bancochile.cl.

«Prácticamente todas las contribuciones a nuestra comodidad, bienestar y prosperidad se iniciaron sin la ayuda de los bancos.»[23] Esta frase tajante acaba de cumplir un siglo. La escribió en 1914 Louis D. Brandeis, un abogado que llegaría a ser juez de la Corte Suprema de Estados Unidos. Respondía así al banquero John Pierpont Morgan, quien había aseverado que «prácticamente todo el desarrollo ferroviario e industrial de este país se ha iniciado gracias a los grandes bancos».

En *Other People's Money*, Brandeis examinó la historia de las grandes innovaciones industriales en Norteamérica: los ferrocarriles, los barcos a vapor, las máquinas cosechadoras, la siderurgia, el teléfono, la electricidad, el automóvil. Su conclusión fue que los bancos, dueños a su vez de los grandes monopolios industriales, se negaron sistemáticamente a financiar el desarrollo de estas innovaciones que amenazaban con alterar el statu quo.

Un argumento similar usó en 1911 el Gremio de Inventores en una presentación al Presidente Woodrow Wilson. «Con el mercado férreamente controlado y ganancias aseguradas por ciertos métodos estandarizados, aquellos que controlan los monopolios no se molestan en desarrollar nada nuevo (...) Es perfectamente claro que la invención en muchos campos ha sido desincentivada, y la humanidad ha sido privada de muchas comodidades, así como de la oportunidad de comprar a precios más bajos».[24]

Es la clásica resistencia de los privilegiados a la «destrucción creativa». Ya sabemos que en algunos casos la innovación rebaraja el naipe del poder. Entonces, si los beneficiados por el statu quo tienen a su vez el control del financiamiento necesario para esa innovación, ¿incentivarán esa creatividad que amenaza su posición?

«Cuando los financistas se coluden, ven pocas razones para alterar el statu quo», dicen Rajan y Zingales: «No querrán asumir riesgos fomentando la innovación».[25] Los autores van más allá, diciendo que

23. Louis D. Brandeis, *Other People's Money and How the Bankers Use It*, capítulo VII, Nueva York, Stokes, 1914. En Louis D. Brandeis School of Law Library, louisville.edu, o archive.org.
24. Ibíd.
25. Raghuram G. Rajan y Luigi Zingales, *Saving Capitalism from the Capitalists: Unleashing the Power of Financial Markets to Create Wealth and Spread Opportunity*, Nueva York, Crown Business, 2003, 35.

«muchos de los males del capitalismo —la tiranía del capital sobre el trabajo, la excesiva concentración de la industria, la desigual distribución del ingreso en favor de los capitalistas, la falta de oportunidades de los pobres— pueden atribuirse en alguna medida sustancial al subdesarrollo de las finanzas».[26]

¿Suena conocido? Son constantes las quejas de innovadores chilenos por la falta de acceso a créditos bancarios. Un estudio de la Universidad del Desarrollo calcula que la industria de capital de riesgo en Chile es, ajustada por PIB, diez veces menor que en países desarrollados. «Hay un fuerte sesgo de los actores privados por participar mayoritariamente en el financiamiento de empresas maduras», concluye el estudio, al punto de que «el 70% de los fondos disponibles para etapas tempranas y empresas nacientes sale del Estado, y no de la banca privada».[27]

Una banca desarrollada y eficiente, pero concentrada y controlada por los grandes grupos económicos, parece también una receta para la falta de competencia. Uno de los episodios más controvertidos ocurrió en 2000 y 2001, cuando el Banco Central redujo fuertemente las tasas de interés para empujar la reactivación tras la crisis asiática. Sin embargo, en vez de traspasar las bajas a sus clientes, los bancos aumentaron el *spread* (la diferencia entre la tasa que cobran quienes ahorran y la que pagan quienes se endeudan). Esto llevó a que «más de un analista acusara a los bancos de haberse coludido», recuerdan Eduardo Engel y Patricio Navia.[28] Similares acusaciones han hecho periódicamente los trabajadores bancarios y asociaciones de consumidores.

En 2011, el presidente del Banco Central, José de Gregorio, admitió que no había una explicación razonable para los altos precios de los créditos de consumo. Según cálculos de la Superintendencia de Bancos, las bajas de tasas del Banco Central apenas se traspasaban en

26. Íd., 42.
27. Patricio Cortés, «¿Hay capital de riesgo en Chile? Un estudio exploratorio», en *Emprendimiento e innovación en Chile. Una tarea pendiente*, Santiago, Universidad del Desarrollo, 193, cei.udd.cl.
28. Eduardo Engel y Patricio Navia, *Que gane «el más mejor»: mérito y competencia en el Chile de hoy*, Santiago, Debolsillo, 2009, 130.

un 20% en los créditos de consumo, mientras que en los comerciales e hipotecarios el traspaso sí bordeaba el 100%.[29]

Sin embargo, y tal como en las fusiones, la Superintendencia de Bancos e Instituciones Financieras (SBIF) no ha intervenido en estos casos. La SBIF debe ser el organismo más extraño del Estado chileno: tiene la enorme tarea de fiscalizar a la banca, pero es financiada por los propios bancos.

Una situación que «tiene olor a conflicto de interés», dice el excontralor general de la República Ramiro Mendoza. Esta realidad anómala se arrastra desde los años setenta, en la época de oro de la asociación entre los bancos de los grandes grupos y la dictadura. Cada semestre, los bancos entregan el 0,017% de sus activos para financiar a la SBIF, amarrando así su suerte a la del fiscalizador. La SBIF dice que «el financiamiento a través de los fiscalizados existente en nuestro país constituye la mejor práctica a nivel internacional», aludiendo a que garantizaría su independencia del poder político. El argumento es revelador, porque no se hace cargo de la obvia independencia que un fiscalizador debe tener respecto de sus fiscalizados, sobre todo cuando estos acumulan un poder enorme.

Un episodio decidor ocurrió en 2010. El 22 de septiembre, el superintendente Carlos Budnevich anunció el término de las «ventas atadas», prohibiendo a los bancos condicionar la tasa de un crédito hipotecario a la contratación de otro producto. La Circular 3.506 causó la crítica de la Asociación de Bancos, que propuso cambios a Budnevich a través de una serie de correos electrónicos que incluían frases tan explícitas como «lo que consideramos que se debe normar es...», «solicitamos al señor superintendente que incluya el siguiente párrafo...», o «estimamos que debiera eliminarse...». También se incluían comentarios sobre «borradores de circulares» que obviamente habían sido consultadas por el fiscalizador con los bancos antes de publicarlas.

Los *mails* fueron enviados por el fiscal de la Asociación de Bancos, José Manuel Montes, y varios de ellos incluían la frase «por encargo del presidente». Ese cargo era ocupado por Hernán Somerville, designado en julio de 2010 embajador en China, cargo que luego declinó.

29. Héctor Cárcamo: «Autoridad prepara inédito ranking de tasas de créditos de consumo de bancos», *La Tercera*, 19 de abril de 2011.

El 15 de noviembre de 2010, el superintendente adoptó las sugerencias de sus fiscalizados-financistas, y volvió a permitir las «ventas atadas», con modificaciones y ahora bajo el nombre de «ventas conjuntas».

## Se levanta el CAE

No hay mejor ejemplo de la fantástica capacidad de los bancos para hacer trabajar al Estado en su provecho. El Crédito con Aval del Estado (CAE) es un sistema pensado para ampliar el acceso de los jóvenes chilenos a la educación superior, pero terminó convertido en un negocio fabuloso para la banca.[30]

Jamás, ni en la formulación del proyecto que creó el CAE, ni en su discusión en el Congreso, se cuestionó que los bancos estuvieran a cargo del sistema. «Simplemente se consideró como la única opción posible», destaca el libro *La gran estafa.*[31] Era una opción ideológicamente debatible y, como se comprobaría, muy dudosa en términos de eficiencia. Pero, en un éxito formidable de la banca, se presentó desde el principio como un hecho consumado. Es más, el Estado se puso la soga al cuello al establecer en la ley del crédito con aval del Estado que «los créditos con garantía estatal no podrán ser otorgados por el Fisco».

Los bancos tenían la sartén por el mango. El Estado ya se había comprometido a entregar créditos a los estudiantes y no tendría más alternativa que hacerlo en las condiciones que la banca dispusiera. En la primera licitación, con 20 mil alumnos ya seleccionados para recibir el crédito, los bancos simplemente boicotearon el proceso. «Teníamos 20 mil créditos que colocar y los bancos no querían participar», relata la entonces directora ejecutiva de la Comisión Ingresa, Alejandra Contreras. «Entonces, hubo que idear algo y ahí es donde surgió la idea de comprarle la cartera a los bancos.»[32]

Había nacido la tristemente célebre «recarga».

30. Un análisis acabado del CAE se encuentra en *La gran estafa. Cómo opera el lucro en la educación superior*, de Juan Andrés Guzmán, Mónica González, Juan Pablo Figueroa y Gregorio Riquelme, Santiago, Catalonia-Periodismo UDP, Colección Tal Cual, 2014, 231-293.
31. Íd., 281.
32. Íd., 282.

Este incentivo, que nunca fue discutido en el Congreso, significa que los bancos le revenden al Fisco parte de los créditos, recibiendo un sobreprecio. Entre 2006 y 2011, los bancos prestaron a los alumnos 443.700 millones de pesos, y luego vendieron con sobreprecio parte de esos crédito al Estado, que les pagó por ellos 591.900 millones de pesos. Así, antes de recibir un solo peso por la devolución de los créditos, ya se habían embolsado 150 mil millones de pesos, por la simple operación de comprar un préstamo barato y vendérselo más caro al Estado.

La situación llegó a un extremo insólito en 2009, cuando los bancos Scotiabank, BCI, BancoEstado y Falabella otorgaron el CAE a 72 mil estudiantes, a quienes prestaron 4.169.000 UF. Luego, le revendieron 49 mil de esos créditos al Estado, que pagó por ellos 4.226.540 UF. No, no hay un error en las cifras. Al Estado le hubiera resultado más barato pagar el arancel de referencia de los estudiantes, en vez de endeudarlos a veinte años plazo con la banca.[33]

Este absurdo se entiende por las altísimas «recargas» aceptadas por el Fisco. En 2006, por ejemplo, el Scotiabank cobró un 69% de «recarga», o sea, se embolsó ese porcentaje por la simple operación de aceptar un paquete de créditos y luego revenderlo al Estado.

La «recarga» tiene otro beneficio para los bancos. Les permite «descremar» su cartera de deudores. Tras adjudicarse las listas de estudiantes y entregar los créditos, analizan los antecedentes de los estudiantes, se quedan con los más seguros pagadores y le revenden al Fisco, con sobreprecio, la cartera de deudores más insolvente. Un ejemplo: en 2010, los bancos revendieron al Fisco el 45,1% de los créditos de estudiantes matriculados en la Universidad Católica, contra el 85,5% de la Universidad Autónoma, el 77% de la San Sebastián y el 76,8% de la Santo Tomás.

La «recarga» y el «descremado» se suman a las altas tasas con que los bancos se han presentado a las licitaciones anuales del CAE. Pese a ser un crédito avalado por el Fisco —es decir, cuyo pago está asegurado—, la tasa promedio hasta 2011 fue de 5,6% anual. «Las entidades financieras saben que el Estado debe vender los créditos durante un plazo acotado —constató un informe del Banco Mundial en 2011—.

33. El CAE cubre el arancel de referencia, que suele ser inferior al arancel real que cobran las universidades. Esto obliga a muchas familias a tomar un segundo crédito para financiar el saldo.

Esto pone al Estado en desventaja frente a los bancos, como le sucede a cualquier vendedor al que le urge vender, y el resultado de ello son precios inflados.»[34]

Según Patricio Meller, en 2010 los bancos tuvieron un retorno del 18% + UF «por una inversión prácticamente sin riesgo». El economista calculó que, incluso con un crédito con un interés real de 0% para los estudiantes, los bancos igualmente tendrían una rentabilidad muy superior a la que obtienen por el promedio de un crédito de consumo.[35]

## El sistema imperante

En teoría, una licitación competitiva debió haber permitido que los bancos pujaran por conseguir tan lucrativo negocio, ofreciendo tasas bajas y recargas mínimas. Como eso no ocurrió, una pregunta incómoda ha sobrevolado todo el proceso del CAE. ¿Están coludidos los bancos para estrujar al máximo al Fisco?

En enero de 2012, le hice esa pregunta a Ricardo Lagos durante una entrevista para la revista *Qué Pasa* en Washington DC. El diálogo resultante fue una demostración del poder que ejercen los bancos sobre el sistema democrático:

**—Cuando se acepta esa tasa y los bancos obtienen esas ganancias, ¿significa que el sistema fue demasiado generoso con ellos? ¿Sí o no?**

—No, porque ese es el sistema imperante en Chile, pues. (Hace una pausa y repite la frase.) Ese es el sistema imperante en Chile, pues. Yo te quiero ver a ti pidiendo más cosas para manejar a los bancos, qué te van a decir.

**—¿Tanto poder tienen los bancos en Chile?**

—No en Chile, ¡en el mundo! ¿Cuál es el fracaso de Europa? Que están dejando que gobiernen los mercados financieros y no los gobernantes elegidos por el pueblo.

34. «Programa del Crédito con Aval del Estado —(CAE) de Chile. Análisis y Evaluación», Banco Mundial, 8 de marzo de 2011.
35. Patricio Meller y Rodrigo Moser, «Fundamentos para un Crédito con Aval del Estado con 0% de interés», *El Mostrador*, 19 de agosto de 2011.

**—¿Y en Chile ocurre lo mismo?**

—Bueno, pero si en Chile, dime tú, tenemos un sistema mucho más controlado que el de Europa. Afortunadamente. (Baja la voz.) ¿Era posible pedirles a los bancos una explicación? (Con tono irónico, simula una conversación entre dos personas.) *¿Están ustedes coludidos? Pero con qué derecho usted piensa eso, jamás. No, cómo se le ocurre, es el mercado el que determina el 6%.*

**—¿Por lo tanto usted cree que estaban coludidos?**

—¡Noooo, no, no, cómo se te ocurre que vas a poner eso en mi boca!

**—Por eso se lo estoy preguntando.**

—Y por eso te lo estoy respondiendo.[36]

Algunos meses después, esta vez en California, Lagos fue más explícito: «El [banco] que menos cobró, cobró 6%. Inflación más 6%. No puede ser, si es con aval del Estado. ¿Cómo va a cobrar 6% de interés real sobre inflación? Hubo una colusión seguramente de bancos y cobraron 6%, con aval del Estado. Eso no puede ser».[37]

En medio de las protestas estudiantiles de 2011, el gobierno de Sebastián Piñera anunció la rebaja del interés del CAE a 2% real. Un alivio para los estudiantes sin tocar las ganancias de la banca: simplemente, el Estado pasó a subvencionar el diferencial, generando un nuevo flujo de transferencias directas desde el Fisco a la banca.

El 13 de junio de 2012, el gobierno también presentó un proyecto para sacar a los bancos del negocio, pero este apenas alcanzó a ser estudiado por la Comisión de Educación del Senado. De allí pasó, el 15 de enero de 2013, a la Comisión de Hacienda, donde duerme el sueño de los justos.

Hasta el cierre de este libro, y a la espera de un nuevo sistema para financiar la educación superior, el Estado sigue subsidiando, con cifras cada año mayores, un negocio redondo para los bancos.

---

36. Matamala, «"¿Y por qué tengo que hacer una autocrítica?"».
37. Lili Loofbourow, «Ricardo Lagos: "En el CAE seguramente hubo colusión de los bancos"», *El Mostrador*, 26 de septiembre de 2012.

Es un costo invisible. Cada vez que usted paga, sea con efectivo o con tarjeta, en un supermercado o en un almacén, por la compra del mes o por alguna adquisición menor, parte del costo va a un monopolio operado por los bancos: Transbank.

La nueva democracia chilena ha sido una era dorada para los bancos. Apenas inaugurada, consiguieron implantar un monopolio que han mantenido incólume por un cuarto de siglo. En 1991, la Comisión Preventiva Central autorizó a un consorcio formado por los principales bancos del país para formar una «sociedad de apoyo al giro bancario». Transbank se adueñó así del creciente mercado de compras con tarjetas. Y ha ido creciendo como un monstruo de múltiples cabezas. Es propiedad de los emisores (los bancos), y es al mismo tiempo adquiriente (afilia comercios al sistema) y operador (hace funcionar el servicio). Monopoliza el pago con tarjetas de crédito y débito, además del pago vía internet (Webpay). También los cajeros automáticos son un monopolio controlado por los mismos bancos, a través de Redbanc.

En resumen: los bancos cobran por entregar una tarjeta, por usarla en el cajero automático, y al comercio por recibir pagos por ella.

Los dueños son los mismos. En Redbanc, dominan el Banco de Chile (38,1%), Santander (33,4%), BCI (12,7%) y Corpbanca (2,5%). En el caso de Transbank, los propietarios principales son Banco Santander (32,7%), Chile (26,2%), BCI (8,7%), Banco Estado (8,7%), Scotiabank (8,7%), Corpbanca (8,7%) y BBVA (6,3%).

La Fiscalía Nacional Económica (FNE) define a Transbank como un «monopolio artificial» y lleva años en una larga, y hasta ahora infructuosa, batalla por quebrarlo. Ha perdido en todos los frentes. En el Congreso, que ha dado largas a los proyectos de ley que intentan introducir competencia al sistema. En el Tribunal de Defensa de la Libre Competencia (TDLC), que rechazó un recurso de la FNE contra Transbank por abuso de posición dominante en 2005, y que declaró inadmisible una nueva arremetida, en 2013. Y en la Corte Suprema, que rechazó los alegatos de la FNE contra el TDLC, por 3 votos contra 2, en 2015.

En estas batallas, la Fiscalía Nacional Económica ha acumulado evidencia sobre el monopolio de Transbank. «Los efectos de la estructura monopólica y verticalmente integrada perjudican principalmente a los pequeños y medianos comercios, y a los consumidores finales», asevera en un informe.[38] Enfrentados a un monopolio, los comerciantes pequeños no tienen más opción que aceptar las condiciones que Transbank les imponga para operar con tarjetas de crédito y débito. Y estas los discriminan. La comisión promedio que cobra por el uso de tarjetas de crédito es de 1,56%. Pero al 84% de los comercios les cobra cifras mucho más altas, que escalan hasta superar el 3%.

Estas altas comisiones se concentran en locales pequeños de comunas de menos recursos y son traspasadas a sus clientes, que son los de niveles socioeconómicos más bajos. Como los comercios no pueden cobrar precios distintos a los clientes que paguen con tarjeta, este cargo adicional se distribuye entre todos los compradores. La consecuencia es que, incluso al comprar un kilo de pan con efectivo en el almacén de la esquina, se está pagando un sobreprecio debido al monopolio de Transbank. El traspaso de costos a precios finales se mueve entre el 22% y el 70%.[39]

Consumidores y comerciantes pierden. ¿Quiénes ganan? Los bancos, por supuesto. La FNE calcula que «el beneficio neto emisor» (lo que los bancos ganan por la afiliación al sistema) fue de US$247 millones en 2012. Entre 2005 y 2012, los beneficios crecieron 197%, contra solo 90% de aumento de costos.[40]

Hay más: la emisión de plástico también está fuertemente concentrada. Apenas cuatro bancos (Santander, Chile, BCI e Itaú) dominan el 81,5% de los montos transados con tarjetas de crédito. Y en las de débito, el 80,5% corresponde a BancoEstado, Santander, Chile y BCI.[41]

Además, como en todo monopolio, los incumbentes frenan la innovación. «Al ser Transbank el único proveedor (...) no hay incentivos para innovar, por lo que numerosos desarrollos tecnológicos ampliamente utilizados en otros países no existen en Chile», dice la FNE.[42] Los pagos móviles, las tarjetas de prepago, el *clearing* en tiempo real,[43] las tarjetas sin contacto, la autenticación biométrica y la billetera electrónica son servicios que ya son habituales en otros mercados, pero que en Chile no existen o se implementan a ritmo lento.

38. Fiscalía Nacional Económica (FNE): «Escrito ERN, 20-14-1», 53-54, fne.gob.cl.
39. Íd., 57-58.
40. Íd., 33.
41. Datos de la Superintendencia de Bancos e Institucones Financieras, 2014.
42. FNE, «Escrito ERN, 20-14-1», 65.
43. Un proceso de validación de cheques.

El monopolio también se extiende a internet, a través de Webpay. No hay alternativa. Además, el comercio debe someterse a un único sistema de prevención de fraudes... provisto por Webpay, por supuesto.

«Transbank se ha constituido en un monopolio imposible de desafiar», advierte la FNE. «Chile es el único país del mundo donde hay monopolio en este sector», constata Javier Etcheberry. El exdirector del SII es uno de los dueños de Multicaja, empresa que lleva ocho años intentando entrar al mercado de los pagos electrónicos. «Me ha ido mal», reconoce Etcheberry, quien liga su suerte con la defensa corporativa de la que disfrutan los bancos. «Quiero que se acabe el financiamiento de las campañas de parte de las empresas, porque así los parlamentarios no van a defender los intereses de ciertas compañías», dice. «Esto es difícil en Chile, porque hay mucho monopolio. Y algunos de estos están incluso apoyados por las autoridades.»[44]

## Paga la banca

Los cuatro mayores bancos privados de Chile, listados por la Superintendencia de Bancos e Instituciones Financieras (SBIF) según su participación en colocaciones, aparecen en la nómina de financistas de la política que revelamos en este libro.

El Santander tiene donaciones por $320 millones en 2013, para ser repartidos «velando por un razonable equilibrio».

El Banco de Chile, del Grupo Luksic, ha hecho aportes permanentes: en 2004, 2005, 2012 y 2013. Se suman a las donaciones de sus filiales: Banchile Corredores de Bolsa, Banchile Factoring y Banchile Administradora General de Fondos.

El Banco Crédito e Inversiones (BCI), del Grupo Yarur, financió directamente la política en 2005 y 2008, pero ha estado presente en todos los años de elecciones a través de los aportes de ocho de sus filiales. En la última campaña, las elegidas para entregar dinero fueron BCI Asset Management, BCI Corredores de Bolsa y BCI Factoring. En este caso, el directorio autorizó entregar «el máximo que la normativa establece». Multiplicando el tope legal de $247 millones por los cuatro tipos de elección simultánea y las tres filiales, ese máximo podría llegar a $2.964 millones.

44. Marcelo Soto, «Javier Etcheberry: A la elite le gusta...»

Corpbanca, del Grupo Saieh, ha entregado dinero en todos los períodos electorales: 2004, 2005, 2008, 2009, 2012 y 2013. De hecho, la Sección 2.4 del acuerdo de fusión firmado en 2014 entre Corpbanca e Itaú se titula «Donaciones políticas». En ella se especifica que los accionistas se comprometen a que Corpbanca «haga donaciones políticas a beneficiarios que serán propuestos y acordados por los accionistas, de forma consistente con las prácticas pasadas», de los cuatro años anteriores al acuerdo.[45]

El mismo acuerdo detalla que durante 2013 el grupo hizo aportes a la política por $1.005 millones, los que desglosan así: Corpbanca, $866 millones; Corpbanca Corredores de Bolsa, $12 millones; Corpbanca Corredores de Seguros, $90 millones, y Corpbanca Administradora General de Fondos, $37 millones.

Así, sumados a otras entidades financieras, como el Bice (del Grupo Matte), el Security y el Banco del Desarrollo, los bancos que son mecenas de la política dominan ampliamente el mercado: acaparan más de dos tercios de las colocaciones del sistema, por un monto total de unos US$146 mil millones, según las cifras a junio de 2014 de la SBIF.

Además, los bancos tienen otro papel clave en las campañas: entregan los créditos que luego los candidatos devolverán con el dinero que les suministra el Estado por cada voto obtenido en la elección. Por ejemplo, en la elección presidencial de 2013, Michelle Bachelet recibió un préstamo por $2.036.416.727 del BancoEstado, Evelyn Matthei obtuvo $1.153.524.740 del Banco de Chile, y Marco Enríquez-Ominami recibió $250.000.000 de Corpbanca y $50.000.000 del BancoEstado. Las condiciones de esos préstamos se negocian de manera reservada entre ambas partes.

## La banca siempre gana

«Al banco le va tan bien o tan mal como le va al país. El banco es el mejor barómetro para saber cómo le va al país.»

---

45. Shareholders Agreement between Itaú Unibanco Holding, S.A. ["Itaú Holding Company"], Inversiones Gasa Limitada, Corp Group Holding Inversiones Ltda., Corp Group Banking S.A., Companía Inmobiliaria y de Inversiones Saga Limitada and Inversiones Corp Group Interhold Ltda. Section 2.4, 17, corpbanca.cl.

La frase es del entonces presidente de la Abif, Jorge Awad, en 2014.[46] Pero las cifras cuentan una realidad muy distinta. Ese 2014, mientras todo el país hablaba de un preocupante frenazo de la economía, la banca logró utilidades por US$4.085 millones, con una rentabilidad sobre patrimonio de 17,21% anual.[47]

En 2013, había ganado US$3.423 millones.[48] En 2012, fueron US$3.346 millones. En 2011, US$3.603 millones. En 2010, US$3.383 millones… En año de terremoto, la banca gana. En año de bonanza, la banca gana. En año de contracción, la banca gana. En año de inflación, la banca gana. En año de vacas gordas, flacas o *diet* (como bautizó el ministro de Hacienda al año 2015), también.

Sí, entre enero y agosto de 2015, los bancos volvieron a ganar: US$2.145 millones.

«A los bancos, directamente, la reforma tributaria no les afecta», había adelantado Jorge Awad. Los españoles del BSCH, y los chilenos Luksic, Yarur, Matte y Saieh pueden estar tranquilos. En Chile, la banca siempre gana (y cuando pierde, el Estado la rescata).

El problema de los bancos, dice el «Chicago boy» Manuel Cruzat Valdés, «no está solo en las ventas atadas o conjuntas que restringen al consumidor y desalientan la competencia en cada uno de los servicios ofrecidos, en las sociedades de apoyo que actúan como barreras para-arancelarias, en la asimetría de información crediticia entre diferentes oferentes de crédito, en la carencia de información entregada al cliente respecto al verdadero costo del crédito que le inhabilita comparar con otras alternativas, en la complejidad de ofrecer créditos directos desde el exterior de manera masiva, en la ausencia de desafío al oligopolio bancario existente en la últimas tres décadas por la vía de privilegiar las fusiones entre sus pares, en la errada creencia [de] que una alta concentración bancaria sería sinónimo de estabilidad sin costo para los consumidores, en pagar tasas anuales sobre 50% en créditos de consumo cuando bajo el mismo costo de capital bancario se ofrecen en el exterior al 15% para las mismas personas o actividades, en la fuerte dependencia

46. CNN Chile, 10 de julio de 2014.

47. *Estrategia*, «Resultados a noviembre. Bancos de Chile y Santander los grandes ganadores del 2014», 5 de enero de 2015.

48. *El Economista América*, «Banca obtuvo utilidades por US$3.400 millones, un 13,89% más», 6 de febrero de 2014.

del financiamiento bancario de los fondos de pensiones, los que a través de sus inversiones en depósitos y bonos subordinados incluso superan al propio capital y reservas de los bancos, en el poco desarrollado mercado local de bonos de alto rendimiento que de manera efectiva sustituya y complemente competitivamente al sistema bancario, en que alrededor del 85% de los créditos comerciales de los bancos está concentrado en el 1,5% de las empresas del país, en la asimetría de acceso al crédito que promueve una creciente concentración en las diferentes áreas económicas del país en favor de aquellos que acceden competitivamente, en la indolencia de muchos frente a lo que hacen unos pocos».

El problema mayor, concluye Cruzat, «está en si contamos esta vez con autoridades ejecutivas, legislativas y de libre competencia que enfrenten y resuelvan esta costosa ineficiencia de manera integral. El problema no es de derecha o izquierda, es de competencia y de voluntad para imponerla».[49]

## AFP: DUEÑOS SIN PODER

Hubo un negocio que los bancos no pudieron tomar: el de las AFP. El 10 de octubre de 1980, invitaron al joven ministro José Piñera a un almuerzo en la Asociación de Bancos para convencerlo. Pero este se resistió. Quería que su nuevo sistema de capitalización individual tuviera sus propias empresas: las administradoras de fondos de pensiones (AFP).

Las bondades y falencias de las AFP como sistema previsional son un tema que excede las pretensiones de este libro. Pero hay un asunto que sí nos debe importar aquí: las AFP como un gigantesco instrumento para quitar poder al Estado y entregarlo, no a sus cotizantes, sino a los dueños de las empresas. Y no es un efecto colateral. Es una consecuencia premeditada. El creador del sistema, José Piñera, se felicita de que la reforma «significó una disminución gigantesca del poder político del Estado sobre la economía». El cambió «equivalió a privatizar varias decenas de las empresas que efectivamente pasaron al sector privado».[50]

49. Manuel Cruzat, «Problema de los bancos», *El Mercurio*, Cartas al Director, 24 de noviembre de 2010.
50. José Piñera, «El cascabel al gato: la batalla por la reforma previsional (versión resumida)», autoedición, 91.

La finalidad de este proceso era ideológica, por cierto. «La libreta individual [de ahorro en la AFP] ha pulverizado el gatillo de la lucha de clases como arma política», dice Piñera. El sistema de pensiones «hace de cada trabajador un propietario», y, en ese escenario, «¿cómo podrían ser llevados los trabajadores a paros ilegales u otras acciones que dañen a las empresas cuando sus pensiones dependen de la salud de esas mismas empresas y de la economía en general?».[51]

El trabajador, efectivamente, se convierte en propietario de sus ahorros, destinados a un fondo de pensiones. Pero lo interesante del caso es que es un propietario desprovisto del poder económico que esa propiedad debería entregarle. A cambio, ese poder es tomado por otros: por los dueños de las AFP.

Esa es la genialidad política del sistema, capaz de entregar un enorme poder vicario, gracias al dinero aportado por una gran masa de trabajadores, a una pequeña elite. Al diseñarlo, Piñera descartó que los fondos fueran gestionados por cooperativas o «entes jurídicos nuevos, constituidos por los propios cotizantes». Las AFP serían, en palabras del entonces ministro del Trabajo, «empresas con dueño (...) con ejecutivos y administradores que son evaluados, no según su capacidad para manejar asambleas volubles o mayorías circunstanciales, sino en función de su capacidad profesional».[52] Así, las AFP serían «empresas con dueño». Dueño, claro, distinto del teórico propietario de los miles de millones de pesos que dan un enorme poder a esa empresa.

El modelo privó del poder a los dueños del dinero, los trabajadores. Y no era el único modelo posible, por supuesto. Un ejemplo de lo que ese poder puede lograr cuando está en manos de los trabajadores lo da el canadiense Ontario Teachers' Pension Plan Board (OTPP). Este plan incluye a 182.000 profesores de la provincia de Ontario, con 129.000 jubilados como beneficiados y un retorno anual promedio de 10,2%. Pero hace más que eso: su directorio, nombrado por el sindicato de profesores y el gobierno de Ontario, debe cumplir normas de inversión responsable, respetando principios sociales, laborales y ambientales. Como sus inversiones le dan el poder de nombrar directores en distintas empresas, el OTPP debe promover en ellas una serie de estrictos principios que van desde el tamaño de los directorios

51. Íd., 92.
52. Íd., 70.

(entre seis y quince integrantes), la separación de roles entre directorio y administración, indemnizaciones limitadas para su plana ejecutiva, la oposición a contratos de «paracaídas dorados» para sus gerentes, etcétera.[53]

Pension Danmark (PD) es otro ejemplo. Con 660.000 afiliados, esta organización sin fines de lucro de Dinamarca invierte buscando altas rentabilidades, pero también sigue una minuciosa política ética, que le prohíbe poner el dinero de sus miembros en compañías que «violen leyes y regulaciones» o «actúen irresponsablemente o sin consideración con el sentimiento de la opinión pública». Las compañías también deben aplicar políticas de respeto a los derechos laborales, el medio ambiente y los derechos humanos.[54]

¿Qué pasaría si las AFP chilenas tuvieran directorios responsables ante sus cotizantes y tuvieran que cumplir normas como estas? ¿Julio Ponce Lerou o José Yuraszeck se habrían sentido con el poder omnímodo para torcer a su favor las normas de sus empresas, utilizando para sus propósitos los millonarios fondos aportados por los trabajadores?

## Los nombres de las AFP

Las AFP propiciaron un «espectacular desarrollo del mercado de capitales en Chile».[55] ¿A quién benefició este desarrollo? Desde luego, a los miembros de la dictadura que las creó, y que se sirvieron de ellas para controlar las empresas privatizadas, usando los ahorros de los trabajadores.

Fue un proceso intencional. Las AFP, dice José Piñera, crearon «un enorme poder comprador que contribuyó a la privatización de las empresas mal llamadas "estratégicas" (la energía, los teléfonos, la comunicación de larga distancia, etc.). En una deliberada "secuencia virtuosa", primero se crearon los fondos de pensiones y después ellos fueron importantes compradores de las acciones de estas empresas».[56]

---

53. Ontario Teacher's Pension Plan: «Corporate Governance Principles 2015 and Proxy Voting Guidelines», otpp.com.
54. Pension Denmark, «SRI Policy», pension.dk.
55. Piñera, «El cascabel al gato: la batalla por la reforma previsional», 91.
56. Íd., 92.

Gener fue controlada en 26% por las AFP. SQM, en 37%. Iansa, 23%. Y así.[57] Las administradoras, por cierto, eran vehículos de los principales grupos económicos: Cruzat-Larraín formó Provida. Vial fundó Santa María. Luksic, Angelini y Matte crearon AFP Summa, Edwards dio origen a El Libertador, y Yarur a Planvital.

Sus directorios se convirtieron en refugio de la elite político-empresarial ligada a la dictadura. Entre muchos otros, podemos mencionar a los siguientes:

| | Cargo en la dictadura | Cargo en AFP |
|---|---|---|
| Alfonso Márquez de la Plata | Ministro de Agricultura, Gobierno y Trabajo | Director de AFP Provida |
| Jorge Cauas | Ministro de Hacienda | Presidente de AFP Provida |
| Miguel Schweitzer | Ministro de Justicia | Director de AFP Santa María |
| Álvaro Bardón | Presidente del Banco Central | Director de AFP Invierta |
| Fernando Léniz | Ministro de Economía | Presidente de AFP Summa |
| Jorge Prado | Ministro de Agricultura | Presidente de AFP Planvital |
| Sergio de Castro | Ministro de Hacienda y Economía | Presidente de AFP Provida |
| Miguel Ángel Poduje | Ministro de Vivienda y de Gobierno | Vicepresidente de AFP Provida |
| Luis Larraín | Ministro de Odeplan | Director de AFP Habitat |
| Guillermo Arthur | Ministro del Trabajo | Presidente de la Asociación de AFP |
| Martín Costabal | Ministro de Hacienda | Gerente general de AFP Habitat |
| Álvaro Donoso | Ministro de Odeplan | Director de AFP Provida |

Los nombres políticos ligados a la dictadura siguieron dominando los directorios de las AFP en la década de los noventa, pero gradualmente la Concertación comenzó a entrar también en ellos. Julio Bustamante trabajó en el Grupo Cruzat, formando las AFP Alameda y Unión (incorporada luego a Provida). Al llegar la democracia, asumió como superintendente de AFP, desde 1990 a 2000. Y en 2002 pasó a ser presidente de la AFP Magister (cuando era de Inverlink), dando la vuelta completa a la puerta giratoria. Luego, en 2011, se alió nuevamente con Cruzat para formar una nueva AFP, Sur, cuya constitución fue rechazada por las autoridades.

En 2006, cuando el primer gobierno de Michelle Bachelet preparaba la reforma previsional, AFP Provida reforzó su directorio con personalidades de la Concertación. Entró Ximena Rincón, que hasta seis

57. María Olivia Mönckeberg, *El saqueo de los grupos económicos al Estado chileno,* Santiago, Penguin Random House, 2015, 240-241.

semanas antes era intendenta de Santiago. Siendo directora de Provida, fue elegida vicepresidenta de la Democracia Cristiana y fue precandidata a alcaldesa de Santiago. También se incorporó al directorio de la AFP el expresidente de la Cámara de Diputados José Antonio Viera-Gallo, del PS, quien acababa de dejar su escaño en el Senado.

Otros nombres ilustres de la Concertación que han entrado al mundo de las AFP son el ministro de Economía de Aylwin, Jorge Marshall (PPD), director de Provida; el ministro secretario general de Gobierno de Lagos, Osvaldo Puccio (PS), director suplente en Provida; el ministro de Economía de Bachelet, Hugo Lavados (DC), presidente de Cuprum, o la subsecretaria de Hacienda de Lagos, María Eugenia Wagner (DC), directora de Cuprum.

El trabajo es, sin duda, atractivo. Al menos 24 exfuncionarios de la Concertación —ministros, subsecretarios y superintendentes— se han inscrito en el listado de la Superintendencia de AFP como candidatos a ser apoyados por las AFP para entrar en los directorios de las empresas en que las aseguradoras tienen representación.[58]

Además hay vínculos económicos. AFP Cuprum entregó aportes reservados en todas las campañas electorales entre 2004 y 2012, mientras permanecía bajo el control de Carlos Délano y Carlos Lavín: municipales de 2004, 2008 y 2012; y presidenciales y parlamentarias de 2005 y 2009. En 2013, el Grupo Penta vendió Cuprum al grupo estadounidense Principal.

Las donaciones de AFP Cuprum, tal como las de las isapres Banmédica y Vida Tres, también del Grupo Penta, y las de Colmena (2005), tienen algo en común: son de empresas cuyos ingresos provienen de los pagos por seguridad social de los trabajadores chilenos. Eso significa que una parte de esas cotizaciones obligatorias fueron destinadas de forma secreta a financiar campañas políticas, partidos o institutos de formación política.

En el caso de las AFP, cada trabajador chileno debe destinar el 10% de su sueldo a su cuenta de ahorro individual, administrada por la AFP, y un monto adicional, de entre 0,47% y 1,54%, como comisión por depósito de cotizaciones.[59] Cuprum no informó ni consultó a sus afiliados si estaban de acuerdo con que parte de esa comisión (1,48%

58. *Punto Final*, «AFP y Concertación: una colusión total», 10 al 23 de enero de 2014.
59. Cifras de la Superintendencia de Pensiones a octubre de 2015, safp.cl.

a octubre de 2015) fuera destinada a invertir en políticos. Tampoco lo hicieron las isapres, pese a que también obtienen sus ganancias de cotizaciones obligatorias de seguridad social.

Debido a una serie de fusiones y concentraciones, hoy existen solo seis AFP abiertas en Chile. Tres pertenecen a grupos estadounidenses (Cuprum, Habitat y Provida), una es de dueños brasileños (Planvital), una de colombianos (Capital) y una del grupo chileno Navarro (Modelo).

Estas empresas manejan US$150.685 millones, equivalentes al 69,5% del PIB de Chile. Un gigantesco poder, que sus legítimos dueños no pueden ejercer.

## Capítulo nueve

# PESCA MILAGROSA

Ese 5 de octubre fue noche de fiesta en millones de hogares en Chile. Después de quince años de dictadura, el «No» a Pinochet triunfaba en el plebiscito. Entre quienes celebraban había un inmigrante italiano cuya contribución había sido decisiva en la campaña que terminaba. Pocos lo sabían. Menos aun podían saber que esa noche no solo comenzaba el largo camino hacia la democracia; también se iniciaba el proceso que le permitiría a su familia y a un puñado de empresas controlar los frutos del mar chileno.

Anacleto Angelini primero probó suerte en Abisinia. Era la época del sueño colonial del Duce, cuando Benito Mussolini ambicionaba crear un imperio italiano en el África Oriental. Para ello invadió Etiopía en 1935, derrocando al emperador Haile Selassie. La rebautizada colonia de Abisinia atrajo a jóvenes audaces como Angelini, quien se desplazó hacia allí desde la Ferrara que lo vio nacer, en 1914, para probar suerte en el comercio de sal.

La guerra frustró sus planes. «Cuando llegaron las tropas de ocupación británicas a Abisinia me tocó conocer en carne propia la realidad de los campos de concentración. Ahí viví muchas aventuras que no quisiera recordar, hasta que en 1945 logré escapar», recordaría años más tarde.[1] Su siguiente aventura lo llevó a Chile. En el avión en que cruzaba el Atlántico, se sentó junto a un cliente de la oficina de Aquiles Portaluppi, un abogado que se especializaba en asesorar a inmigrantes italianos. Recomendado por él, Angelini llegó a la oficina de Portaluppi, donde trabajaba un joven abogado llamado José Tomás Guzmán. Hicieron amistad, y Guzmán se convirtió en la mano derecha de Angelini por el resto de su vida. Sería también el encargado de repartir sus favores políticos.

1. *El Mercurio*, «La historia del inmigrante italiano que llegó a ser el más rico de Chile», 29 de agosto de 2007.

El italiano tenía un ojo privilegiado para los negocios. Junto a su amigo José Franchini, quien ya lo había acompañado en su aventura africana, instaló una constructora e inició Pinturas Tajamar, pero pronto se dio cuenta de que había un rubro de enorme potencial: la pesca industrial en el norte de Chile. En 1956 compró una pequeña empresa, Eperva, y la hizo crecer hasta convertirla en un imperio pesquero. Durante el gobierno de la Unidad Popular, dio una dura batalla por evitar la requisición de Eperva, y luego hizo fructificar las oportunidades que abrió la dictadura. Aprovechó las regalías del DL 701 de Julio Ponce para crecer en el negocio forestal. La caída de los grandes grupos financieros en la crisis del 82-83 fue otra oportunidad dorada para Anacleto Angelini. Convenció al entonces ministro de Hacienda, Hernán Büchi, de venderle el 18% que tenía la Corfo en Copec, y usó esa puerta para seguir comprando hasta lograr el control de la empresa. A fines de los ochenta ya dominaba uno de los tres gigantes del negocio forestal, Arauco, junto a la CMPC del Grupo Matte, y a Masisa.

Pero la base de su grupo siempre fue la pesca. De hecho, para entrenar a su sobrino Roberto como su heredero (Anacleto no tuvo hijos) lo envió por largos años a Arica e Iquique, para que se interiorizara del funcionamiento del negocio.

Angelini entendió que la pesca era el último *far west* de la economía chilena. Un negocio desregulado, en que el que llegaba primero se llevaba los peces, y en que la inversión fuerte y la estrategia agresiva rendían frutos. Una débil ley de 1931 establecía un «régimen de libre acceso» a la pesca extractiva. Pero ese mundo no podía durar para siempre. En los años ochenta ya era evidente que debía acabarse la ley de la selva. Tanto por razones económicas como ecológicas la desregulación era insostenible. Comenzaba la amenaza a la base de su imperio. Y Angelini sabría muy bien cómo enfrentarla.

## El magnate del arcoíris

Como inmigrante italiano, era lógico que Angelini tejiera vínculos con la Democracia Cristiana, un partido con un fuerte nexo cultural, ideológico y económico con la Democrazia Cristiana que controló el poder en la Italia de la Guerra Fría.

Fue amigo de Eduardo Frei Montalva, relación que se traspasó al hijo de este y futuro Presidente. A Adolfo Zaldívar lo conoció cuando el futuro senador llegó a trabajar de junior a Eperva. Pronto el asunto se volvió una estrecha relación familiar. Otro de los hermanos Zaldívar Larraín, Felipe, también entró a Eperva, donde llegó a ser gerente general. Javier fue asesor de la Corporación de Pesca. Andrés también se hizo amigo de Angelini, y los cuatro hermanos se convirtieron en accionistas de la pesquera.

Aunque nunca militó, Angelini acompañó a la DC en su travesía política, desde el entusiasmo por el gobierno de Frei Montalva a la frontal oposición a Allende, y del inicial alivio por el golpe al desencanto por la dictadura. Mientras mantenía relaciones correctas con el régimen, discretamente el empresario financiaba el esfuerzo de la Concertación por derrotar a Pinochet. El suyo fue uno de los pocos grandes grupos económicos chilenos que entregó cantidades de dinero relevantes a la campaña del «No» en el plebiscito de 1988. «Él estuvo claramente por el No y fue un importante colaborador en la campaña», dice el exministro del Interior Carlos Figueroa, DC, quien además fue compañero de José Tomás Guzmán en la Escuela de Derecho de la Universidad de Chile.[2]

También fue sostén del diario *La Época*, fundado en 1987 como contrapeso para el abrumador dominio de los adherentes a la dictadura en la prensa escrita. Según un perfil publicado a su muerte por *La Nación*, Angelini compró un paquete de acciones del diario. Y en 1996, cuando este enfrentaba una de sus periódicas crisis económicas, entregó $1.000 millones, a través de la Radio Chilena y el Arzobispado de Santiago, en una operación intermediada por Ernesto Corona, entonces presidente del directorio, y coordinada entre otros por Carlos Figueroa y Andrés Zaldívar. «A él nunca le interesó tener *La Época* como un instrumento para sí, pero creía en la libertad de prensa y por eso colaboró», diría luego Zaldívar.[3]

Angelini siguió siendo el gran mecenas de la Concertación, ahora en el gobierno. Según *La Nación,* «personeros como José Miguel Insulza han reconocido en más de un encuentro privado que "el oficialismo le debe mucho", financieramente hablando». Otro exministro, el PPD Sergio Bitar, admitió que «antes de la ley de gasto electoral, siempre que

2. *La Nación*, «El secreto mejor guardado de Angelini», 2 de septiembre de 2007.
3. Ibíd.

buscamos apoyo, él nos ayudó». Entre 1994 y 2002, Bitar fue senador por Tarapacá, base del imperio pesquero de Angelini. Como se demostraría años más tarde, los políticos de esa zona fueron objeto privilegiado de la generosidad financiera del Grupo Angelini.

Habría una recompensa por estos desvelos. El 22 de marzo de 1994, tres meses después de la elección presidencial y parlamentaria en que volvió a apoyar generosamente algunas campañas, cinco senadores presentaron un proyecto de ley que le concedía la nacionalidad chilena por gracia. La iniciativa fue firmada por tres parlamentarios de la zona norte: el independiente de derecha Arturo Alessandri Besa (Antofagasta), el PPD Sergio Bitar (Tarapacá) y el socialista Ricardo Núñez (Atacama). Los dos últimos acababan de ganar las elecciones. También patrocinaron el proyecto el DC Gabriel Valdés y, por supuesto, Andrés Zaldívar.

Según los firmantes, Angelini «otorga fuentes de trabajo a más de 30.000 chilenas y chilenos en forma directa o indirecta, en condiciones sociales y laborales de gran calidad, como lo reconocen todos aquellos que han trabajado junto a él en sus empresas». Además, destacaban que «en forma silenciosa colabora con innumerables obras de bien social en ayuda de la gente».[4]

El proyecto entregaba la nacionalidad también a dos religiosos reconocidos por su labor social, Baldo Santi y Josse Van der Rest. Y, cuando algunos diputados discutieron los méritos de Angelini para recibir la nacionalidad por gracia (el radical Jaime Rocha lo calificó de «insensible y frío»), el DC Sergio Ojeda salió al rescate, pidiendo una medida insólita: que las tres nacionalidades se votaran en conjunto, obligando así a los críticos de Angelini a rechazar también los nombres de los religiosos Santi y Van der Rest. La propuesta fue desechada por antirreglamentaria y Angelini recibió la nacionalidad por gracia, en votación secreta, por 54 votos a favor, 7 en contra y 5 abstenciones. Los discursos más encendidos vinieron de la bancada DC. Ojeda lo destacó como un «brillante empresario cuyos éxitos han sido también del país». Y Joaquín Palma lo calificó de «discreto, sencillo y modesto», aunque admitió que «yo no lo he conocido personalmente». A sus empresas, las definió como

4. Senado de Chile, «Concede por gracia la Nacionalidad Chilena a los Religiosos señores Baldo Santi Lucherini, Josse Van Der Rest Emse, y a don Anacleto Angelini Fabri», Boletín 1175-07, senado.cl.

«pioneras en la actividad pesquera chilena y latinoamericana, y tal vez del mundo, y esto indudablemente nos enorgullece».[5]

El 12 de septiembre de 1994, el *Diario Oficial* publicó la Ley Nº 19.322, que convirtió a Anacleto Angelini Fabbri en ciudadano chileno por gracia.

O «por gracias».

## La agridulce «ley Merino»

Pero volvamos a octubre de 1988, cuando Angelini celebraba el triunfo del «No» en el plebiscito. El festejo duró poco. Apenas dos semanas después, el 20 de octubre de 1988, la Junta Militar comenzó a discutir el proyecto de ley que regularía el sector pesquero.

La ley era indispensable: la «libertad de pesca» había causado la sobreexplotación del mar, y en 1985 el gobierno se había visto obligado a dictar el Decreto 436, que congelaba la entrega de nuevos permisos de pesca. La extracción de anchoa, sardina y jurel quedaría en manos de las empresas ya existentes. Ahora, la discusión de una ley para el sector era al mismo tiempo una amenaza y una oportunidad. Amenaza, porque las pesqueras temían que estableciera licitaciones y cuotas, y que abriera el mercado a nuevos actores. Y oportunidad, porque las mismas empresas dominantes esperaban que se les entregaran derechos sobre el mar hasta entonces inexistentes.

Para alarma de las grandes pesqueras, el proyecto se inclinó en la primera dirección: establecía licitaciones del 25% de las cuotas y pago de patentes por los derechos, y permitía la participación de extranjeros en el negocio.

En el debate ante las comisiones legislativas de la Junta Militar, la Sociedad Nacional de Pesca (Sonapesca) acusó «estatismo» en estas ideas, y desarrolló su teoría de «la ley de la selva pesquera». «Los recursos hidrobiológicos son animales bravíos o salvajes que no pertenecen a nadie y que se adquieren solo mediante la ocupación o aprensión material de ellos. De modo que son adquiridos por los armadores desde el momento en que son capturados en sus redes», argumentó Vicente

5. Cámara de Diputados de Chile, «Legislatura 329ª ordinaria, sesión 19ª, 12 de julio de 1994», 2207-2216, camara.cl.

Izquierdo, el presidente de Sonapesca, ante las comisiones legislativas. «Los peces no son recursos del Estado, sino bienes de nadie que se adquieren, en nuestro caso, mediante la captura», sostuvo.[6]

Ante la evidencia de que la pesca debía ser regulada para evitar la sobreexplotación, Sonapesca propuso una solución a su medida. Que, en las pesquerías que estuviesen en plena explotación, la ley consagrara la «obligación de rechazar todos los permisos» que se solicitaran para entrar al mercado.[7] Así, a las pesqueras establecidas les bastaría mantener una alta explotación para bloquear el ingreso de cualquier competidor nuevo. Un premio a la depredación y una barrera a la competencia. Una aberración ecológica y económica, al mismo tiempo.

Los intereses de Angelini estaban en juego. Lo sacó a colación uno de los miembros de las comisiones legislativas, el economista Jorge Desormeaux, cuando se debatían los límites de los derechos históricos y de las licitaciones. «Cabe destacar que el señor Angelini solo ha levantado el sector pesquero. Ese hecho debe ser reconocido por la autoridad», argumentó.[8]

El lobby fue internacional: los presidentes de tres compañías pesqueras japonesas escribieron cartas a los miembros de la Junta Militar, pidiendo mantener en el paralelo 44.30 el límite de explotación para sus buques (el proyecto lo desplazaba al paralelo 47). Su posición fue promovida ante la Junta por el embajador de Japón y defendida por el ministro de Economía, Pedro Larrondo. El almirante José Toribio Merino cortó el debate con una anécdota:

—Cuando se produjo el problema de la uva, los primeros en cerrar el mercado fueron los japoneses. Llamé al embajador y le dije que le traería todos los buques a puerto, e inmediatamente lo abrieron para nuestra fruta.[9]

Sin dar más argumentos, Merino determinó acoger el lobby de los japoneses y mantener el límite en el paralelo 44.30.

El almirante estaba al mando. La «ley Merino» se publicó el 23 de diciembre de 1989, apenas nueve días después del triunfo de Patricio Aylwin en las elecciones presidenciales, en medio de la frenética actividad legislativa de una dictadura que intentaba dejar atados y bien atados

6. Biblioteca del Congreso Nacional, «Historia de la Ley 18.892», 1095, bcn.cl.
7. Íd., 1.097.
8. Íd., 1.270.
9. Íd., 1.631.

todos los nudos del poder antes de entregar el gobierno, el 11 de marzo de 1990.

La nueva ley era un agridulce presente navideño para Angelini. En vez de los «derechos permanentes y exclusivos» a los que aspiraban las pesqueras dominantes, la ley consagró la «libertad de pesca para todas las personas que deseen realizar actividades de pesca industrial».[10] Pero lo realmente importante eran las pesquerías «en plena explotación». En ellas no correría la teórica libertad de pesca: el 75% de la cuota se entregaría a las empresas que hubiesen «explotado habitualmente» el producto, mientras el 25% restante se abría a licitaciones.

El permiso de pesca sería, entonces, una mera «concesión administrativa que rige durante el período de vigencia» del régimen de plena explotación.[11] La nueva ley, con el debut de las licitaciones para abrir el mercado, entraría en vigor en abril de 1990.

## La carrera olímpica

Pero el 11 de marzo de 1990 asumió el nuevo gobierno civil, encabezado por Patricio Aylwin. Durante los diez años siguientes, la Subsecretaría de Pesca sería un feudo exclusivo de la Democracia Cristiana, el partido que Angelini reconocía como propio.

El primer subsecretario de la Concertación fue el DC Andrés Couve. Y asumió con una misión urgente: parar la «ley Merino». El 20 de marzo, apenas en el décimo día de democracia, un proyecto de ley entró a la Comisión de Agricultura de la Cámara de Diputados. Lo que ocurrió entonces fue increíble: en solo unas horas, sin cuentas, discusiones ni informes de ninguna naturaleza, la iniciativa pasó por las comisiones de Agricultura y Economía, y por la sala de la Cámara de Diputados. Al día siguiente, el trámite en el Senado fue aun más expedito: el proyecto fue eximido de su paso por las comisiones y aprobado de inmediato. El 21 de marzo, La Moneda ya tenía de vuelta su proyecto, bautizado como Ley Nº 18.977. Esta tenía un artículo único: postergaba la vigencia de la «ley Merino» hasta octubre de 1990. Había que ganar tiempo.

10. Ley 18.892, artículo 10, leychile.cl.
11. Íd., artículo 18.

La operación se repitió en septiembre, con el trámite exprés de otra ley dilatoria, la 18.999, que postergó para el 30 de noviembre la vigencia de la ley. ¿Adivinen qué pasó una semana antes del nuevo plazo? Exacto: otra ley exprés postergó la fecha, hasta el 31 de enero de 1991, gracias a una indicación del senador Andrés Zaldívar. Y ese mismo 31 de enero de 1991, el *Diario Oficial* publicó una nueva ley, que aplazó todo hasta el 30 de junio. En diez meses, el Congreso había aprobado cuatro leyes consecutivas para evitar que la «ley Merino», con sus limitadas licitaciones, entrara en vigor.

En la práctica, nunca rigió. Aprovechando las postergaciones, la Concertación empujó una nueva norma, mucho más amable para los incumbentes. Es la Ley 19.080, promulgada el 28 de agosto de 1991, que instauró cuotas globales de pesca y con ello la «carrera olímpica»: las empresas se apuran a capturar todo lo que puedan dentro de un período limitado. Las licitaciones del 25% se fueron al tacho de la basura; apenas se estableció que «se podrá autorizar» una subasta cuando existan excedentes productivos. Couve reconoció que el gobierno de Aylwin «no impulsó iniciativa alguna para licitar los recursos pesqueros».[12] Las pesquerías sobreexplotadas serían cerradas, dejando su monopolio en la red de los incumbentes.

La posibilidad de establecer cuotas individuales fue bloqueada por el lobby de Angelini y las demás empresas pesqueras. El ministro de Transportes Andrés Gómez-Lobo, entonces académico, decía el año 2000 que «algunos industriales del norte —donde la pesquería estaba en franco colapso— veían el sistema de CIT [cuotas individuales transferibles] como una amenaza para sus pretensiones de trasladarse al sur, y en consecuencia ejercieron un fuerte lobby sobre los parlamentarios».[13]

La oposición a la ley la encabezó el senador Sebastián Piñera. «A quienes están dentro —que ya se sospecha que están pescando demasiado—, no se les pone ninguna limitación; muy por el contrario, se les da un gran incentivo para incrementar por todos los medios posibles la cantidad pescada», advirtió. «Lo que se logra con ello tiende, más que a proteger la especie —lo que no sucede—, a defender un privilegio.»[14]

---

12. Andrés Couve, Aportes constructivos», *Diario Financiero*, Cartas al Director, 1 de julio de 2011.
13. Andrés Gómez-Lobo, «¿Qué pasa con la pesca en Chile?», *Ambiente y Desarrollo* XVI, 2000, diciembre, 6-9, cipma.cl.
14. Biblioteca del Congreso Nacional, «Historia de la Ley 19.080», 360, bcn.cl.

Piñera incluso recurrió al Tribunal Constitucional, con un oficio que firmó junto a otros catorce parlamentarios, reclamando que la nueva norma «vulneraría la garantía constitucional de igualdad ante la ley (...) al establecer la desigualdad entre quienes pueden y no pueden pescar (...). Se trata de una diferencia arbitraria e injusta, pues no se basa en la razón, el derecho o la equidad... [y va en] beneficio de ciertos grupos que se convierten en privilegiados».[15]

Trece años después, en un giro del destino, al mismo Piñera le tocaría firmar, como Presidente de la República, una ley que consagraría a perpetuidad esos privilegios que había combatido.

## El club de la pesca

En 1991 Piñera debió conformarse con incluir un artículo (el 27) que consagraba posibles licitaciones por hasta el 50% de la cuota. Pero el verbo era «podrá», no «deberá», y quedaba sujeto a la evaluación de ciertas condiciones por parte de la autoridad. Cuando en 2010 una empresa de capitales noruegos, Lota Protein, demandó ante el TDLC el cumplimiento de las subastas, la industria pesquera demostró su músculo político: envió sendos informes de la exsenadora designada Olga Feliú y del exsubsecretario de Interior Jorge Correa Sutil (DC), apoyando la postura de las empresas y de la Subsecretaría de Pesca.

La defensa estaba bien preparada, después de que en la década de 1990 comenzara un proceso clave: la organización del disperso mundo pesquero, para influir como un solo cuerpo ante las autoridades. La competencia (cerca de ochenta actores relevantes en 1990) fue dando paso a las fusiones y a una colusión cada vez más abierta. Además de Angelini, las familias Sarquis e Izquierdo adquirieron relevancia.

En 1994, dieciséis de las principales empresas formaron Exapesca S.A., para la «representación, exportación, importación y comercialización de aceite de pescado y sus derivados». De manera análoga se crearon Boat Parking S.A. (mantención de naves) y Emisario Coronel (evacuación de riles). Manuel Cruzat Valdés, en una presentación ante el TDLC, advirtió cómo «comercial, estratégica y operacionalmente se

15. Eduardo Engel, «Quién manda en la Ley de Pesca: ¿Longueira o Piñera?», *La Tercera*, 17 de noviembre de 2012.

han ido coordinando los incumbentes en las últimas dos décadas: la definición de un club. El Club de la Pesca».[16]

Paralelamente, la «carrera olímpica», esa ley del más fuerte y el más rápido en que el primero en llegar se queda con el botín, mostraba todas sus falencias. El descontrol hizo saltar la captura de 3 a 4,5 millones de toneladas entre 1993 y 1995. La sobreexplotación se volvió insostenible. Entonces, las propias empresas pidieron establecer una nueva ley con cuotas máximas por armador. Volvían a la carga por su viejo anhelo de volverse propietarios exclusivos del derecho legal a pescar. El problema, claro, era cómo fijar esas cuotas individuales. Lo lógico era licitarlas en una subasta abierta, en que el que ofreciera más dinero al Estado se quedara con las cuotas. Pero la industria tenía otros planes.

Entre 1997 y 2000, las autoridades decretaron largas vedas del jurel (hasta diez meses en 1998). Durante esos períodos, sin embargo, sí se autorizó a ciertas empresas a realizar «pesca de investigación». Entre enero y mayo de 1999, por ejemplo, se asignaron 58.580 toneladas de libre captura, contra 841.420 de investigación: el 93,5% de la captura legal tendría, así, un fin «científico».[17] Estas cuotas eran negociadas entre el gobierno y las grandes empresas pesqueras. La circular 196/98, enviada el 31 de diciembre de 1998 por el gerente de la Asociación de Industriales Pesqueros del Bío-Bío (Asipes) a sus asociados, muestra el procedimiento: «Se aplicará la fórmula de distribución aprobada en el Consejo Nacional de Pesca por lo que cada barco será considerado conforme a su esfuerzo real: $m^3$ de bodega ponderados por área de pesca».[18]

El Consejo Nacional de Pesca era la concreción del más puro corporativismo dentro de una supuesta economía de mercado: un organismo resolutivo, en que 17 de los 30 miembros eran incumbentes: representantes de empresas pesqueras, los trabajadores de esas empresas, y pescadores artesanales. Así, cuando la ley de 2001 distribuyó las nuevas cuotas individuales de pesca entre las empresas, estas pudieron esgrimir «derechos históricos» asignados mediante el eufemismo de la «investigación» por las autoridades.

---

16. Manuel Cruzat, «Club de la Pesca o licitaciones competitivas. Presentación al Tribunal de Defensa de la Libre Competencia», 12 de agosto de 2010, en outsider.cl.
17. Ministerio de Economía, Decreto 604, leychile.cl.
18. Asipes: Fax Circular 196/98.

La tramitación en el Congreso se llenó de indicaciones parlamentarias que favorecían a ciertas empresas: calcular los derechos históricos con los últimos dos, tres o cuatro años; aumentar o reducir zonas de explotación; cambiar la ponderación del tonelaje de las bodegas; etc. «Cuesta legislar para el bien común, cuesta enfrentar el lobby de todos los sectores», admitió entonces el senador PS Alejandro Navarro.

Pero la industria logró negociar una posición común, con el *think tank* de RN, el Instituto Libertad, como mediador y empresa lobista. «En una mesa del instituto nos sentamos con veintidós empresas del rubro, todas peleadas entre ellas», recuerda el presidente de IL, Roberto Ossandón. «No se podían ver; los del sur, los del centro y los del norte tenían intereses absolutamente contrapuestos. Y ahí logramos hacer un acuerdo entre todas las pesqueras.»

Y el Congreso se hizo eco de ese acuerdo, promulgando una ley a la medida de los incumbentes. El 50% de las cuotas se entregó en base a las «capturas históricas», y el otro 50% por el tamaño de las bodegas de sus naves. «La pesquera que más sobreexplotó el recurso se quedó con una cuota mayor. Fue un premio a los que hicieron las cosas mal», resume el economista Claudio Agostini.

Los hermanos Andrés y Adolfo Zaldívar, ambos senadores, tuvieron un rol relevante en la discusión, pese a que eran accionistas de la pesquera de Angelini, tal como gran parte de su familia, y a que su hermano Felipe era presidente de Eperva, pesquera del grupo. Aun con estos vínculos, en septiembre de 2001 Andrés Zaldívar presentó una moción para aplicar los límites máximos de captura por armador en las regiones de Tarapacá y Antofagasta. Una propuesta que significaría, en palabras del fiscal nacional económico, Pedro Mattar, entregar «una posición dominante, de carácter monopólico, al Grupo Angelini». Zaldívar votó a favor de la Ley de Pesca, y vendió sus acciones.[19]

Nuevamente, se legisló de emergencia. «Estamos enfrentados a tratar este proyecto con urgencia para salvar una actividad económica tan importante en nuestro país», constató el diputado RN José Antonio Galilea.[20]

Por eso, la norma fue transitoria. Duraría solo dos años, mientras se legislaba una solución de fondo. Y ante el temor de que el Estado, al

19. Pedro Pablo Ramírez, «El viejo conflicto que arrastra Andrés Zaldívar por la Ley de Pesca y sus vínculos con el grupo Angelini», *El Mostrador*, 26 de mayo de 2015.
20. Biblioteca del Congreso Nacional, «Historia de la Ley 19.713», 141, bcn.cl.

entregar cuotas, estuviera regalando derechos a las grandes empresas, se aclaró tajantemente que «el límite máximo de captura no constituirá derecho alguno en asignaciones de cualquier tipo que se efectúen en el futuro». El diputado Guillermo Ceroni lo argumentó con pasión. «¡No, señores diputados! En proyectos futuros podremos discutir de nuevo el tema en su totalidad, y allí el Congreso decidirá cómo se tiene acceso a la riqueza del mar, cómo se abre la posibilidad para que entren nuevos empresarios a la pesca».[21]

## El «regalo regulatorio»

Esa discusión de fondo que prometía Ceroni jamás llegó. La gran red de las pesqueras se cerraba inexorablemente para asegurar el negocio para ellos, y para nadie más que ellos.

La ley «transitoria» de 2001 pronto fue extendida por diez años adicionales, hasta 2013, en una gestión encabezada por el subsecretario de Pesca, Felipe Sandoval (DC), quien luego pasaría a la industria acuícola.[22] Entonces llegó el «gran reordenamiento de capital y permisos de pesca de la industria, básicamente entre las empresas pesqueras existentes a esa fecha».[23] Los peces más grandes compraron a los más chicos, que hicieron un pingüe negocio vendiendo a precios inflados, gracias a las cuotas de pesca gentilmente regaladas por el Estado. En el caso del jurel, de treinta empresas se pasó a solo cinco dominantes, en control del 90% del mercado.[24] Los dueños del mar se concentraron hasta quedar en gran parte reducidos a las «siete familias», un término acuñado por el lobby crítico de las leyes pesqueras, encabezado por la empresa de capitales noruegos Lota Protein.

La ley de 2001 fue un fabuloso negocio para las pesqueras. Así lo reconocieron ellas mismas en una presentación ante la Sofofa: «Desde el punto de vista del mercado bursátil, con la entrada en vigencia de los

21. Íd, 81.
22. En 2008, Felipe Sandoval fue nombrado secretario ejecutivo de la Mesa del Salmón, liderada por el Ministerio de Economía. En 2010 pasó a la salmonera AquaChile, y en 2013 fue elegido presidente del gremio de los salmoneros, SalmonChile.
23. Cruzat, «Club de la Pesca o licitaciones competitivas...».
24. Tribunal de Defensa de la Libre Competencia, «Proposición N° 12: Sobre Régimen de Acceso a los Recursos Pesqueros», 27 de enero de 2011, tdlc.cl.

LMCA [límites máximos de captura por armador], el riesgo implícito asociado a las pesqueras ha bajado (...) Lo anterior no resulta consistente con el premio por riesgo que se podría esperar para una actividad riesgosa como la pesca, tal como se observa en la evidencia internacional».[25]

Claro: no había riesgo. No había competencia. Había un «regalo regulatorio», en palabras del abogado Matías Guiloff, investigador del Programa de Derecho y Política Ambiental de la UDP.[26] Y ese regalo se cotizaba alto en el mercado. En 2002, primer año de vigencia de la ley, la Bolsa de Santiago cayó 9,6%.[27] Las pesqueras, en cambio, florecieron. Los valores de Itata aumentaron en torno al 50%, y los de Coloso en cerca de 150%.[28]

«Antes de los LMCA», dice Asipes, «el retorno sobre patrimonio era cero o negativo y el retorno sobre activos no superaba el 4%. A partir de los LMCA», se felicita la gremial, «se registra una recuperación del retorno sobre patrimonio, a niveles en línea con los retornos observados en otros sectores del mercado (celulosa, retail y agroindustria)».[29] Pesquera Itata, que arrastraba rentabilidades negativas, pasó a números azules y saltó a más del 14% de rentabilidad sobre patrimonio en 2002. El promedio pasó de -1,75% antes de la ley (1998 a 2001), a +9,87% después de la ley (2002 a 2007).[30]

Las empresas eran grandes, estaban concentradas y actuaban en conjunto. La siguiente legislación, como siempre, se haría contra el tiempo, apurados por el vencimiento de la ley en 2013. Había llegado el momento de dar el zarpazo definitivo.

## La colusión de Longueira

El 2010 trajo noticias ominosas para las grandes pesqueras. Sebastián Piñera, el gran adversario de la ley de 1991, se convertía en Presidente de

25. Asipes, «Límites máximos de captura por armador (LMCA): La pesca sustentable en Chile», 2008, sofofa.cl.
26. Matías Guiloff, «Ley de pesca: explicando un regalo regulatorio», *Anuario de Derecho Público*, Santiago, Universidad Diego Portales, 2013, udp.cl.
27. Bolsa de Comercio de Santiago, «Reseña anual 2007», bolsadesantiago.cl.
28. Asipes, «Límites máximos de captura por armador (LMCA): La pesca sustentable en Chile».
29. Ibíd.
30. Ibíd.

la República. Su ministro de Economía, Juan Andrés Fontaine, estaría a cargo de redactar la nueva norma. Y pronto se convenció de que había que licitar. Fue clave una visita a Chile del economista de la Universidad de Stanford Paul Milgrim, una de las mayores eminencias mundiales en licitaciones. Milgrim se reunió con Fontaine y, el 16 de abril de 2011, el gobierno anunció la decisión de licitar entre el 30% y el 50% de las cuotas, rompiendo el oligopolio de los grandes.

Era la batalla final de la larga guerra que libraba Anacleto Angelini. Pero el viejo patriarca no pudo darla: había muerto el 28 de agosto de 2007. Su sobrino, Roberto, quedó al mando del grupo que incluye a Corpesca y Orizon. Y él encabezó la cruzada para evitar las licitaciones y obtener el control definitivo de los frutos del mar chileno.

El 19 de abril de 2011, en una reunión en el Ministerio de Economía, Fontaine comunicó a Rodrigo Sarquis, presidente de Sonapesca; Héctor Bacigalupo, gerente general, y Carlos Vial, vicepresidente, la decisión de licitar. Los industriales de la zona sur (Asipes) dejaron plantado al ministro, notificando que la guerra sería total. Una semana después, el 26 de abril de 2011, Roberto Angelini criticó públicamente las licitaciones. Y al día siguiente, en la junta de accionistas de Copec, arremetió de nuevo. «Se contempla privar total o parcialmente a las empresas de sus derechos de pesca para ser vendidos a través de licitaciones públicas. Esto implica, necesariamente, una expropiación previa», advirtió el empresario.

Pero Piñera y Fontaine se mantenían firmes: habría licitación. El proyecto de ley estaba redactado. Hasta el 18 de julio. Ese día, en medio de la grave crisis iniciada por las protestas estudiantiles, el Presidente rediseñó su gabinete. Salió Fontaine y entró Pablo Longueira (UDI).

El viernes 12 de agosto, a la una de la tarde, el nuevo ministro y el subsecretario de Pesca, el RN Pablo Galilea, se reunieron con el Presidente Piñera. Este insistió en las licitaciones. Pero Longueira hizo una oferta persuasiva: conseguir un acuerdo entre todos los interesados, incluyendo en él a representantes de las grandes empresas y de los pescadores artesanales, que presionaban por ampliar sus áreas de pesca. Los industriales contaban con una carta poderosa en ese agosto negro para el gobierno: sus trabajadores comenzaban a protestar contra el fantasma de los despidos, amenaza que sus empleadores habían puesto encima de la mesa si se aprobaban las licitaciones.

Longueira convocó a una mesa de negociación para que los propios incumbentes diseñaran el proyecto. Durante siete semanas, veintiséis personas, representando a los industriales y a los artesanales, se reunirían, con el auspicio de La Moneda, para repartirse los frutos del mar chileno. Entre los delegados del gobierno estaba Beatriz Corbo, abogada de la Fundación Jaime Guzmán e hija del director de la Pesquera Coloso Canio Corbo.[31]

Cuando las conversaciones se estancaron, el gobierno amenazó: de no haber acuerdo, enviaría al Congreso el proyecto con 50% de licitaciones… e incluiría en ellas a los artesanales. El 26 de septiembre de 2011 salió humo blanco. Los artesanales lograron algunas concesiones puntuales, y los industriales recibieron como regalo el control de sus «cuotas históricas». Longueira, que había encabezado personalmente las últimas reuniones, expresó su «enorme orgullo» por este «gran acuerdo», que «muestra el camino que requiere el país». A su lado, el subsecretario de Pesca, Pablo Galilea, habló de «un acuerdo histórico».

## Dueños del mar

«Lo que hizo Longueira es lo peor que se podría haber hecho. Sentó en una mesa a las empresas que deberían competir, para ponerse de acuerdo en cómo repartirse la cuota», dice Claudio Agostini. «La colusión siempre es mala. Pero cuando el Estado colude a las empresas que compiten, estamos en el peor de los mundos. Uno espera que el Estado combata la colusión, no que la genere.»

Al economista le parece «muy chocante» que el incentivo haya sido «si ustedes se coluden, yo no licito; si se coluden, no hay competencia». Y, recordando la amenaza de licitar los derechos de los artesanales, resume lo ocurrido: «La autoridad sienta a los competidores, los insta a coludirse, amenaza a los que se resisten y así logra bloquear la entrada de nuevos competidores».

Esta colusión se convirtió en la base de la «ley Longueira». La Ley 20.657, despachada en 2012, regaló a las grandes pesqueras cuotas anuales estimadas en US$743 millones anuales, de manera indefinida en la práctica. Las licencias son de veinte años renovables, una renovación que es automática, a menos que se hayan cometido infracciones graves a

31. Ximena Pérez Villamil, «Los vínculos en la licitación pesquera que salpican a Longueira», *El Mostrador*, 21 de septiembre de 2011.

la ley. Las subastas, si llegaran a hacerse (están sometidas a una serie de condiciones), no serán por más del 15% del total. El 85% restante es un regalo de todos los chilenos a un pequeño grupo de magnates.

En su último trámite en el Senado, votaron a favor, en bloque, la UDI y RN (excepto Carlos Larraín, que se abstuvo por ser accionista en una pesquera). También seis de los nueve senadores de la DC, incluyendo a Andrés Zaldívar, y dos socialistas (Fulvio Rossi y Juan Pablo Letelier), apoyaron la «ley Longueira», sumando 23 votos a favor.

«Un puñado de empresas se llevó las rentas del mar», dice el economista Eduardo Engel. «Es un regalo que les hizo nuestro Congreso, a cambio de nada.» «Ellos no sembraron los peces. Por lo tanto, este es un regalo que les hace el Estado —coincide Claudio Agostini—. Con el cual, además, generan una renta monopólica.»

Así entonces, el 80% de la cuota industrial del jurel, el 98% de la anchoveta, el 76% de la sardina española, el 72% de la sardina común y el 30% de la merluza común se obsequiaron para siempre a un pequeño puñado de incumbentes, las siete familias coludidas, interrelacionadas en seis empresas. ¿Cuáles son? Los Angelini son dueños de Corpesca, dominante en la zona norte, y junto con la familia Lecaros poseen Orizon (fusión de SouthPacific Corp y San José con Coloso de Lecaros). Los Stengel y los Fernández se unieron en la pesquera Camanchaca (fusión en 2011 de Camanchaca y Bío-Bío). Los Sarquis y el Grupo Yaconi-Santa Cruz también se fusionaron para formar Blumar, actor relevante en la costa centro y centro-sur. Y finalmente los Izquierdo controlan San Antonio y Alimar.

En 2014, Corpesca concentró el 44,1% de los desembarques industriales. Le siguió Camanchaca, con el 16,6%. Blumar se llevó el 7,4%. Orizon, el 6,3%. Alimar, el 3,0%. Estas cinco empresas se llevaron el 77,4% de los desembarques totales del sector industrial.[32]

Ellos son, a perpetuidad, los dueños de los frutos del mar chileno. ¿Cómo lo lograron? Usando su poder económico para cooptar en su favor a trabajadores, pescadores artesanales, autoridades de gobierno y parlamentarios.

32. Elaboración propia con datos del «Anuario Estadístico de Pesca 2014», sernapesca.cl.

## Los cooptados

Una de las líderes artesanales que participó en la mesa de la colusión fue Zoila Bustamante, presidenta de la Confederación Nacional de Pescadores Artesanales de Chile (Conapach). Pero la dirigenta relativiza el alcance del consenso. «Tuvimos aumento en algunas pesquerías, como el congrio y la merluza austral, eso fue lo único que acordamos, pero es una gran mentira que nosotros hayamos estado de acuerdo con la ley en esa mesa pesquera», dice.

Otros dirigentes denunciaron el acuerdo y formaron el Consejo Nacional por la Defensa del Patrimonio Pesquero (Condepp), que asegura representar a 50 mil pescadores. Su vocero Hernán Machuca rechaza la «ley Longueira», por considerar que «traspasa recursos a perpetuidad a siete familias, en desmedro de 90 mil pescadores artesanales que hoy están pelando el ajo». Y define así el núcleo del debate: «¿Los peces pertenecen a todos, o son un beneficio a perpetuidad para siete familias? Esa es la discrepancia clave».

Según el entonces subsecretario de Pesca, Pablo Galilea, la «ley Longueira» significó «traspasar 30 millones de dólares en rentas anuales a los artesanales». Un precio pequeño para los industriales: es apenas el 4% de las rentas regaladas a ellos por la ley.

Pero el lazo es más profundo. En la práctica, muchos de los pescadores artesanales son simples proveedores de las empresas de las «siete familias». Como los artesanales no suelen tener acceso al crédito bancario, los industriales les han entregado embarcaciones a cambio de un porcentaje de sus capturas. Así, controlan también buena parte de la cuota reservada en teoría a la pesca artesanal. Lo hace notar Manuel Cruzat: «De las memorias de empresas abiertas en bolsa se desprende una práctica que es generalizada en la industria: contratos de compraventa de pescados entre los artesanales e industriales, así como financiamiento de naves artesanales por parte de los industriales (...) El pesquero industrial entonces intermedia crédito y además accede a la cuota artesanal». Así, la pesca artesanal se convierte en una «pulpería industrial».[33] La práctica es reconocida por un ejecutivo de Corpesca, que la define como «ayuda y trabajo en conjunto» con los artesanales.

33. Cruzat, «Club de la Pesca o licitaciones competitivas...».

Por otra parte, varios sindicatos de trabajadores de la industria (que emplea a 36 mil personas, según datos de Corpesca) respaldaron la nueva ley. Además del lógico temor por la estabilidad de los empleos, hay indicios preocupantes de cooptación de la cúpula sindical.

Michel Campillay es trabajador de Corpesca y fue, entre 2002 y 2015, presidente del Sindicato Nacional de Oficiales de Pesca. Durante la tramitación de la ley mantuvo reuniones con parlamentarios de las cuales enviaba detalladas minutas, vía *mail*, al gerente general de Corpesca, Francisco Mujica. En los correos, incautados por la Fiscalía en el caso Corpesca, Campillay informa a Mujica sobre el devenir del proyecto de ley, sus gestiones con los parlamentarios y las declaraciones de estos, adjuntando comentarios como «estamos relativamente bien» (el 8 de abril de 2010, cuando Orpis integra la Comisión de Pesca) o «algo huele mal» (el 3 de noviembre de 2012, sobre una declaración crítica a la ley del senador Carlos Bianchi).

Incluso, como prueba de su trabajo, el 22 de noviembre de 2012, el dirigente sindical le envió a Mujica una foto, bajo el asunto «Trabajando Ley de Pesca». En ella aparecen Campillay, el senador Jaime Orpis y el ministro Pablo Longueira.

Los correos también revelan cómo las protestas de los trabajadores fueron digitadas por las empresas. El 31 de octubre de 2012, cuando el gobierno pone discusión inmediata al proyecto, Campillay escribe a Mujica: «Pablo solicita que presionemos a los Senadores a que hagan su pega de lo contrario no tendremos Ley este año. Yo coordiné con los trabajadores del sur para realizar una manifestación el día lunes 5 en Santiago a la entrada del Senado con lienzos pidiendo que queremos Ley de Pesca ahora, por lo que necesito la mayor cantidad de dirigentes del norte que puedan estar el lunes en Santiago».[34]

¿Quién es el «Pablo» al que alude Campillay? El correo no lo explicita. Tanto el ministro como el subsecretario a cargo de la ley compartían ese nombre de pila: Pablo Longueira y Pablo Galilea.

---

34. Rosario Álvarez, «Los correos que revelan el accionar de Corpesca en el Congreso», *La Tercera*, 20 de noviembre de 2015.

## Alarma en el gobierno

La colusión entre el gobierno y las grandes pesqueras no terminó con el «acuerdo histórico» del 26 de septiembre de 2011. También trabajaron en conjunto para aprobar el proyecto en el Congreso. El 21 de octubre de ese año se reunieron en el Ministerio de Economía Longueira, su subsecretario de Pesca, Pablo Galilea, las asesoras Edith Saa y María Alicia Baltierra, y los representantes de las grandes pesqueras: entre otros, Francisco Mujica, gerente general de Corpesca; Rodrigo Sarquis, dueño de Blumar; Roberto Izquierdo Menéndez, propietario de Alimar, y Héctor Bacigalupo, de la gremial Sonapesca. En esa cita, según la minuta enviada por *mail* por Bacigalupo, Longueira planteó que «desea lograr un acuerdo en esta reunión y que lo que se acuerde iría al Congreso».

Juan Andrés Fontaine, predecesor de Longueira en Economía, fue duro con el acuerdo entre este y las pesqueras. Lo calificó en medios de prensa como «un retorno de la vieja derecha. Una derecha cortoplacista, aficionada a vestirse con los ropajes socialcristianos o socialistas, y bastante sujeta —por su cortoplacismo— a la necesidad de complacer a los grupos de interés».

Pero hay más. Un testimonio acusa la entrega de dineros irregulares de al menos una pesquera al entorno del ministro Longueira. Se trata de la Pesquera El Golfo, del Grupo Blumar. La contadora Solange Hermosilla declaró ante el Servicio de Impuestos Internos que había girado cinco boletas a esa pesquera sin haberle prestado servicios. Lo hizo, dijo, siguiendo instrucciones de Carmen Luz Valdivieso, histórica asesora y jefa de gabinete de Longueira. «Me dijo que una vez que me pagara la empresa debía entregarle todo el dinero a ella», declaró Hermosilla. El modus operandi es idéntico al relatado por otras personas en torno a boletas falsas para empresas como SQM y Metalpar, también gestionadas por Valdivieso.[35]

Las redes de Corpesca en el gobierno eran tupidas. El entonces jefe de división de administración pesquera de la Subsecretaría de Pesca, Maximiliano Alarma, entregaba información confidencial a Mujica. El 13 de enero de 2011, le contó detalles sobre la próxima reunión de la

35. Paulina Toro y Sebastián Labrín, «Las boletas que vinculan a Longueira con pesquera El Golfo y Metalpar», *La Tercera*, 6 de junio de 2015.

Organización Regional de Pesca del Pacífico Sur. «Mucho agradeceré mantener en absoluta reserva este correo, en atención a que nadie sabe que te estoy entregando este tipo de información», pidió el funcionario de gobierno al gerente general de Corpesca.

El 13 de marzo, en otro correo, bajo el título de «reservado», le relató lo conversado en una reunión entre el subsecretario y las empresas pesqueras del sur. «Si la gente de Asipes y Sonapesca saben que yo le estoy informando eso a Pancho Mujica, van a decir, claro este gallo está actuando en contra de nosotros», reconoció luego Alarma a *The Clinic.*[36]

«Todo el mundo hizo lobby. Hay que compensar y equilibrar los distintos intereses que había. Era un rompecabezas muy difícil, y el ministro Longueira lo sacó adelante en forma magistral», dice el ex-subsecretario Pablo Galilea. «¿Por qué no tendrían que reconocerse los derechos históricos de los industriales, si ellos generan trabajo? Son más de 50 mil trabajadores de la industria pesquera. ¿Por qué no se les tendría que reconocer?», dice.

**—Pero se les está reconociendo a los dueños de las empresas, no a los trabajadores.**

—Perdóname, pero esas empresas pagan impuestos, *royalty* y patentes por el ejercicio de su actividad.

**—Pero esa cuota no la pagaron, esa cuota se la entregó el Estado.**

—Bueno, pero lo mismo ocurre con los artesanales. Como la ley debe ser igual para todos los chilenos, industriales y artesanales tienen las mismas posibilidades.

**—Estaremos de acuerdo en que los montos del negocio son bastante distintos…**

—¡No! Revisen la actividad de mil artesanales que tienen el 48% de las capturas, créeme que no son pymes. A mí me gustaría ser un pescador artesanal de esa envergadura.

Galilea también responde a otra de las dudas que sobrevuelan el proceso: el rol de su asesora, la abogada María Alicia Baltierra:

36. Jorge Molina, «El informante de Corpesca en el gobierno de Piñera», *The Clinic*, 5 de noviembre de 2015.

**—¿Qué rol jugó Baltierra en la tramitación de esta ley?**

—Tremendo papel, tremendo. Es una gran abogado, una persona muy seria, una mujer correcta.

**—¿Hasta cuándo trabajó con usted como asesora?**

—Hasta el 11 de marzo de 2010.

**—En abril de 2010, ella ya tiene boletas como asesora de Corpesca.**

—¿Y de qué va a vivir? ¿No tiene derecho a trabajar? No se va a ir de enfermera a una posta.

**—¿No le parece que debe pasar un período prudencial? ¿Es correcto que al mes siguiente de dejar el gobierno ya esté recibiendo plata de una pesquera favorecida por la ley que ella ayudó a redactar?**

—No es incorrecto, porque las materias en que prestó servicio no tienen nada que ver con la ley.

**—En su perfil público en LinkedIn, ella misma dice que estuvo «a cargo del proyecto que modificó la ley de pesca».**

—Pero por supuesto.

**—O sea, sí tuvo que ver con la ley.**

—Es una de las profesionales más destacadas que tuvo el equipo de pesca del Ministerio de Economía. Y cumplió un rol muy significativo, pero ella no era todo.

## El gol de «Martita»

«Esta ley es el niño símbolo de la corrupción, el cohecho y el soborno», dice Hernán Machuca, vocero de los pescadores artesanales de la Condepp. Y son precisamente esos algunos de los delitos que investiga el Ministerio Público en un proceso que, al cierre de este libro, tiene a la exdiputada Marta Isasi interrogada como imputada por presunto cohecho, y al senador UDI Jaime Orpis con una petición de desafuero por cohecho, fraude al Fisco y lavado de dinero.

Entre 2011 y 2012, durante la tramitación de la ley, los representantes de las pesqueras siguieron paso a paso la discusión parlamentaria. Isasi hizo ingresar a la Comisión de Pesca al entonces subgerente de Gestión y Desarrollo de Corpesca, Ramón Pino, como «asesor». Lo mismo hizo el diputado UDI Jorge Ulloa con los gerentes generales de las gremiales Asipes, Luis Felipe Moncada, y Sonapesca, Héctor Bacigalupo.

El entonces gerente general de Corpesca, Francisco Mujica, admitió haber pagado $25 millones a Giorgio Carrillo, asesor de Isasi, por supuestas «asesorías», que no eran más que reproducciones de documentos de la Biblioteca del Congreso. Lo mismo ocurrió con Esteban Zavala, asesor y luego jefe de gabinete de Isasi, quien recibió al menos cuatro pagos, entre 2011 y 2013. Isasi defendió a rajatabla la posición de las grandes empresas en la tramitación de la ley de pesca.

«Martita, me alegro que estés regresando [al Congreso], por el lado de tu salud y además por el gran trabajo legislativo. Se nos vienen tiempos muy difíciles con las leyes pesqueras. Cuenta con ese monto, así que envíame algún documento contable para sacarte el cheque», le escribió Mujica a Isasi el 17 de noviembre de 2011, al volver la diputada de una licencia médica.

Isasi le respondió dos horas después. «¿Te sirve una boleta de honorarios? ¿O prefieres una por facturas de servicios? En la comisión estaré una vez más dando la gran pelea por la pesca. Dios mediante nos guiará, estoy segura. El jamás nos abandona», le escribió al gerente general de Corpesca. El 25 de noviembre, Isasi le pidió a Mujica «atender por asunto boleta» a su jefe de gabinete, Esteban Zavala. El 29, Zavala extendió una boleta a Corpesca por $3 millones.

El trámite de la ley y la recompensa por los servicios prestados se discuten en los mismos *mails*. En julio de 2012, Isasi celebró en un correo a Mujica: «Muy estimado. Estoy muy contenta con el gol de no a la licitación. ¡Al final surtió efecto mi trabajo!». De inmediato, sigue el cobro: «Quiero hacer una propuesta en virtud de los 40. Te quiero proponer un adelanto pensando en la actividad del día del niño y de navidad y entiendo que se descontarán. Necesito 8, quedando en 32 la diferencia (...) Un abrazo y a continuar ganando batallas para ganar la guerra. Marta».

En otros correos, Isasi entregó detalles del destino de esos $8 millones: «Va presupuesto de confites, de estos requiero 140 cajas de saquitos de fruta y 10 cajas de yogueta surtida».[37]

Los discursos de Isasi también eran redactados por sus financistas. «Jefe, aquí está el borrador del discurso para rechazar la orp, a la espera de sus comentarios, tienen que ser antes de las 11:00 horas»,

37. Paulina Toro, «Los correos de la ex diputada Isasi y Corpesca: desde aportes en dinero hasta confites», *La Tercera*, 18 de noviembre de 2015.

escribió Campillay a Mujica. La alocución iba adjunta, bajo el nombre «discurso martita ORP». Por esos días se discutía la ratificación de la Organización Regional de Pesca (ORP) para el Pacífico Sur.

Los antecedentes contra Jaime Orpis también son demoledores. El senador negoció con Corpesca una «mesada» que recibió ininterrumpidamente entre marzo de 2009 y abril de 2013, por un total de $264.254.120, con un promedio mensual de $5.285.082, y que ocultó con boletas falsas de sus asesores. Fue «a cambio de que realizara determinadas acciones propias de su cargo en el Senado en favor de la empresa pagadora», según la petición de desafuero redactada por la Fiscalía. Los correos electrónicos intercambiados entre Orpis y Mujica, así como las acciones del senador, prueban que el parlamentario actuó «como emisario y representante de los intereses de Corpesca», dice la Fiscalía. La coordinación es absoluta, y va más allá de la ley.

Por ejemplo, el 12 de junio de 2009, Mujica envió a Orpis un «borrador» de presentación a la Contraloría, sobre el establecimiento de cuotas de captura de jurel. Diecisiete días después, Orpis remitió el mismo documento a la Contraloría, esta vez con membrete del Senado y con su firma y la del senador por Antofagasta Carlos Cantero.

El 7 de diciembre de 2009, la Contraloría respondió con el Dictamen 068001, favorable a los intereses de Corpesca. El 22 de diciembre, Mujica escribió, esta vez directamente, a la Contraloría, para pedirle ejecutar el dictamen. Cuando, el 22 de mayo de 2010, el órgano contralor se pronunció, Orpis le reenvió el fallo a Mujica. La respuesta del gerente general de Corpesca fue la siguiente: «Jaime, excelente el resultado, ahora afinemos con la SSP [Subsecretaría de Pesca] el camino más corto y seguro de obtener una cuota adicional de jurel».

Una y otra vez, Orpis reprodujo como propios instructivos enviados por Corpesca, sobre fijación de cuotas del jurel y distintos aspectos de la «ley Longueira». «Reconozco haber solicitado irregularmente aportes para saldar deudas de campaña fuera del período que establece la ley. Pero no he cometido delitos, porque eso jamás ha influido en mis decisiones legislativas», dijo Orpis.[38] Una aseveración que los correos recopilados por la Fiscalía vuelven inverosímil.

38. María Soledad Vial, «Voy a defender mi dignidad con todas las armas que tengo, porque no soy corrupto», *El Mercurio*, 28 de junio de 2015.

¿Además de Isasi y Orpis, hay más parlamentarios pagados por las pesqueras? Cuando en 2013 el escándalo de Isasi recién despuntaba, Mujica confesó que «nosotros hemos hecho los mismos aportes a los parlamentarios pero en forma absolutamente legal, y si eso significa que los hemos ayudado, sí, a ella y a muchos más».[39]

Luego, ante la PDI, según CIPER, Mujica «reveló la existencia de una suerte de "Frente del Norte"», del que formarían parte entre otros el senador por Iquique Fulvio Rossi (PS) y la exdiputada de Arica Ximena Valcarce (RN).[40]

Según la información recopilada para este libro, al menos veinte compañías pesqueras financiaron campañas mediante aportes reservados, entre ellas cuatro de las seis empresas y seis de las «siete familias» beneficiadas por la ley de pesca. En el Grupo Angelini, Corpesca financió campañas en 2013; Orizon, en 2005 y 2006; y San José, en 2004, 2005, 2008 y 2009. En los Stengel-Fernández, Camanchaca S.A. dio dinero en 2004, 2005, 2008 y 2013; Camanchaca Pesca Sur, en 2012 y 2013; y Pesquera Bío-Bío, en 2009, 2012 y 2013.

Por los Sarquis y Yaconi-Santa Cruz, hubo aportes de Blumar, en 2004, 2005, 2008, 2009, 2012 y 2013; de Bahía Caldera, en 2008 y 2009; de El Golfo, en 2004, 2005 y 2009; y de Salmones Blumar, en 2009. Además, Coloso de los Lecaros y Grimar de los Del Río donaron en 2013.

En 2013, una investigación de CIPER había revelado los montos donados por algunas de estas empresas en las campaña de ese año. Camanchaca S.A. distribuyó $45 millones, y su filial Camanchaca Pesca Sur, $30 millones. Blumar S.A. decidió repartir entre políticos $80 millones. En el caso de Corpesca, la decisión de donar se tomó en el directorio del 1 de agosto de 2013, presidido por Roberto Angelini, aunque sin revelar el monto.

Parecen montos pequeños, considerando las ganancias que las decisiones políticas han traído a estas grandes empresas. Un solo dato: en

39. CIPER, «Ex asesor de diputada Marta Isasi revela pagos de Corpesca para financiar campañas políticas», 10 de mayo de 2013, ciperchile.cl.
40. Boris Bezama: «Isasi acusa a cinco parlamentarios de facilitar ingreso de lobbistas camuflados de asesores», CIPER, 17 de diciembre de 2013, ciperchile.cl.

su memoria de 2013, Blumar incluye US$48.040.000 en sus activos por «derechos de permisos de pesca» con una vida útil «indefinida».[41] Unos activos que le fueron regalados por el Estado de Chile y que equivalen a 422 veces el aporte de esa empresa a las elecciones de 2013.

¿A quiénes fueron esos dineros y los de las demás pesqueras? No lo sabemos. Según un informe enviado por el Servicio Electoral a la Fiscalía, que indagó a seis parlamentarios, no hubo aportes reservados de Corpesca a Jaime Orpis (UDI) en 2009; a Alejandro García-Huidobro (UDI) en 2009 ni 2013; a Fulvio Rossi (PS) en 2009; a Antonio Horvath (independiente) en 2009; a Hosaín Sabag (DC) en 2013; ni a Carlos Bianchi (independiente) en 2013.

41. Blumar Seafoods, «Memoria anual 2013», 125, blumar.com.

## Epílogo

# UNA CUESTIÓN DE PODER

*El poder no lo tiene la Presidenta en Chile.*
*Como no lo tiene, no puede ejercerlo.*
*El poder lo tiene gente que no son los políticos*
*de turno o el Presidente de turno.*

Jorge Sampaoli,
seleccionador nacional de fútbol (2015)

Es un nuevo siglo. Empujada por nuevas formas de comunicación, la opinión pública es más crítica de los políticos y de la concentración del poder económico. En ese contexto, una investigación judicial sobre prácticas indebidas en compañías privadas encuentra evidencia de financiamiento ilegal de la política. Estalla el escándalo. Se revela que las platas irregulares han fluido por al menos una década y que involucran a numerosos políticos. La investigación se extiende a otras empresas, y salpica tanto a partidos de gobierno como a la oposición. Presionados por la opinión pública, tanto el Ejecutivo como el Congreso deben actuar.

Después de dos años de debate, se promulga una nueva ley de financiamiento electoral, que prohíbe que las empresas entreguen dinero a las campañas. Es un avance importante, aunque pronto se advierte que la ley tiene múltiples vacíos, y se reabre el debate sobre la regulación de la influencia del dinero en la política.

¿Chile, 2014-2016? No. Ese fue el primer escándalo sobre platas políticas que estalló en Estados Unidos en 1905, y que llevó a la promulgación de la ley Tillman en 1907. Con un siglo de retraso, Chile vive hoy un debate similar. Por eso, las marchas y contramarchas de la regulación del control de la política por el dinero en Estados Unidos pueden ser una lección útil para una discusión que definirá el carácter de la democracia chilena.

## Los «barones ladrones»

Tras la guerra de Secesión (1861-1865), Estados Unidos vivió una era de rápido desarrollo. Las industrias del acero, el carbón, los ferrocarriles y el petróleo lideraron la economía, formando imperios entrelazados con la banca que hacia 1880 se organizaron en grandes monopolios, conocidos como *trusts*.[1] Andrew Carnegie (acero), James Fisk (banca), Jay Gould (ferrocarriles), Andrew Mellon (petróleo), J.P. Morgan (banca), John Rockefeller (petróleo), Leland Stanford (ferrocarriles) y Cornelius Vanderbilt (ferrocarriles) fueron algunos de los más connotados «capitanes de la industria».

Pero también aumentó el descontento. Los magnates fueron motejados de «barones ladrones» por sus prácticas monopólicas y su influencia sobre el poder político. A Vanderbilt se le atribuye una frase brutal de la época: «¿Qué me importa la ley? ¿Acaso no tengo el poder?».[2]

En 1890, los *trusts* controlaban más del 70% de los sectores más relevantes de la economía. La Standard Oil Company de Rockefeller, por ejemplo, dominaba el 88% del petróleo refinado. Y pronto los «barones ladrones» tradujeron su capital económico en poder político.

«En este sistema, democrático en la forma y plutocrático en contenido, la plutocracia industrial controlaba virtualmente todo el Partido Republicano, y mucho del Partido Demócrata también», dice el cientista político James Kurth.[3] O, en palabras del juez de la Corte Suprema de Wisconsin Edward Ryan, los grandes magnates acumulaban fortuna «no solo por la conquista económica, sino también por el poder político (...) Surgirá la pregunta de quién debe mandar: el hombre o la riqueza».[4]

En 1887, la alarma sobre la cooptación del poder político llegaba hasta el expresidente Rutherford B. Hayes. «El mayor mal y peligro en este país es la gran riqueza poseída y controlada por unas pocas personas. Dinero es poder», decía. Y, citando la célebre frase de Abraham

1. La traducción más adecuada de *trust* es «cartel», aunque en esa época el término se usó para designar a todos los monopolios, algunos de ellos formados a través de carteles.
2. John Nichols y Robert McChesney, *Dollarocracy: How the Money and Media Election Complex is Destroying America*, Nueva York, Nation Books, 2013, 19.
3. James Kurth, «The Foreign Policy of Plutocracies», *The American Interest* 7(2), 27 de septiembre de 2011.
4. Nichols y McChesney, *Dollarocracy*, 19.

Lincoln, su sucesor en la Casa Blanca concluía con desaliento que «este ya no es el gobierno del pueblo, por el pueblo y para el pueblo. Es el gobierno de las empresas, por las empresas y para las empresas».[5]

El propio Lincoln había expresado su preocupación por el futuro de la democracia estadounidense. Así lo escribió en una carta al coronel William F. Elkins durante la guerra civil, en 1864: «Veo en el futuro próximo una crisis que me enerva y me hace temblar por la seguridad de mi país (...) Las empresas han sido entronizadas y una era de corrupción en altos puestos seguirá, y el poder del dinero intentará prolongar su reinado trabajando sobre los prejuicios de la gente hasta que toda la riqueza se concentre en una pocas manos y la República sea destruida».

La turbia relación entre dólares y política salió finalmente a la luz en 1905. Una investigación sobre compañías de seguros de vida en Nueva York reveló que esas empresas habían traspasado dinero a la campaña presidencial de Theodore Roosevelt, en 1904. Pronto, ejecutivos de otras empresas de Wall Street debieron confesar que habían estado desviando fondos al Partido Republicano desde 1896. En 1907, la filtración de correspondencia de un magnate ferroviario reveló que, en una reunión en la Casa Blanca, se había comprometido a entregar US$250 mil a la candidatura del republicano Roosevelt. Pronto se pudo determinar que veinticuatro de los mayores banqueros de Wall Street habían recolectado para Roosevelt el 62% de los fondos de su campaña.

El escándalo creó la oportunidad que habían estado pavimentando desde diferentes ángulos movimientos sociales (como la Farmer's Union), políticos (el movimiento populista y, luego, el progresista), legisladores (Elihu Root ya en 1894 había pedido prohibir dinero de empresas en las campañas), juristas (Louis Brandeis), dueños de medios (William Randolph Hearst), revistas satíricas (como la ácida *Puck*) y los *muckrakers* (periodistas investigativos como Ida Tarbell y el escritor Upton Sinclair).

Así, se generó un «momento de reforma», es decir, una circunstancia en que se cumplen tres requisitos: «La práctica debe ser considerada impropia por el público, sea legal o ilegal; los involucrados deben intentar ocultar su participación; y esta debe revelarse, causando que un

5. Íd., 20.

público indignado exija al Congreso "hacer algo"».[6] Los tres requisitos se cumplieron en el Estados Unidos de 1905, y también se cumplen en el Chile de 2016. En el caso norteamericano hubo un factor adicional: el talento del Presidente republicano Theodore Roosevelt. Cuando estalló el escándalo sobre sus fondos de campaña, se defendió pasando al ataque: se convirtió en el líder de una cruzada contra el uso de platas políticas en campañas. A pedido suyo, el senador demócrata Benjamin Tillman presentó un proyecto. El resultado fue la ley Tillman de 1907, que prohibió las donaciones de empresas a campañas políticas en el nivel federal.

Tillman no era un ejemplo de virtud. Rabioso racista, militó en un grupo paramilitar supremacista, los Camisas Rojas, y se jactaba de haber participado de una matanza de personas negras. Pero, gracias a la ley, para la historia su apellido quedó asociado con la reforma de las prácticas políticas y la limitación de poder de los magnates. De Roosevelt, ni hablar. Su impulso a la ley Tillman, unido a su enérgica batalla contra el poder de los *trusts*, lo convirtieron en el emblema de las reformas de la «era progresista» que marcó el cambio de siglo en Estados Unidos. Impulsó una nueva ley de comercio interestatal (la ley Hepburn, de 1906) y desarticuló varios monopolios, en una labor que llegó a su apogeo en 1911, cuando su sucesor, William Taft, desintegró la Standard Oil Company.

Roosevelt sacó buen provecho de su visión. El hombre que había llegado a la Casa Blanca con el dinero ilegal de los magnates de Wall Street reinventó su legado. Se ganó el apodo de *trust-buster* («cazacarteles»), y hoy su cabeza está esculpida en el Monte Rushmore, junto a las de George Washington, Thomas Jefferson y Abraham Lincoln.

## «Un éxito parcial»

La labor de Roosevelt y Taft fue continuada por la ley Clayton de 1914, que permitió al Presidente Woodrow Wilson desmantelar los últimos monopolios y controlar el crecimiento de los bancos. Con su poder económico amputado, y sus opciones legales restringidas por la ley Tillman, los grandes magnates vieron reducida su capacidad de influir sobre la política nacional.

---

6. Robert E. Mutch, *Buying the Vote. A History of Campaign Finance Reform*, Nueva York, Oxford University Press, 2014, 45.

Reducida, pero no eliminada.

La ley no regulaba las elecciones primarias. Como los estados del sur estaban dominados por el Partido Demócrata, la verdadera disputa se producía en esas primarias, sin restricción legal. Tampoco existía un organismo que fiscalizara el cumplimiento de las normas, y pronto se extendió la práctica de que las empresas donaran a través de sus ejecutivos, a los que luego se les reembolsaba el dinero mediante bonos. Además, las empresas comenzaron a desviar dinero a propaganda sobre «contenidos», lo que les permitía apoyar indirectamente ciertas campañas. Algunas de esas trampas fueron atacadas por nuevas leyes, promulgadas en 1910, 1911 y 1925, que además introdujeron prácticas de transparencia.

Las reformas intentaron «mantener al dinero de las empresas fuera de las elecciones, mostrar a los votantes quién pagaba por la política, "democratizar" los fondos de campaña, y reducir la influencia política de la riqueza», resume el experto en financiamiento de campañas Robert E. Mutch, que afirma que los reformadores solo tuvieron un éxito parcial en cada una de esas metas.[7]

El resultado más interesante de estas reformas fue que obligó a los políticos a ampliar su base de aportantes. Las campañas de 1928 tuvieron menos dinero disponible que las de 1904, pero a cambio contaron con muchos más donantes: cerca de 250 mil. Una cultura de pequeños mecenas de la política cambió la relación entre candidatos y dinero. «Tal como las diferencias en el pasado sobre qué tanto extender el sufragio, el debate sobre el origen de los fondos de campaña es parte del tema constitucional de decidir quién debe gobernar», dice Mutch. «Tiene que ver con definir una comunidad política, identificar a sus miembros y decidir qué derechos tienen.»[8]

Pero la presión del poder económico sobre el político es un flujo constante. Estas reformas son un dique que intenta contener el natural paso del agua por una bajada de río. La presión constante del agua termina por abrir pequeñas fisuras, aquí y allá, que si no son reparadas a tiempo terminan por derrumbar la represa.[9]

---

7. Íd., 95.
8. Íd., 50.
9. Hubo más reformas, centradas en la transparencia, en 1925 (ley Hatch), 1943 (ley Smith-Connally), 1947 (ley Taft-Hartley) y 1971 (FECA).

Bruce Ackerman e Ian Ayres identificaron un «ciclo» de reformas. «Fase uno: los legisladores imponen limitaciones en respuesta al disgusto popular por el dinero de empresas en campañas. Fase dos: grandes donantes se las ingenian, a través de vacíos legales, para seguir entregando grandes sumas de dinero. Fase tres: los reformadores movilizan otra oleada de disgusto popular, regresando a la primera fase.»[10]

Así, el siguiente ciclo fue gatillado por el escándalo de Watergate. En 1974 se instauraron los fondos fiscales para las campañas, y en 1975 se formó la Comisión Electoral Federal (FEC), equivalente a nuestro Servicio Electoral, con el encargo explícito de «transparentar la información financiera de las campañas», además de supervisar el cumplimiento de las leyes. Y así ocurre hasta hoy: a través de su sitio fec.gov la FEC pone a disposición de los ciudadanos información detallada sobre las finanzas de las campañas y sus donantes. El acceso a datos oficiales se refuerza con la acción de ONG como el Center for Responsive Politics (CRP), fundado por dos exsenadores, el demócrata Frank Church y el republicano Hugh Scott. Su sitio opensecrets.org es una excelente fuente de estadísticas y datos, pensada para que cualquier ciudadano pueda monitorear los efectos del lobby y el dinero sobre sus representantes. Su lema ahorra mayores comentarios: *Money talks. We translate* («el dinero habla, nosotros traducimos»).

Esta noble tradición de esfuerzos bipartidistas por reducir y transparentar el rol del dinero en la política llegó a su cúspide en 2002, con la aprobación de la ley McCain-Feingold, que cerró nuevas grietas referidas al uso de «dinero blando» (recolectado y gastado por los partidos) y la propaganda electoral disfrazada de publicidad sobre «temas».

Sin embargo, el dique igualmente terminó por romperse. La concentración del poder económico a partir de la década de 1980 creó una nueva presión sobre la represa legal que prevenía el flujo de dinero en la política. Y en 2010, una sentencia de la Corte Suprema en el caso *Citizens United vs. FEC* derribó de un golpe la estructura.

La ley fue desafiada por un grupo de lobby conservador, Citizens United, al que se le prohibió comprar espacio para exhibir por televisión

10. Bruce Ackerman e Ian Ayres, *Voting with Dollars*, New Haven, Yale University Press, 2008.

una película crítica de Hillary Clinton. El razonamiento de la Corte Suprema fue que las corporaciones también tienen derecho a la libertad de expresión, y que gastar dinero para promover un punto de vista es parte sustancial de ese derecho.

Citizens United ha creado un extraño ecosistema: los gastos de los candidatos siguen restringidos, pero nuevos grupos, los «superPAC»,[11] están autorizados para recolectar e invertir cantidades ilimitadas durante las campañas, aunque tienen prohibido «coordinarse» formalmente con los candidatos. Estas nuevas reglas hicieron que la elección presidencial de 2012 fuera la más cara de la historia, con un gasto superior a los US$2.600 millones. Este flujo descontrolado de dinero al menos mantiene cierta transparencia. Podemos saber, por ejemplo, que la Universidad de California, Microsoft y Google fueron los mayores mecenas de Barack Obama, mientras que Goldman Sachs, Bank of America y Morgan Stanley lideraron las donaciones para Mitt Romney.[12] A fines de 2015, el *New York Times* pudo calcular que apenas 158 familias, el 0,000001% de la población, había entregado casi la mitad del dinero gastado hasta ese momento en la carrera presidencial.[13]

## El debate silencioso

Volvamos al Chile de 2016, con una pregunta. ¿Dónde está el líder que quiera ver su efigie en el equivalente criollo del Monte Rushmore?

La Presidenta Michelle Bachelet dio un paso al frente. Tal como Roosevelt en 1904, su campaña de 2013 estuvo manchada por el financiamiento ilegal. Y, tal como él, reaccionó: empujada por la indignación pública, convocó a un consejo de respetados expertos, la Comisión Engel, para proponer reformas. Y así se hizo. El economista Eduardo Engel y su equipo presentaron un completo plan para prevenir la corrupción, regular los conflictos de interés, normar el financiamiento de la política y fiscalizar el buen funcionamiento de los mercados.

---

11. Los PAC son los comités de acción política (political action committees).
12. Ver opensecrets.org. Los datos incluyen las contribuciones de los PAC ligados a esas empresas, los dueños y sus familias, y los empleados de esas compañías.
13. Nicholas Confesore, Sarah Cohen y Karen Yourish, «Buying Power», *The New York Times*, 10 de octubre de 2015; y Eric Lichtblau y Nicholas Confessore, «From Fracking to Finance, a Torrent of Campaign Cash», *The New York Times*, 10 de octubre de 2015.

Parte de estas recomendaciones se convirtieron en proyectos de ley que, al cerrar estas páginas, se discuten en el Congreso. Allí, los incumbentes han legislado más bien a regañadientes. El signo más claro de esta resistencia llegó cuando el senador DC Ignacio Walker, presidente de la comisión que estudia las medidas, respondió a las críticas de Engel, declarándose «cansado de los catones de la moral y de las personas que pontifican desde el pizarrón». Walker también aseveró que «la política es algo demasiado serio para dejársela a intelectuales que desconocen la historia de Chile».[14]

El pronóstico es reservado. El sistema político está forzado a levantar algún tipo de dique para contener el libre flujo de dinero, pero qué tan impermeable sea esa contención es una cuestión en debate, que depende no solo de las leyes que se aprueben sino de la «letra chica» de los reglamentos asociados a esas leyes, los recursos que se entreguen a los fiscalizadores, la atención del Ministerio Público en perseguir eventuales infracciones y, en especial, de la voluntad política para cumplir y hacer cumplir la profilaxis del sistema.

Además, no hay duda de que cualquier dique tendrá sus filtraciones: algunas ya pueden adivinarse. En regiones, por ejemplo, se ha extendido la compra de medios de comunicación, o de bloques pagados en radios o canales de TV locales, que permiten a los políticos y sus financistas disfrazar de «periodismo» la propaganda política. El diputado socialista Fidel Espinoza, en la Región de Los Lagos, y el senador independiente Carlos Bianchi, en Magallanes, son dos de los políticos que han armado su poder sobre la posesión de radios regionales.

Pero hay un tema clave que sigue fuera de la agenda: la concentración del poder económico. Porque «siempre ha sido fácil convertir la riqueza desigualmente distribuida en poder político», como dice Robert Mutch.[15] Volviendo al símil con Estados Unidos a comienzos del siglo XX, podríamos decir que hoy en Chile estamos discutiendo nuestra propia ley Tillman. Pero, a diferencia del gran debate sobre los *trusts*, no estamos conversando sobre la concentración de la riqueza y cómo ella se compatibiliza con una democracia.

14. El argumento de Walker contra los intelectuales resulta curioso, considerando que él tiene un doctorado en Ciencias Políticas de la Universidad de Princeton.

15. Mutch, *Buying the Vote*, 3.

Diseñamos una represa, pero no hablamos sobre el agua que se sigue acumulando para presionar sobre ella.

Sí discutimos sobre desigualdad. El lema de campaña de Ricardo Lagos, para la primera vuelta de 1999, fue «CRECER CON IGUALDAD». En las elecciones de 2005, la Conferencia Episcopal de la Iglesia Católica denunció una «escandalosa desigualdad». El retorno de Bachelet al poder en 2014 se produjo con un programa que prometió hacerse cargo de la inequidad. Y el tema sigue presente en nuestra conversación como país. En cambio, de la concentración de la riqueza que describimos al inicio de este libro hablamos poco. De cómo crece en un hábitat creado por decisiones políticas, aun menos. Y de cómo esta realidad puede convivir con el ideal democrático, simplemente nada.

La escritora y diputada liberal canadiense Chrystia Freeland dice que las «decisiones políticas ayudan a crear la súper elite, y mientras la fuerza económica de esta súper elite crece, también crece su músculo político. La retroalimentación entre dinero, política e ideas es al mismo tiempo la causa y la consecuencia del auge de esta súper elite».[16]

En este libro hemos mostrado los modos en que en Chile, tanto en dictadura como en democracia, las decisiones políticas han fomentado esta concentración del poder económico en pocas manos. Lo han hecho mediante reglas tributarias ad-hoc (síntoma de una «democracia enferma»), presiones políticas sobre los reguladores (ese «pinche tribunal»), impunidad para delitos corporativos (la práctica del «clasismo legal»), regalo de rentas a un cartel de incumbentes (leyes de pesca), y un largo etcétera.

La última Encuesta Nacional de Opinión Pública de la Universidad Diego Portales, publicada el 5 de noviembre de 2015, muestra que el apoyo a la democracia como forma de gobierno se está debilitando de manera alarmante. Solo un poco más de la mitad de la población (51,5%) considera que «la democracia es preferible a cualquier otra forma de gobierno» (en 2013 eran el 54,9%, y en 2010, el 56,5%).

En contraste, los indiferentes («me da lo mismo cualquier tipo de gobierno») saltaron en dos años del 14,7% al 26,3%.[17] Entre los estratos

16. Chrystia Freeland, *Plutocrats. The Rise of the New Global Super-Rich and the Fall of Everyone Else*, Nueva York, Penguin Press, 2013, 7.
17. Instituto de Investigación en Ciencias Sociales, «Encuesta Nacional UDP 2015», ICSO, Universidad Diego Portales, encuesta.udp.cl.

bajos, y entre las mujeres, el apoyo a la democracia cayó a menos de la mitad de los encuestados. Esta indiferencia es producto directo de la insatisfacción. Quienes se declaran «nada satisfechos» con la democracia saltaron del 3,6 al 32,7% entre 2010 y 2015. Y los «no muy satisfechos» pasaron del 19,4% al 45,5% en el mismo período. El gobierno, las grandes empresas, los tribunales de justicia, el Congreso y los partidos políticos caen todos juntos, en un abrazo de vértigo, con menos del 13% de confianza para cada una de esas instituciones.

Es una forma de ejercer el poder que ha perdido su legitimidad. La colusión política y económica ya no es aceptable. Los carteles electorales («el que tiene, mantiene», «cupos protegidos») son tan inaceptables como los carteles del pollo, el papel o las farmacias. La elite endogámica que hereda de padres a hijos cupos en el Congreso, alcaldías o asientos en los directorios, convirtiendo el ejercicio del poder político y económico en una cuestión de familia, no da para más. Las puertas giratorias, las sillas musicales, las reuniones con galletitas y los contratos truchos entre el gobierno, la política y la empresa son impropios.

El poder concentrado, coludido, confundido, abrazado, no resiste los estándares de una sociedad que clama por más democracia, no más plutocracia. Por más meritocracia, no más amigocracia. Por darle peso al talento y al esfuerzo, no a los apellidos ni a las redes.

Por todas estas razones, hay que cerrar las puertas al poder del dinero en la política, y abrir las ventanas de par en par a la competencia, la participación y la transparencia; a las fuerzas que distribuyen las oportunidades en la sociedad, en vez de concentrarlas en una elite hermética.

Es cuestión de poder.

# Índice onomástico

H

N



O



P